从失衡走向平衡

公立高等学校自主权的法律规制结构研究

姚 荣 / 著

华东师范大学出版社
·上海·

图书在版编目（CIP）数据

从失衡走向平衡：公立高等学校自主权的法律规制结构研究/姚荣著. —上海：华东师范大学出版社，2023
ISBN 978-7-5760-3725-8

Ⅰ.①从… Ⅱ.①姚… Ⅲ.①大学自治—法律—研究—中国 Ⅳ.①D922.164

中国国家版本馆 CIP 数据核字（2023）第 071865 号

华东师范大学教育学部中文学术著作出版资助计划

从失衡走向平衡：
公立高等学校自主权的法律规制结构研究

著　　者	姚　荣
策划编辑	彭呈军
责任编辑	朱小钗
责任校对	刘伟敏　时东明
装帧设计	刘怡霖

出版发行　华东师范大学出版社
社　　址　上海市中山北路 3663 号　邮编 200062
网　　址　www.ecnupress.com.cn
电　　话　021-60821666　行政传真 021-62572105
客服电话　021-62865537　门市（邮购）电话 021-62869887
地　　址　上海市中山北路 3663 号华东师范大学校内先锋路口
网　　店　http://hdsdcbs.tmall.com

印 刷 者　浙江临安曙光印务有限公司
开　　本　787 毫米×1092 毫米　1/16
印　　张　21.25
字　　数　341 千字
版　　次　2023 年 5 月第 1 版
印　　次　2023 年 5 月第 1 次
书　　号　ISBN 978-7-5760-3725-8
定　　价　78.00 元

出版人　王　焰

（如发现本版图书有印订质量问题，请寄回本社客服中心调换或电话 021-62865537 联系）

目 录

第一章
绪论 / 001

一、研究背景 / 001

二、研究的内容、问题、意义及方法 / 004

  （一）研究内容 / 004

  （二）研究问题 / 005

  （三）研究意义 / 006

  （四）研究思路和方法 / 009

三、核心概念界定 / 011

  （一）法律规制的概念界定 / 011

  （二）法律规制结构的概念界定 / 014

  （三）权利与权力的概念界定 / 021

  （四）公立高等学校的概念界定 / 022

  （五）高等学校自主权的概念界定 / 024

  （六）法权的概念界定 / 026

  （七）治理的概念界定 / 028

第二章
公立高等学校自主权法律规制结构厘定的法理依据 / 035

一、法律性质的辨析：公立高等学校自主权法律规制结构厘定的逻辑起点 / 035

  （一）国家行政抑或社团自治：公立高等学校自主权法律性质的公私之争 / 036

（二）复合型法权：公立高等学校自主权法律性质的再界定 / 037

二、学术自由与公共利益：公立高等学校自主权法律规制结构厘定的价值前提 / 044
    （一）学术权力与行政权力：公立高等学校自主权内部的二元权力结构证成 / 045
    （二）作为功能自治性行政主体：公立高等学校学术权力行使的法理依据 / 046
    （三）公共利益的基本内涵与价值旨归：公立高等学校行政权力行使的法理依据 / 073

三、法益的平衡与最大化：公立高等学校自主权法律规制结构厘定的功能取向 / 087
    （一）公立高等学校自主权运行中大学自治与权利保护的法益平衡 / 089
    （二）公立高等学校自主权运行中国家监督与大学自治的法益平衡 / 092
    （三）公立高等学校自主权运行中学术自治与管理自治的法益平衡 / 098

四、公立高等学校自主权法律规制结构厘定的法学方法论 / 105
    （一）法律规制结构形塑的任务导向：大学的任务框架与"事物的本质"理论的规制启示 / 105
    （二）法律规制结构演进的动态适切性诉求：公立高等学校自主权运行中法权配置的"功能最适"原则 / 112

第三章
我国公立高等学校自主权法律规制结构的变迁史考察 / 117

一、我国公立高等学校自主权的规制类型及其变迁 / 117
    （一）简政放权与公立高等学校自主权的行政规制变迁 / 119
    （二）依法维权与公立高等学校自主权的司法规制变迁 / 148
    （三）法律确权与公立高等学校自主权的立法规制变迁 / 160
    （四）章程赋权与公立高等学校自主权的内部自我规制变迁 / 164

二、中国公立高等学校自主权法律规制结构的动态实践——基于"正当程序"原则引入的历史考察 / 168

（一）通过判决发展法治：高等教育行政诉讼中正当程序原则的适用 / 168

（二）司法规制的潜在影响：21世纪以来教育行政权的"正当程序革命" / 175

（三）司法与行政规制的"倒逼"：外部压力推动下大学治理的程序正义 / 177

第四章
我国公立高等学校自主权法律规制结构失衡的困境 / 180

一、任务导向的缺失：公立高等学校自主权法律规制结构失衡的表现与成因 / 181

（一）公法化不足与私法化过度：公立高等学校自主权公、私权属性的特殊性缺失 / 182

（二）公立高等学校自主权行使与监督中软法的过度"硬化"与硬法的过度"软化" / 184

二、"互侵式"法权结构：公立高等学校自主权法律规制结构失衡的影响 / 196

（一）"公私串权"的滥权行为：作为"双界性法人"的公立高等学校及其治理难题 / 196

（二）绵密的国家"规则之网"：被"挤压"的大学自治空间与软法生长困局 / 200

（三）"泛行政化"逻辑的蔓延：大学内部治理中法权的不当行使与结构失衡 / 201

第五章
我国公立高等学校自主权法律规制结构失衡的矫正 / 208

一、公、私法域的界分与交融："双界性法人"困局的破解与公共性回归 / 208

（一）适时推进公法化：我国公立高等学校的"二次法人化" / 209

（二）过度私法化的矫正：我国公立高等学校"经济性行为"的特殊规制 / 216

二、软硬兼施的法秩序建构：国家监督、大学自治与权益保障的动态制衡 / 226

（一）作为元治理方式的高等教育立法规制：主体、思维与技术的三重突破 / 228

（二）超越"政策实施型"的行政化司法体制：新《行政诉讼法》背景下法院的功能重塑 / 243

（三）"他律"与"自律"的统一：教育行政规制的合宪、合法与合理正当 / 247

（四）法治国下的自治空间：公立高等学校章程与校规的合宪、合法与合理正当 / 263

（五）培育社会集体规制：行业自治规范中知识理性与公共理性的回归 / 280

三、基于"合作原则"的任务导向型"混合法"规制结构：我国公立高等学校自主权法律规制结构的理想状态 / 291

参考文献 / 303

第一章
绪 论

一、研究背景

在 1985 年《中共中央关于教育体制改革的决定》中提出要"扩大高等学校的办学自主权"后,一系列党和国家的政策文件开始聚焦"高等学校办学自主权"这一高等教育改革的核心议题。近年来,随着国家治理体系和治理能力现代化与法治中国建设步伐的加快,公立高等学校自主权的监管体系建构、现代大学制度建设、高等教育治理现代化、高等教育领域"放管服"改革以及大学法治等主题都先后被纳入公共政策议程且迅速成为学界研究的热点议题。[①] 例如,2013 年《中共中央关于全面深化改革若干重大问题的决定》提出了加快转变政府职能的要求,指出:"加快事业单位分类改革……推动公办事业单位与主管部门理顺关系和去行政化,创造条件,逐步取消学校、科研院所、医院等单位的行政级别。"[②] 2017 年 1 月 10 日,国务院印发的《国家教育事业发展"十三五"规划》明确指出,将从"推进政府职能转变、构建有效监管体系、全面推进依法治教以及完善教育投入机制"[③]等

---

① 2014 年,国家教育体制改革领导小组办公室发布的《关于进一步落实和扩大高校办学自主权 完善高校内部治理结构的意见》中,明确指出要"按照中央关于分类推进事业单位改革的精神,以构建政府、高校、社会新型关系为导向,积极简政放权,加快转变政府职能,进一步明确政府高等教育的管理职责和权限,进一步明确高校的办学权利和义务,更好地落实高校的办学主体地位,更好地发挥社会的支持和监督作用,加快完善中国特色现代大学制度,加快推进高等教育治理体系和治理能力现代化,形成政府宏观管理、学校依法自主办学、社会广泛参与支持的格局"。2015 年,在教育部发布的《关于深入推进教育管办评分离 促进政府职能转变的若干意见》中,明确要求"在制定和修订相关法律法规时,进一步研究明确各级各类学校办学自主权;通过政府简政放权,进一步落实各级各类学校的法定办学自主权;通过章程制定,进一步健全法律法规规定的各项办学自主权的实施机制;通过完善法律救济机制,切实维护学校、师生合法权益"。
② 中华人民共和国中央人民政府.中共中央关于全面深化改革若干重大问题的决定[EB/OL].(2013-11-15)[2022-03-31].http://www.gov.cn/zhengce/2013-11/15/content_5407874.htm.
③ 国务院.国务院关于印发国家教育事业发展"十三五"规划的通知[EB/OL].(2017-01-19)[2022-03-31].https://www.gov.cn/zhengce/content/2017-01/19/content_5161341.htm.

方面,促进教育治理现代化。同年,由教育部等五部门联合印发的《关于深化高等教育领域简政放权放管结合优化服务改革的若干意见》(教政法〔2017〕7 号),提出通过"完善中国特色现代大学制度,破除束缚高等教育改革发展的体制机制障碍,进一步向地方和高校放权,给高校松绑减负、简除烦苛,让学校拥有更大办学自主权"。① 此后,教育部围绕各地和各高校关于办学自主权扩大与落实的最新探索案例,发布了二十余期高等教育领域"放管服"改革实践操作指南。

从宏观政策文件的变迁轨迹和文本表述,能够较为清晰地发现公立高等学校自主权扩大与落实的路径演变。概言之,"法律确权、简政放权、章程赋权、依法维权"②等措施,已然成为中国公立高等学校自主权扩大与落实的基本路径。自 1998 年《中华人民共和国高等教育法》(简称《高等教育法》)颁布实施以来,我国公立高等学校办学自主权开始获得法律的确认。近年来,通过教育行政审批制度改革等简政放权措施,公立高等学校办学自主权获得了进一步的扩大与落实。与此同时,《中华人民共和国行政诉讼法》(简称《行政诉讼法》)的修订,使公立高校办学自主权更多受到司法的规制。其中,有关公立高校信息公开的行政诉讼持续增加,高校校规作为规范性文件也开始被纳入"附带性审查"的范畴。③ 而《高等学校章程制定暂行办法》(2011 年)、《学校教职工代表大会规定》(2011 年)、《高等学校学术委员会规程》(2014 年)、《普通高等学校理事会规程(试行)》(2014 年)、《高等学校预防与处理学术不端行为办法》(2016 年)、《普通高等学校学生管理规定》④(2017 年)等一系列与大学治理密切相关的教育部部门规章的颁布实施以及 2015 年《中华人民共和国教育法》《中华人民共和国高等教育法》等"一揽子"教育法律的修订,使我国公立高等学校自主权的法治化进程不断加快,自治与法治的关系协调成为高等教育立法的重要关切。从本质上而

---

① 中华人民共和国教育部.教育部等五部门关于深化高等教育领域简政放权放管结合优化服务改革的若干意见[EB/OL].(2017-04-06)[2022-03-31].http://www.moe.gov.cn/srcsite/A02/s7049/201704/t20170405_301912.html.
② 孙霄兵.我国高等学校办学自主权的发展及其运行[J].中国高教研究,2014(9):9-15.
③ 何海波.论法院对规范性文件的附带审查[J].中国法学,2021(3):139-163.
④ 《普通高等学校学生管理规定》(原国家教育委员会令第 7 号)自 1990 年至今,先后经历过两次修订,分别是 2005 年颁布实施的教育部第 21 号令与 2017 年颁布实施的教育部第 41 号令。

言,在公立高等学校自主权的运行过程中,国家监督权(包括立法权、行政权与司法权)、社会教育权(私权利)、社会公权力(高等教育领域的各类中介组织)、公立高校自主权与师生权利之间以及自主权内部各类权力之间(包括政治权力、行政权力、学术权力、民主权力)的持续互动与复杂博弈,构成了动态制衡的法权[①]网络。

在取得一系列改革成就的同时,我国公立高等学校自主权的法律规制,依旧存在着诸多现实难题。在公立高等学校自主权的运行过程中,自主权的滥用和不当行使以及政府、市场的不当干预并存,"放乱收死"的困局长期存在。例如,公立高等学校自主权与政府管理权之间的冲突,公立高等学校作为行政相对人的权利无法得到有效救济与保障;公立高等学校自主权中公、私职能界分不清,民事权利不受限制且公、私串权现象泛滥;公立高等学校自主权的不当行使,可能侵犯教师、学生的合法权益;公立高等学校自主权内部各类法权[②]之间缺乏明确的工作区分和价值分离,学术权力和师生权利长期式微。这一系列公立高等学校自主权的现象和问题扫描,为我们提供了研究的现实背景,也反映了本项研究的主要目的和意义。

深入剖析,不难发现我国公立高等学校自主权运行的"双重困局",有其独特的法理基础与法律逻辑。[③] 正如有学者所言,中国公立高等学校自主权的法律规制,还未能形成适切的结构,而只是具备一些"制度构件"。[④] 与此同时,在当前我国公立高等学校自主权的法律规制结构中,"制度剩余"与"制度不足"是并存的。一方面,行政规制的丛生遏制了大学自我规制的生长空间;另一方面,立法与司法规制的疆域模糊不定,作为一种理应具有较强约束力的"硬法"规制却陷入了"软法化"的窘境。最后,各类法律规制缺乏对公立高等学校自主权作为"公权"与"私权"以及作为"学术权力"与"行政权力"的特殊性、复杂性与差异性的充分认识,以至于各类法秩序对公立高等学校自主权的介入显得混乱无序,进而衍生出一系列久拖不决的大学治理难题。

[①] 在此,"法权"类似于美国法学家庞德(Roscoe Pound)所提的"广义的权利",是权利与权力的统一体。参见童之伟.法权与宪政[M].济南:山东人民出版社,2001.
[②] 高松元,谢凌凌.大学法权结构的型塑[J].中国地质大学学报(社会科学版),2011(4):116-119.
[③] 陈鹏.高校行政化的法理解读与法律重构[J].陕西师范大学学报(哲学社会科学版),2010(6):28-34.
[④] 陈金圣,刘志民,钟艳君.我国大学办学自主权落实的困境与出路[J].国家教育行政学院学报,2013(10):55-59.

当然,在国家、高等教育与市场之间法理关系失衡的语境下,公立高等学校自主权运行的"泛行政化"①与"过度市场化"②,并非中国所独有的问题。在一定意义上而言,它是世界各国都可能会面临的现实问题。相关文献研究和域外高等教育法制的实践表明,英美法系③与大陆法系④都试图通过建构较为适切的法律规制结构⑤,回应大学的任务变迁趋势,解决类似的问题。基于我国公立高等学校自主权法律规制中现实问题与弊病以及其他经验的考察,本研究将公立高等学校自主权的法律规制结构作为研究的主题,旨在促进我国公立高等学校自主权的良性运行。

二、研究的内容、问题、意义及方法

(一) 研究内容

本研究以公立高等学校自主权运行的"双重困局"⑥为逻辑起点,思考何种法律规

---

① 所谓"泛行政化"包括外部行政化和内部行政化,前者主要表现为国家公权力与公立高等学校自主权的冲突和互侵,在我国主要表现为政府对公立高等学校自主权的不当干预和侵犯;后者则主要表现为大学内部治理结构中行政权力的强化和学术权力、师生权利的式微,在我国集中表现为大学内部权力结构中行政权力对学术权力的挤压和消极干预。
② "过度市场化"突出表现为市场力量兴起对公立高等学校公益属性和学术自主性的负面影响,在我国突出表现为公立高等学校作为民事主体的民事权利能力和权利范围过度扩张而不受限制。更为严峻的问题是,其利用公法上的特殊身份逃避私法上应履行的法律责任。公立高等学校作为横跨公、私法域的"双界性法人",过度市场化的问题在其法人制度未能完全厘清的转型时期显得尤为突出。
③ Farrington, D. J. & Palfreyman, D.. *The Law of Higher Education*[M]. Oxford: Oxford University Press, 2012; Kaplin, W. A. & Lee, B. A.. *The Law of Higher Education*[M]. San Francisco: Jossey-Bass, 2013; Russo, C. J.. *Handbook of Comparative Higher Education Law*[M]. Maryland: Rowman and Littlefield Education, 2013.
④ [德]汉斯·J.沃尔夫,奥托·巴霍夫,罗尔夫·施托贝尔.行政法(第三卷)[M].高家伟,译.北京:商务印书馆,2007;[德]施密特·阿斯曼.秩序理念下的行政法体系建构[M].林明锵,等,译.北京:北京大学出版社,2012;Hans-Heinrich Trute,王韵茹,等.行政法学中的治理概念——以大学为例[J].中正大学集刊,2012(2): 241-291;韩兵.高等学校的惩戒权研究[M].北京:法律出版社,2014;湛中乐.教师权利及其法律保障[M].北京:中国法制出版社,2015;湛中乐.大学自治、自律与他律[M].北京:北京大学出版社,2006;湛中乐,等.公立高等学校法律问题研究[M].北京:法律出版社,2009.
⑤ 通过研究表明,公私法域的界分与交融以及外在秩序和内在秩序的理性界分与彼此融贯,已经成为西方法治发达国家公立高等学校自主权法律规制的共识和趋势。本研究将这种模式概括为公立高等学校自主权的"混合法"治理模式。目前,国内学者也开始从这个视角出发,考察社会公权力组织、第三部门组织的法律规制结构。例如,方洁.社团处罚研究[M].北京:法律出版社,2009.
⑥ 我国公立高等学校作为事业单位,在体制转轨过程中,展现出"政事不分"与"企事不分"的双重问题。前者衍生出"泛行政化"的困局,后者则诱发出"过度市场化"的困局。

制结构能够破解这一难题。因此,本研究需要重点考虑两大法律体系关于公立高等教育的法律渊源,厘清大陆法系与英美法系公立高等学校自主权法律规制结构的差异及其原因。由于公立高等学校自主权的运行,与国家教育权、社会教育权、学术自治权等法定的权利或权力即"法权"之间存在千丝万缕的联系,这使其法律规制极为复杂。与此相应,如何厘清公立高等学校自主权的法律规制结构也就显得较为困难。① 鉴于我国公立高等学校自主权法律性质的复杂性、跨界性和特殊性②,本研究将借鉴童之伟教授提出的"法权中心主义"分析框架③,旨在超越既有的公法学与民商法学"非此即彼"的传统改革进路,形塑更为适切的公立高等学校自主权法律规制结构。

(二) 研究问题

本研究旨在揭示在"大学任务框架"④稳定与变迁并存的背景下,公立高等学校自主权法律规制结构的理想状态、相关实践及其法理依据。考察目前我国公立高等学校

---

① 诚如湛中乐教授所言,"除宪法学在方法论和基础知识上的有限支持(例如'制度性保障'等理论)外,所有其他部门法学提供的法教义学框架,都无法提供这种联结所需要的法教义学结构,也不能梳理大学自治乃至其他类型学校的办学自主权所面对的规范约束体系。对于包括各种公立学校与民办学校的教育机构而言,行政法律关系和民事法律关系理论均难以将建立于基本自由之上的办学自主权乃至大学自治展开为一个规范内涵丰富的法理体系。惟有发展一个自成一体的法教义学体系,才有可能超出于行政行为或民事行为等既有的概念群而完成这种建构;这套体系应当是为多元的、自治与治理相结合的法律过程准备的,并不在传统部门法学的方法论视野之内,而需要吸收当代关于治理、善治和多元民主过程的有关理论,以完善其内部结构。"参见:湛中乐,苏宇.教育法学的理论体系与学科建设初论[J].北京师范大学学报(社会科学版),2016(2):13-24.
② 龚怡祖教授提出,"高校自主权的源头可追溯至学术自主权、国家教育权和社会教育权,这也是高校自主权在法律上产生公、私属性界分的根源。高校自主权与高校法定之权同为一物,既包括权力也包括权利。"事实上,尽管龚怡祖教授未使用复合型法权的概念,但他已经深刻地认识到高校办学自主权是公私属性混合的复合型法权。
③ 童之伟.法权与宪政[M].济南:山东人民出版社,2001.
④ 本书提出"大学任务框架"的概念,主要受德国公法学的启发。在德国,公立高等学校的法律地位及其自治权的国家监督方式和强度等重要事项,均根据大学任务框架进行安排。德国《高等学校总纲法》和各州《大学法》均重视对大学任务的法律规定,其中,各类任务均或多或少与学术相关联。学术与经济、国家彼此之间的持续互动,建构出复杂且动态变化的大学任务框架体系。概言之,大学任务框架是基于学术这一"原生性任务"而逐渐演进、发展和丰富的体系或结构。在"合作原则"和治理逻辑的指引下,基于稳定与变迁相统一的大学任务框架,建构公立高等学校自主权的法秩序结构或法律规制结构,形塑公立高等学校任务导向型"互动式"法权治理格局,是本研究最为核心的观点。

自主权法律规制结构的现实状况和缺陷,论证法律规制结构失衡与自主权运行困局之间的内在关联。基于此,提出较为具体的改进策略和变革思路,优化法律规制结构,促进公立高等学校自主权的"良法善治"。

1. 从学术自由与公共利益冲突整合的视角,审视公立高等学校自主权法律规制结构形塑的法理依据,证成任务导向型"混合法"规制结构的应然性、适切性与正当性。探讨公立高等学校自主权作为"复合型法权"的法理基础和实定法渊源,厘清公立高等学校自主权法律规制结构形塑的价值诉求和旨归。

2. 在厘清我国公立高等学校自主权法律性质的基础上,剖析其运行中的现实困境。从法律规制结构的层面,透视困境产生的成因。既关注静态文本规制的不足与缺失,更考察各类规制的动态实施与互动状况。研究旨在反思法律规制的结构性失衡对公立高等学校"互侵式"法权结构衍生的根本影响,提出矫正法律规制结构的具体建议。

3. 基于国家与社会关系的理论,重新审视"法秩序"的概念,提出"任务导向型法权治理"是我国公立高等学校自主权法律规制结构厘定的现实诉求。本研究认为应基于"强国家与强社会"良性互动的视角,探讨"国家法""大学法"与"社会法"①之间的互动关系及其结构形态。一方面,促进国家角色转变,推动国家法律秩序内部的界分、制衡与互动,厘清立法、行政与司法规制的界限与功能,尤其关注教育法的可诉性以及政府公权力的职能转变;另一方面,健全完善大学章程的实施监督机制,厘清高校校规与大学章程以及国家规制(尤其是行政规制)之间的关系,培育高等教育领域的行业规范、学术习惯法和大学自治秩序。

(三) 研究意义

长期以来,公立高等学校自主权运行中的"放乱收死"这一恶性循环,备受学界关注,形成了较为丰硕的研究成果。但是,既有的研究往往过多关注某一类型规制对公

---

① 在此,"社会法"特指高等教育领域的行业规范。例如,由高等教育领域独立第三方评估机构制定实施的评估和惩戒规则。

立高等学校自主权规制与保障的影响,却忽视某类规制与其他类型规制的关系及其互动所产生的"结构"①问题。实际上,在法治国的语境下,特定类型规制如政府公权力的行政规制对公立高等学校自主权的规制与保障,需要受到立法和司法的控制,亦会对公立高等学校的内部自我规制产生直接或间接的影响。特定类型规制的变革,除了其自身的变革外,还受到其他类型规制变革的影响。例如,除了政府行政审批制度改革所引发的教育行政规制变革外,《行政诉讼法》《高等教育法》的修订,也会对教育行政规制产生影响。正如权利或权力具有"相互性"类似,规制的运行实际上也处在特定的"结构"之中。当"结构"失衡时,特定类型规制的变革亦会受到束缚或阻碍。在"结构"失衡格局未发生根本性变革时,特定类型规制的变革也无法真正实现。概言之,"结构"是一种"网络",规制的运行嵌入在特定的规制互动"网络"之中,而法律规制结构就是各类规制类型复杂互动所形成的"网络"。基于此,本研究试图考察公立高等学校自主权的法律规制结构议题,为公立高等学校自主权的规制与保障提供有效建议。

围绕当前我国高等教育治理中存在的"泛行政化"与"过度市场化"的双重困局,考察公立高等学校自主权法律规制结构的失衡问题,将为化解我国公立高等学校自主权的现实困局,提供具体的变革思路。基于此,增强公立高等学校自主权行使的合宪性、合法性、合理性、正当性与有效性。通过对现行法律规定的梳理以及各类法秩序运行状况的考察,不难发现我国公立高等学校自主权的法律规制结构缺乏基本的"分类"思维和任务导向,对自主权的法律性质缺乏洞察和清晰的认识,这使得我国公立高等学校往往被视为普通的行政主体抑或民事主体,忽视其因学术自治权存在而具有的特殊性,忽视其不同于一般民事主体的公益属性。事实上,在高等教育市场化、国际化与普及化的趋势下,国家、高等教育与市场之间的法理关系已经发生深刻变革,简单地"套用"传统的公法学抑或民商法学的改革思路,已经难以适应公立高等学校自主权的规制与保障要求。

---

① 从字面意义而言,结构反映的是作为整体的各部分之间的搭配与互动关系。据此,公立高等学校自主权运行中各类规制类型藉由复杂互动所产生的结构,可以称为公立高等学校自主权的法律规制结构。

也正因为如此,本研究在借鉴以往公法学和教育法学研究成果的基础上,尝试从更为根本的层面上探究这一问题。在整合关于高等学校法律地位以及高等教育法律关系变革等研究成果的同时,指出厘清立法、行政与司法规制以及大学自我规制、社会集体规制等法秩序的互动关系是更为根本的"学术观察点",也是更为直接有力的改革路径。实际上,高等学校法律地位以及高等教育法律关系的研究[1],往往基于经典的法学研究思路,缺乏"治理"逻辑的引入。相比于传统的经典研究路径,基于"大学任务框架"的理解和认识,探究何种法律规制结构更为适切和理想,考察法律规制结构[2]缘何失衡,能够为我国公立高等学校自主权的运行提出具体的改革举措。诚如湛中乐教授所言,"法律中赋予了何种'大学任务',构成教育行政部门行使行政监督权的实质依据。""大学任务在实质上也可能有着宽严程度不同的要求,这也成为高校在多大程度上作为行政相对人、多大程度上受教育行政部门监管的实质基准。"[3]这一"任务导向型"法权配置的观点,不仅适用于教育行政监督权与大学自主权的边界划分,亦适用于立法权、司法权与大学自治权乃至大学自治权内部各法权主体之间互动关系的厘清。换言之,对公立高等学校自主权的理解,对各类法秩序或规制介入公立高等学校自主权的范围、方式的廓清,需要回溯到"大学任务"这一彰显"事物本质"的逻辑基点。据此,公立高等学校自主权法律规制结构的厘定,也需要基于"大学任务框架"这一根本性问题展开。

基于此,本研究致力于重新审视公立高等学校自主权法律性质的特殊性、跨界性与复杂性,寻求一种契合公立高等学校自主权合法且有效运作要求的适切的法律规制结构。本研究将学术自由与公共利益冲突整合作为价值前提,立足于"功能最适"原则和"事物的本质理论"的法学方法论[4],根据任务的属性、范畴及其对相对人权益影

---

[1] 相关研究参见:申素平.高等学校的公法人地位研究[M].北京:北京师范大学出版社,2010;石旭斋,李胜利.高等教育法律关系透析[M].长春:吉林大学出版社,2007;周光礼.教育与法律:中国教育关系的变革[M].北京:社会科学文献出版社,2005;周光礼.法律制度与高等教育[M].武汉:华中科技大学出版社,2005;张锟盛.行政法学另一种典范之期待:法律关系理论[J].月旦法学杂志,2005(6):71—79.
[2] 法律规制结构是本研究的核心概念,对于该概念的介绍将于后文详细论述,在此不予赘述。
[3] 湛中乐,等.公立高等学校法律问题研究[M].北京:法律出版社,2009:20.
[4] 关于功能最适原则以及事物的本质理论,具体章节将详细介绍,此处不予赘述。

响的程度差异,厘清公立高等学校治理中各类法权的关系、边界和结构。据此,建构各类法秩序之间理性界分、彼此制衡、良性互动和彼此融贯的"混合法"规制结构①,实现任务导向型"互动式"法权治理,促进公立高等学校在学术自由与外部干预(公共利益)、公共性与自主性、合法性与最佳性之间的整合和平衡。

(四)研究思路和方法

1. 研究思路

本研究采取一种"问题提出—文献分析—研究假设—构建分析框架—比较研究与历史研究—基本结论—政策建议"的归纳式思维路径。

首先,从中国公立高等学校自主权运行的现实困局出发,提出研究的问题,并对国内外的相关文献进行梳理和分析,从中发现可以拓展的研究主题和进路。

其次,在文献研究的基础上,重新审视公立高等学校自主权的法律性质。研究认为,公立高等学校自主权的法律性质界定,应超越公法学与民商法学截然二分的思路,将其视为具有国家教育权、社会教育权以及学术自治权等"多头法源"的"复合型法权"。在此,国家教育权、学术自治权与社会教育权等"多头法源"之间既理性界分,又彼此交融且动态转化。在此基础上,本研究立足于法学视野下的治理理论以及"事物的本质"理论,审视"大学任务框架"这一法秩序形塑的核心概念,进而提炼出任务导向型"混合法"规制结构以及"任务导向型法权治理"的命题。

再次,通过实证研究,剖析目前我国公立高等学校自主权法律规制结构存在的现状及其问题,反思其与适切的法律规制结构之间的差距。

最后,提出我国公立高等学校自主权法律规制的变革策略,以形塑更为适切的法律规制结构,保障公立高等学校自主权的良性运行。

---

① 以往对公立高等学校自主权法律规制的研究,一般也会触及各类规制的互动关系及其结构问题。但是,这些研究大多对"结构"应如何厘定缺乏清晰的认知和理性解释。本研究的创新之处,在于基于大学任务框架对各类规制介入公立高等学校自主权的范围与方式予以重新审视,进而提炼出"任务导向型混合法规制结构"的理论命题。据此,为我国公立高等学校自主权的法律规制提供具体的变革建议。

2. 研究方法

(1) 政策内容分析法

政策内容分析法(Content Analysis)被称为从"公开中萃取秘密"的一种研究方法。① 它是基于文本的政策分析,分析立足政策文本,但不拘泥于政策文本本身,它通过与文本相关的历史、制度和政策法律实践的对话来揭示文本背后的深层意涵。② 具体而言,本研究将对各类"法秩序"尤其是国家高等教育法律规范和大学章程、高校校规等文本进行剖析,考察特定法律或政策文本背后的目的与价值。基于政策内容分析法,从文本中揭示公立高等学校自主权法律规制结构的现状和问题。

(2) 理想类型法

理想类型法(Ideal Type Method)是德国社会学家马克斯·韦伯开创的一种社会科学研究方法。他试图通过理想类型为社会科学研究奠定坚实的逻辑基础,将其作为观察、分析与解释经验现实的概念工具。理想类型法通过对事物的某个特征进行放大,进而做出类型化的处理。理想类型作为比较和衡量的手段,能够引导人们达到实在知识的指示,使人们借此进入对历史事件的因果解释。③

应该认识到,"理想类型"并非绝对的,而是相对的与暂时的。"理想类型"的价值在于,它能够在纷繁复杂的现象之外,提取出本质因素,发现"概念"与"概念"之间的,一个变量和另一个变量之间的关联性。正如日本学者青井和夫所言,所谓的理想类型就是:"① 立足于一定的价值观点;② 从现象中提炼出认为是本质的要素;③ 将其上升为无矛盾的逻辑一贯的体系的概念或命题的这种情形。"④考虑到两大法律体系在高等教育哲学内涵、政治制度结构以及法律传统等因素之间的差异,本研究将公立高等学校自主权的法律规制,总体上区分为英美法系与大陆法系抑或盎格鲁—撒克逊模式与欧陆模式两种"理想类型"。

在具体的研究议题上,两种模式之间呈现出鲜明的特殊性。前者更加凸显外在秩序与内在秩序的融贯性和理性界分乃至制衡;后者则更多表现为国家法律秩序的主导

---

① 李钢,蓝石,等.公共政策内容分析方法:理论与应用[M].重庆:重庆大学出版社,2007:2-4.
② 涂端午.教育政策文本分析及其应用[J].复旦教育论坛,2009(5):22-27.
③ [德]马克斯·韦伯.社会科学方法论[M].韩水法,莫茜,译.北京:中央编译出版社,2008:16-19.
④ [日]青井和夫.社会学原理[M].刘振荣,译.北京:华夏出版社,2002:216.

性和大学自治秩序的"次级性"。在德国等大陆法系国家,受法团主义的影响,大学自治秩序往往被巧妙地"整合"和"吸纳"进国家法律秩序之中。当然,在高等教育的全球化、市场化特征日趋增强以及两大法律体系不断融合的背景下,两种模式之间也彰显出日益增多的共性,甚至表现出"趋同"的趋势。公立高等学校自主权的法律规制,都开始重视多元法律规制或合作规制,各类"法秩序"的理性界分、相互制衡和彼此融贯变得日益重要。

（3）历史逻辑研究法

从大学诞生之日起,大学与王权、教权等外部干预力量之间就开始了旷日持久的斗争。而在民族国家兴起之后,大学又开始纳入国家治理的范畴,甚至被视为公营造物即公法设施、国家机构看待。而在市场的力量不断凸显,国家、高等教育与市场之间法理关系深刻变革的20世纪后半叶,世界各国又掀起了公立高等学校法人化改革的运动。而司法权与公立高校自治权的互动,则经历了从"不介入"到"介入"再到"有限介入"的徘徊历程。此外,大学组织内部各类组群之间权力(权利)的对抗、博弈与制衡,同样是剧烈而持续的。通过大量历史文献的梳理,揭示公立高等学校自主权法律规制结构的内在规定性与规律性命题,具有重要意义。

三、核心概念界定

（一）法律规制的概念界定

规制的中文原意是规则与制度的合称,另指(建筑物的)规模形制之意。经济学家、政府管制学派学者以及公法学者所使用的"规制"一词多源自英文"Regulation"。其基础含义包括了递进式的两层意涵：一是规则、条例与法令等；二是基于规则条例等对某事的控制。也有人将规制翻译为监管或者管制等。对于"规制"的内涵和外延界定,学者们有着宽严不一的理解。[①] 例如,美国法学家塞尔兹尼克(Philip Selznick)

---

① 朱新力,唐明良,等.行政法基础理论改革的基本图谱："合法性"与"最佳性"二维结构的展开路径[M].北京：法律出版社,2013：92-93.

认为,规制指的是"针对共同体认为重要的活动,由公共机构施加持续的、集中的控制"。而日本学者根草益则将规制区分为"公的规制"与"私的规制"。按照《韦氏英文大辞典》的释义,"规制"被界定为"由权威机构制定,尤其是指规制某种行为的法律、规则或命令"。当然,至此规制的概念依旧较为模糊。以至于有学者认为,"规制是一种现象,从来都很难对其有一个明确而清晰的界定,对于其内涵及其范围,争议一直存在。"①

在本书中,使用法律规制而不使用规制的概念。一方面,是为了突出规制的法治本质和内在要求;另一方面,是试图基于法律规制的概念,涵盖不同类型的规制。基于此,本书选择使用法律规制的概念。传统上,严格意义上的法律规制只包括立法规制与司法规制两种类型。在公共行政任务不断丰富发展的背景下,"行政立法主义"逐渐兴起,行政规制亦成为法律规制的重要类型。政府部门发布的规范性文件的丛生,使得规章及规章以下规范性文件的法律效力及其合法性、正当性乃至"最佳性"问题备受关注。如何提升行政规制的法治化与正当性水平,成为公法学界关注的基本议题。法释义学与法政策学的学者,在此领域形成了激烈的对话和争鸣。在此背景下,关于公立高等学校自主权法律规制的研究势必需要将行政规制纳入分析范畴。从某种意义上而言,教育行政规制构成我国公立高等学校自主权法律规制结构研究的"枢纽性"议题。相当多的研究,聚焦公立高等学校自主权的行政规制或行政监督,关注公立高等学校与政府之间的分权状况。

考虑到公立高等学校自主权法律性质的复杂性和特殊性,其法律规制的内涵界定不能局限于传统法律实证主义②抑或国家法律主义的既定命题,而应基于法律多元主义(Legal Pluralism)的视角,赋予各类公立高等学校自主权运行的"法秩序"以法的"地位"肯认。哈耶克则提出"社会秩序二元观"的理论观点,据此,批判传统的"社会秩序一元观"的弊病和缺陷。哈耶克在其《自由秩序原理》一书中,对内在秩序(规则)与外在秩序(规则)的区分作了详细的论证。他认为,内在秩序是自发扩展的秩序,而外在

---

① 王波.规制法的制度构造与学理分析[M].北京:法律出版社,2016:26.
② 陈景辉.法律的界限:实证主义命题群之展开[M].北京:中国政法大学出版社,2007;邱昭继.法律的不确定性与法治——从比较法哲学的角度看[M].北京:中国政法大学出版社,2013.

秩序是一种组织秩序。① 显然,哈耶克反对传统法律实证主义与国家法律主义②的观点,强调法律秩序的多元性。针对公立高等学校的法律规制议题,哈耶克意义上的"内在秩序"可以对应大学自治秩序或大学自我规制,而其所指涉的"外在秩序"则可以认为是国家法律秩序或包含立法、行政与司法规制的公共规制。此外,基于新制度主义的视角,能够发现高等教育领域的法律规范,既包括作为正式制度的规制性制度要素,更包含大量诸如学术习惯法(Academic Usage)、高等教育行业规范(Professional Norms)等吉尔茨意义上的"地方性知识"在内的非正式制度,亦即规范性制度要素与文化认知性制度要素。③ 它主张国家视角与高等教育视角的交汇融合和良性互动,批判和反思国家视角遮蔽高等教育视角所衍生的潜在风险。

事实上,肯认各类法秩序价值的法律多元主义的思想,与治理理论的勃兴有着本质的关联,它呼唤着与自治和治理理念相契合的法律规制结构的生成与健全发展。雷娜特·迈因茨(Renate Mayntz)总结了从控制到治理的转变所产生的具体影响。他认为,"控制理论可以被描述为行动者中心的,而治理理论则是制度主义的,追溯至理论的起源,控制理论致力于建构欧洲大陆的国家和政府观念,控制理论中行动主体十分重要,而治理理论则强调规制结构,控制理论一直在一种相对狭隘的语境下为政治服务,它不能打破一直存在于背景中的自由,通过政治权力的合法化改造社会。而解决公共事务和集体事务规制的治理理论主要关注不同规制结构的影响,而对它们如何产生不太感兴趣,它从经济学的视角,注重理性选择和完善规制的有效形式。"④

结合治理与规制理论,研究者开始探讨特定规制领域在治理范式下的规制结构议

---

① 转引自邓正来.法律与立法的二元观[M].上海:上海三联书店,2000:59.
② 国家主义法律观有三个核心要素:体现国家意志、由国家制定、依靠国家强制力保证实施。
③ [美]W.理查德·斯科特.制度与组织——思想观念与物质利益(第3版)[M].姚伟,王黎芳,译.北京:中国人民大学出版社,2010:59.
④ 事实上,这种新的变化,已经对高等教育、公共卫生、食品药品安全、科学研究等领域的法律规制结构或模式产生巨大影响。参见:Jansen, D.. *New Forms of Governance in Research Organizations: Disciplinary Approaches, Interfaces and Integration*[M]. Netherlands: Springer, 2007;苏玉菊."新公共卫生"法律规制模式研究——基于治理的视角[M].北京:法律出版社,2015;宋华琳.药品行政法专论[M].北京:清华大学出版社,2015.

题。例如,宋华琳教授基于合作治理理论,考察我国食品药品监管领域的法律规制结构状况。① 而在他的专著《药品行政法》中,他更是明确提出了"混合性规制"的概念。② 此外,苏玉菊教授结合治理的视角,考察了公共卫生领域的规制模式,提出"新公共卫生"治理不同于传统的规制模式,它的规制依据不仅包括硬法,也包括软法。她认为,"传统的公共卫生规制依据的主要是严格的国家法(即硬法);而'新公共卫生'治理除了依据严格的国家法外,尚依据各种各类的软法。""治理情境下的'法'应该包括超越单一严格法中心的、多元的、柔性的、指导性、适应性强的软法规则体系。"③毋庸置疑,这些研究对思考我国高等教育领域法律规制结构的现状和变革路径,具有重要的借鉴价值。

(二)法律规制结构的概念界定

法律规制结构(Legal Regulation Structure)也可称为法律结构、规制体系或规制结构。通过文献梳理发现,国内关于法律结构或法律规制结构的研究,大多从国家与社会关系理论出发,考察法律规制结构中硬法与软法、国家法与民间法之间良性互动的重要意义。例如,李志强认为,"一国社会治理中的法律结构本质上取决于该国国家与社会的关系。国家与市民社会的结构性平衡和良性互动是最佳选择,而在其指导下的'治理模式'最为有效。这种模式下软硬法混合治理,形成一元多样的混合法结构,最难满足转型社会时期的现实需要。"④周佑勇教授则重点考察了公立高等学校等公共行政组织的法律规制议题。他认为,"在规制的路径选择上,实行加强规制与放松规制并举,并从加强立法、拓宽行政法的适用范围、扩展司法审查范围以及扩大公众参与等方面实现对公共行政组织规制的相关制度构建。"⑤据此,立法与司法规制的适度强化

---

① 他认为,"晚近的中国食品药品安全监管实践,可谓规制与治理理论的生动写照。在食品药品监管领域,行政规制、企业自我规制、行业协会自律、合作治理并存,国内规制与全球规制并存,自愿性规制与强制性规制并存,命令—控制型规制与激励型规制并存。"参见:宋华琳.论政府规制中的合作治理[J].政治与法律,2016(8):14-23.
② 宋华琳.论政府规制中的合作治理[J].政治与法律,2016(8):14-23.
③ 苏玉菊."新公共卫生"法律规制模式研究——基于治理的视角[M].北京:法律出版社,2015:105-107.
④ 李志强.转型社会治理中的法律结构初探[J].金陵法律评论,2010(1):21-26.
⑤ 周佑勇.公共行政组织的法律规制[J].北方法学,2007(1):94-100.

和行政规制的弱化以及公共行政组织内部自我规制的完善,是此类组织法律规制结构调整与优化的方向。

徐靖系统考察了包括公立高等学校在内的我国社会公权力组织的法律规制议题。她的研究指出:"1. 在多元的社会公权力规制机制中,诉讼解决机制最为优越;2. 通过诉讼实现社会公权力从'静态规制'走向'动态规制';3. 强化司法或'准司法'之于社会公权力的平衡作用,实现其从'单一纠纷裁判功能'向多元权力规制功能的转变;4. 以宪法诉讼的宪政、法治精神为导向,通过行政诉讼的制度完善与结构改良,实现社会公权力法律规制的宪政目标。"显然,她尤为重视诉讼作为一种动态规制的功能的发挥,关注司法权对社会公权力的法律规制。她认为,"社会公权力组织不仅应遵守国家硬法,且应遵守内部章程、条例、规范等软法规则。社会公权力的法律规制是软硬法混合规制,硬法是权力行使的外在界限,软法是权力行使的内在规则;这些内部规则——非正式控制——是为法律所承认(如法律授权社会公权力组织制定内部规则)或默许(社会公权力组织根据内部管理需要自行制定规则)的控制,软法规则只要未抵触法律的禁止性规定或社会公序良俗就有其自由生长空间。所谓'法不禁止即自由'。"[①]

意大利学者柏瑞尔·哈尔(Beryl ter Haar)教授在其发表的题为《转化、互补与竞争:国际劳工组织的混合全球治理》报告中提出了"混合结构理论"。在他看来,公共(国家)与私人(社会)主体相互作用于"规范建立和规范实施"的过程中。混合结构理论的目的是帮助理解这个过程。"混合结构包含了几种基本的结构:法律和类法律过程结构;传统命令、控制程序和新型治理形式结构;软法和硬法结构。"其中,硬法与软法并存的混合法结构的意义在于,"传统法规(硬法)提供一般规范,而新型治理使它们更加具体。"[②]"法规形式之间的结构形式决定了这些角色如何相处,比如它们是相互促进还是相互抵消。混合结构理论认定了三种主要的结构:竞争结构(Rivalry)——当不同的创制权争夺支配地位时;互补结构(Complementary)——当不同

---

① 徐靖.诉讼视角下中国社会公权力法律规制研究[M].北京:法律出版社,2014:55-56.
② 罗豪才.软法与治理评论(第二辑)[M].北京:法律出版社,2016:287-289.

的创制权和平共处时,不论是精心设计抑或没有计划;转化结构(Transformation)——当不同的创制权彼此合并,而且每一部分都构成达成目的所不可或缺的条件时。"换言之,在各类法秩序的混合法结构中,各类法秩序的关系既竞争,又合作;既界分,又转化。通过这种混合法结构,一些复杂的治理问题获得解决,治理的合法性与最佳性、有效性均获得提升。为了实现和保障复杂领域(如高等教育、学术)治理的合法性与最佳性,"首先应该采取的步骤是——关注所有的法规(类法律)形式和它们的不同功能。同时,还应当研究它们彼此之间的关系,因为它们的组成结构决定了发挥不同作用的程度。混合结构理论还暗示了只有这些法秩序形式兼具规则制定和问题解决的功能,并且在混合结构中有意识的互动——转化、互补与竞争,才能更好地规范其主体活动。"[1]显然,混合法结构具有鲜明的动态演进特征,这也使得法律规制结构的探讨和法社会学之间形成了密切的关联。概言之,法律规制结构必须聚焦于"行动中的法"[2],透视各类法秩序的实践和运行状况。

此外,近年来基于合作国家的理念,学界开始关注"合作规制"的议题[3],并取得了丰硕的研究成果。这些研究聚焦共享经济、环境资源以及医疗卫生等领域,强调各类规制的合作互补所具有的治理优势。例如,爱尔兰都柏林大学法学院安永康博士在其题为《失衡的中国食品安全规制:兼与英德相比较》(The Partial Food Safety Regulatory Regime in China: A Comparison with the United Kingdom and Germany)的博士论文中,系统且细致地考察了英国与德国的食品安全规制体系,提出食品安全规制的多元化值得我国借鉴学习。她通过既有文献的梳理发现,虽然很多国内学者已经对我国食品安全的规制议题进行了较为广泛而深入的研究,但是有关中国食品安全规制体系的系统化研究仍为鲜见。为此,其博士论文致力于在一定程度上填补这一空缺,通过与英国、德国的食品安全规制体系进行比较,去解决一个最为基础的问题,即在中国

---

[1] 罗豪才.软法与治理评论(第二辑)[M].北京:法律出版社,2016:283-284.
[2] 宋华琳.论政府规制中的合作治理[J].政治与法律,2016(8):15.
[3] 邹焕聪.社会合作规制的运作机理与行政法治回应[J].行政论坛,2013(3):85-89;张桐锐.行政法与合作国家[J].月旦法学杂志,2005(121):25-53;高秦伟.私人主体与食品安全标准制定——基于合作规制的法理[J].中外法学,2012(4):721-741;吕成.合作规制的行政法研究——以水污染规制为中心的分析[J].学术界,2012(2):71-79.

社会,谁在承担食品安全规制的职能,这些机构又是如何进行实践的。安永康博士指出,规制体系应被视为一种控制系统,在该系统中,各规制类型之间形成合作互补、复杂互动的多元化治理或合作治理体系。她认为,尽管在我国食品安全规制的实践中,承担规制职能的主体业已突破传统的政府部门乃至规制机构的范围。但是,相比于英国与德国较为完整的多元化规制体系,我国食品安全规制体系则总体呈现出严重的失衡困局。在中国,政府系统仍然把持着食品安全规制的重镇,并且倾向于通过立法来设定详细规则,在法律实施过程中偏重强调违法者为恶而惩罚不法行为。

显然,法学界学者关于特定领域规制体系或规制结构的研究,对本书考察公立高等学校自主权的法律规制结构或规制体系具有重要的启发价值。当前,我国公立高等学校自主权中立法、行政与司法规制以及社会集体规制、大学自我规制之间如何互动,彼此又是如何实践的呢?这种互动的规制实践,又是如何影响公立高等学校自主权运行的呢?何种结构是最为理想的呢?实际上,这一系列关于公立高等学校自主权法律规制结构或体系的研究,均旨在回应一个现实的问题,亦即中国公立高等学校自主权运行是如何陷入"放乱收死"这一久拖不决的制度性困局的?我们又应该如何破解这一困局?

总而言之,国内外学者普遍认为,法律规制结构是指各类法律规制之间彼此复杂互动所产生的特定结构,且较多认同法律规制结构的"多元论"乃至提出"混合法结构"的理论命题。在本书中,法律规制结构特指国家公权力的法律规制与公立高等学校自主权的内部自我规制乃至高等教育中介机构的"社会集体规制"等类型的规制之间持续互动所形成的相互关系及其结构形态。它既包括文本层面的"静态结构",又包括实践层面的"动态结构",属于静态与动态结构的统一。显然,法律规制结构的生成,是长期历史发展过程中理性建构抑或自主生长①的产物。国家、高等教育与市场之间法理关系的深刻差异,使得世界各国公立高等学校自主权的法律规制结构呈现出动态的差异性,它集中表现为各国公立高等学校法律地位界定的"形态分殊"。

---

① 哈耶克关于自发扩展秩序与"组织秩序"即内部秩序和外部秩序的观点,对公立大学法律规制结构的形塑具有一定的启发价值。而德国学者托依布纳的"反身法"观点,对反思高等教育与法律的过度联结以及"立法治教"的观点具有重要意义。参见:[德]贡塔·托依布纳.法律:一个自创生系统[M].张骐,译.北京:北京大学出版社,2004.

从某种意义上而言,公立高等学校自主权的多头法源,决定其法律规制结构的多元性、动态性、特殊性和复杂性。单一的国家法规范抑或自治秩序,单纯的公法抑或私法秩序,都不能契合公立高等学校治理的内在规定。① 据此,本研究认为应反思与修正"法"的定义,超越传统国家主义法律观主导下的"法"概念。一切能够对公立高等学校权利或权力配置产生影响的法秩序或规则体系都可以被称为"法",它应包括国家公权力的法律规制(包括立法、行政②与司法规制③)与公立高等学校自主权的内部自我规制④以及高等教育中介机构的行业规范即"社会集体规制"等。应通过各类规制的理性界分、优势互补、彼此融贯⑤与良性互动,形塑公立高等学校自主权的"混合

---

① 借鉴德国宪法与行政法的理论,高等学校作为功能自治或公务自治的行政主体,是一种具有多元色彩的行政体。它是各种社会利益主体对其享有参与功能的行政体。这种行政体本质上是国家与社会合作的一种形态。据此,高等学校的法律规制结构较其他类型的行政主体更为复杂。参见:[德]施密特·阿斯曼.秩序理念下的行政法体系建构[M].林明锵,等,译.北京:北京大学出版社,2012:246.
② 规章的适用尤其是它与司法解释之间的关系争议很大,但它只是在行政诉讼中始有适用的可能。在一般化的法源序列中,学界往往认为可以忽略。而在行政诉讼中,相关规章也只是被"参照"适用。本研究认为,规章尤其是部门规章对公立高等学校治理具有较大功能且在高等教育行政诉讼中经常被"参照"适用。例如,《普通高等学校学生管理规定》。基于此,在某种意义上,可以将规章视为法律渊源。但是,考虑到大学自治尤其是学术自治的特殊性,应降低行政规制的强度和密度,避免行政规章乃至规范性文件的"丛林"挤压大学自治的空间。
③ 在涉及公立高等学校治理的案件中,大量案件并不能找到明确的法律规则依据,只能借助法律原则,作出相应的判决。通过判决发展法律的"法官造法",成为高等教育领域诉讼案的重要发展路径。显然,传统的法律实证主义无法适应高等教育领域司法规制的诉求。如何在司法裁判中处理法律规则与法律原则的关系,协调大学自治与法治的关系成为高等教育诉讼案的焦点议题。参见:陈林林.法律方法比较研究——以法律解释为基点的考察[M].杭州:浙江大学出版社,2014.
④ 作为大学自我规制的大学章程以及校规的法律效力或法律位阶以及法律属性,一直存在争议。实际上,甘露诉暨南大学开除学籍决定案已经确立了高校校规作为"准法源"的地位。在最高人民法院的行政判决书中指出,"人民法院审理此类案件时,应当以相关法律、法规为依据,参照相关规章,并可参考涉案高等院校正式公布的不违反上位法规定精神的校纪校规。"此外,大学章程作为大学的"最高法",上承国家法律秩序,下启大学自治秩序。法院在高等教育诉讼案中,应当尊重大学章程。涉及学术自治事项的内容,大学章程甚至应具有高于规章的法律效力。参见:湛中乐,苏宇.论大学章程的法律位阶:基于法律多元主义的再认识[C]//北京大学宪法与行政法研究中心.行政法论丛(第18卷).北京:法律出版社,2016:39-54.
⑤ 融贯性构成法治的一个内在维度。有关法律体系的融贯性要求,应与连贯性区分。连贯性是融贯性的必要而非充分的条件,它构成融贯性的第一个概念要素。其中,麦考密克主张"规范的融贯性"(Normative Coherence),而德沃金则提出了更高的融贯性要求,主张"整全的融贯性"(Coherence as Integrity)。规范的融贯性表明支持一种体系融贯性所可以借助的规范渊源,而整全的融贯性同时还对它所满足的制度与价值标准进行了要求。融贯两者的关键在于"支持"(Support)或者"证立"(Justification)这一概念。连贯性、体系的融贯以及理念的融贯,是法律体系融贯性的三个层次。参见:雷磊.法律体系、法律方法与法治[M].北京:中国政法大学出版社,2016:76-108.

法"规制结构。① 本研究试图将立法与司法规制视为"硬法规制",而行政规制、社会集体规制以及大学自我规制则被视为"软法规制"。其中,硬法规制又包括公法秩序与私法秩序两方面内容。

本研究认为,基于"大学任务框架"的洞察和审慎揭示,促进公法与私法、硬法与软法在宪法统领下的界分与交融,构成公立高等学校自主权法律规制结构的理想状态。具体而言,公立高等学校自主权的法律规制结构作为本研究的主题,主要聚焦三方面内容:第一,在软法的视野中,审视教育行政规制、高校章程及其校规乃至高等教育行业自治规范的合宪合法与合理正当议题;第二,在硬法的视野中,考察立法与司法规制的功能重塑议题;第三,基于公私法界分与交融的视角,审视硬法规制中公法与私法规范的互动关系。

事实上,两大法律体系中高等教育法律的研究,都对这种法律多元主义视角下的"法秩序"给予了肯认。这在具有多元主义土壤和大学自治传统的英美法系国家显得尤为明显。例如,美国高等教育法律学者威廉·A.卡普林(William A. Kaplin)与芭芭拉·A.李(Barbara A. Lee)提出,美国高等教育的法律渊源包括联邦与州宪法、联邦与州制定的法律、联邦与州政府行政部门的规定与规章、州普通法(合同法、侵权法、代理法)、外国法与国际法、判例法(联邦最高法院与巡回上诉法院)、高等学校颁布的规则与规定、高等学校作为一方签订的合同、高等学校的学术习惯法等。②

而在大陆法系,受法团主义乃至国家主义的法哲学观念影响,对于法律渊源的认识并不如英美法系开放、灵活和多元。公立大学自治权的法律规制结构,往往表现为国家法律秩序的内部制衡和自我更新。例如,受新公共管理运动的影响,各州通过州《高等学校法》持续而规律的修正,展开制度性竞争。据此,为学术自由提供有效的组织与制度环境,促进大学作出"正确的大学决定",增强大学治理的适切性。尽管如此,除了关注宪法与高等教育立法规范对公立高等学校治理的影响之外,大陆法系国

---

① 罗豪才,宋功德.软法亦法:公共治理呼唤软法之治[M].北京:法律出版社,2009:204.
② Kaplin, W. A, Lee, B. A., Hutchens N. H. & Rooksby J. H.. *The Law of Higher Education (Sixth Edition)* [M]. San Francisco: Jossey-Bass, 2019: 34 – 47.

家也都开始逐渐重视大学章程与校规作为"自治立法"的重要性。

此外,大陆法系虽然未能形成英美法系那样悠久的判例法传统①,但其依旧高度关注判例尤其是宪法判例对公立高等学校治理的影响。例如,1973年德国宪法法院的"大学组织判决"案,对学术自由的组织、制度与程序保障给予高度关注,直接为公立高等学校"组群大学"模式的形塑提供了宪法依据,一定程度上影响了1976年德国《高等学校总纲法》中对公立高等学校内部治理结构的法律规定。② 联邦宪法法院与立法机构之间的持续互动以及"立法判断余地"③等相关议题,构成德国公立高等学校自治权法律规制结构的重要内容。此外,在德国,公立高校享有章程自治权。公立高等学校自治规章,也被视为行政法的法源。"自治法"作为"国家法"的"下位法"被纳入法律规制的体系之中。据此,德国公立高等学校自治规章受到政府的行政监督。④ 而在法国,公立高等学校的规章制度,不得与宪法、法律以及行政法令等高等教育法的渊源(Les Sources du Droit de L'enseignement Supérieur)相抵触。换言之,公立高校制定的校内规则,具有较低的法律效力位阶。⑤ 显然,在法国、德国等欧陆国家,公立高等学校自治规章的治理空间较为有限,它受到国家法律秩序的严格约束。

从本质上而言,受理性主义的哲学传统与法团主义的国家与社会关系模式影响,大陆法系公立高等学校自治权的法律规制结构形塑,表现了法治国语境下国家法律秩

---

① 事实上,从17和18世纪开始,判例在德国司法实践中的角色日益重要,许多判例集被编撰出版。至19世纪,甚至一度出现过"对先例的狂热"。尽管德国联邦宪法法院之外的法院并不受先例的约束,但事实上还是会遵循上级法院、特别是联邦最高法院的裁判。因为不论是法官还是案件当事人、律师,都被鼓励援引先例。如果法官一意孤行地违反先例,就必须承担相应的说理论证的义务。正如大木雅夫所言,"大陆虽然确实没有先例拘束原则,但实际上,无论是法国还是德国,下级法院都遵从上级法院的判例,否则,下级法院作出的判决就必然在上级审判时被撤销。"在德国法中,先例虽然不能和基本法、法律平起平坐,但就总体而言,判例在德国法中仍然是必须重视的实质法律渊源。参见:陈林林.法律方法比较研究——以法律解释为基点的考察[M].杭州:浙江大学出版社,2014:167-170.
② Hartmer, M. & Detmer, H.. *Hochschulrecht-Ein Handbuch für die Paraxis* (4. Aufl.)[M]. C. F. Müller: Heidelberg, 2022:374-379.
③ 王鹏翔.基本权作为最佳化命令与框架秩序——从原则理论初探立法余地问题[J].东吴法律学报,2006(3):1-40.
④ Hartmer, M. & Detmer, H.. *Hochschulrecht-Ein Handbuch für die Paraxis* (4. Aufl.)[M]. C. F. Müller: Heidelberg, 2022:374-379.
⑤ Beignier, B. & Truchet, D.. Droit de L'enseignement Supérieur[M]. Paris: Hors collection, 2018:55-64.

序的自我更新、持续反思与动态演进。大学自治秩序较大程度上被"吸纳"进国家法律秩序之中,其自主创设空间相对有限而局促。

(三) 权利与权力的概念界定

关于权利与权力的研究,可谓众说纷纭,百家争鸣。根据法理学家庞德(Roscoe Pound)的考察,"在法律和法学文献中没有一个词比权利更加模糊不清。在现代语言中,与权利相应的词也是如此,如:Recht,Droit,Diritto,Derecho,Direito。"他认为,"有关权利的理论,包括自然法理论;形而上学理论——一种保障自由意志的权利;作为主观表达的正义的权利;法律关系——作为一种关系的权利;作为自由的权利;作为一种受保护的利益的权利;作为一项按照权利的字眼表述的政策——公共安全中的社会利益。"[1]

显然,在西方法理学的研究中,往往将权力包含在广义的权利概念之中。正因为如此,童之伟教授指出应反思和更新权利义务法理学,进而提出法权中心主义的理论。他认为,应该"将权利和权力而不是权利义务看作最常见最重要的法律现象"。"法律上最重要的现象是权利和权力,最基本的矛盾是权利和权力的矛盾。""权利与权力是对立统一的,能够相互转化。""法权概念的形成,实现了对广义的权利的理论捕捉和对它的认识的范畴化、规范化,同时结束了长期以来权利概念和权力概念形式上有区分实际上区分不清,狭义权利与广义权利没有严格界分的历史。"[2]"法权是权利与权力的统一体,是人民权利的法律表现。而一直占据人们思维中心的义务概念,从本质上说只是权利(权力)的表现形式,从社会内容上看则是权利(权力)的利益反射。"[3]显然,法权概念的提出,试图超越以往占据主导地位的权利义务法理学,重构法学理论的基本框架。

当然,童之伟等学者的观点,也遭到一些法理学者的批判。例如,王莉君从否定"国家权力不是法律权利"的一系列观点出发,指出国家权力具有权利属性。她反对

---

[1] [美]罗斯科·庞德.法理学(第四卷)[M].北京:法律出版社,2007:43-67.
[2] 童之伟.法权与宪政[M].济南:山东人民出版社,2001:170-192.
[3] 林纯青.法权理论下环境权内涵的重构[J].福建政法管理干部学院学报,2008(3):60-63.

将权力视为国家权力,权利视为民众权利的思维定式,提出在"法的空间中,'合法性'和'支配力'是法律权利不可缺少的两个组成部分。无论是国家,还是一般民众,其依法获得的支配性力量都属于法律权利"①。因此,可以认为这种对权力与权利二分法的批判反思,认识到权力与权利在"合法性"与"支配力"这两个维度上的共通性。尽管,这种法理分析具有一定的合理性。但是,这无益于本研究厘清大学治理中各类法权主体边界,形塑"互动式"大学法权结构的目的。王莉君与孙国华教授所考察的法律权利,实质上认识到权力与权利的共性和转化可能性,对考察法权的概念和逻辑具有重要启发价值。事实上,权利与权力两个概念之间,既具有共性且能够相互转换,又具有彼此的特殊性且需要彼此界分。理想的状态并非选择权利本位和权力本位两种极端模式,将权利与权力视为彼此对立的两种法律现象,而是基于法权中心主义的观点,寻求法权总量的最大化。

(四) 公立高等学校的概念界定

本研究聚焦公立高等学校,而非包括私立或民办高等学校在内的所有高等学校。这种研究的聚焦,蕴含着公、私立大学界分的经典命题。当然,这种经典命题在近年来受到诸多现实的挑战。随着国家、高等教育与市场之间法理关系的不断调适,公、私立大学界分的传统命题受到挑战。在财政来源方面,公私截然区分的财政拨款逻辑已被抛弃,高等教育的公益属性和绩效表现成为公共财政拨款的依据。在法律规制层面,公立大学与政府、教师以及学生之间的法律关系,表现出公、私法因素的交融性,公法契约关系理论逐渐受到推崇。公立大学日益被视为介乎公、私之间的特殊法人或混合型机构,传统意义上广义的"公法人"共识,正在遭受挑战。此外,受政府拨款持续增加的影响,美国一些私立大学的特定学院和课程被视为"政府行为"而部分受公法的规制。

据此,大量高等教育领域的研究者,从公共财政拨款体制变革和大学法人化的实际状况出发,论述公、私立大学界限模糊②乃至公私莫辨的全球趋势③。更有学者提

---

① 王莉君.法学基础范畴的重构:对权利和权力的新思考[J].法学家,2005(2):118-124.
② 陈涛.大学公私界限日益模糊:全球现象与动态特征[J].复旦教育论坛,2015(4):9-15.
③ 何雪莲.公私莫辨:转型国家高等教育市场化研究[J].比较教育研究,2012(1):18-22.

出,高等学校应被界定为第三部门法人。持有第三部门说的学者,主要包括以下几种观点:第一,王建华认为,从组织特性出发,整个高等学校(大学)都应被视为第三部门看待;只不过,各类学校处于由自治与控制、营利与非营利构成的"坐标系"的不同"点"。① 作为第三部门,高等学校应坚持非营利性、非政府性与自治性三个核心观念。② 第二,高新发认为,"可以根据营利与否和自治程度的强弱高低,将高等学校分为第一部门的高等学校、第二部门的高等学校和第三部门的高等学校,在此基础上,公立大学治理的制度创新应从第一部门迈向第三部门。"③第三,罗爽认为,"将高等学校定位为第三部门组织,实现了其两大根本组织属性——自主性和公共性的有机辩证统一。第三部门视野下的高等学校法人应属于专业型第三部门法人,并采取社团法人的组织形态。"④除明确将公立高等学校定位为第三部门的研究之外,还有一些学者倾向于将其界定为"准政府组织"、"非营利组织"、公益机构或社会公权力组织等。

事实上,这些观点都共同关注到高等学校的本质特征对第三部门视野引入的内在要求。无论是公共性与自主性的价值诉求抑或非营利性、非政府性、自治性的核心观念,都是针对当前中国高等学校的现实困境,提出的应然逻辑和理想状态。显然,传统的大学治理实践,总是在部分程度上偏离大学的本质特征和内在规定,致使其走向泛行政化抑或过度市场化的困局。然而,这种应然逻辑的提出,是否能够完全具有可操作性,又是否与国际趋势完全吻合,是值得商榷的。例如,公立高等学校的法律地位界定及其治理,是否能够完全抛弃其所具有的履行公共职能或承担国家公务的内在要求呢? 公立高等学校是否可以基于第三部门的视野完全和私立高等学校获得无差别的一致性呢? 第三部门法人的制度设计是否有比较法上的支撑,又能否真正切实可行呢? 第三部门法人说对公、私立大学法人制度之间共性的高度凝练以及对差异性的遮蔽,是否符合现实中两类大学法律规制和适用的状况呢? 事实上,在大陆法系国家公立高等学校法律地位变革的进程中,私法因素作为一种"治理工具"的引入具有相对

---

① 王建华.高等学校属于第三部门[J].教育研究,2003(10):36-39.
② 王建华.第三部门视野中的现代大学制度[J].高等教育研究,2007(1):1-6.
③ 高新发.从第一部门到第三部门——论我国公办大学转型的制度选择[J].教育研究,2002(10):61-65.
④ 罗爽.论建立第三部门视野下的高等学校法人制度[J].教育学报,2014(6):40-50.

性,公法依旧是其法律关系调整的主要渊源。① 英美法系公、私立高等学校法律适用的区别,也主要是在公法规制的适用上。在美国,公立高等学校被视为广义的"公共机构",受公法规制。在英国,即便是传统的特许状大学,也呈现出"国有化"的进程,被视为"复合性的公共当局",在其履行特定公共职能时,亦需受自然正义原则、越权无效原则等行政法原则的拘束。与此不同,两大法律体系的私立大学都倾向于适用非营利性法律或私法的规制。

显然,在法律规制层面,公、私立大学界分的传统命题获得了重新诠释,被赋予了持续的生命力。它有力地回应了公私界限模糊、公私莫辨以及高等学校均为第三部门法人等所谓的新兴命题。据此,本研究认为,公立高等学校"是指由国家和地方政府举办并实施监督管理的主要从事高等学历教育的学校"②。公立高等学校与私立高等学校的区别,主要体现在法律规制和适用的差异上。

(五) 高等学校自主权的概念界定

关于高等学校自主权的概念,研究者们从教育学、法学、经济学、政治学等学科视角给予不同的界定或描述,不同学科的观点之间相去甚远。本研究主要考察从法学视角界定高等学校自主权的相关研究。对高等学校自主权法律性质和范畴的不同理解,使得学者对高等学校自主权的概念界定存在较大差别。已有的学说大致可以包括公权力说、混合性权利说、固有权利说等。学者们大都指出我国高等学校自主权这一概念与西方大学自治还具有一定的区别,也分别从公法学、民商法学、教育法学等学科的视角对其作了概念的界定以及法律性质的梳理。

从实然的角度而言,中国公立高等学校自主权具有明显的"放权"③或"授权"特征,这与西方公务分权和间接行政乃至学术自由的制度性保障理论所倡导的大学自治有着较大差别。尽管如此,本研究认为应深化对公立高等学校自主权的认识,不拘泥

---

① 姚荣.迈向法权治理:德国公立高校法律地位的演进逻辑与启示[J].高等教育研究,2016(4):93-102.
② 覃壮才.中国公立高等学校法人治理结构研究[M].北京:北京师范大学出版社,2010:20.
③ 秦惠民.高校管理法治化趋向中的观念碰撞和权利冲突——当前讼案引发的思考[J].现代大学教育,2002(1):69-74.

于传统的法律法规授权组织说以及"国家行政"理念主导下的"公权说"的认识,也不简单地支持"社团自治说"或"固有权利"说所坚持的类似"自然权利"的高等学校自主权的性质定位。"国家行政"说显然过于保守,容易使公立高等学校进一步沦为政府的"附属机构",而"社团自治说"则显得过于理想,容易忽视公立高等学校承担部分国家教育公务,履行公共职能的事实。实际上,这两种学说都是一种理想类型的言说,它们彼此之间并非完全割裂。换言之,公立高等学校自主权的法律性质定位,应在理想与现实之间保持必要的张力,肯认其具有多重属性的事实。

毋庸置疑,过于理想抑或过度现实保守的自主权性质定位,无益于公立高等学校办学自主权的良性运行,只能恶化其现实中存在的诸多治理难题。为了更好地反映中国公立高等学校自主权法律渊源和性质的复杂性,更有效地实现公立高等学校自主权的法律规制,本研究倾向于采用劳凯声教授的"复合性权利说"和龚怡祖教授"综合性权利说"的观点。据此,将公立高等学校自主权视为一种具有国家教育权、社会教育权与学术自治权等多头法源的复合型法权。作为特殊的行政主体、行政相对人和民事主体时,公立高等学校自主权分别表现为特殊的公权力和私权利,包括公权与私权两个维度。

首先,当公立高等学校作为法律法规规章授权组织或授权性行政主体时,享有由国家委托或授权而获得的公权力。例如,学籍管理、学位授予与撤销、教师职称评定与升等。其次,当公立高等学校作为自治性行政主体时,享有的学术自治权。例如,学生学业成绩评定、学位授予中学术性要件的规定等。最后,当公立高等学校作为民事主体时享有独立的民事权利并承担相应的民事责任,此时办学自主权表现为一种特殊的私权利。例如,公立高等学校的知识生产交易与技术转移活动。前两者构成公立高等学校自主权的公权面向,而后者则构成公立高等学校自主权的私权面向。

值得指出的是,鉴于公立高等学校自主权的公权属性中包含了其他类型法人所不具有的学术自治权,因此,其公权属性不同于一般的行政主体。学术自治权的存在,构成我国公立高等学校自主权中所包含的公权因素,具有不同于国家公权力的特殊性的法理依据。从一定意义上而言,学术自治权和西方大学的学术自由与大学自治等基本权利具有精神气质乃至法律意义上的共性特征。基于此,对域外大学自治尤其是学术自治的比较法研究,也就具有了一定的借鉴价值。

总而言之,高等学校自主权是法律承认与保护的复合型法权,它既包括国家法律法规规章的授权,也包括高等学校成员权利让渡所形成的学术自治权,亦包括其作为民事主体所享有的民事权利。从权利事项上而言,借由国家法律法规规章授权所获得的自主权大致包括学位授予与撤销权、学籍管理权、教师职称评审权等,它对应的是国家委托大学办理的事项和任务,亦即"委办事项"。对此领域,政府既可以实施法律监督,也可以实施必要的行政监督。借由高等学校成员权利让渡所形成的学术自治权,则对应高等学校的"自治事项"。[①] 例如,研究自由、教学自由、学力评鉴、资格评审等。对于"自治事项",法律仅可进行框架性、低密度、概括性的立法。越接近"自治事项"的核心地带,法律监督的密度越应降低,而自治立法权的"形成空间"则越广阔。

此外,公立高等学校作为民事主体的民事权利,则表现为高等学校在知识产权交易与科技成果转化、贷款、基础设施建设等民事活动中所享有的民事权利。对于公立高等学校自主权中所具有的民事权利组成部分,公法学界往往认为应予以特殊的限缩,以保障公立高等学校的公益性。而对英美法系多有研究的学者们,则关注公立高等学校作为非营利性机构或公共机构,其从事经营性活动的特殊限制或保护。基于公立高等学校作为非营利性组织的界定,主张其从事经营性活动时应采用"附条件许可主义"的思路,鼓励其从事与公立高等学校办学宗旨紧密相关的经营性活动。对于与其宗旨无关的经营性活动,则倾向于质疑与否定其免税地位。换言之,法律对公立高等学校从事此类与其教学科研等办学宗旨无关的经营性活动,往往不予支持甚至予以限制。

(六) 法权的概念界定

当前,中国法理学界一般将"法权"定义为"法律的权利""法律的正当性"[②]、普遍

[①] 我国台湾地区学者陈文政认为,大学自治事项可以区分为自治权限事项如自治立法权以及自治内涵事项两类。

[②] 关于法权,有学者以"法律的权利"为内涵进行研究,参见:张仁善.近代中国的主权、法权与社会[M].北京:法律出版社,2013。有学者认为法权就是法律的正当性证成。参见:许章润,翟志勇.世俗秩序:从心灵世界到法权政治[M].北京:法律出版社,2013。

的"人民权利"和西方学者所言的"广义的权利"等。法权中心主义理论的提出者,童之伟教授指出,法权是一个反映法律承认和保护的全部利益的法学范畴。在这里,"法权"类似于美国法学家庞德(Roscoe Pound)所提的"广义的权利",是权利与权力的统一体。[1] 受"法权中心主义"理论的影响,国内环境法学、经济法学乃至高等教育法律的研究者开始关注并引入法权的研究。

事实上,高等教育法律甚或教育法作为综合法律部门,也不能简单地归为"权利之法"或"权力之法",而应援引法权中心主义的理论予以重构。对此,龚怡祖教授敏锐地观察到高等学校自主权法律性质的复杂多元性与法权中心主义理论的内在契合。他提出,"高校自主权的源头可追溯至学术自主权、国家教育权和社会教育权,这也是高校自主权在法律上产生公、私属性界分的根源。高校自主权与高校法定之权同为一物,既包括权力也包括权利。"[2] 在此,龚怡祖教授虽未使用"复合型法权"的概念,但他已经深刻地认识到高校办学自主权是公私属性混合,兼具公共职能与学术自治双重属性,以学术自由与公共利益为价值依归的复合型法权。这一深刻的洞见,为公立高等学校自主权的法律规制结构研究提供了基础。受其启发,本研究着力聚焦何种法律规制结构,是公立高等学校自主权运行中最为适切的结构,探讨现实中我国公立高等学校自主权法律规制结构的弊端、困局及其破解之道。类似地,在童之伟教授提出法权中心主义的同时,也深刻地认识到公立高校等"准公共机关"的特殊性。童之伟教授关于"准公共机关"(包括公立高等学校等事业单位)法律属性的深刻理解,事实上为公立高等学校治理引入法权视角提供了理论铺垫,一定程度上揭示了公立高等学校自主权作为"复合型法权"的重要规律。

当然,童之伟在使用"法权"概念时,更多基于宪法学的考量,不可避免地无法顾及高等教育法制领域的特殊性;另一方面,"法权"概念在国内刚提出时,有关"法"的

---

[1] 童之伟.法权与宪政[M].济南:山东人民出版社,2001;童之伟.法律关系的内容重估和概念重整[J].中国法学,1999(6):24-32;童之伟.以"法权"为中心系统解释法现象的构想[J].现代法学,2000(2):24-28;童之伟.法权中心的猜想与证明——兼答刘旺洪教授[J].中国法学,2001(6):15-38;童之伟.法权中心主义要点及其法学应用[J].东方法学,2011(1):3-15.
[2] 龚怡祖.我国高校自主权的法律性质探疑[J].教育研究,2007(9):50-54.

概念和范畴的理解还相当薄弱。因此,应在充分借鉴和吸收法哲学、公法学以及其他高等教育法制研究者①,关于"法"概念与范畴的研究基础上。对公立高等学校治理的法律渊源或规制体系作进一步考察,厘清"法权"概念中"法"的意涵与边界,理性界分不同类型的"法秩序"或"规制"。概言之,法权是理性界分、彼此融贯②的各类"法秩序"③,规范与保障的权力与权利的统一体。参考西方法哲学以及国内法权研究的相关成果,法权本质上涉及公权与私权的配置、规制与保障。

(七)治理的概念界定

"治理"(Governance)一词源自希腊语中的"掌舵"(Kybernan)。在20世纪50年代至60年代,这一概念用法还较为少见。最初,这一概念主要出现在经济学领域。在1979年,经济学家威廉姆森教授撰写了《交易成本经济学:契约关系的治理》一书。在该书中提出公司治理的议题,此后,法律经济学的研究者们纷纷开始关注治理。在此之后,治理也被广泛地应用于政治学、行政学与社会学乃至公法学的研究之中。实际上,治理理论在公法学领域的出现,是以公权力变革的实践为背景脉络的。在民族国家的语境下,单一权力中心的国家管制与政府公权力的蔓延和扩张是

---

① 参见 Kaplin, W. A. & Lee, B. A.. *The Law of Higher Education*[M]. San Francisco: Jossey-Bass, 2013;庞德.法理学(第二卷)[M].封丽霞,译.北京:法律出版社,2007;庞德.法理学(第三卷)[M].廖德宇,译.北京:法律出版社,2007;喻中.论授权规则(第二版)[M].北京:法律出版社,2013;罗豪才,宋功德.软法亦法:公共治理呼唤软法之治[M].北京:法律出版社,2009;黎军.行业组织的行政法问题研究[M].北京:北京大学出版社,2002;郭剑平.社团组织与法律秩序研究[M].北京:法律出版社,2010;金自宁.公法/私法二元区分的反思[M].北京:北京大学出版社,2007;何海波.实质法治:寻求行政判决的合法性[M].北京:法律出版社,2009;沈岿.公法变迁与合法性[M].北京:法律出版社,2010;胡水君.法律与社会权力[M].北京:中国政法大学出版社,2011;薛刚凌,王文英.社会自治规则探讨——兼论社会自治规则与国家法律的关系[J].行政法学研究,2006(1):1-8.
② 法治融贯命题的提出,旨在超越法律实证主义与国家法律主义的传统,重塑国家与社会合作治理背景下,国家公权力与社会公权力相互尊重,法治国家与法治社会之间彼此"融贯"的法治秩序。参见:江必新,王红霞.法治社会建设论纲[J].中国社会科学,2014(1):140-157;姜明安.论法治国家、法治政府、法治社会建设的相互关系[J].法学杂志,2013(6):1-8.
③ 有研究者指出,"法权"概念中"法"的概念和范畴,应从历史和功能的视角界定。"法"应包括三个层面:一是主体认知的"法",主要体现为学理性的著述和大众信念;二是法律规定的"法";三是现实表现的"法",主要是指制度生活中的行动者实际确立、维护并遵守的实践规则。三者分别构成"法"的应然态、法定态和实然态。参见:赵平萍.法权结构论:权力与权利互动的分析框架[D].长沙:湖南大学,2007:4.

"前治理"或"旧治理"①时代的国家公共事务管理的重要特征。应该说,在20世纪90年代之前,"治理"(Governance)与"统治"(Government)的概念是交替使用于与国家公共事务相关的政治或行政活动之中的。但在此后,治理概念日益兴起并被赋予了新的意涵。

当前,在治理理论众说纷纭和持续演进的背景下,关于治理甚至未能形成一个准确且被普遍接受的定义。学者们对治理概念的诠释,往往也更多注重其与统治、管理的区别及其自身的基本特征。针对治理概念的混乱及其所产生的"学术迷糊"问题,瑞典政治学家乔恩·皮埃尔(Jon Pierre)在2000年出版的《治理争论》(*Debating Governance*),指出应赋予治理双重含义以进一步澄清治理的概念。一方面,它是20世纪后期出现的对国家适应外部环境的经验描述;另一方面,它也是概念或理论上对社会系统间协作的表述,尤其关注国家在这一过程中的作用。②

"如今,治理几乎在每一个学科中都扮演着重要角色,治理之所以流星般崛起似乎是由于它成了一个跨学科的概念或者说桥梁性的概念,它将不同的学科话语及其研究发现整合了起来。"③"从社会学的视角来看,国家不一定在治理结构中享有特权,治理中有相互依赖的行动者——国家对它力所不能及的行动者和资源的依赖对于从控制到治理的变革而言至关重要。"④当然,无论其他行动者变得如何重要,"国家仍然是重要的行动者,发挥着守门者的角色,承担着网络编织的功能。博泽姆(Botzem)将国家的地位总结为,无论网络是不是逃避政府权威的方式,或者是否能通过整合私人行动者确保政治行政控制的运行,仍然是一个悬而未决的问题,至少民族国家的行动空间受到了关注,在许多方面政府承担着促进行动者活动的组织任务,这种守门者的功能包括公共物品的提供和司法系统的运作。国家权威也通过决策过程中的其他一些机

---

① 政治学与公共行政学话语体系下的治理可以分为旧治理(Old Governance)与新治理(New Governance)两个发展阶段。格里·斯托克(Gerry Stoker)认为,传统意义上的"治理"与"统治"是同义词,旧治理与统治在本质上没有差别。
② 罗豪才.软法与治理评论(第二辑)[M].北京:法律出版社,2016:238.
③ 同②.
④ Jansen, D.. *New Forms of Governance in Research Organizations: Disciplinary Approaches, Interfaces and Integration*[M]. Netherlands: Springer, 2007.

制进行更广泛的干预,例如通过法定条件实施财政激励、发放国家补助以及发布广义的命令"①。

当前,以政治科学和社会学为桥梁,治理已经进入法学的论述。肇始于政治科学的治理理论,已经在法学界产生重大影响。一些研究借由治理概念,甚至试图重构经典法学尤其是公法学的一些基本命题和教义。例如,治理理论的引入,使得行政法学超越了"内生增长论"的学术发展阶段,进入"结构转换论"的新境界。② 值得关注的是,即便在治理理论引入还存在较大争议的德国法学界,也有学者致力于将治理的视角引入法学研究。德国公法学者图汉斯(Hans-Heinrich Trute)指出,"因国家之变迁,释义学从国家调控观念转为治理概念。从社会学中的治理概念延伸至法学,其作为分析观点纳入国家行为的古典形式、欧洲化与国际化。法学上治理概念的讨论以管制结构为主,研究其中的行为标准、行动者与工具间的作用关联性、替代与补充关系。对特定事物领域的管制而言,管制结构这个概念涵盖了重要的管制机制、标准、形式与工具。管制结构的概念不只是在国家与私人任务区分的范畴之中,在其他范畴也有丰富的讨论。这也适用于行动者与不同行动逻辑者之间共同合作的所有范畴。例如,研究系统的管制结构。"③换言之,德国法学界已经开始关注公立高等学校等研究机构的法律规制结构问题,而其理论基础正是治理理论。在治理理论的视野中,正式的法律与非正式的法律均被视为研究系统管制结构的重要组成部分。

作为对大学等研究机构有长期关注的公法学者而言,图汉斯重点考察了治理结构的议题及其在高等教育领域的适用。他认为,治理结构概念的提出最初旨在关注国家履行职责的方式的变化。例如,"责任分担"的国家和私人领域行动者在履行公共责任上的合作,对于行政法学而言,责任分担的挑战在于其理论和概念基于独立于社会行动者并自己承担责任的国家模式。他指出,治理结构可以被最低限度地定义

---

① Jansen, D.. *New Forms of Governance in Research Organizations: Disciplinary Approaches, Interfaces and Integration*[M]. Netherlands: Springer, 2007.
② 沈岿.监控者与管理者可否合一:行政法学体系转型的基础问题[J].中国法学,2016(1):105-125.
③ Hans-Heinrich Trute,王韵茹,等.行政法学中的治理概念——以大学为例[J].中正大学集刊,2012(2):241-291.

为:(1)协调行动的结构;(2)相互依赖的行动者;(3)相互之间有横向和纵向的关系;(4)既涉及公共领域又涉及私人(公民)社会领域。这些定义开辟了治理的可能机制的整个范围,而不只是那些被定义为"合法"或"在法律约束下"运行的机制。①

显然,图汉斯已经深刻认识到治理与管制结构在学术领域的适用价值。在他参与撰写的 New Forms of Governance in Research Organizations: Disciplinary Approaches, Interfaces and Integration 一书中,他以大学为例,深入剖析了大学治理的管制结构议题。他认为,"行为交互协调的一般模式,如竞争、科层制与网络等,在观察大学时,可以以及必须更加详细地描述。以大学治理的行为协调的五种模式作为基础,这是与社会学学者合作共同发展出的模式,得用以凸显大学之治理研究的变迁。"这五种模式包括:国家规制(State Regulation)、利益相关者引导(Stakeholder Guidance)、学术自治(Academic Self-governance)、管理自治(Managerial Self-governance)和竞争(Competition)。这五种模式中的任何一种模式,"都是一种特殊的规则设计,这些规则均与组织、程序、标准、工具与行为取向以及行为协调的非法律形式以特殊方式相互结合。如此设计出的治理模式因而与治理系统相联结"。②

除了图汉斯以外,"柏林一位退休的公法教授舒珀特(Gunnar Folke Schuppert)在他新近出版的书中,在保持精确的法学聚焦的同时,成功整合了治理的视角。舒珀特运用治理主要阐明两件事:其一,法律制定的过程,涉及国家内的不同级的政府(涉及联邦制与权力分立)等,运用各自的立法权力在立法过程中相互协作并彼此依赖。其二,他指出被各种规制充斥的当今世界,不但依靠公共立法过程或不同层级政府的立法,而且越来越依赖私人的行动者、规则与行为,以及其他不受民主过程授权或监督的标准制定权(Standard Setting Powers)。今天,规则制定不再局限于国家和政府机构,法律也不再通过国家获得其权威,其他非国家行动者制定的规则正取得越来越大的影响力。因此,法学研究不应忽视在传统意义上不被称为法律的新形式的规则,包括行为

---

① Jansen, D.. New Forms of Governance in Research Organizations: Disciplinary Approaches, Interfaces and Integration[M]. Netherlands: Springer, 2007: 57-70.
② Hans-Heinrich Trute,王韵茹,等.行政法学中的治理概念——以大学为例[J].中正大学集刊,2012(2):241-291.

手册、标准、技术术语、软法等。舒珀特教授认为,法学研究的首要目标是勾勒出规制选择的理论框架,找出实现和执行特定政策最恰当的法律手段。据此,法学研究必须充分考虑除了民族国家传统的层级制规则以外的其他工具。"①

除此之外,法学家们往往认为,"治理并不能在严格意义上与法律的基本教条相契合,据此反对将治理作为法学概念。"他们认为,"治理更适合作为法律的政策部分,属于政策转化为法律之前的决策过程。"所以,在这部分法学家看来,"治理的视角既丰富也阻碍了法律与法学研究。一方面,治理将法学话语从合法律性(Legality)提升到明智性(Advisability)与政治便利(Political Convenience),将社会科学的视角引入法学,使得法学研究得以关注立法过程和规制选择中的适当性与机构竞争问题。另一方面,它又损害了传统的法学概念与理念,使得权力分立不再重要、公民权利被贬低为利益问题。总体上看,治理的进路倾向于将经典的法律概念相对化。在法学家看来,这或许会对法学研究有不利影响。既然利弊同时存在,法学家不得不做出他们的选择,要在多大程度上支持这一概念。"②"简言之,新的治理视角打算从两方面进一步拓展当前的进路:第一,其旨在创造一种不局限于法律学者,而是能让其他学科都参与分享的话语;第二,它将法学和以法学为中心的研究拓展到法律之外,但与法律相关的其他客体上。由此,治理在学科与方法(Scientific Matters)的双重意义上拓展了研究的视野。"③

实际上,治理的视角提供了一个用于研究行动者之间各种形式的协调问题的普遍的分析框架,而实证研究和理论研究也都表明,在某种环境和特殊标准下,由层级控制的治理结构足以运行,但在其他一些环境和标准下,释放的市场力量能运行得更好。基于治理理论的视角,哈里·德波尔(Harry de Boer)等学者创新性地提出"治理均衡器"(Governance Equalizer)的概念。该概念旨在强调大学治理中不同治理机制与模式的优化配置和混合。他们认为,在研究大学系统的治理时,可以借鉴社会子系统中治理基本维度的分类。据此,提炼出大学治理五种维度:国家规制(State Regulation)、利

---

① 罗豪才.软法与治理评论(第二辑)[M].北京:法律出版社,2016:239.
② 罗豪才.软法与治理评论(第二辑)[M].北京:法律出版社,2016:242-243.
③ 罗豪才.软法与治理评论(第二辑)[M].北京:法律出版社,2016:236.

益相关者引导(Stakeholder Guidance)、学术自治(Academic Self-Governance)、管理自治(Managerial Self-Governance)和竞争(Competition)。①

- 国家规制和自上而下的国家权威的传统观点相关,这种规制通过指令调节,政府规定了某种特殊情境下的具体行为;
- 利益相关者引导通过目标的设定和建议引导大学发展。在高等教育治理中,政府通常是一个重要的利益相关者,但并不是唯一的行动者,它可以授予某些权力来指导其他的行动者,例如中间组织或大学委员会中的行业代表;
- 学术自治和大学系统内部专业共同体的角色相关,这一机制在大学内部的学院式决策和学术共同体以同行审议为基础的自治中逐渐制度化,反映在经费决策等事务中;
- 管理自治和大学作为组织的等级制度相关,大学领导者的角色——最高级别的校长或院长或中层的系主任——在目标设定、规制和决策过程中都面临威胁;
- 大学内部和大学之间相互竞争稀缺资源——资金、人才和特权大部分情况不是发生在"真正"的市场中,而是在"准市场"中,其中顾客需要替代了同行绩效评价。

不难发现,治理理论为公立高等学校治理变革提供了重要的理论视角,而其与法学理论尤其是公法学研究②的内在契合则进一步证成了公立高等学校自主权法律规制应走向"互动式"法权治理的命题,蕴含着各类"法秩序"(如公法与私法③、硬法与软法④)理性界分、彼此融贯和良性互动的"混合法"规制意涵。毋庸置疑,法律多元主义与治理之间存在深层的价值契合和关联。此外,治理对自治的肯认与高扬,也与学

---

① Jansen, D.. *New Forms of Governance in Research Organizations: Disciplinary Approaches, Interfaces and Integration*[M]. Netherlands: Springer, 2007: 136-140.
② 罗豪才教授认为,"随着公共治理与公法互动关系的日益凸显,'公共治理'这个概念在不久的将来也会成为公法学的一个基本范畴。"参见:罗豪才,宋功德.公域之治的转型——对公共治理与公法互动关系的一种透视[J].中国法学,2005(5):3-23.此外,治理理论对多中心的强调,也正在引领多元行政法以及规制理论的勃兴。参见:王瑞雪.治理语境下的多元行政法[J].行政法学研究,2014(4):131-137.而关于公私法域界分与交融背景下,公共职能理论的兴起以及公法疆域拓展的研究,则可参见:[新西]迈克尔·塔格特.行政法的范围[M].金自宁,译.北京:中国人民大学出版社,2006.
③ 金自宁.公法/私法二元区分的反思[M].北京:北京大学出版社,2007.
④ 罗豪才,宋功德.软法亦法:公共治理呼唤软法之治[M].北京:法律出版社,2009.

术自由与大学自治等公立高等学校治理的基本价值诉求相吻合。

基于此,本研究认为治理是在国家与社会良性互动背景下,各治理主体之间基于法定框架,采用多元化的法律规制方式与工具①,形塑适切的法律规制结构,实现各类权力或权利理性界分与优化配置的动态过程。这一概念界定,与当前新公共治理②的思想具有内在的关联,均强调组织间治理以及互动式规制网络的特殊价值。

---

① 姜明安.全球化时代的"新行政法"[J].法学杂志,2009(10):8-11;于安.降低政府规制——经济全球化时代的行政法[M].北京:法律出版社,2003.
② 新公共治理是21世纪初建立起来的一种管理模式和理论,它力图将政治与技术即价值理性和工具理性结合起来,超越传统公共行政和新公共管理的两分法。它建构的"服务主导"的理论和方法将公共政策的执行以及公共服务的提供置于中心,从服务方而不是生产方(传统公共管理理论的出发点)的角度重新诠释了以多组织和多元主义为特点的西方国家公共服务的过程。参见:竺乾威.新公共治理:新的治理模式?[J].中国行政管理,2016(7):132-139.

第二章
公立高等学校自主权法律规制结构厘定的法理依据

如何形塑适切的公立高等学校自主权法律规制结构,不仅是动态实践的"实然"议题,亦是"应然"层面需要审慎考量的法理问题。法理依据的厘清,将为我国公立高等学校自主权法律规制结构的厘定提供理想图景和变革方向。总体而言,公立高等学校自主权法律规制结构厘定的法理依据,包括四方面内容:首先,公立高等学校自主权的法律性质辨析和厘清,构成其法律规制结构厘定的逻辑起点。其次,学术自由与公共利益的冲突整合,构成公立高等学校自主权法律规制结构厘定的价值前提。再次,国家监督、大学自治与师生权利之间的法益平衡,构成公立高等学校自主权法律规制结构厘定的功能取向。最后,"功能最适原则"与"事物的本质"理论,为公立高等学校自主权法律规制结构的厘定提供法学方法论的支撑。

一、法律性质的辨析:公立高等学校自主权法律规制结构厘定的逻辑起点

公立高等学校自主权的法律性质一直是学界争论的焦点议题,总体上存在"公权说""私权说"以及"综合性权利说"(或"复合性权利说")三种类型。对公立高等学校自主权法律性质的研判,直接影响学者对国家法律秩序如何介入、何时介入乃至"是否介入"的观点和立场。从本质上而言,公立高等学校自主权法律性质的辨析,构成其"应然"法律规制结构厘定的逻辑起点和重要法理依据。事实上,对公立高等学校自主权法律性质的研判,较大程度上取决于对自主权概念的理解。据此,本研究旨在通过对既有研究的梳理和评价,结合法律解释的基本方法(包括文义解释、体系解释以及历史解释)深入考察公立高等学校自主权的概念内涵和法律性质。

(一)国家行政抑或社团自治:公立高等学校自主权法律性质的公私之争

公立高等学校自主权法律性质的厘定,作为高等教育法学研究的基本命题,一直以来备受学界关注。目前,既有的研究从"实然"和"应然"的角度,分别对自主权的法律性质开展研究,产生了较为丰硕的研究成果。通过前文的文献梳理已经发现,持有"国家行政说"或"社团自治说"的观点均不能较好地解释和剖析自主权的法律性质。一方面,"国家行政说"的观点,忽视了公立高等学校自主权中公权力的特殊性以及私权利的客观存在性,遮蔽了公立高等学校与一般行政主体之间的差异性。而持有"社团自治说"的学者,尽管更加本质地揭示了自主权的渊源和理想状态,却忽视了自主权的动态实践和历史性、阶段性。从一定意义上而言,"社团自治说"能够较为合理而有力地解释大学学术自治权的法律渊源和法律性质,却不能对公立高等学校履行公共职能,承担部分教育公务乃至客观存在的经济性活动给予有力的回应。这两种不同的自主权法律性质定位,将产生截然不同的法律效果,二者对自主权的法律规制提出不同的要求。从深层次而言,由于这两种观点的截然分立,使得学界关于公立高等学校自主权的法律规制,呈现出相互抵牾的意见交锋和话语博弈。

实际上,无论是"社团自治说"抑或"国家行政说",总体上还是基于传统公法学的视野审视公立高等学校自主权的法律性质,大多借鉴大陆法系公法学的观点。这些观点,并不能全面、完整和准确地厘清我国公立高等学校自主权的法律性质,甚至忽视了我国公立高等学校自主权与大学自治概念之间的差异性。通过对域外法律理论的移植和借鉴,能够对当前我国公立高等学校自主权的运行提供反思依据和变革指导,却也不可避免地存在"生搬硬套"之嫌。事实上,西方公立高等学校自治权的法律性质,也已经逐渐超越了传统公法学的研究视野。传统的公法学与民商法学观点,均不能单独揭示出公立高等学校自主权的法律性质。

在德国法上,功能自治性行政主体属于国家与社会合作的"多元色彩的行政体",在该领域的法律议题较为复杂且具有广阔的发展前景。高等学校作为多元色彩的行政体,具备无法低估的意义和极为复杂的运作模式。高等学校自治权的法律性质,也远非经典的学术自由宪法理论能够涵盖。阿斯曼教授认为,合作原则是学术法建构的基本原则。据此,本研究认为应深入挖掘大学任务的本质及其演进状况,尤其需要重视学术概念的重新诠释,进而更全面而动态地审视公立高等学校自主权的法律性质。例如,大学与企业的合作,就涉及学术与经济的关系。传统的宪法上的基本权利理论,必然需要通过自我更新来予以回应。而传统的公法学也势必需要打破其封闭的格局,以较为开放的姿态审视这一公私法域混合的复杂法律问题。德国法学界和实务界的观点,有利于我国学界充分认识到公立高等学校自主权的复杂性、特殊性和跨界性,进而超越既有的关于公立高等学校自主权法律性质的公、私之争。

(二) 复合型法权:公立高等学校自主权法律性质的再界定

既有的研究已经在法理层面对公立高等学校自主权作为"综合性权利"或"复合性权利"的法律性质给予界定,在一定程度上超越了传统的关于自主权法律性质的公、私之争。例如,龚怡祖教授认为,"高校自主权的源头可追溯至学术自主权、国家教育权和社会教育权,这也是高校自主权在法律上产生公、私属性界分的根源。高校自主权与高校法定之权同为一物,既包括权力也包括权利。"[①]

持有类似观点的还有劳凯声教授,他认为当前我国"高等学校的办学权利不仅已经足够大,而且这项权利的性质也开始发生质变,成为一项复合型的权利。当前高等学校的权利源于高等学校实际存在的两类基本的法律关系:一类是以隶属性为主要特征的纵向型法律关系;另一类是以对等性为主要特征的横向型法律关系"[②]。此外,马晓燕博士基于公、私法区分和交融的视角,审视高等学校自主权的法律性质。她同样认为作为"第三部门"的高等学校,其自主权的法律性质具有公权与私权的复合性。颇具创新意义的是,她并不认为自主权中公权与私权的划分是绝对的。她审慎地提出:"公权与私权的界分并非完全是由固定的封闭的法律逻辑推演而来,公、私法的区分仅是一种法律的技术或是手段,其目的是使一定的价值或任务能够更为适当地合理地实现。""高等学校自主权公私权属性的界分具有一定的相对性,在判定时需要结合

---

① 龚怡祖.我国高校自主权的法律性质探疑[J].教育研究,2007(9):50-54.
② 劳凯声.教育体制改革中的高等学校法律地位变迁[J].北京师范大学学报(社会科学版),2007(2):5-16.

特定案件和具体情境进行功能性的或目的性的考虑。"①

实际上，龚怡祖教授、劳凯声教授以及马晓燕博士均对我国公立高等学校自主权的法律性质变迁给予深入的历史考察，提出从计划经济体制向市场经济体制转变过程中，高等教育法理内涵的变革对公立高等学校自主权法律性质演进的影响，认识到其具有公、私权双重面向的特殊性。基于此，他们提出需厘清公立高等学校法律地位，适时推进公立高等学校法人制度"公法化"，增强对作为"双界性法人"的公立高等学校的法律规制。为进一步完善对公立高等学校自主权法律性质的论证，本书尝试引入历史解释与文义解释的法律解释方法。通过考察我国公立高等学校自主权的相关立法规范和法律文本，透视《中华人民共和国教育法》(简称《教育法》)《中华人民共和国高等教育法》(简称《高等教育法》)的立法和修法背景，全面剖析公立高等学校自主权作为"复合型法权"的内在合理性与正当性。

1. 探寻立法者的意志：公立高等学校自主权法律性质的历史解释

据德国学者拉伦茨的观点，所谓历史解释，旨在考察"立法者的意志"。"通常可以由法律制定史中获得关于法律起草者规范想法的资料。""认识参与法律准备和起草工作者之规范想法的根源有：不同的草案、讨论记录及添附在草案中的理由说明，认识参与立法行为者之想法的根源则为国会的报导。这些文件本身也需要解释，解释时特别应考量当时的语言理解、学理及司法裁判(假设法律起草者明白采纳它们，或者明确受其影响的话)以及立法者当时身处而必须予以考量的事实状态=规范环境。最广义的历史研究在这一点上可以协助法律解释。"②"通过塑造具体的法规范，立法者在对特定问题做出回答。故而，历史解释要探寻的是，立法者提出这项必须解释的规则想达到什么样的目的，立法者对他所看到的利益冲突决定给何种利益优先或争取何种利益平衡。历史解释的目标不是立法参与者事实上的内心意志，而是从产生历史的上下文中认识的历史调整目的。"③"立法者在立法当时的意图，可以由立法当时的历

---

① 马晓燕.论公、私法区分与融合视角下高等学校自主权的法律性质定位[C]//劳凯声.中国教育法制评论：第6辑.北京：教育科学出版社,2009：149-166.
② [德]卡尔·拉伦茨.法学方法论[M].陈爱娥,译.北京：商务印书馆,2003：208-209.
③ 张青波.法学理论：多维与整合[M].北京：法律出版社,2016：361.

史情境(包括推动那个提出规则的各种现存的、社会秩序问题)、规整动机(包括立法者看到或尊重的各种利益、决定立法者伦理和政策的种种理念)、立法者的意向声明、官方的立法理由声明、国会报导、规整本身(包括前言、指导性规定、标题、意义脉络及由此显现的价值决定)求得。"①

我国《高等教育法》的立法受到社会主义市场经济体制改革的影响,反映出体制转轨对高等学校自主权扩大与落实,确立高等学校独立法人地位的客观要求。在《高等教育法》颁布实施之前,已有大量政策文件对这一问题给予关注。1985年《中共中央关于教育体制改革的决定》指出,"当前高等教育体制改革的关键,就是改变政府对高等学校统得过多的管理体制。在国家统一的教育方针和计划的指导下,扩大高等学校的办学自主权。"②而国务院于1986年3月12日发布的《高等教育管理职责暂行规定》提出"扩大高等学校管理权限,增强高等学校适应经济和社会发展需要的能力"。该文件在《中共中央关于教育体制改革的决定》基础上,将高等学校的办学自主权分为八类:(1)招生和毕业生分配自主权;(2)财务管理自主权;(3)基本建设自主权;(4)干部、教师和职工管理自主权;(5)教师职务和学科评审自主权;(6)教学管理自主权;(7)科研管理自主权;(8)对外交流自主权。③

为进一步保障公立高等学校自主权,赋予公立高等学校以独立的法人地位成为高等教育改革的趋势。1992年《关于国家教委直属高等学校内部管理体制改革的若干意见》中,首次提出:"国家教委直属高校是由国家教委直接管理的教育实体,具有法人地位。"同年的《国家教委直属高等学校深化改革、扩大办学自主权的若干意见》指出,"改革的重要方面是理顺政府与学校之间的关系,转变政府职能,扩大学校办学自主权,逐步确立高等学校的法人地位,进一步明确学校的权利与义务,利益与责任。"当然,这两份政策文件都局限于对国家教委直属高等学校的规定。④ 直到1993年2月,

---

① 张青波.法学理论:多维与整合[M].北京:法律出版社,2016:361.
② 中共中央关于教育体制改革的决定(1985年5月27日)[G].//教育改革重要文献选编.北京:人民教育出版社,1988:17,23-24.
③ 高等教育管理职责暂行规定(1986年3月12日)[G].//普通高等学校法规文件选编.北京:北京师范大学出版社,1988:22-24.
④ 申素平.高等学校的公法人地位研究[M].北京:北京师范大学出版社,2010:19.

中共中央、国务院正式发布《中国教育改革和发展纲要》(简称《纲要》)。《纲要》明确指出,"在政府与学校的关系上,要按照政事分开的原则,通过立法明确高等学校的权利与义务,使高等学校真正成为面向社会自主办学的法人实体。"[1]

显然,在1998年《高等教育法》出台之前,一系列重要的政策文件已经充分认识到高校自主权对于适应社会主义市场经济体制改革的意义,简政放权以及落实和扩大办学自主权成为这一时期高等教育政策系统的基本议题。通过对这一系列政策文本的考察,能够较为清晰地发现《高等教育法》的立法旨在增强高等学校的自主性、适应性和"活力",打破僵化的高等教育管理体制,重塑中央与地方以及高等学校与政府之间的关系。从政策文本的话语分析,不难发现,我国公立高等学校自主权自20世纪80年代初以来,就已经打上了"工具理性"的烙印,自主权被视为促进教育改革与发展,增强高等学校与经济社会发展相适应能力的工具或手段。这种深层的思维模式,使自主权更多被视为"特权"而非法定权利。在中共中央以及国家教委(现教育部)等下发的关于扩大与落实高等学校自主权的政策文本中,自主权的"放权"思维和"工具导向"一直很明显。从某种意义上而言,这是法治思维与观念薄弱的表现,它直接衍生出我国高等学校自主权扩大与落实的"政策途径",为高等学校自主权的"放乱收死"恶性循环埋下了种子。正因为如此,有学者指出,"20世纪末中国高等学校得以从政府系统中游离出来,其实是国家主动放弃的结果,而不是高等学校固有的法律地位所决定的。"[2]通过历史解释,能够发现公立高等学校自主权的获得,是强制性制度变迁的产物,它客观上顺应了我国社会主义市场经济体制改革的潮流。[3] 据此,1998年颁布实施的《高等教育法》,强调高等学校作为民事主体法律地位,并要求高等学校与社会主义市场经济发展相适应。

总体而言,与20世纪90年代如火如荼的社会主义市场经济体制改革相适应,1998年《高等教育法》的颁布实施属于典型的市场导向的立法,倡导"市场式治理"

---

[1] 中共中央、国务院.中共中央国务院关于印发《中国教育改革和发展纲要》的通知[J].中华人民共和国国务院公报,1993(4):143-160.
[2] 劳凯声.教育体制改革中的高等学校法律地位变迁[J].北京师范大学学报(社会科学版),2007(2):5-16.
[3] 周光礼.中国大学办学自主权(1952—2012):政策变迁的制度解释[J].中国地质大学学报(社会科学版),2012(3):78-86.

的政策范式。市场式治理也意味着政府缩小职能范围,从而减少了对高等教育的投入,大学需要在市场中获取办学资源。① 它较多关注高等学校作为民事主体的法律地位,较少关注其在公法上的地位;较多规范高等学校的权利义务,较少对政府的权责边界给予明确规制。法律文本上的模糊性和不确定性,为此后高等教育改革中诸多现实问题的出现和蔓延留下了隐患。随着高等教育市场化过程中诸多现实问题如招生腐败、基建腐败和银行贷款风险滋生等"过度市场化"问题的显露,公立高等学校的"公、私串权"难题备受关注和责难。对此,2010年颁布的《国家中长期教育改革和发展规划纲要(2010—2020年)》,对高等学校自主权提出更为明确的要求,指出"政府及其部门要树立服务意识,改进管理方式,完善监管机制,减少和规范对学校的行政审批事项,依法保障学校充分行使办学自主权和承担相应责任"。2011年,由中共中央、国务院发布的《关于分类推进事业单位改革的指导意见》(简称《意见》)中则将公立高等学校定位为"公益二类"事业法人,试图破除高等教育改革中市场机制引入所产生的一系列负面影响和弊病。《意见》指出,"对从事公益服务的,继续将其保留在事业单位序列、强化其公益属性。"2011年事业单位分类改革的系统部署,为2015年《高等教育法》的修正提供了指导方向和基本要求,大学自治与法治的统一成为《高等教育法》修法的亮点。② 大学学术治理成为新法关注的重点内容之一,公立高等学校的学术自治权得到凸显。然而,令人遗憾的是,新修正的《高等教育法》未能对公立高等学校的法人属性给予进一步明确,公立高等学校法人制度的公法属性依旧未能明晰,对政府的法律责任和权力边界缺乏明确规定。

通过"历史解释",能够发现公立高等学校作为事业法人这一模糊概念的包容性以及公立高等学校自主权具有国家教育权、社会教育权与学术自治权等"多头法源"的客观实在性。它表明公立高等学校自主权作为"复合型法权"的法律性质确认并非一蹴而就的,而是多重制度逻辑之间复杂互动的产物。

---

① 周光礼.中国大学办学自主权(1952—2012):政策变迁的制度解释[J].中国地质大学学报(社会科学版),2012(3):81.
② 湛中乐.大学治理的重要保障——兼评《中华人民共和国高等教育法》的修改与完善[J].中国高教研究,2016(6):32-36.

2. 揭示规范的深层意义：公立高等学校自主权法律性质的文义解释

在"历史解释"方法之外，"文义解释"是更为常用的法律解释方法。"文义既构成了解释的界限（超出则不再是解释，而是续造），又是解释的起点。文义解释是依普通语言用法构成之语词组合的意义，或者依特殊语言用法组成之语句的意义，来判断相关法律语词的意义为何。之所以要考虑它，因为可以假定，当大家想要表达些什么，通常会以一般能理解的方式来运用语词。"①

据此，应结合《教育法》《高等教育法》的法律条款文本，深入挖掘文本的真实含义及其背后的深层用意，进而更好地解读我国公立高等学校自主权的法律性质。在1998年颁布实施的《高等教育法》中，涉及高等学校自主权的是第32至38条。通过文义解释的方法，不难发现《高等教育法》采取区分法律前提的表述方式对不同类型的自主权事项赋予了不同的规范强度，彰显出《高等教育法》在规范层面区分各类自主权事项的精致内涵。② 梳理《高等教育法》第32至38条，可以发现第34条自主制定教学计划等；第35条自主开展科学研究等；第37条前半句自主确定内部组织机构的设置和人员配备等三项法律条款是没有法律前提限制的。换言之，这三项法律条款所涉及的自主权事项，较少受到法秩序的规制和约束，更多由大学自主决定。而第33条依法自主设置和调整学科专业、第38条依法自主管理和使用某些财产等两项法律条款是需要"依法"行使的高等学校自主权。此外，第36条开展与境外高等学校之间的科学技术文化交流与合作、第37条评聘教师和其他专业技术人员的职务等两项法律条款是"根据国家有关规定"行使的自主权事项。而第32条自主调节系科专业比例，则需要"根据国家核定的办学规模"具体设定。

显然，《高等教育法》关于高等学校自主权的法律条款，表明高校自主权并非没有限制。实际上，我国公立高等学校自主权受到国家法律秩序乃至"强制性规定"限制。当然，对高等学校自主权的规限并非不加区分，而是精致地设置了一定的规范强度"级差"，在不同方面允许行政规制的程度至少在法律上表现出很大差别。实际上，这种

---

① 张青波.法学理论：多维与整合[M].北京：法律出版社,2016：336.
② 湛中乐,苏宇.论大学章程的法律位阶：基于法律多元主义的再认识[C].行政法论丛（第18卷）,北京：法律出版社,2016：50.

第二章　公立高等学校自主权法律规制结构厘定的法理依据

"级差"的设置反映出立法者对学术与非学术事项以及公共利益强度差异事项的深刻体认,体现出立法者对公立高等学校自主权作为"公权"和"私权"的特殊性已经有较为全面而深入的洞察。质言之,学术自由与公共利益,二者成为公立高等学校自主权法律规制的基本价值诉求和内在规定。毋庸置疑,《高等教育法》的法律规定,对公立高等学校自主权法律规制结构的任务导向和"分类规制"提出了潜在要求。此外,对这7项法律条款的文本分析,也能够发现自主权事实上即为公立高等学校的法定权利(权力)。它不仅包括其作为民事主体的"私权",亦包括其作为特殊的行政主体或行政相对人的"公权"。①

当然,也有研究者认为《高等教育法》中的7项自主权不是严格意义上的高等学校自主权,而是高等学校的法律权利,不能简单地将高等学校的法律权利与高等学校自主权混为一谈。他认为,将《高等教育法》规定的高等学校权利视为高等学校自主权,将会出现自主权的主体中没有教师、也没有学生的情形,导致以学术权为核心的高等学校自主权主体的缺失,影响高等学校自主权的落实。他认为,高等学校自主权不仅包括《高等教育法》规范与保障的"法律权利",还包括高等学校章程规定的权利。他尤其指出,高等学校除了法律法规规定的权利外,还包括一种基于学术共同体约定的权利即学术自主权。②

实际上,该研究者并没有从"文义解释"的角度深入考察《高等教育法》立法者的深意,而是人为地割裂了国家法律秩序与大学章程的内在关联。事实上,《高等教育法》对自主权事项的列举,并非试图涵盖高等学校自主权的所有内容,而是旨在通过立

---

① 有学者指出,高等学校自主权是高等学校依据教育法的规定而享有的法定权利,教育法属公法性质,因此高校自主权在性质上是公权力。并且此点已有司法判决予以认可。在田永案中,北京市海淀区法院从学籍管理是教育法赋予高等学校的自主权这一规定出发,认为行使这一权限的行为是一种特殊的行政管理行为,将高等学校自主权定性为一种公权力。参见:申素平.高等学校法人与高等学校自主权[J].中国高教研究,2005(5).事实上,《高等教育法》第38条规定"高等学校对举办者提供的财产、国家财政性资助、受捐赠财产依法自主管理和使用"属于典型的"私权利"而非"公权力"。此外,教育法是否就是公法,学术界存在较大争议。最新的观点认为教育法不能简单地划归公法或私法,也不能简单以"隶属说"和"独立说"审视教育法律的地位,而应坚持以"问题为中心",将其视为"综合法律部门"。参见:覃红霞.教育法地位问题新论——传统法律部门理论的超越与反思[J].教育研究,2016(7):44-51.
② 蒋后强.高等学校自主权研究:法治的视角[M].北京:法律出版社,2010:76-77.

法对高等学校自主权进行法律确认。与此同时,《高等教育法》也并未忽视学术自治权的存在,该法第10条明确规定"国家依法保障大学中的科学研究、文学艺术创作和其他文化活动的自由",而这一条款实际上构成了我国公立高等学校教师学术自由权利保障的重要法律依据。总体而言,我国《高等教育法》通过法律确权的方式,规范和保障高等学校自主权,肯认"国家教育权""社会教育权"与"学术自治权"等高等学校自主权"多头法源"的特殊价值。问题在于,《高等教育法》对于高等学校自主权规定的粗疏和模糊且缺乏"分类思维",既为厘清高等学校自主权法律性质的复杂性提供了解释的空间,也为高等学校自主权的规制和保障遗留了较大的不确定性和制度性漏洞。从某种意义上而言,我国目前高等学校自主权运行中存在的诸多问题尤其是高等教育"泛行政化"与"过度市场化",与立法的卸责及其立法思维、技术的落后是分不开的。

二、学术自由与公共利益:公立高等学校自主权法律规制结构厘定的价值前提

公立高等学校自主权法律规制结构的厘定,既遵循高等教育规律,又遵循法治规律;既关注公立高等学校作为公共机构的公共性,持续地追求社会公共利益的最大化,又重视公立高等学校作为学术自由的重力场的自主性。"高等学校自主权的获得是建立在学术自由和公共利益实现这两个价值基点之上,或者说学术自由和公共利益是对高等学校自主权进行法学研究的两个逻辑起点。"[①]从一定意义上而言,结合高等教育规律与法治规律,实现学术自由与公共利益的整合,是构成公立高等学校自主权法律规制结构的内在规定与价值前提。质言之,公立高等学校自主权法律规制结构作为大学哲学内涵法律化的结果,展现了高等教育政治论与认识论的冲突整合和辩证统一。"法律对大学的制度性规定,体现的是政治权威(政府)对现代高等教育机构社会性的理解,并非大学组织在漫长历史中积淀形成的文化或哲学内涵的全部。""在各国法律

---

① 马晓燕.基于法治的自主——我国高等学校自主权及其界限研究[D].北京:北京师范大学,2008.

框架下,大学自身的哲学价值附加在法律价值之上,现代法律制度与法律传统承载并且平衡了政治论与认识论的二元化高等教育哲学观,因此成为现代大学制度构建的基础条件之一。"①学术自由与公共利益二者,分别与高等教育的"认识论"与"政治论"相对应,与公立高等学校所追求的知识理性与公共理性这两种理性形态相关联,可以说是这两种高等教育哲学观的法学表达。质言之,公立高等学校自主权的法律规制结构,旨在从规范与事实(或功能)两个方面,为学术自由与公共利益的冲突整合提供法治保障和基础。

适切的法律规制结构,试图为公立高等学校自主权运行中多元且冲突的利益的整合提供具有较为稳定的预期,以及灵活而富有弹性的法律制度环境保障。如何对学术自由与公共利益②作为公立高等学校法律规制结构厘定的价值前提这一命题给予证成,如何依据这一命题形塑、调适乃至矫正既有的法律规制结构具有重要的理论与现实意义。显然,这一命题的解答,需要重点剖析公立高等学校自主权的权力结构,透视何种法律规制对不同的权力(权利)类型运行更为适切,考察何种法律规制结构更有利于各类权力(权利)运行的合法性与正当性生长。

(一) 学术权力与行政权力:公立高等学校自主权内部的二元权力结构证成

既有的研究对公立高等学校自主权的内部权力结构给予充分而全面的剖析,其研究视角覆盖法学、教育学、管理学等学科领域。本研究并不聚焦各种学科对该议题的分歧,而重视各学科视角的共识性观点以及共识性观点生成的合理性与正当性。本研究认为,公立高等学校的多重法律主体地位与公立高等学校自主权的权力结构具有内在的契合性。一定意义上而言,公立高等学校自主权的权力结构决定了

---

① 周详.我国公立大学的法律属性与依法治教的推进[J].中国高教研究,2015(11):13-22.
② 学术自由等基本权利与公共利益之间的关系考察,在法学尤其是宪法学研究领域已经形成了较为丰硕的成果。通常而言,宪法学者认为,基本权利保障需受到其他人的基本权利以及公共利益的相对限制。例如,谢立斌教授认为,"基本权利的立法保障并非'多多益善',其所能够达到的水平受到两方面制约。一方面,相关立法不得侵犯其他公民的宪法权利;另一方面,为了维护具有宪法位阶的公共利益,立法者应当根据比例原则,对公民基本权利进行限制,达到公共利益与基本权利之间的平衡。"本研究认为,公立高等学校自主权法律规制结构的形塑,本质上需要以学术自由与公共利益之间的动态平衡为价值旨归和法理依据。参见:谢立斌.论基本权利的立法保障水平[J].比较法研究,2014(4):40-50.

其法律地位的复杂性、特殊性和多元性,也内在地对公立高等学校自主权的法律规制结构提出了要求。通过前文的文献综述可以明显发现,学术权力与行政权力并存的二元权力结构,构成学界对公立高等学校自主权内部权力结构的共识。无论是英美法系流行的"两院制"治理结构抑或大陆法系公立高等学校内部治理结构中存在的学术自治与管理自治这两种力量的制衡,都展现出学术权力与行政权力作为公立高等学校自主权内部权力结构的合法性与正当性。当然,二者根植于不同的权威,具有迥异的权力来源。

显然,公立高等学校自主权中行政权力的合法性与正当性根植于法律权威,现行法律的规定对公立高等学校行政权力的运行具有至关重要的影响,总体上遵循权力授予逻辑。而公立高等学校学术权力的运行则更多依赖于知识权威,总体上遵循权利让渡的逻辑。从一定意义上而言,学术自由与公共利益的双重价值诉求,与公立高等学校自主权的二元权力结构(包括学术权力与行政权力)具有内在的契合性,而其在"组织法"上则表现为公立高等学校法律地位的多元性。

根据既有的研究,众多学者已经认识到公立高等学校法律地位的复杂性,其中,湛中乐教授提出我国公立高等学校具有行政主体、行政相对人与民事主体等多重法律地位,其作为事业单位法人的模糊性概念本身彰显出其法人制度变革的多种可能性与延展性。而龚怡祖教授也指出,我国公立高等学校作为事业单位法人的法律地位界定,本身已经蕴含了其法律地位的复杂性和跨界性。为了更好地论证公立高等学校自主权法律规制结构厘定的价值前提,本研究认为可以将公立高等学校自主权的权力结构与其法律地位的类型进行关联。概言之,公立高等学校的学术权力,实际上可以对应其作为功能自治性行政主体的法律地位,需恪守知识理性与学术自由。公立高等学校的行政权力,则对应其作为授权性行政主体与民事主体的法律地位,需坚持公共理性,以社会公共利益的最大化为旨归。

(二)作为功能自治性行政主体:公立高等学校学术权力行使的法理依据

学术权力作为公立高等学校自主权的重要构成,其"组织法"基础是公立高等学校作为功能自治性行政主体的法律地位。在德国法上,自治(Selbstverwaltung)是一个具有悠久传统而且重要的问题,在公法学的研究传统中占据着至关重要的地位。① 自治的公法规制,构成公法学研究的一个经典议题。根据德国学者赖因哈特·亨德尔(Reinhard Hendler)的研究,自治在德国享有悠久的历史和很高的声誉。自治这一概念与19世纪产生的公法机构相关,它们的前身可以追溯到更古老的时期,比如中世纪时的城市和大学的自由。据考证,中世纪大学作为"学者行会"与其他行会组织如手工业者行会(Universitas Fabrum)、商人社团(Universitas Mercatorum)等类似,具有罗马法赋予的行会的法律地位,行会内部的自治是此类组织的共通之处。因此,"将中世纪大学的'学术自由'定性为学人社团自治或者大学自治并无不适当。"概言之,中世纪大学的"学术自由"主要是指大学和大学师生作为个体以及由其组成的社团整体所享有的特许权的总和,包括结社自治、罢课、迁徙、教会司法、通行执教资格等。而这些特许权,往往借由特许状(令)实现与保障。② 这种源自中世纪行会自治的传统一直延续至今且被"法律化"。③

当前,自治已经发展成为在很多领域都可以见到的特殊的国家组织划分形式。一般来说,自治机构包括乡镇、县、手工业公会、律师公会、广播电台、水利和土地协会等。赖因哈特·亨德尔认为,"确切地说,德国的现代自治史开始于19世纪初普鲁士改革时期。1808年11月9日普鲁士城市规章(Preussische Staedteordnung)的颁布是一件具有跨时代意义的大事。该规章实质上是施泰因(Heinrich Friedrich Karl Freiherr vom

---

① 赖因哈特·亨德尔(Reinhard Hendler)教授认为,自治概念一旦被扩展到私法领域,就会丧失其轮廓的清晰性,并因此不再适宜用作法律概念,而是基本上只适合于描述国家直接行政的界限的一般现象。自治概念超出公法范围将会有丢失其具体内涵的危险。阿斯曼教授认为,自治这一概念不仅能够为学者的讨论,而且能够为司法裁判的约束力要求提供基础,因此它在国家法学的关键概念中是不可或缺的。所以,自治在当代国家法和行政法中有充足的理由被认为主要属于公法范畴。当然,赖因哈特·亨德尔教授特指出,将自治的概念局限于公法领域并不排除自治机构在履行自己任务范围内组织成私法上的联合会。相反,建立此种联合会或者在此种联合会中发挥作用正可以被证明是履行自治权的方式。而为了摆脱公法的约束使用私法的组织形式是不允许的。参见:[德]埃贝哈德·施密特-阿斯曼,等.德国行政法读本[M].于安,等,译.北京:高等教育出版社,2006:142-150.
② 张弨.中世纪大学之"学术自由"辨析[J].北京大学教育评论,2017(1):89-106.
③ 从一定意义上而言,大学自治贯穿于大学法人制度变革的始终。中世纪的行会自治、近代民族国家兴起以来的公法人制度乃至新近产生的公法人制度的调适抑或超越公私二元界分的法律身份的赋予,分别代表了行会视野、国家视野以及市场视野下大学法人制度演进的三种形态。当然,公立高等学校法律地位的厘定,实际上融合了行会、国家与市场三重视野,旨在实现多元且冲突的价值的整合。

und zum Stein)男爵的杰作,因此常被称为'施泰因城市规章'。从最初的地方自治发端,自治思想在19世纪已出现在诸多生活领域,其中包括经济、学术和社会保险法等领域。""施泰因城市规章的基本政治理念是让社会('人民')更多地参与到公共事务中来。在施泰因的改革设想中,参与思想占据中心地位。"①

现代自治思想是借由"参加"的概念而逐渐萌芽的。利益相关者的参与,构成自治概念的经典内涵。自治概念在德国的成熟发展,与德国19世纪繁荣的社团现象密切相关。崇尚团体自治,反对公法中片面强调统治因素的基尔克(Otto von Gierke)所提出的"社会法"思想,正是在这一背景脉络下应运而生的。基尔克接着贝泽勒的观点,认为"可以用'社会法'(Sozialrecht)范畴——在某种程度上介于国家法与私法之间——来理解这个整体的社团性共同体生活",其基本思想是"对平等之下的生活关系进行自治的和自由的塑造"②。从一定意义上而言,基尔克意义上的"社会法"范畴,"既可以规范有机的小统一体,为国家减轻压力,并为公民打开参与机会之门。"③根据亨德尔的考察,抑制国家官僚统治,强调关系密切的生活领域的自主性,在19世纪已成为受到多方提倡的基本组织原则,并体现在各种国家和社会理论设想中,这在思想史上十分受人关注。④

实际上,基尔克在19世纪提出的思想为此后自治概念的"法律化"提供了重要的理论渊源和智识支持,它甚至为德国大学自治的公法规制奠定了观念基础。根据基尔克的理论,可以得出国家是诸多团体现象中最突出的代表,而非无限集权的实体的结论。在他看来,合作社机制是自治的基础。自治在他的视野中,被认为是"公民的主动自由"和"人民的主动自由"权利。基尔克认为,自由不仅体现在针对国家权力的法律保护领域的存在而产生,而且还要通过让公民参与行使国家任务而得到实现。他认

---

① [德]埃贝哈德·施密特-阿斯曼,等.德国行政法读本[M].于安,等,译.北京:高等教育出版社,2006:142.
② [德]米歇尔·施托莱斯.德国公法史(1800—1914):国家法学说和行政学[M].雷勇,译.北京:法律出版社,2007:479-487.
③ 同②。
④ [德]埃贝哈德·施密特-阿斯曼,等.德国行政法读本[M].于安,等,译.北京:高等教育出版社,2006:142-150.

第二章　公立高等学校自主权法律规制结构厘定的法理依据

为,自治一方面创造出不受国家官僚统治影响和调控的自由空间,另一方面给个人提供参与解决公共事务的机会。因此,在基尔克的自治方案中,参与思想意义重大。

他的学生普罗伊斯(Hugo Preuss)、辛茨海默(Hugo Sinzheimer)将基尔克社团法的基本思想应用到社区自治或工人联合会,并对它进行民主解释。例如,普罗伊斯撰写的教授资格论文《乡镇、国家、作为领土团体的帝国》(1889年)、文集《德国城市的形成》(1906年),尤其是在1908年为拉班德(Pual Laband)写的庆贺文章《自治、乡镇、国家、主权》,都在不断地发展国家的民主和社团理解这一主题。对他来说,民主的国家宪法和地方自治只是社团基本思想的不同应用领域罢了,而这些应用领域在"阶段序列"中处于上升阶段。除了普罗伊斯和辛茨海默以外,基尔克的学生罗辛(Heinrich Rosin)对自治理论的研究颇为深入。罗辛的一篇长文《主权、国家、乡镇、自治》赢得了基尔克的高度赞赏,因为他以概念区别手段成功地"证明"自治团体不仅仅只有来自国家的权利,而且也有自己的权利。其专著《公共团体法》也是如此。该专著以"建构方法"在国家最高法律制定语境下进行自治的建构。这是基尔克留下的尚未完成的工作。① 申言之,基尔克及其学生普罗伊斯、罗辛等学者的"社会法"思想,肯定了在现实中广泛存在的具有自治性、独立性的团体如乡镇、市、同业公会、公共设施、大学等的法律地位。其中,罗辛在法律实证主义的影响下,建立了所谓的法人自治学说。该学说在19世纪末大行其道。在后来德国与法国等大陆法系国家的学者(如奥里乌、狄骥)的学说中,这些团体被统称为公法人。②

毋庸置疑,与历史提供的经典蓝本相比,现代自治机构的存在具有崭新的意义,职能也发生了深刻的转变。原始的以"参与"为核心要素的自治概念,在19世纪末兴起的法学实证主义浪潮的影响下,逐渐失去影响力。取而代之的是,公法学者对自治概念的严格界定。拉班德与罗辛提出的团体自治论,深刻揭示了自治概念的法律内涵。拉班德指出,自治是一个介乎国家与个人之间的公法主体,履行特定的国家任务。"换言之,就是国家将公权力的行使委托给一个有别于国家的法律主体来执行,并认为这

---

① [德]米歇尔·施托莱斯.德国公法史(1800—1914):国家法学说和行政学[M].雷勇,译.北京:法律出版社,2007:479-487.
② 李昕.公法人概念缘起的法哲学思考[J].哲学动态,2008(12):38-43.

种委托是一种国家任务执行上的自我限制。"①罗辛在拉班德的理论基础上,进一步阐发自治的法律内涵并予以体系化,他将自治区分为政治意义与法律意义两种。② 他认为,前者是公民的自治,而后者是法人的自治。

根据罗辛的观点,"参加"这项元素,仅代表政治意义的自治概念,而不能被视为法律意义上的自治。他认为,法律意义的自治是指"上级团体认可下级团体为行使行政职能的法人"。在罗辛看来,这一概念属于纯形式的范畴,它仅涉及下级团体作为"自治团体(Salbstverwaltungskoerper)"与上级团体的关系。在罗辛建构的法律意义的自治概念中,自治团体的内部结构和公民参与行政事务的观点都被忽略不提,唯有现代自治概念包含了参与性要素。尽管,罗辛对自治概念的二元区分,遭受到诸多批评,但当代的文献依旧普遍支持对法律自治和政治自治的区分。

在沃尔夫、巴霍夫和施托贝尔编写的行政法经典教科书中,他们将法律自治定义为"由低于国家的公共行政机构或主体,以自己的名义,独立且不受专业指令监督地,履行从国家本身分配或转移出去的公共事务"③。这一界定,现已成为德国公法学界对自治概念的通说,在当代文献中被广为引用。此外,福斯特霍夫(Ernst Forsthoff)干脆将法律自治的概念定义为"由公法团体、公法机构和公法基金会处理原本属于国家的事务"。按照福斯特霍夫的设想,政治参与的观点对领会自治概念无足轻重④,"有权利能力的高权主体才是自治的决定性要素。此种团体组织形态的自治,进而构成法律上自治的主要概念特征。"⑤赖因哈特·亨德尔认为,自治的载体是隶属于国家联合体的公法组织单位。由此可见国家和自治之间的概念差别。此外,他认为自治具有三个重要特征,分别为:公法法律形式的特征;当事人参与的特征(参与原则);自我负责方式履行职责的特征(国家间隔原则)。⑥

---

① 李昕.公立大学法人制度研究[M].北京:中国民主法制出版社,2017:24.
② 李昕.法人概念的公法意义[J].浙江学刊,2008(1):19-25.
③ 李昕.作为组织手段的公法人制度研究[M].北京:中国政法大学出版社,2009:103-107.
④ [德]埃贝哈德·施密特-阿斯曼,等.德国行政法读本[M].于安,等,译.北京:高等教育出版社,2006:142-150.
⑤ 同①.
⑥ 同①.

第二章 公立高等学校自主权法律规制结构厘定的法理依据

许春镇教授在总结德国学者相关理论的基础上,也对自治行政提出了自己的界定。他认为,自治行政是指"特定公法组织,于国家赋予的法定权限内,透过特定利害相关人的参与,自行负责,以处理与该组织体相关的公共事务"。显然,该概念融合了政治上的自治概念与法律上的自治概念,既有市民自治的参与要素,也不乏团体自治所强调的主体性。该定义包含有法律形式要素(Rechtsformmerkmal):公法组织形态、参与要素(Partizipationsmerkmal):特定利害相关人之参与[①];自行负责(Eignverantwortlichkeitsprinzip)[②]以及固有事项(eigeneAngelegenheiten)[③]等四项基本要素。[④] 依据划分标准的不同,自治行政可以有不同的分类。例如,以自治的相关专业领域为依据,可以将自治行政分为地方自治行政、经济自治行政、职业自治行政、社会自治行政以及学术自治行政等。

总体上,根据不同的分权基础与目的,德国与法国均将自治区分为地方自治与功能自治。前者意味着地方分权,后者则表征着公务分权。行政分权是现代行政日益复杂化的产物,也是公共治理权力配置持续"分散化"的结果,彰显出多元主体之间彼此相互依赖、协商共治的合作治理格局。在德国法上,有别于地方自治行政,功能自治行政更强调专业领域的公务分权。它包括"公法社团自治、营造物自治以及公法财团自治。公法社团自治又可以细分为文化团体自治、经济团体自治、职业团体自治、产业团体自治以及社会团体自治等"[⑤]。在德国,高等学校自治属于典型的文化团体自治。德国宪法第5条第3款保障学术自由,同样也保障了学术自治。质

[①] 自治建立在当事人参与原则的基础上,这一点也明确体现在文献和司法审判中。例如,德国联邦宪法法院认为,(与自治紧密联系的)自治团体自主立法的特点是:吸引各个社会团体中的活跃力量,本着自己负责的精神,处理与其密切相关的事务。维尔纳·弗罗切尔宣传:自治取得合法性要经历一个各方当事人形成意愿和决策的过程,当事人可以是乡镇居民、公会成员、大学成员或是社会保险机构的成员。此外,阿斯曼教授指出,"自治作为国家法原则所涉及的不仅是非集权式的行政结构,而且还包括由当事人组成的共同体对行政职能的实际行使。"与此相关,他提出"当事人行政"的概念。参见:[德]埃贝哈德·施密特-阿斯曼,等.德国行政法读本[M].于安,等,译.北京:高等教育出版社,2006:142-150.
[②] 自行负责要素,要求国家在"赋予法定权限"时,必须保留给自治主体一定的自主决定空间。
[③] 所谓固有事项,亦即构成自治行政主体自行负责的核心领域。固有事项的性质及其范围视各自治行政主体的特性不同而不同。各自治行政主体的固有事项必须与其他自治行政主体的任务明确划分。
[④] 许春镇.论自治行政之概念及其类型[J].台北大学法学论丛,2006(59):6-20.
[⑤] 同④。

言之,公立高等学校的学术自治权即学术权力,在大陆法系主要表现为一种功能自治,它来源于国家与公立高等学校之间基于公务的分权。与此同时,学术自由作为宪法保障的基本权利,学术自治乃至大学自治属于学术自由的制度性保障。在德国,规范高等学校的法律主要是联邦《高等学校总纲法》①以及各州的《高等学校法》(Hochschulgesetz)、《大学法》(Universitatsgesetz)或其他高等学校法规,且均授予高等学校自治权。

剖析公立高等学校学术权力即学术自治权行使的法理依据,需要对学术自由的概念内涵、基本特征以及宪法解释给予全面的考察。基于此,探索学术自由与学术自治权、学术自治权与管理自治权或其他法定权利或权力的互动关系。学术权力作为一种微观的公共权力,根植于学术权利的让渡,对师生权益具有重要影响且与其他各类法定权利或权力持续互动。应根据学术自由的内在规定及其作为基本权利的功能体系,厘清学术权力与其他各类法权的互动逻辑与结构状态。

1. 特殊优位与沟通自由:学术自由的内在规定及其治理意义

(1)基于学术自由的民主胜任特征所确立的学术权力行使的特殊优位原则

根据美国著名宪法学者罗伯特·波斯特的观点,言论自由与学术自由,根植于两种不同的话语系统。前者更多属于意见的领域,是典型的"非真理系统",公众的言论

---

① 2006年《基本法》进行联邦体制之修正后,传统的合作联邦制被竞争联邦制取代,各州被赋予更大的立法权限和形成空间,德国高等教育立法权的配置逻辑发生根本性转换。根据旧《基本法》第75条的规定,联邦有权订立通则,规范各州、乡镇及其他公法团体公职人员的法律地位与大学一般原则等事项之立法权,转移给各州行使。换言之,联邦不再有权订立高等教育之通则,从此《高等学校总纲法》也失去了《基本法》的依据。《基本法》修订后,相应的法律也必须跟着调整;联邦议会于2007年5月9日的法律草案中决议废除《高等学校总纲法》,并明订2008年10月1日为《高等学校总纲法》失效日期。当前,德国《联邦高等学校总纲法》(Hochschulrahmengesetz, HRG)仍未失效,其在高校招生与学位等方面的法律规定被保留下来。尽管如此,经过2006年联邦主义的改革(Föderalismusreform),这部法律的约束力已经基本消失。根据《基本法》第74条第1项第33款的规定,高等学校的入学许可与毕业条件属于联邦与各州竞合立法的事项;但第72条第3项第6款又规定,此等事项即使联邦有立法,各州仍可以通过法律制定偏离联邦法律的规定。据此,高等教育学校事务,除入学许可与毕业条件之外,均属于各州的立法权限。各州为规范其州内高等教育学校的事务,都制定了高等教育学校法(Hochschulgesetz)。通过各州高等学校法(如北威州、布兰登堡州等)的观察可以发现,21世纪以来,各州之间高等教育立法的制度性竞争日趋激烈,这使得各州高等学校法的作用持续增强。参见: Christian von Coelln, Franz Schemmer. *Hochschulrecht Nordrhein-Westfalen: Kommentar*[M]. München: Verlag C. H. Beck oHG, 2020: 41-51.

是自由平等且不受歧视的;后者则属于典型的"真理系统",知识理性的强弱之分使其具有权威性、选择性乃至歧视性。① 而在德国法上,所谓"学术"是指,"凡就其内容与形式,可以被认为严谨且有计划地尝试对真理加以探究者。"②"作为学术自由保护对象的活动必须具备一定要件,即必须是根据一定的方法从事理论性、体系性探究真理的活动。"③许育典教授认为,"学术应该是参与而投入其中的学者本身,在探究真理时对学术产生的自我理解。这也被称为学术的自我规律性,是近代学术多元主义的基础。所以,学术概念并非取决于宪法解释者的权威定义,否则学术自由即难以自由。宪法解释者应该做的是,厘清学术自由的作用方式与保护法益,而明确保障学术自由,以促进从事学术活动者的最大可能自我实现。"④

表 2.1　言论自由与学术自由的二元区分⑤

言 论 自 由	学 术 自 由
民主正当	民主胜任
公共对话中	公共对话外
属于"非真理系统"的意见领域	属于"真理系统"的知识领域
平等、宽容	权威性、选择性和"歧视性"
"内容中立"或"观点中立"	"基于内容"
"基于发言者"	"基于听众"

事实上,学术自由相较言论自由的特殊性,恰恰反映了学术实践活动对知识理性和能力的要求。学术自由的存在依靠一种双重共识:"没有自由的探索"就没有知识的增长;而"是否胜任是判断教师的唯一标准"。定义什么是胜任必须借助学术或学

---

① 劳凯声.创新治理机制、尊重学术自由与高等学校改革[J].教育研究,2015(10):10-17.
② 许育典.大学法制与高教行政[M].台北:元照出版公司,2014:10.
③ 王涛.宪法上学术自由的规范分析[D].北京:中国人民大学,2011:57-66.
④ 许育典.大学法制与高教行政[M].台北:元照出版公司,2014:110.
⑤ [美]罗伯特·波斯特.民主、专业知识与学术自由——现代国家的第一修正案理论[M].左亦鲁,译.北京:中国政法大学出版社,2014:24.

科标准。确定这些标准不能诉诸公共意见。大陆法系的"判断余地"理论以及英美法系的"学术遵从"理论,共同反映了在涉及专业判断的学术议题上,司法的学术节制原则。而学术权力的这种特殊优位,"与由高权等原因导致的规范性优位关系有别,是一种作用范围有限、作用方式特定化的特殊优位关系,体现着思想和知识的尊严,体现着学术自由的内在价值"①。据此,"对于有关直接涉及研究问题之决定,大学教师群组应保有决定性的影响力,基于学术上之资格、功能与责任,大学教师在此特别范围内面对其他群组,应该进行贯彻。"②"本茨(Benz)认为专业共同体具有共享的专业知识、问题视角和专业标准,很明显专业标准——科学不端行为的规制案例中——是自我治理的重要媒介。在这个意义上,需要建立其与法律框架的联系。"③

阿斯曼教授在对"学术法"的研究中,也提出过类似的观点。他认为,"其他领域可以看到的自我监督(Eigenüberwachung),也用于研究成果之评价(Evaluation),这是一种适合学术性质的管制形式。同时学术法也提供了一个场域,在这个场域中经常采用专家讨论(Expertendiskurse)以及独立报告(unabhäniges Berichtswrsen)的方式作为新的行政管制形式,并给其他政策领域提供丰富的经验。"④概言之,学术权力的民主胜任特征,使其行使不可避免地具有特殊优位原则,也为学术自我规制的治理机制提供了合法性与正当性。

在大学学术治理中,是否具有特定学术领域的专业能力和资格,构成其是否享有参与权乃至决策权的唯一正当理由。在刘燕文诉北京大学不授予博士学位案以及于艳茹诉北京大学博士学位撤销案中,也存在类似的校学位评定委员会的投票缺乏专业评判能力,而不具有正当性的问题。⑤ 根据特殊优位原则,在教师评聘升等、学位授予与撤销、招生录取以及学生学习成绩评定等大学学术治理活动中,基层学术组织应享

---

① 湛中乐,苏宇.教育法学的理论体系与学科建设初论[J].北京师范大学学报(社会科学版),2016(2):13-24.
② 王涛.宪法上学术自由的规范分析[D].北京:中国人民大学,2011:57-66.
③ Jansen, D.. New Forms of Governance in Research Organizations: Disciplinary Approaches, Interfaces and Integration[M]. Netherlands: Springer, 2007.
④ [德]施密特·阿斯曼.秩序理念下的行政法体系建构[M].林明锵,等,译.北京:北京大学出版社,2012:128.
⑤ 湛中乐,王春蕾.于艳茹诉北京大学案的法律评析[J].行政法学研究,2016(3):103-106.

有更为实质性的学术自治权。此外,在学术评价中,应充分关注学科之间的差异性,建立健全同行评审与分类评价制度。应充分认识到,"学科间在知识属性、研究范式、学科文化和成果形式等方面存在明显差异,基于学科差异的分学科评价是保证学术评价客观公正的前提。"① 值得关注的是,在知识生产模式急剧转型演进的背景下,传统的以学科知识贡献作为唯一标准的学术评价制度已经遭到质疑和批判。传统的知识生产模式1语境下的同行评价,开始被更综合的、多维度的评价所取代,知识生产的质量控制方式发生深刻变革。

此外,对具有较强主观性的人文社会科学的研究而言,学术资历、学术职称未必能够有效表达某个特定领域内研究者的学术判断能力。因此,"说明理由"在学术评审的过程中显得至关重要,学术评审应当由一种"权威"评审回归到知识理性的轨道上来。显然,在特定的学术评价与判断议题上,需要重点考虑两方面议题:① 是否具有相对客观的评判标准和共识基础;② 是否需要考量知识贡献之外的其他因素如社会效益。在此,可以借鉴托尼·比彻(Tony Becher)的学科分类研究,区分不同类型学科在知识生产模式上的内在特性,据此建构出多元的学术评价模式。托尼·比彻的学科分类标准客观上警醒着人们,切忌用"一把尺子"衡量所有学科、专业与知识领域。②

毋庸置疑,随着知识生产模式的重大变革以及"学术"概念的重新诠释,学术评价的标准、主体、程序、范畴与方式正在发生重大转变,如何在学术自由与外部干预、知识理性与公共理性之间实现更加精细化的动态平衡至关重要。从一定意义上而言,学术自由的民主胜任特征以及学术权力行使的特殊优位原则是相对的,它受制于"学术"概念的复杂性、多元性与动态演进性。质言之,基于学术自由的民主胜任特征与特殊优位原则,应建立符合知识理性与公共理性的学术评审规范、程序和机制,培育独立公正权威的第三方机构,健全符合"特殊优位"原则的学术自治与自律体系。实际上,大学内部各类学术性的专业委员会,作为学术专业知识的组织形式,

---

① 顾建民.学科差异与学术评价[J].高等教育研究,2006(2):42-46.
② [美]托尼·比彻,保罗·特罗勒尔.学术部落及其领地:知识探索与学科文化[M].唐跃勤,蒲茂华,陈洪捷,译.北京:北京大学出版社,2015:40-41.

其在行政组织法的教义学上属于较为特殊的组织形态。这类组织因其专业性有其独特的自律性格,通常不受传统行政法上秩序理念的拘束。正如阿斯曼教授所言,"此种追求自律的权利应受检验,并应通过新的组织预防措施,以法治国的方式加以管理。"① 与此同时,应促进基层学术组织自治走向制度化,坚持"最低层次决策原则"与"学术事务归属原则",实现学术治理的重心下移。

(2) 基于学术自由的沟通自由特征所确立的学术权力行使的合作强制原则

依据德国公法学界的通说,学术自由作为一种沟通自由,合作是"学术法"领域规制结构安排的基本原则。德国公法学者施密特·阿斯曼教授认为,"沟通自由"特征作为学术的本质展现于合作之中。学术、研究及学说是一个建立在沟通上的认知程序:学者之间的沟通与学术机构之间的沟通,学术与社会的沟通,国家的研究机构之间的沟通与国际的研究机构之间的沟通,同时也有学术与国家的沟通。② 除了学说以外,德国宪法法院的判决也支持了这一见解。在 1973 年"大学组织判决案"中,联邦宪法法院延续吕特判决确立的基本框架,认为《基本法》第 5 条第 3 款应被视为宪法的"价值决定",是调整学术与国家之间关系的"基本原则规范"。联邦宪法法院认为,立法者在决定大学的组织模式上拥有较大的形成自由。概言之,立法者有充分的自由来决定大学的组织模式。"在大学组织的形塑上,立法者仍保有一个广阔的空间来实践。"实际上,在 1973 年的"大学组织判决案"中,联邦宪法法院只是部分支持了《下萨克森州大学法》的暂行法的内容,通过"基本权利的组织保障"这一新的基本权利规范内涵的宪法解释方向,论证了立法者对大学组织形态的形成空间和界限,为德国公立高等学校从传统的"讲座制大学"向"组群大学"转变提供了合法性支持。"组群大学"模式的提出,意味着现代大学存在"合作的强制",学术自由不应被完全看作大学教师和学术人员的内部事务,而应考虑其他人员的适当参与。

而在 1966 年,美国大学教授协会(American Association of University Professors,

---

① [德]施密特·阿斯曼.秩序理念下的行政法体系建构[M].林明锵,等.译.北京:北京大学出版社,2012:230-238.
② [德]施密特·阿斯曼.秩序理念下的行政法体系建构[M].林明锵,等.译.北京:北京大学出版社,2012:124-128.

AAUP)与美国教育协会、美国学院与大学董事会协会(Association of Governing Boards of Universities and Colleges,AGB)联合制定并发表了《1966年关于学院与大学管理的声明》(简称《声明》)。该《声明》倡导共同治理原则,有力地论证了学术自由的沟通合作属性。《声明》认为,"高校所承担任务的多样性和复杂性使得董事会、行政部门、教师和学生之间存在着不可避免的相互依赖性。"因此,大学各部分之间需要充分的交流沟通,承担彼此的责任,促进共同治理(Shared Governance)。① 事实上,在德国、法国以及美国的高等教育立法抑或大学章程中,都或多或少反映了"组群大学"与"共同治理"的观点,均重视学术权力与行政权力之间的相互制衡与良性沟通,也都认识到不同组群的特殊价值及其在特定任务上的优位性。例如,根据德国1976年《高等学校总纲法》第36条的规定,教授、大学生、学术助理与其他辅助人员等共同管理大学内部事项,构成所谓的"组群大学",取代传统以教授为主的"教授治校"。②

质言之,基于学术自由的民主胜任与沟通自由属性,任务导向型"互动式"法权配置格局得以建构,而这也构成大学学术治理的特殊规则。

2. 主观法与客观法:学术自由功能体系的双重面向及其治理意义

基本权利的古典学说,在德国法上主要以耶利内克的"身份理论"为代表。"耶氏的身份理论主要是发表于其所著《主观公权利体系》一书,该书于1892年发行第一版,于1905年再版刊行,并作微幅修正,惟其基本思想未有更动。"耶利内克提出主动身份、被动身份、消极身份与积极身份四种身份类型,较为充分地论述了四种类型身份之间的关系。李建良教授认为,耶利内克的身份理论彰显了法治主义精神。当然,"从现今理论的角度,身份地位不足以推引出基本权利,反倒基本权利具有建构身份的功能。申言之,基本权利作为一种主观的权利,可以界定并确保人在国家的基础法律地位;基本权利作为民主法治国基本秩序的客观要素,将个人的身份地位纳入此一秩序之中。换言之,民主法治国基本秩序,唯有透过人民主观权利的实现,始能获致其实质的内涵。"基于此,李建良教授指出,"耶氏身份理论,衡之当前宪政法治思潮,其主要的缺

---

① 熊耕.美国高等教育协会组织研究[M].北京:知识产权出版社,2010:144-154.
② 张源泉.德国大学管理体制的演变——以《高等学校基准法》为线索[J].宪法与行政法治评论,2011(5):320-339.

失在于其中仍残留若干专制时期的观念(例如特别权力关系),以及欠缺现代宪政主义的思想。如何重新架构其理论,并附以新意,诚为研究耶氏身份理论的重要课题。"①

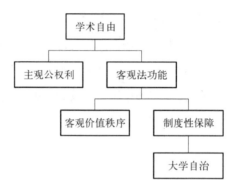

图 2.1 作为基本权利的学术自由
及其功能体系建构②

当然,不可否认的是,当代基本权利理论体系的建立,难以说完全脱离耶利内克的基本构想。基本权利的功能体系理论,作为基本权利的当代理论,在一定程度上受到耶氏的理论影响。"基本权利体系(Grundrechtssystem)的建构,旨在揭示出基本规范的内涵要素、基本原则及保障的意旨的关联性,其目的并非在建立一组'公理性'甚至'逻辑推演性'的论证架构,以便从中推出若干结论,其重点毋宁是对于宪法基本权规定的认知,寻找出规范内涵及其相互关联性。此种基本权体系并非封闭的,而是开放、具有弹性的,以便容纳新的内涵及发展,换言之,基本权体系必须具有'可填充的性能'。"③值得一提的是,德文中的"Recht"一词本身已经内蕴着基本权利既作为主观公权利,又作为客观价值秩序双重属性的语词基础或语义学背景。

在德国,学术自由是一项典型的基本权,"学术"概念,包含"研究"(Forschung)和"讲学"(Lehre),可谓两者的上位概念。学术自由亦具有主观公权利与客观价值秩序

---

① 李建良.宪法理论与实践[M].台北:学林文化事业有限公司,2004:1-71.
② 许育典,李佳育.从大学的法律地位探讨大学自治的落实:以大学法人化为核心[J].当代教育研究季刊,2014(1):169-209.
③ 李建良.宪法理论与实践[M].台北:学林文化事业有限公司,2004:1-71.

的双重面向,学术自由作为基本权利的功能体系建构是持续演进的宪法解释过程。正如我国台湾地区学者许育典教授所言,"在基本权理论的架构上,基本权(Grundrecht)与基本权保护的法益(Grundrechtlich geschützte Rechtsgüter),有所不同。因此,学术自由与学术自由的保护法益,有所不同。学术自由是一个基本权,但由此而来的保护法益却有许多个。学术自由的保护法益,是透过学术自由的主观权利功能与客观法功能,交织而成的各种不同作用方式,所建构宪法上最大可能实现学术自由的保护网。"①值得关注的是,沿用1958年吕特案的基本权利双重性质框架,在1973年德国大学组织判决中,联邦宪法法院发展出学术自由作为主观公权利与客观价值秩序的双重面向,学术自由作为基本权利的功能体系建构日趋完善。当然,客观法面向的过度强调,蕴藏着不可避免的风险。从基本权利释义学的角度而言,作为主观公权利的个体的学术自由与作为客观价值秩序的机构化的学术自由或大学自治之间的关系,不应该人为地分割乃至对立。相反,应通过"基本权利的主观性与制度性两种面向不断地交互作用,使该项基本权在当代社会中得到最完整的实现"②。应认识到,基本权作为客观法规范的各种面向的功能在于强化、确保原始防御意义自由的效力,不允许前者反过来危害后者。③

应该认识到,如何在具体的案例中解释学术自由,涉及基本权利宪法解释变迁的议题。学术自由宪法解释变迁所具有的不确定性、非连续性及其存在的"模糊空间",为考察公立高等学校与法院之间的持续复杂互动提供了重要视角。与此同时,宪法解释上的混乱,也使学术自由往往被看作是"一个不确定的准法律概念。它既没有得到明确的界定,也不能令人信服地从法律原理中得到证明"。正因为如此,现代宪法中学术自由的抽象文本规范以及法院对学术自由的宪法解释,能否切实保障教师与学生的学术自由,并非不证自明的命题。尴尬的是,在涉及学术自由权的纠纷中,"宪法学者和审判案件的法官们不得不对学术自由的宪法原则作出解释,但是其解释常常流于暂

---

① 许育典.大学法制与高教行政[M].台北:元照出版公司,2014:10-15.
② 张陈弘.组织性学术自由权的民主解读——公立大学种族入学政策的合宪性之美国法比较思考[J].东吴法律学报,2012(1):184-190.
③ 王涛.宪法上学术自由的规范分析[D].北京:中国人民大学,2011:78.

行的权宜之计。"①而从另一个角度而言,学术自由宪法解释的"模糊空间",也恰恰体现了学术自由作为宪法基本权利的生命力及其对现代大学治理的重要功能。

在"体系封闭"与"认知开放"之间保持动态平衡,构成学术自由宪法解释的关键。"宪法变迁可以成为规范与事实的结合点,是一种以'事物之本质'为取向的宪法解释的分析框架,对宪法文本的解释不能仅从静止、不变的角度进行,而应从动态角度结合现实的变动加以诠释,让制定于过去的文本在当代的语境下重新焕发生命。"②实际上,宪政与法治国家对学术自由宪法解释的演进,也都充分而深刻地展现了这一复杂的博弈与妥协过程。例如,德国《基本法》第5条第3款在联邦宪法法院一系列判决的宪法解释中,不断焕发生机活力,回应社会变迁与大学变革的时代呼唤。正如联邦宪法法院前大法官迪特·格林教授所言,"如果不正视现实,那么在变动环境下实现基本权利最大价值这一目标是无法完成的。"③当然,德国联邦宪法法院的权力也不是无限扩张的,其对立法权的干预限于监督和必要时的否决,而不是在判决中提出替代法律的具体规定(沃尔夫等,2007)。④ 实际上,对于联邦宪法法院的权力界限,联邦宪法法院自身也有着清晰的认知。⑤

(1) 基本权利的"主观法面向":作为主观公权利的学术自由及其治理意义

基本权作为主观公权利,首要的是使公民获得主观能动地抵御国家侵犯的权能。这一权能是基本权作为主观权利最传统、最经典的功能。历史上,基本权最初也正是以防御权(Abwehrsrecht)的面貌出现的,符合自由法治国的典型特征。从深层次而言,防御权的本质就是自由,或者更准确地说,是个人置于国家以外的自由(Freiheit vom

---

① 谢海定.学术自由的法理阐释[M].北京:中国民主法制出版社,2016:8-9.
② 李忠夏.宪法教义学反思:一个社会系统理论的视角[J].法学研究,2015(6):3-22.
③ 除诉诸价值之外,专注现实也是德国宪法解释的一个特点。据此,联邦宪法法院经常要考查,在法律规则试图调整的领域,社会现实是否发生了变化。联邦宪法法院要考查,除了能通过解释使规范与新的情势相适应之外,该规范的效力是否会被消减或受损。通常,这就要求对不同解释方案的结果进行评估,目的是使该规范的实施合乎其目的。参见:迪特·格林,林彦.基本权利在德国的地位——宪法裁判65年实践后的考察[J].华东政法大学学报,2017(1):20-33.
④ 张青波.法学理论:多维与整合[M].北京:法律出版社,2016:419.
⑤ 斯特凡·科里奥特,田伟.对法律的合宪性解释:正当的解释规则抑或对立法者的不当监护?[J].华东政法大学学报,2016(3):14.

Staat)。它强调的是国家与私人领域(或市民社会)的彻底隔离,以及私人领域内部的完全闭合与自治。当然,随着社会法治国的发展,基本权的主观权面向也开始具有给付请求权的内涵,其社会权的功能被开拓出来。当然,这一功能受到国家财政状况的限制。"国家财力的有限性是给付请求权的必然界限,因此,给付请求权与国家财政之间,也就不可避免地处于一种紧张关系。"正因为如此,防御权依旧构成基本权利作为"主观公权利"的基本与核心权能。概言之,基本权作为防御权,表明"有权利则有救济,无救济则无权利"的基本法理。它为公民不受国家侵害的请求权提供依据,并且在侵害发生时,为排除国家侵害的请求权提供依据。

作为主观公权利的学术自由,其保护法益包括:研究自由、讲学自由与学习自由。例如,德国北威州《高等学校自由法》规定,"研究自由包括科研选题、研究方法、研究成果评估及推广的自由性。教学自由包括在应完成的教学任务框架下开展教学活动、教学活动内容和方法构成、发表针对学术或艺术教学观点的自由性。学习自由包括选择教学活动、学习过程中选择重点形成及发表针对教学活动的内容、形式、落实措施的学术及艺术观点的自由性。学习自由不应违反高等院校规章制度和相关考试规定。"许育典教授认为,研究自由作为学术自由的防御权保护法益,是指每一个从事学术研究的人,都享有的一项防御权,可以对抗国家对其取得与探究知识过程的影响。而对于讲学自由而言,学术自由的保护范围亦包含"学术的讲学"(die wissenschaftliche Lehre)。它主要是指:将经由研究获得的知识,以具备学术认知基础的方式,加以传授的活动。因此,此处的讲学,必须回到学术研究的认知过程中去。概言之,讲学是以学术认知或研究成果的探究为目的的。[①]

当然,学习自由是否构成学术自由的保护法益存在一定争议。"在德国,通说认为学术自由包括研究自由和教学自由,而学生的学习自由只是教学自由的反射物,因此,并非学术自由的内容。"[②]德国宪法学理所称的大学生的学习自由(sog.Lernfreiheit)指的是学生可以自由决定,在何所大学就读,在大学已开设的课程范围内决定选修哪位

---

① 许育典.大学法制与高教行政[M].台北:元照出版公司,2014:10-15.
② 安宗林,李学永.大学治理的法制框架构建研究[M].北京:北京大学出版社,2011:46.

教师的课程。① 李建良教授认为,学习自由主要并非牵涉学术自由之问题,其(虽然受到德国宪法学影响)主张,学习自由的宪法基础宜置于职业自由的基本权利而非学术自由。质言之,学习自由是选择教育场所的自由。② 与李建良教授的观点不同,我国台湾地区学者许育典认为,大学生作为学术自由的基本权主体,主要指的是学术自由保障内涵中的学习自由。③

值得一提的是,在德国联邦宪法法院有关学习自由的判决中,将学习自由视为"选择教育机构的自由"并与德国《基本法》第 12 条④相联结。在 1972 年的"大学招生名额案"中,联邦宪法法院认为,"现代国家越是强烈地转向对市民的社会保障以及文化支持,那么在基本权利所具有的对抗国家以保障自由这种原初的基本要求之外,对分享国家给付以获得基本权利上保障这种补充性的要求就越来越多地进入到市民与国家之间的关系中。""这种发展尤其体现在教育制度领域",这是因为"选择教育机构的自由'依事物的本质'(Natur dersache)主要涉及利用国家设施(Einrichtung)的自由,该自由如果没有国家创收的事实上的支持,则毫无价值"。只要证明自己具备学习所必需的资格、能力,个人就有权选择高校、专业。"不仅职业选择(Berufswahl)与从事职业(Berufsausübung)是不可分离的概念,而且作为从事职业之前提的职业培训(包括大学教育)与职业活动一样,也属于生活进程中不可分割的部分,因此为从事职业活动的法律范畴之内([BVerfGE7,377(401,406)])。"

按照德国联邦宪法法院的观点,选择职业、从事职业与教育机构的选择之间存在着紧密关联,因此《基本法》第 12 条第 1 款所规定的法律保留不能仅从字面上理解为限于"从事职业",而是可以扩展到"职业选择"乃至"教育机构选择"中,即无论是职业选择、从事职业还是教育机构选择(包括高校、专业)都只能通过法律或基于法律给予

---

① 根据德国宪法学理,学术性的决定(诸如必须具备何种前提知识才能入学,以至于可以参与校内特定课程)属于教学自由的范畴,此类规定并不构成对学习自由的侵害,从学习自由不能推导出学生有影响教师教学自由的权利。
② 李建良.宪法理论与实践(一)[M].台北:学林文化事业有限公司,1999:170.
③ 许育典.教育行政法[M].台北:元照出版公司,2020:428.
④ 德国《基本法》第 12 条第 1 项第 1 句规定:"所有德意志人均有选择职业、工作场所与职业养成场所之自由。"

第二章 公立高等学校自主权法律规制结构厘定的法理依据

限制,此领域的给付行政亦适用法律保留原则。事实上,联邦宪法法院的观点并非空穴来风。在德国《基本法》的制定过程中,负责起草《基本法》的议会委员会(Parlamentarischer Rat)就曾对《基本法》第12条第1款进行了如下界定:"个人可以在不同的大学之间选择并能够聆听名师课程,从而可以使自己得到全方位的培训,在此条件下,该自由得到保障。同样,应该禁止的是,个别州仅允许该州学生在其大学接受教育。事实上这里涉及基本权利保护的本质一面,但该基本权利的保护同样要求尽可能地考虑到,在穷尽教学容量的情况下,将申请者有计划地分配到不同的教育机构是不可避免的。"[1]

当然,在其他判决中,联邦宪法法院也将学习自由纳入学术自由的保护范畴,指出凡是从事学术活动者,其学术自由基本权均受到保障。此外,德国联邦宪法法院还指出,学生在课堂上的参与不得一般地被仅仅视为知识的传达。显然,在德国联邦宪法法院的判决中,将学习自由纳入职业自由抑或学术自由,均有判决支持。但是,在德国宪法学界,将学习自由视为职业自由的观点受到更多支持以至于被视为学界的"通说",学者对实务部门肯认学习自由作为学术自由保护范畴的观点表示反对。而在日本,实务部门也肯认了学习自由与学术自由的关系。在东京大学泡泡乐判决的补充说明中,日本最高法院提到了学习自由。但是日本的宪法学者大多对此并未详加讨论,而是在最初界定学术自由的保护领域时就已将学习自由排除在外。[2]

与日本、德国实务部门的观点类似,我国台湾地区"大法官"解释第380号将学习自由视为学术自由的保护法益。但是,学界对此见解不一。李建良教授指出,"大法官"将学习自由纳入学术自由的范畴,其目的应在以此为基础,以便认定"课程自主"亦属大学自治之范围。他对许育典等教授提出的将学习自由作为学术自由保护法益的观点,持反对意见。实际上,德国联邦宪法法院、日本最高法院与我国台湾地区"大法官"解释的观点,总体上支持学习自由与学术自由的特殊关联,肯认学习自由作为学

---

[1] 张翔.德国宪法案例选释(第1辑):基本权利总论[M].北京:法律出版社,2012:98-104.
[2] 王涛.宪法上学术自由的规范分析[D].北京:中国人民大学,2011:57.

术自由的保护法益。其中,德国联邦宪法法院还提出学习自由作为教育场所选择自由乃至职业选择自由的观点。而在宪法学界,绝大多数学者反对将学习自由视为学术自由的保护法益。本研究认为,学习自由属于职业自由抑或学术自由保护范围的理论争议和实务分歧,反映了高等教育具有职业属性与学术属性这两种基本属性的特殊性。在高等教育大众化、市场化的背景下,学习自由被视为职业选择自由的观点可能更具优势。然而,基于高等教育法制的建构而言,本研究更倾向于支持许育典教授的观点,亦即将学习自由视为学术自由的保护法益。

总而言之,研究自由、讲学自由以及学习自由这三种学术自由作为主观公权利的保护法益,彼此之间的联系纽带是以真理探究为旨归和基本内涵的"学术"。无论是教师的研究、讲学抑或大学生的学习,均需以"学术"为目的。否则,将不能受到保护。此外,学术自由作为主观公权利的治理意义实际上包含两个层面:一方面,国家公权力不得对作为防御权的学术自由构成不当侵害,教师与学生可以根据学术自由这一基本权利提起诉讼;另一方面,师生享有一定的给付请求权,以保障学术自由的实现。当然,这种给付请求权的实现和国家财政供给能力之间呈现特殊的紧张关系,后者构成前者的界限。

(2) 基本权利的"客观法面向":作为客观价值秩序的学术自由及其治理意义

基本权利"客观法"面向的发轫,源于著名的吕特判决案。吕特案通过提出客观价值秩序理论,使德国联邦宪法法院根本扭转了其原先在宪政体制中的弱势地位。该案在德国宪法实践和基本权利理论的建构方面,具有里程碑式的意义,几乎可以被认为是德国联邦宪法法院最为重要的判决,至少在法院和学界的引用率方面确实如此。[①] 目前,德国学界一般承认,所有的基本权利或多或少均有组织、制度及程序的面向。组织及程序规范具有使基本权利有效化(Grundrechtseffektuierung)的功能,换言之,组织与程序构成基本权利有效性的必要要素,在一定条件下,甚至是行使基本权利的前提条件。[②] 对于学术自由这一基本权利的保障而言,吕特案的意义在于它为学术

---

① 张翔.德国宪法案例选释(第1辑):基本权利总论[M].北京:法律出版社,2012:43-44.
② 李建良.宪法理论与实践[M].台北:学林文化事业有限公司,2004:59.

自由的"客观法"面向论证提供了基本的框架亦即"基本权利的双重性质"框架。在学术自由的保障方面,组织与程序被视为实现这一基本权利的工具。本书集中关注德国的宪法判决,探求学术自由宪法解释中制度、组织与程序保障的发展脉络及其对公立高等学校治理的现实意义。①

第一,学术自由的组织保障与大学"组织法"的变革。

20世纪60年代学生运动(尤其是1966年至1968年)对德国传统的教授治校或"教授大学"模式产生冲击,教授寡头统治的格局开始瓦解。在这场声势浩大的学生运动中,参与者除了一般学生外,还包括助教乃至教授。这次学生运动的诉求主要集中在大学的"组织法"层面,旨在提高教授外其他权利组群在大学治理中的地位。具体而言,此次学生运动的诉求包括:① 学生们最后取得参与院务会议与校务会议的权利,助教及大学中间阶层也取得一定的参与权;② 过去的行政与决策体制,亦即以一年为期轮流出任的"限期首长制"及以此所建立的教学研究与经营管理分立的体制,难以适应需求,独任校长制获得青睐;③ 应予改革的部分还包括正教授的任命与个别教授所负责领域差异性是否合理的检讨等。另一个重点,是学生参与的组织。为回应此次学生运动的大学改革诉求,各州纷纷制定或修订各自的大学法,践行所谓"分群参与式大学"或"组群大学"(Gruppenuniversität)的大学治理理念。在各州的改革中,最为激进的是不来梅州(Bremen),其规定教员、学生以及非属学术工作的职员工友,各享有相同比例的参与权;反之,北莱茵—威斯特法伦州(Nordrhein-Westfalen)则要求有关的参与比例由大学在自治章程中决定。

在1973年"组群大学案"(BVerfGE 35,79)中,联邦宪法法院延续吕特判决确立的基本框架,确立了学术自由组织保障的观点。② 联邦宪法法院认为,"承认大学全体构成成员之参加权的大学组织形态并非与第5条第3款之价值决定相矛盾。即使是学生,他们在有关研究与教育事项之范围内,亦被赋予第5条第3款的权利,因此承认他们参与学术行政之权利,并无违宪之虞。因为大学生与高中以下学

---

① 齐藤芳浩.大学の自治の理论的考察[J].西南学院大学法学论集,2019(1):47-98.
② 张翔.学术自由的组织保障:德国的实践与理论[J].环球法律评论,2012(4):105-115.

生(Schüler)不同,并非只是受教育的客体,而是能够站在独立的立场参与学术讨论的大学成员。不过,对于研究、教学与教师人事之相关事宜,教授应确保享有决定性的影响力。"而这一联邦宪法法院的见解,后来在1976年颁布实施的《高等学校总纲法》中获得具体落实。

值得关注的是,2004年布兰登堡州大学法判决(BVerfGE 111,333),对1973年由"组群大学案"所确立的观点进行了更新。该案被视为1973年"组群大学案"影响力逐渐式微的明证。在该案中,法院认为,各州立法者享有关于大学"组织法"变革的评价特权与判断余地,"组织法"变革的目的是为学术自由提供"有效组织环境",增强"组织法"的学术相应性。[①] 对于20世纪90年代以来,德国各州《大学法》修订中关于公立高等学校"组织法"的变革是否对作为基本权利的学术自由构成侵害或威胁,学者们持有不同观点。有学者认为,"依联邦宪法法院的大学判决,学术自由的组织保障并不要求,(公立)大学必须以特定组织形态(如组群大学)来建构,其仅要求:借由'适当之组织法上的预防措施'(Adäquate Organisationsrechtliche),以有效确保学术自由的落实。考虑到大学校务咨询监督委员会(Das Hochschulrat)所决议之事项亦多牵涉国家事务,而建构理事会(Vorstand)此等领导机关主要系为取代之前无效率的大学议事机构,况且不能仅因其取向一元领导就认定其违反学术自由的要求,因此,此等规划本身,尚不能认为其违反基本法第5条第3款的规定意旨。"同时,"对于公立大学成员因此丧失的,此前其借由参与大学议事机构,得以分享的学术性事务的决定权,应提供适当的补偿。例如,咨询、监督与罢免权限。"德国学者沃尔夫-吕迪格·申克(Wolf-Rüdiger Schenke)正是基于布兰登堡州(BadenWürttemberg)大学法未能提供适当的补偿机制,而认定其存在违宪疑义。[②]

从德国联邦宪法法院有关大学组织的诸多判决中,能够发现学术自由有效组织环境建构这一命题的动态性和不确定性,它客观上为我们考察公立高等学校内部治理结

---

① Barendt, E.. *Academic Freedom and the Law: A Comparative Study*[M]. Oxford: Hart Publishing, 2010: 117-160.
② Hartmer M. & Detmer H.. *Hochschulrecht - Ein Handbuch für die Paraxis* (4. Aufl.)[M]. Heidelberg: C. F. Müller, 2022: 44-51.

构中不同权力(权利)组群尤其是学术自治与管理自治的博弈提供了窗口和渠道。质言之,学术自由的组织保障,旨在基于任务导向型法权配置原理,形塑和完善公立高等学校内部治理结构,促进学术自治与管理自治两种力量的动态平衡,实现公立高等学校治理在合法性与最佳性之间的辩证统一。当前,德国公立高等学校的"组织法"变革,正在绩效责任逻辑的驱动下,强化"管理自治"乃至外部利益相关者的引导。但是,这种"组织法"的变革始终存在着界限。联邦宪法法院在"观点更新"的同时,也未能忘却基本权利的"主观面向",其强调管理自治的强化等"组织法"变革的举措,必须避免对学术自由构成结构性威胁。在2010年的"大学教授自治案"中,联邦宪法法院根据这一原则,认定《汉堡州高等学校法》的相关法律条款违宪,支持了作为原告的汉堡大学法学院教授的主张。①

除了联邦宪法法院对学术自由组织保障学说的持续形塑外,联邦行政法院也在涉及学术自由的判决中发展和支持了学术自由的客观法功能并肯认了大学的学术自治权限。1996年12月11日,由德国联邦行政法院作出的判决[BVerwGE 102,304 (310)]中,指出"基于学术自由的客观法功能,国家负有促使学术自由的行使,得以发挥健全功能的义务。不过一旦出现滥用学术自由的行为,大学基于学术自治,本即应被赋予调查权限,否则将无异于认可一种无限度的学术自由。"类似地,德国学者斐林(Fehling)承袭联邦行政法院这一判决的见解,根据学术自由的客观法功能,直接推导出大学调查并确认其所属成员各类舞弊行为的权限。②

第二,学术自由的程序保障与大学治理的程序正义。

基本权利的程序保障是指透过特定的程序保障基本权利的有效实现。"个人可以要求国家提供有效的程序,以保障基本权利的实现;或者说,如果程序性法律不取向于保障基本权利,则基本权利的实体内容会受到影响。因此,立法机关在制定程序性规范时,应该作基本权利层面的考量,以构建适合基本权利保障的程序。这些程序首先

---

① 张千帆.法国与德国宪政[M].北京:法律出版社,2011:407-408.
② 黄舒芃.学术自由、大学自治与国家监督——从大学自治的意义与界限检讨博硕士论文抄袭争议之规范及监督机制[J].月旦法学杂志,2013(7):18.

是司法程序,也包含其他各种行政程序。"①在高等教育领域,学术自由的程序保障集中体现在学术权力的行使过程中。例如,大学教师评审的程序控制。我国台湾地区学者陈淑芳指出,"宪法对于实体基本权利之保障,已包括对实体基本权利限制时应有之程序上权利之保障,故在限制人民工作权与学术自由之升等程序中,亦应保障升等申请人程序上之权利。""为保障教师之工作权与学术自由,就升等程序之重要事项,法律应自己作规定或作明确的授权。"他认为,大学教师升等应包括如下几种程序:"组织合法性;回避原则;听审权之保障;阅览卷宗权之保障。"②

在我国台湾地区"462号""大法官"解释中,大法官提到,教师升等资格之审查,涉及人民工作权与职业资格之取得,主管机关所订定之实施程序,须保证能对升等申请人专业学术能力及成就作客观可信、公正正确之评量。实际上,"462号""大法官"解释已经涉及基本权利的程序保障议题,指出在大学教师评审中需关注程序的合理性与正当性。当然,对于程序保障的强度,学界和实务界往往对此不作过高要求。

在高校学术自治中正当程序原则的适用,也往往侧重其教育与自治特性而拒绝给予过于严格且正式的程序保障。重视学术自治与权利保障的平衡,避免其走向过度司法化。例如,美国《伯克利分校学生行为准则》区分学术事项与非学术事项的差异。在学生学术违纪行为的处理中,重视教师与学术组织的作用。此外,美国的主流观点,也并非要求高校给予学生像刑事程序那样严格的程序。法院一直注意划清教育领域内的正当程序与刑事领域之间的区别:"通过司法的指令给学术社区惩戒学生施加这种复杂而耗时的程序,将会有碍于大学的教育过程,从而使大学的控制变得没有力量。"如布莱克蒙(Blackmun)法官所言,"高校处分程序不需要以刑法和刑事程序中所盛行的标准加以衡量……不能要求将教室变成审判室。"③

显然,公立高等学校学术权力适用正当程序原则的标准和要求相对更低,它往

---

① 张翔.德国宪法案例选释(第1辑):基本权利总论[M].北京:法律出版社,2012:134.
② 陈淑芳.大学教师升等制度之性质与升等审查之原则[J].世新法学,2010(1):38-73.
③ 韩兵.高等学校的惩戒权研究[M].北京:法律出版社,2014:193.

往关注享有学术权利的主体如教师乃至学术权威在特定程序中的角色和地位,重视大学治理中程序正义原则适用的教育功能发挥。类似地,在诸如教师职称评聘、学位授予与撤销、教师评分以及招生录取等学术治理事项中,均应恪守最低限度的程序正义。① 以教师评分为例,许春镇教授认为,"教师评分影响学生权益甚巨,不但关系学生是否能毕业取得学位,甚至直接影响学生日后的就学就业。而学生成绩之评定属于教师的教学自由,教师享有专业自主权。"基于此,他建议"教师评分应透明化,并应践行一定的正当程序。"他认为,"教师评分应符合可理解、可预见、可审查三标准。"②

第三,学术自由的制度性保障理论与大学自治的宪法基础。

所谓"制度性保障,是指所有权利的实现都依赖于一定的制度。这些制度可能是历史上形成的,如婚姻制度、财产制度,对于这些制度,立法者不可予以否定或废弃,而要积极地建构和维护。基本权利这种积极要求立法者建立和维护制度以促进基本权利实现的功能,就是所谓的制度性保障功能。制度性保障最早由施密特提出,在二战后德国《基本法》时代得到重新诠释。"③在德国学者施密特提出"制度性保障"时,是在解决魏玛宪法基本权仅是方针条款的困境,认为立法者不能以立法来排除某些制度的核心。据此,基本权除了具有保护个人权利的功能外,还同时具有保障某一种制度的功能。宪法所保障的制度,立法者不能于立法时予以删除、废除或严重侵害到该制度的"本质核心"。概言之,制度性保障在施密特创设这一概念时,其目的是避免基本权利被立法者掏空。许育典教授认为,根据制度性保障理论,"国家立法者应制定出一套制度来形成基本权的功能,并保障该基本权的实现。"④

进而言之,根据基本权利的"客观法功能,基本权具有保护或保障某一制度的功

---

① 周湖勇.大学治理中的程序正义[J].高等教育研究,2015(1):1-11.
② 许春镇.大学自治与学生法律地位[J].台湾海洋法学报,2007(1):154-197.
③ 张翔.德国宪法案例选释(第1辑):基本权利总论[M].北京:法律出版社,2012:134.
④ 许育典,陈碧玉.大学自治下大学评鉴制度的检讨:以系所评鉴为例[J].当代教育研究,2011(2):119-158.

能,此即基本权的制度性保障,主要是对立法者产生拘束,并得作为释宪机关解释宪法的标准。"①立法者有义务形成一套法秩序,落实大学自治作为学术自由的制度性保障。"保障学术自由的制度性保障措施之一,乃是赋予各大学有自治行政权,以形成避免国家权力干预的机制,特别是来自于国家立法权与行政权的干预。因此,大学自治作为学术自由的制度性保障,自治本身并非目的,其目的仍在'学术'的促成。"②

在德国,"自治与基本权利的自由意图有着显著的紧密联系。尽管自治的公法形式标志着其接近国家的特征,自治仍然与基本权利一样,致力于设置与国家的距离和限制国家的权力。"③国家监督与大学自治关系的形塑,受《基本法》的总体性规制。根据《基本法》第7条第1项的规定,整个教育制度应受国家之监督。据此,国家有监督全国教育制度(Das gesamte Schulwesen)的权力,但国家对大学的监督,须受《基本法》第5条第3款的限制,即关于大学研究、讲学以及相关的大学自治事项,国家仅能作合法性监督。对此类事项相关的行为或决定是否妥当,国家不能对其适当性进行专业监督。④

许育典教授认为,"大学自治是宪法层次的制度性保障,其内容并非局限于立法形成的范围,相对地,大学自治的核心领域也将构成立法者形成自由的界限。""作为学术自由保护法益的大学自治,其学则、学位考试要点或资格考试要点,都是由自治成员所产生。整体而言,大学自治虽直接来自宪法上基本权的保障,本质上非属国家权力的限制,而不受法律保留原则的拘束,并非意谓大学独立于国家之外,而创造出一个法外的空间。事实上,大学自治的立法权仍有界限,只是这个界限来自于宪法本身,而受到宪法上基本权规定的拘束。"⑤我国台湾地区"大法官"解释第380号、450号、563

---

① "鉴于大学在法律地位与功能上的特殊性,德国学界的相关讨论,经常将学术自由的制度性保障,独立于所谓学术自由的客观法功能(包括将学术自由界定为客观价值秩序,乃至强调学术自由的组织与程序保障面向等)。"参见:黄舒芃.学术自由、大学自治与国家监督——从大学自治的意义与界限检讨博硕士论文抄袭争议之规范及监督机制[J].月旦法学杂志,2013(7):11.
② 许育典,陈碧玉.大学自治下大学评鉴制度的检讨:以系所评鉴为例[J].当代教育研究,2011(2):119-158.
③ [德]埃贝哈德·施密特-阿斯曼,等.德国行政法读本[M].于安,等,译.北京:高等教育出版社,2006:158.
④ 张源泉.德国大学管理体制的演变———以《高等学校基准法》为线索[J].宪法与行政法治评论,2011(5):327.
⑤ 许育典.大学法制与高教行政[M].台北:元照出版公司,2014:29-30.

号、626号也相继规范了大学自治的内涵,明确大学自治作为学术自由的制度性保障并逐步廓清了大学自治的内涵、边界和范畴。

类似于德国和我国台湾地区,日本学术自由与大学自治的宪法学研究由来已久。关于学术自由,日本学者对其根据与目的,见解不一。大致包括:专门特权说;市民自由说;信托说等观点。通说认为,学术自由包含学术研究自由、研究成果发表自由、教授学问研究成果的自由、大学自治。关于大学自治,日本学者一般认为,其涉及五方面内容:教员人事的自治权;研究教育在内容、方法、对象上的自主决定权;大学在设施管理上的自治权;管理学生的自治权;财政自主权。① 受德国法的影响,日本学者在分析制度性保障时,往往也会提及大学自治。在泡泡乐事件判决中,最高法院认为:"学术自由包含学术研究的自由、研究结果的发表自由。……也应当承认保障大学中教授和其他研究人员就他们专业研究结果的讲授自由。""为保障大学中的学术自由,传统上承认大学自治。特别是在大学教授和其他研究人员的人事上承认这种自治,大学的校长、教授和其他研究人员应当基于大学的自主判断进行选任。另外,也一定程度上承认大学设施和学生管理上的自治权,因而也承认大学基于此的一定程度上的维持秩序的机能。""基于以上自由和自治的效果,对大学设施和学生来说,设施应当由大学当局自治管理,并且也应当承认学生的学术自由和大学设施的利用权。"② 在陈述了以上这些原理后,最高法院认为本案中的剧团演出并不真是学术研究和成果发表,实际上是现实社会的政治性社会性活动,属于公开集会。警察的潜入并不侵犯大学的学术自由与自治。③ 显然,最高法院在该判决中,肯认了大学自治和学术自由的关系,指出为保障学术自由,传统上承认大学自治。此外,最高法院的判决还区分了学术性与非学术性活动中国家与大学关系的差异,认为非学术性活动不属于大学自治的绝对保护范畴,国家可以介入。对于该判决,宪法学界展开了激烈讨论。

一方面,争议聚焦大学自治的范围和类型以及国家介入的范畴和限度。日本宪法学者佐藤幸治教授认为:"本案并没有恰当考虑警察的行为属于以前就开始的校内情

---

① 王涛.宪法上学术自由的规范分析[D].北京:中国人民大学,2011:47-58.
② 最判昭和38年5月22日刑集17卷4号370页。
③ 佐藤幸治.日本国宪法论[M].东京:成文堂,2011:247.

报收集活动的一环。此外,考虑到本案集会即使被认为与学术研究无关,它也是经过大学正规手续在学校教室进行的活动。难道承认大学自治的归结不正是尊重大学管理权人的自律判断吗?"①宪法学者长谷部恭男也提出了类似的批判,他认为:"本案判决轻视了警察的情报收集活动对大学自治的危害。无视了这是一起经过正规手续,经过大学当局允许的教授借用案件。将集会的性质分为学术性还是政治性并没有显示出对大学当局判断的适当谦让。"②另一方面,争论聚焦大学自治是否构成学术自由的制度性保障这一议题。对此,宪法学界观点不一。其中,持有反对意见的桥本公亘认为,日本最高法院在泡泡乐事件中提出的"为保障大学之学术自由,应承认传统之大学自治"的论述,也可以被理解为,只需要承认大学自治是传统沿袭而来的惯例而非承认其宪法上的地位。③综上所述,德国、日本以及我国台湾地区的既有判例和学说,为考察大学自治作为学术自由的制度性保障提供了学理与实践层面的支持,具有一定的启发意义。

一般认为,我国《宪法》第 47 条规定的"科学研究的自由"是学术自由的宪法基础。此外,《高等教育法》第 10 条规定:"国家依法保障高等学校中的科学研究,文学艺术创作和其他文化活动的自由。"伴随着高等教育行政诉讼制度的健全发展,《宪法》与《高等教育法》关于"学术自由"的法律规定,在司法实践中开始获得确认,大学自治尤其是学术自治的司法审查范围逐渐厘清并逐步确立所谓的"有限学术遵从"原则。代表性的案件是最高人民法院第 39 号指导性案例,亦即何小强诉华中科技大学拒绝授予学位案(简称"何小强案")。对该案争议的学位授予要件及其适用问题,法院认为:(1)高校的自治要件没有违反上位法的原则性规定。(2)对自治要件的司法审查应以合法性审查为原则。法院认为,"对学士学位授予的司法审查不能干涉和影响高等学校的学术自治原则,学位授予类行政诉讼案件司法审查的范围应当以合法性审查为基本原则。"

在我国,学术自治大体上可认为作用于"组织法"与"作用法"两个面向。"第一,组织法上,国家为保障学术自由在制定法上确认了高校追求真理的自治空间,这是一

---

① 佐藤幸治.日本国宪法论[M].东京:成文堂,2011:248.
② 长谷部恭男.宪法(第 6 版)[M].东京:新世社,2014:235.
③ 王涛.宪法上学术自由的规范分析[D].北京:中国人民大学,2011:73-74.

种立法确认,而不是授权的公法人权力,高校依此自主制定科研、管理及教学相关的校规。第二,作用法上,在法律、法规、规章授权组织的教育行政行为中,高校自主亦贯彻于其中,高校可以一种不可替代性、专业性、法律专属性的学术判断权来制定相关学术标准,因此这部分标准制定权限中的'学术自治空间'较一般行政活动的'命令裁量空间'更大,在司法审查中会被视为'判断余地'予以尊重。"①高校自主、学术自治与国家监督的关系,实际上都可以借由高校自治立法权即校规创制权与国家立法权的关系辨析予以审视。换言之,这一问题集中反映为高校校规的法律性质与效力的界定和厘清。学者对学位授予权法律性质的认识,对学位授予中学术自治与国家教育权互动关系的辨析和区分,构成这一经典议题回答的关键。正因为如此,研究者往往重视学位授予中学术与非学术要件②、自治学术要件、自治品行要件以及自治学业要件的区分③,进而主张不同的司法审查强度。

(三) 公共利益的基本内涵与价值旨归:公立高等学校行政权力行使的法理依据

公立高等学校的行政权力与学术权力具有不同的权力来源和法律属性,对应公立高等学校不同的法律地位。一般而言,当公立高等学校作为授权性行政主体履行公共职能,承担教育公务时,其行使的行政权力属于政府公权力的授予或委托。例如,"田永案"中法院将高等学校定位为"法律法规授权组织"即是对公立高等学校行政权力中"公权因素"的肯认。据此,公立高等学校与学生之间的公法纠纷被纳入行政诉讼之中。在德国,公立高等学校在承担国家"委办事项"而非"自治事项"时,被视为公法设施。此时,公立高等学校既需接受政府的合法性监督,又需接受更为细致严密的专业性监督。当然,"行政机关对大学事项的权限应限于执行法律的细节性、技术性次要事项(非重要事项)。立法机关授权行政机关立法时,应当遵循授权明确性原则。"当然,公立高等学校行政权力除了具有一定的国家公权力属性外,还包括其作为民事主

---

① 张亮.高校学位授予要件之区分审查论——对指导性案例 39 号的质疑与反思[C]//姜明安.行政法论丛(第 19 卷).北京:法律出版社,2016: 216-236.
② 林玲,胡劲松.论学位授予中的非学术标准[J].高等教育研究,2013(2): 43-49.
③ 同①。

体时所享有的民事权利能力。① 在此,行政权力具有"社会教育权"的私权属性。

概言之,公立高等学校的行政权力,具有公、私权属性的二重性,其法律规制也势必存在公、私法的交叠互动特性。鉴于公立高等学校对公共利益的内在规定和诉求,公立高等学校作为授权性行政主体与民事主体的法律地位皆具有一定的特殊性,不能等同于普通的政府行政机关或一般民事主体。从本质上而言,这种特殊性根植于公立高等学校对公共利益而非狭隘的政府利益或市场利益的追求。相对于公共利益的本质追求而言,公立高等学校从事经济性活动时对效率或市场化价值的追求具有从属性,公立高等学校作为民事主体的民事权利能力受到一定程度的限缩,而其民事责任的承担也相应地不同于一般的民事主体。简而言之,公立高等学校作为民事主体的法律地位,应该被视为其辅助的角色而非主要角色。

与此同时,公立高等学校作为授权性行政主体,也因其对公共利益的内在要求,使其不能完全等同于一般行政机关。事实上,一般行政机关履行的行政任务与公立高等学校履行的公共任务存在较大区别。具体而言,不能简单地将公立高等学校承担的教育公务或公共职能的担负理解为政府公权力"放权"语境下的行政任务,而应将其视为公立高等学校与政府之间基于法律实现分权的表现。基于此,政府对公立高等学校的行政规制应符合"国家辅助性原则",以保障和实现公立高等学校的公共利益诉求。为更好地理解公立高等学校履行公共职能或作为授权性行政主体时,"国家辅助性原则"对政府公权力的限制以及公立高等学校作为民事主体角色的次要性和辅助性,有必要对公共利益这一不确定法律概念予以尽可能"确定"的解释和厘清。

关于公共利益的内涵和判断标准,大致包括以下几种观点:第一,德国学者洛厚德在19世纪末曾提出"地域基础理论"标准。据此,公益被理解为一个相关空间内关系人数的大多数人的利益。第二种是由德国学者纽曼提出的"人数标准"。他认为,

---

① 秦惠民教授在其博士论文中指出,公立高等学校的办学自主权可以分为经营管理权和教育权两种类型。为完成教育任务,高等学校在经营或管理学校时,享有民法赋予和保护的权利,即源于其作为民事主体的法律地位,而高等学校的教育权则是国家教育权的一部分。"国家举办高等学校,是国家履行教育职责、举办和发展教育事业的直接体现。因此,公立高等学校的教育活动,是国家依据宪法规定行使教育权力的一部分。公立高等学校从事教育活动的权利,本质上属于国家教育权的性质,是代行国家的教育权力。"参见:秦惠民.走入教育法制的深处——论教育权的演变[M].北京:中国人民公安大学出版社,1998:203.

公益是一个不确定多数人的利益。此种观点,已成为德国关于公益标准的流行观点。根据这两种观点,公共利益的判断需要符合非隔离性的特征,亦需在数量上达到一定程度。① 陈新民教授指出,"公益概念的内容,须渊源于宪法的理念,斟酌国家任务及立国原则而由立法者具体来实践之。公益的内容也表现在其利益内容的多面性及不确定性,而且是弹性地受到社会、国家法秩序的价值概念来予以判断。"②

近年来,德国学界关于公共利益的概念界定正在从"量"的关照走向"质"的要求,这与德国实务界的看法是一致的。德国学者克莱因(W. Klein)认为,判断公共利益,应基于"量最广"(Maximale)和"质最高"(Optimale)两项原则。而在德国联邦宪法法院的药房判决案中(Apothekenurteil),也已经确认了所谓的"阶层理论"(Stufrntheorie),亦即唯有立法者肯定为了更高社会利益时,方可在一定程度上限制个人的职业自由权利。③此外,还有学者指出,"公共利益是一个抽象的概念,也不可以还原成某种个人的利益,它的识别与取得只有经过民主的公共论坛才可以得到全体公民的认同。"④显然,该学者的观点支持基于民主正当的程序实现和保障公益。毋庸置疑,公共利益概念的最大特色,在于其内容的不确定性,亦即公共利益受益人及利益的抽象性。当然,正如陈新民教授所言,"公共利益概念尽管有其抽象性,但并非缥缈不可及。公益的价值层次及其认定,可与民主宪政之理念及其所树立之制度,相互补充与实践。"⑤

实际上,"现代社会高度依赖学术与科技,学术与科技体系中的每个变化都会牵动社会的基础。因此,学术的促进、为其组织设定基本规范、协助科技能被接受也就成为国家重要的核心任务。"⑥毋庸置疑,高等学校作为教学与科学研究相互联结的组织体,承担着人才培养、科学研究与社会服务等重要功能和任务,具有鲜明的公益属性。而在世界各国教育立法中,也都普遍地确认了高等学校的公共性质。例如,日本《教育

---

① 马晓燕.基于法治的自主——我国高等学校自主权及其界限研究[D].北京:北京师范大学,2008:60.
② 陈新民.德国公法学基础理论(增订新版·上卷)[M].北京:法律出版社,2010:243-260.
③ 同②。
④ 李建华.公共政策程序正义及其价值[J].中国社会科学,2009(1):64-69.
⑤ 同②。
⑥ [德]施密特·阿斯曼.秩序理念下的行政法体系建构[M].林明锵,等,译.北京:北京大学出版社,2012:124.

基本法》第 6 条规定:"法律所承认的学校,是具有公共性质的。"而在德国,新公共管理运动影响下公立高等学校法律地位的变革使公法财团成为可供选择的制度方案,"私法"要素开始改造传统的公法人制度。当然,这种"改造"也是有限度的,属于在特定的"体系封闭"主导下的"认知开放"。即便是作为公法财团法人的高等学校,也仍需和公法社团、公营造物等其他公法人组织形态一样,以公共利益为宗旨。实际上,公法人的设立本身与公共目的之间就存在着密切的关联性。

据此,不难发现公立高等学校的科学研究活动及其对公众需求的满足乃至办学的"非营利性"被视为公共利益的重要构成。此外,公立高等学校与市场的互动,学术与经济的交融,也都被视为增进社会公共利益的手段和方式。在法国,高等教育立法将此视为公共服务的"增值";在日本,《国立大学法人法》第 22 条将日本国立大学研究成果的"活用"纳入其业务范围①;在德国,学术与经济的互动作为一项复杂的法律议题,涉及公法与私法规范的综合且灵活的适用,亦更多基于公共利益与学术自由的价值基础。显然,公立高等学校作为民事主体的法律地位需要以社会公共利益最大化和学术自由为依归,不得有损高等学校的使命和任务。

1. 作为"授权性行政主体"的角色淡化:公立高等学校的公共职能履行与辅助原则的实践

从"授权性行政主体"走向"自治性行政主体"作为世界各国公立高等学校法律地位变革的趋势②,展现了政府与公立高等学校分权的理想图景,表明公立高等学校承担国家教育公务范畴的限缩和学术自治内涵的扩充。据此,重构国家监督与大学自治之间适切的互动框架,成为高等教育法律规制实践的重要命题。简而言之,应构建公共任务、公共职能与公共利益相互统一的逻辑关系,促使公立高等学校作为特殊行政主体的角色转型,推动其从国家管制的传统之中解脱,进而成为独立的法人主体。它内在地要求政府秉持干预法定原则,在履行政府法定责任和义务的同时,有限而适切地介入公立高等学校的自主办学。基于此,适应治理范式的"国家辅助性原则"开始

---

① 李昕.公立大学法人制度研究[M].北京:中国民主法制出版社,2017:49.
② 胡肖华,倪洪涛,等.从失衡走向平衡:教育及其纠纷的宪法解决[M].北京:中国法制出版社,2007.

被引入政府与大学的分权议题之中。与间接行政理论、公务分权理论以及机构化学术自由等①政府与大学分权的既有理论不同,它更加重视政府与大学分权中政府角色的"辅助性"和动态适切性,反映政府公权力的有限性、责任性、服务性、开放性、民主性与法治性等基本特征。

"辅助原则"又称"补充性原则","为德国国家法学上的传统讨论议题,其概念缘起可追溯至天主教社会学之教义。教宗庇乌斯十一世(Pius XI)在1931年5月15日所昭告之社会通谕 Quadragesimo anno 中有一段如下之陈述:'国家权力应将只会阻碍较重要任务执行之次要意义事项,交由较小之团体为之。借此,国家自身则更能自由、强壮与敏捷地存在。对于唯国家可应付之任务,国家应将其置于自己之专属管辖权之下,并视情况之必要,透过领导、监督、坚决执行与严加管制方式实现。基于此,国家权力拥有者则可产生确信:透过辅助性原则对不同社会层级秩序严加把关,做得越好则社会之威严与效力就越强,对国家之存在而言亦就越良好。'"辅助原则在现代法释义学上之意义,主要表现在国家与其他权利主体涉及同一事项执行时,责任位阶性应如何分配之问题。"②

据此,"辅助原则",是指基于国家与社会权限的界分,要求国家对社会、市场进行最低限度的干预。"辅助原则虽然没有被确认为宪法原则,但在德国行政组织法中具有重要的意义,因为就其实质而言,将任务分配给自治主体在很大程度上遵循的就是该原则。与此密切相关并且对公务自治具有意义的是公共行政的分散化原则和亲民化原则,欧盟执委会在欧洲政府白皮书中对此作了阐释。"③具体而言,该原则主张某个事项或决定应当由较靠近或较低级的主体优先作出,只有当这些主体不能胜任时,才由较远离的或较高级的主体作出。对于国家与社会而言,只有当社会不能依靠自身努力维持稳定或者无法为其成员提供生存照顾时,国家方能充当一种"补充

---

① 申素平.公立高等学校与政府的分权理论[J].比较教育研究,2003(8):1-4.
② 詹镇荣.德国法中的社会自我管制初探[J].政大法学评论,2004(78):79-120.
③ [德]汉斯·J.沃尔夫,奥托·巴霍夫,罗尔夫·施托贝尔.行政法(第三卷)[M].高家伟,译.北京:商务印书馆,2007:602-603.

功能"。① 德国著名宪法学者汉斯·彼德斯(Hans Peters)在20世纪70年代初,提出所谓的辅助性理论(Subsidiaritätsprinaip)。他认为,辅助原则具有双向性,一方面,它尊重个人自由与社会自治;另一方面,它规定国家保障个人自由与社会自治的责任与行动条件。② 质言之,辅助原则强调在个人与社会自治的领域,政府不得干预,这与治理范式所重视的社会自主治理具有内在的思想契合和关联性。在开放、反思③的动态治理实践中,不断调适政府公权力边界的行为方式,是辅助原则的本质所在。将辅助原则引入高等教育治理实践,能够为公立高等学校与政府的互动关系提供理想的框架。当公立高等学校作为授权性行政主体履行公共职能时④,其与政府的关系应从"压制—管控"型的统治逻辑迈向"协商—合作"型的治理逻辑。

据此,契约治理成为20世纪80年代以来世界各国高等教育治理的重要机制,它关注政府与公立高等学校之间的协商与合意,试图借由公权力的契约化行使增强公立高等学校的自主性并提升其作为法人主体的履责能力,改善公立高等学校自主办学的绩效状况。显然,适应"治理范式"转型的辅助原则,已然不同于传统公法学范式下政府与大学分权的"合法性"框架,而更加重视分权的"最佳性"维度。一方面,政府对公立高等学校的委办事项逐渐减少,这使得公立高等学校作为公营造物的特征逐渐淡化,政府与高等学校之间客观存在的特别权力关系日渐式微。正如德国公法学者赖因哈特·亨德尔所言,"除了公法的法律形式和当事人参与,自治的根本特征还包括对履行任务自负其责。自负其责特征指的是自治机构与国家保持距离。它将国家机构对自治团体的监督限制为合法性监督。从中可以推导出,一个被赋予自治权利的行政机构,原则上不受专业监督或合理性监督,所以也不受专业上个别直视或国家直接行政的行政规章的约束。虽然从自治的观点来看,一个公法组织单位在自负其责处理事务的同时,也接受那些处于专业监督之下的和受主管的国家机关的指示权的约束的任务即所谓的委办事项或指示任务,亦无不妥之处,在

---

① 陈新民.公法学札记[M].北京:中国政法大学出版社,2001:85.
② 罗豪才.软法与公共治理[M].北京:北京大学出版社,2006:137.
③ 沈岿.因开放、反思而合法——探索中国公法变迁的规范性基础[J].中国社会科学,2004(4):102-114.
④ 于立深.法定公共职能组织的资格、权能及其改革[J].华东政法大学学报,2016(6):49-64.

第二章 公立高等学校自主权法律规制结构厘定的法理依据

自治领域经常可以见到这种将自己的事务与委办事务（指示任务）结合起来的情形。"例如，高等学校既作为国家设施，承担国家委办事项；又作为公法社团，完成自治事项。当然，必须认识到的是，"如果一个公法组织单位的全部活动领域都受到专业监督，就谈不上自治了。"①因此，高等学校承担委办事项的范畴应该被限缩，而不能恣意扩张。否则，其作为功能自治团体的法律地位就将名不副实。

在新公共管理运动的影响下，1998年德国《高等学校总纲法》的修订，大幅度缩减了国家委办事项的数量和类型。② 当大学承办委办事项时，事实上被视为国家的下级机关，国家可对其进行较为严格的专业监督。此时，大学"行使的是公共权力，构成整体国家权力结构的一部分，而其所行使之权力则为典型的行政权（vollziehende Gewalt）"③。1998年的修法，放弃以往罗列国家"委办"事务的具体项目，并将相关的法律条文全部删除。在此背景下，德国各州《大学法》的立法形成空间被进一步拓展。"新调控模式"在德国各州高等教育治理变革中的引入，获得了更为广阔的制度空间。

当前，从各州《高等学校法》的立法与修法趋势而言，一方面，专业监督的事务范畴，正在不断被限制和缩减。国家对公立高等学校的管制色彩日益淡化，公立高等学校的自治空间持续扩充。例如，下萨克森州大学法（Niedersächsisches Hochschulgesetz, in der Fassung vom 26.2.2007）进一步降低了国家管制的强度，将国家管制定位为建立基本框架或标准，细节部分则由大学自主决定。另一方面，传统的对于公立高等学校委办事项的专业监督方式，正在开始发生重大变革。诸如行政命令等传统的公权力行使方式被抛弃，更加柔性的行政行为方式如行政指导、行政合同成为政府高等教育治理"政策工具箱"的重要组成部分。基于契约的质量保障机制以及"自我治理的治理"，成为世界各国高等教育治理的重要途径和方式。④ 换言之，在国家"委办任务"大幅度削减的

---

① ［德］埃贝哈德·施密特-阿斯曼，等.德国行政法读本[M].于安，等，译.北京：高等教育出版社，2006：152-153.
② 在1998年第四次修订前，德国《高等学校总纲法》第59条第2项规定："大学在承办国家委办事项时，尤其是人事行政、经济行政、预算行政、医疗照顾（Krankenversorgung）、教育容量决定（Ermittlung der Ausbildungskapazität）、确定入学名额（Festsetzung von Zulassungszahlen）时，国家必须预先规定并进行监督。"
③ 李昕.作为组织手段的公法人制度研究[M].北京：中国政法大学出版社，2009：222.
④ 阎光才.西方大学自治与学术自由的悖论及其当下境况[J].教育研究，2016(6)：142-147.

同时,政府对"委办任务"的监督方式也开始迈向契约化与柔性化。当然,诸如契约治理的方式,是否真正可以降低行政监督的强度,学界存在争议和分歧。一些学者将借由绩效协议所形成的契约治理机制,视为实质性的行政监督方式,认为其混淆了法律监督与专业监督的界限,对大学自治产生了明显而立即的影响。

显然,弱化与缓和行政规制,开发与使用更富弹性、更加多元且灵活的规制工具类型,培育大学自我规制,实现规制型自我规制成为高等教育法律规制变革的重要趋势。① 通过公立高等学校与政府间合作伙伴关系的建构和形塑,实现二者之间的合作治理。与此相应,公立高等学校作为"授权性行政主体"的角色逐渐淡化,各国高等教育的立法与修法开始重视法律规范的"去国家化",凸显公立高等学校作为"自治性行政主体"的法律地位。

从一定意义上而言,国家高权性的管制模式反映了国家与社会二元对立的传统,而契约治理则彰显着国家与社会既界分又交融的"合作国家"理念。正如里特尔教授所言,"合作化的多元主义社会和合作国家并未改变社会与国家之间不混同和不同一原则,而是对国家与社会之间互相渗透、交错影响这一综合过程的全新描述。"② 在多层级目标协议中,国家与大学共同设定目标,围绕目标及其配备资源达成共识,实现学术与国家、学术机构与学术机构乃至学术与经济的合作,践行学术法的"合作原则"。③

正如德国学者汉斯-彼得·福塞尔(Hans-Peter Fussel)所言,"和传统的国家和市场相对立的模式不同,德国高等教育中市场和国家的界限越来越模糊了。因此,国家和市场不应被视作对立的,而是新的治理体系的不同方面。国家高等教育政策采用了新的市场导向的策略和理念,使传统的国家控制模式转向混合模式,这不仅发生在国家和市场的关系中,还发生在大学管理和学术自治之间。事实上,治理通常包含不同

---

① Kaplin, W. A & Lee, B. A.. *The Law of Higher Education (Fifth Edition)* [M]. San Francisco: Jossey-Bass, 2013; Russo, C. J.. *Handbook of Comparative Higher Education Law* [M]. Maryland: Rowman and Littlefield Education, 2013.
② 恩斯特-哈绍·里特尔,赵宏.合作国家——对国家与经济关系的考察[J].华东政法大学学报,2016(4): 5-18.
③ [德]施密特·阿斯曼.秩序理念下的行政法体系建构[M].林明锵,等,译.北京:北京大学出版社,2012: 124-128.

比例的行动者、层次和程序：官僚、管理、市场、学术团体和其他利益相关者。传统的国家和学术自治的二元结构逐渐让位于多治理主体共同参与的治理体制，超国家的、国家的、机构之间的、机构内部的和外部的层次在治理体系中相互交织。当然，国家仍然在大学治理中扮演着关键的角色，即便是以一种更加间接、精细化的方式"。①

目标协议(Zielvereinbarung)作为一种特殊的公法合同，它运用更为精细与间接的规制工具，重新建构了大学与政府的互动框架和关系调适方式，政府与大学按照目标协议的规定履行各自的权利、义务和责任。借由目标协议制度的引入，"大学由过去的国家隶属机构转而成为与其订立行政契约的主体，而处于较为平等的地位，以此强化大学的自治权限"②。通过契约治理取代古典行政，国家责任与大学自治之间重新取得平衡，并形塑出国家与大学之间的"合作伙伴关系"。③

2. 作为辅助手段的民事主体法律地位：公立高等学校"经济性活动"的法律规制与权利能力限缩

随着高等教育市场化与私营化的趋势日益鲜明以及政府财政拨款绩效导向的增强，公立高等学校的财政状况持续恶化，从事知识产权交易、创办大学衍生企业成为公立高等学校获取办学资源的重要渠道。基于此，世界各国公立高等学校在私法领域的活动日益频繁。世界各国普遍通过立法，保障围绕知识产权所产生的研究和合作事项的开展，"研究私营化"受到法律的认可与保护。以美国为例，1980年联邦政府出台《商业专利法案》(又称《贝耶-多尔法案》)进一步支持企业参与学术研究，该法案允许大学享有联邦资助研究的专利权和许可证权。在美国，出售发明和专利给大学带来了大笔收入。企业提供更多科研经费并深入参与学术研究的成效非常显著。④

大学与企业合作在为公立高等学校赢得更充足的办学资源的同时，也遭受非议，

---

① Russo, C. J.. Handbook of Comparative Higher Education Law [M]. Maryland：Rowman and Littlefield Education, 2013：121-133.
② 张源泉.德国大学组织重构之边界[J].教育研究集刊,2014(3)：1-34.
③ Hans-Heinrich Trute,王韵茹,等.行政法学中的治理概念——以大学为例[J].中正大学集刊,2012(2)：242.
④ [美]亚瑟·M·科恩,卡丽·B·基斯克.美国高等教育的历程(第2版)[M].梁燕玲,译.北京：教育科学出版社,2012：348.

其中最重要的是这一趋势可能对社会化公共利益构成威胁,侵蚀公立高等学校赖以维系的公共性与学术自由传统。一些人认为大学"心甘情愿地让特洛伊木马进入学术的殿堂",以至于"研究经费的流入破坏了大学的独立性,导致研究凌驾于教学地位之上……促使一些学科凌驾于其他学科之上,推广了州政府所提倡的知识政策,这种政策对学术造成的危害如同州所提倡的工业政策对经济造成的危害一样大"。当前,以私人化、垄断性、市场价值为旨归的知识产权制度的引入,使大学面临着深刻的公共性危机,遮蔽了大学作为公益机构的内在价值。

当然,无论学术界如何抨击公立高等学校经济性活动的泛滥,它依旧持续地进行着并受到大学管理者的青睐。市场的力量,持续地影响着高等教育法律关系的变革,它甚至对教师、学生的法律地位和权利义务状况造成深刻影响。在英美法系,公立高等学校与师生的法律关系,开始被视为包含公、私法因素的法定的契约关系,学生开始更多被视为消费者,而教师则更多被看作是雇员。[①] 从法律规制的角度而言,大学与工业的合作研究以及相关经济性活动,日益受到私法的规制和调整。根据美国高等教育法律学者威廉·A.卡普林和芭芭拉·A.李的研究,大学与企业的合作中存在着复杂的法律问题,它涉及合同与公司法、专利权与专利许可、反垄断法、版权与商标法……以及各种不同的利益调整。法院往往视研究合同为处理大学与私人企业之间关系的基本依据。如果发生争议,法院主要看合同上的有关条款,重点考察研究合同关于发明权或专利权、设备占有权以及实质性内容的条款。[②] 当然,大学与企业合作的法律规制中,往往会考虑大学作为非营利性机构的特殊性,在适用财税法律时会对其予以"特殊保护"或倾斜。当然,这种法律上的特殊保护,也区分公立高等学校与企业合作的领域和复杂性。一旦合作与学术研究等大学的核心任务相去甚远乃至有悖于大学的宗旨,那么,大学的免税地位将遭受质疑。[③] 显然,法律对高等学校作为非营利性机构的

---

① 姚荣.公私法域的界分与交融:全球化时代公立高等学校法律地位的演进逻辑与治理意涵[J].复旦教育论坛,2016(4):23-29.
② [美]亚瑟·M·科恩.美国高等教育通史[M].李子江,译.北京:北京大学出版社,2010:370.
③ Kaplin, W. A. & Lee, B. A.. *The Law of Higher Education (Fourth Edition)*[M]. San Francisco: Jossey-Bass, 2006:1652-1655.

肯认,也限于其商业化运作与其宗旨相关时。换言之,对于高等学校等非营利性机构从事经营性活动,持有"附条件许可主义"的观点。

在德国,学术与经济的关系调整,受学术自由的保障,被视为受研究自由保障的"知识与技术转移"。一方面,承认"知识与技术转移"也属于研究自由的保障范围,且被视为大学的任务;另一方面,不允许因此影响古典的不受目标拘束的研究自由。而二者应如何平衡,在德国法上往往视合作形态的差异,区分不同的考量重点。学术与经济的互动中,如何寻求学术自由与经济利用的平衡是应考量的关键点。以第三人提供资金为关注议题,德国法对此问题给予明确的法律规制。在德国,《高等学校总纲法》第25条对第三人提供资金的研究做出明确规定,承认第三人提供资金开展研究的正当性,并致力于使其与大学成员的职务任务维持平衡。因此,产生大学财务手段的"二元管道"(Zweigleisigkeit der Finanzierung)。

质言之,由大学提供的基本配备(Grundausstattung),以及额外为个别研究者提供的、基于特定目的的第三人资金,在德国已经构成研究财务资源的两大基本构成部分。值得关注的是,第三人提供资金的研究,必须考量宪法关于研究自由、自主决定的保障,考察研究自由如何避免受经济因素的过度干预。据此,宪法上绝不能容许研究者完全依赖其他财务资源,在知识转移与市场化可能性较小的基础研究领域尤其要求如此。这些观点实际上在联邦宪法法院关于学术自由的组织、制度与程序保障的相关判决中已经被明确提出。根据相关判决,可以推导出这一结论,即对既存的大学资源享有符合事理的参与、分享的请求权,根据支配性的见解,其包含符合功能的研究配备的请求权,国家至少应该提供最低限度的配备(Mindestausstattung)。

此外,根据德国联邦宪法法院的观点,针对非直接可以在市场变现从而短期内难以评鉴之基础研究(Grundlagenforschung)领域,须经由基本配备之提供而确保;在校内分配资源时,该领域的人事与事务的经费,在确保其研究至少可能存在的范围内,须获得拨付。在高校财政议题上,德国《高等学校总纲法》第5条作了如下规定:"国家资助高校的目的是科研教学服务以及科学繁荣服务,其中包括促进社会平等。"这一规定得以实施和落实的前提是高校所属州为其提供充分的财政资金,同时授权州立法机关和州政府作出资助决定。根据德国《基本法》第91a条第1款第1项和第91b条的规定,联邦参与高校的财政资助,其中主要是建设措施和研究项目。①

此外,对于知识与技术转移的法律规制问题,2009年6月17日在德国埃尔朗根－纽伦堡(Erlangen-Nürnberg)大学举行的第四届德国大学法大会(Der 4. Deutsche Hochschulrechtstag)的各篇报告对此进行了详细介绍。大学知识与技术转移的任务是由特别设置的转移单位(Transferstellen)或另行设置的转移公司或协会(Transfergesellschaft/-vereine)来执行。因为这一问题属于《大学法》《公务员法》《民法》与《公司法》的混合领域,具有异常的高度复杂性。在此次大会上,克鲁斯(W. Kluth)教授指出,大学作为学术性场所,不能因任务扩张而影响其学术性(Wissenschaftlichkeit)。他认为,教学与研究固然应该向应用层面开放,但是不能首先联结到应用。在他的报告中,重点关注大学教师知识转移活动的法律定性。他认为,这一问题主要涉及大学教师主要任务与兼职的关系,在特定的法律规制中不能允许因知识转移活动而影响主要任务(尤其是教学与研究自由)的实现。②

通过对德国高等教育立法(尤其是州层面)的梳理,不难发现立法规制中尤为强调公立高等学校作为民事主体法律地位,开展知识转移等经济性活动与学术自由以及公共利益的平衡。例如,《巴伐利亚州大学法》第2条第5项第1句规定:"大学应以符合其任务地位的方式,与经济部门、职业实务领域合作,促进知识与技术转移以及学术上的进修"。《柏林州大学法》第4条第5项规定:"大学应在其任务地位的架构内,与其他国内外的大学、研究、文化与教育机构合作。大学应促进其内部机构与所有社会领域之间的知识转移,并致力为社会的利益继续发展而使用其取得的学术认知。"而第4条第11项则规定:"为履行其任务,大学得以支付对价之方式运用第三人,在取得柏林市有关局处有管辖权之成员的同意下,并得参与企业或创设企业,但不得影响其研究与教学的核心任务;关于预算事项的监督委员不得同时负责前述企业的业务。"③"高等院校不得同时为财政事务的委托人和企业管理者。高等院校根据其投资和股份

---

① [德]汉斯·J.沃尔夫,奥托·巴霍夫,罗尔夫·施托贝尔.行政法(第三卷)[M].高家伟,译.北京:商务印书馆,2007: 614-615.
② 姚荣.大学与企业合作研究的法律规制:基于德国与美国的经验[J].教育学报,2017(6): 36-48.
③ 同②。

负有限责任;第87节第4条中州政府的担保责任在此不成立。审计局根据第104节第1条第3款关于州财政制度的检查权力,在此需得到保证。私有化进程中必须有职工代表会的参与。"当前,高等学校科学研究的目的,已经包含了较多的应用属性和社会服务面向。正如《柏林州大学法》第37条所规定的那样,柏林州高等学校的科研目的"是为了获取科学知识,为科学奠定基础以及推动教育及教学的发展。考虑到高等院校的职责设定,其科研对象是所有科学领域及科学知识在实践中的应用及影响。高等院校科研的一项重要任务是分析社会生活的各类问题并提出解决方案。"此外,"高等院校科研还应为柏林市的发展作出贡献。高等院校应执行配合柏林市政府下达的特殊任务。"

实际上,在德国一些州的高校法中,已经开始明确准许高校从事企业活动。与私人组织合作是高校长期以来的日常任务。[①] 在德国,高等教育与私主体之间的合作已经日益频繁,成为行政法学关于公私合作伙伴关系的重要表现形式。具体而言,它主要在委托研究、基金会席位、高校赞助、合办研究所、高校建设及其资助等方面。例如,汉堡特赫恩技术研究所有限责任公司、斯图加特管理和技术研究所、帕德伯恩(Padeborn)大学合作计算和通讯实验室、宝马公司资助的慕尼黑技术大学设立的机械学院。当前,"无论在概念、学理和制度方面,还是在法律规定方面,公私伙伴关系都处于法律的灰色地带。""由于缺乏明确的法律规定和行政部门利用第三人或者适当的人作为任务执行协助人的授权依据,公私伙伴关系没有明确的适法性和限定标准。但是,鉴于公私伙伴关系越来越多地涉及国家权力的行使,越来越深入地影响到公民的基本权利,对它的研究显得日益迫切。"[②]

显然,为寻求大学任务之间的平衡,德国法往往对公立高等学校从事经济性活动的民事主体法律地位予以特殊规定,相应的民事权利能力往往也会根据具体的任务情境予以一定程度的限缩,而大学的法律责任也应予以特别的厘清。对于大学法人责任,德国法亦有明确规定。《巴伐利亚大学法》第73条第3项第1句、第2句的规定:

---

① [德]汉斯·J.沃尔夫,奥托·巴霍夫,罗尔夫·施托贝尔.行政法(第三卷)[M].高家伟,译.北京:商务印书馆,2007:614.
② [德]汉斯·J.沃尔夫,奥托·巴霍夫,罗尔夫·施托贝尔.行政法(第三卷)[M].高家伟,译.北京:商务印书馆,2007:454-459.

"在大学的任务框架内,大学得以其法人财产参与或创设私法形式的企业;前段所述之决定与措施,事先应经大学委员会的同意。法人的责任限于其出资的范围或该当股份的价值。"它关注的核心在于,避免民事权利能力的过度扩张,影响大学的经典任务如研究自由。① 基于民事活动的客观存在及其疆域的持续拓展,在"组织法"层面上,公立高等学校的管制方式也存在着公、私法的特殊联结,表现出特定的复杂性和多样性。

正如施密特·阿斯曼教授所言,在学术法领域,"几乎可以看到所有公法与私法形态的组织:社团法人与公营造物跟财团法人以及公司形态都有。其组织形态主要包括有权利能力或无权利能力的单位,工作小组或联合组织。在这个领域中,私法显得特别具有弹性,可作为社会研究动力与国家协力之间过渡性质的法律形式,通过这种方式可以建立一种工作小组,让双方在公司的形态下双向地参与。"② 事实上,在美国法上,类似的问题也为法律所关注,公立高等学校在私法领域的活动往往会与其作为公共机构的法律地位以及教师作为学术自由基本权利主体所享有的学术自由基本权利等法律议题相互牵扯。为保障社会公共利益,"有些公立大学在结构上完全是作为政府机构的一部分来组织的,并与其他国家机关一样受到人员雇佣和商业运作的限制。"

在任务日益多元和复杂的背景下,大学的核心任务与外围任务之间的紧张关系逐渐凸显出来。"公立大学要想保护其教育和学术的核心任务,就要减少其他任务,拒绝日益增多的公共服务需求,但是公立大学在这方面的能力却有限。""社会往往希望能从公立大学获得额外的服务,这将与大学教学和研究的核心形成竞争。"③ 令人担心的是,"没有约束的市场力量,会将公立学院和大学从为公共利益服务变成在工作和理念上与营利性部门没有区别的机构。"④ 显然,"公立大学面对外界的压力,必须紧紧围绕它们的核心任务运作:通过保持教学、研究活动的质量,在知识的创造、保存和传播中

---

① 姚荣.大学与企业合作研究的法律规制:基于德国与美国的经验[J].教育学报,2017(6):36-48.
② [德]施密特·阿斯曼.秩序理念下的行政法体系建构[M].林明锵,等,译.北京:北京大学出版社,2012:126.
③ [美]詹姆斯·杜德斯达,弗瑞斯·沃马克.美国公立大学的未来[M].刘济良,译.北京:北京大学出版社,2006:18.
④ [美]詹姆斯·杜德斯达,弗瑞斯·沃马克.美国公立大学的未来[M].刘济良,译.北京:北京大学出版社,2006:79.

为社会服务。"①概言之,公立高等学校的任务框架在市场化的语境下,展现出异常的复杂性、多样性和交越性。这事实上构成一个混合公、私法乃至学术法的复杂法律领域,展现出各类法秩序的纵横交错的互动和联结。

在公共财政日益紧缩的背景下,实行"私营化战略"的公立大学在市场力量与公共目的之间维持着艰难的平衡。21世纪的今天,"为高等教育服务的各类支持者的价值、需求和期望的多样性(事实上,存在着不兼容性)是其面临的一个最严峻的挑战。"在此背景下,"重申美国公立大学是州和联邦的公共政策和公共投资的产物很重要。正是联邦政府为了让社会的大部分成员都能接受高等教育,才引发了一系列政策行为,从《赠地法案》到《退伍军人再适应法》再到《高等教育法》;再加上州政府对高等教育产业的资助,所有这些造就了一个在教育和学术质量以及提供给公民的机会方面都走在世界前列的"②公立高等教育事业。应该认识到,公立大学是公共物品,而非市场商品的来源,公共服务与责任必须是公立大学的一个主要义务。

从法理上而言,世界各国公立高等学校作为民事主体的法律地位都应被视为相对辅助的角色。尽管,在市场化的语境下,公立高等学校"私法化"的趋势日益鲜明,但其作为广义"公法人"的法律地位及其对学术自由基本权利的追求却是相对稳定而持续存在的。公立高等学校法人制度的"私法"属性不应恣意扩张和膨胀,而应通过相应法律的特殊规制以及财政税收政策的特别"保护"或"限制",实现学术自由与公共利益的冲突整合。

三、法益的平衡与最大化:公立高等学校自主权法律规制结构厘定的功能取向

公立高等学校自主权法律规制结构的厘定,具有鲜明的功能导向,彰显出功能主

---

① [美]詹姆斯·杜德斯达,弗瑞斯·沃马克.美国公立大学的未来[M].刘济良,译.北京:北京大学出版社,2006:47.
② [美]詹姆斯·杜德斯达,弗瑞斯·沃马克.美国公立大学的未来[M].刘济良,译.北京:北京大学出版社,2006:80-81.

义与规范主义两种法学研究方法的并重。所谓规范主义研究方法,是指对法律规范、制度及其发展规律进行静态的、描述式的、解释性的、历史主义的研究。而功能主义研究的方法,则尤为关注法律规制与社会系统之间的互动关系。它关注更大范围的社会环境或社会整体的状态;关注部分在系统或环境内的重要性以及对社会整体的作用;关注部分的变异是如何单独地或共同地影响社会整体的状态。从哲学的层面而言,功能主义将事物看作由要素、结构与功能三部分构成。这种哲学观念上的革命性变迁,也对包括法学在内的社会科学产生巨大影响。[①] 具体而言,法学研究在关注规范主义范式下"合法性维度"的同时,更加关注功能主义范式下的"最佳性维度"。据此,公立高等学校自主权的法律规制结构厘定,应以高等教育治理中法权总量的最大化以及法权结构的优化为旨归。

基于法益分析方法,法权的本质即为法益,应将其视为法律承认、保护和调整的利益。从某种意义上而言,公立高等学校自主权的法律规制结构演进,应以法益的平衡和最大化为最终目标和功能取向。实际上,无论是立法抑或司法乃至大学自治秩序等各类法秩序的建构与边界厘定,都遵循着法律的客观目的,既重视权利的救济与平衡的正义实现,也致力于完整的考量受影响的全部利益。质言之,法秩序作为规整的途径,应"适合事理"。[②] 而公立高等学校自主权的法律规制结构,从一定意义上而言,正是以自主权运行中各法权主体互动的结构优化和法权总量的最大化作为功能导向的。

实际上,已经有学者在研究中旨在提出公立高等学校治理中法权的配置应坚持所谓的"衡平法则",指出在大学治理中需实现大学与政府以及大学内部学术权力与行政权力两方面的衡平。[③] 毋庸置疑,这一观点具有一定的合理性,认识到公立高等学校治理中政府公权力与大学自主权以及学术权力与行政权力、师生权利实现动态衡平的重要性。但是,该观点并未指明大学治理中法权衡平的方法,亦未能将国家公权力

[①] 苏玉菊.“新公共卫生”法律规制模式研究——基于治理的视角[M].北京:法律出版社,2015:231-232.
[②] [德]卡尔·拉伦茨.法学方法论[M].陈爱娥,译.北京:商务印书馆,2003:211.
[③] 潘懋元,左崇良.高等教育治理的衡平法则与路径探索——基于我国高教权责失衡的思考[J].清华大学教育研究,2016(4):9-16.

中立法权与司法权纳入考察的范畴。事实上,法益的平衡与最大化,本质上需要依赖公立高校自主权法律规制结构的动态优化和持续形塑。它特殊地展现着传统与现代、学术自由与外部干预(公共利益)的冲突整合和法益衡量,彰显着大学复杂的任务框架对厘清大学自主权法律规制结构的内在规定。实际上,公共利益的实现,依赖学术自由的维系、恪守和保障。学术自由的彰显,能够更好地增进社会公共利益,甚至被视为公共利益的重要构成。而公共利益的恪守,能够避免大学陷入过度市场化或泛行政化的困局,使学术自由免于遭受结构性的威胁。

诚如阿斯曼教授所言:"只有利害相关人共同承担责任并共同参与,在个人自由与社会需求之间,才能有平衡的关系。"[1]在公立高等学校自主权运行中所涉及的各方利益相关者或法权主体之间,如何理性而适切地配置彼此的责任,进而实现公立高等学校任务导向型"互动式"法权治理,是学术自由与公共利益之间实现平衡的关键。质言之,公立高等学校自主权的法律规制结构形塑,是以各法权主体的良性互动及其法益平衡为旨归的。一般而言,大学自治必须区分为外部关系与内部关系,在外部关系中,主要考察大学相对于国家的人事自主,行政自主调控和运营自主乃至学术自治等问题;在内部关系中,则主要考察学术权力与行政权力之间的互动关系,以期取得一定程度的动态平衡。为更清晰地展现公立高等学校自主权法律规制结构厘定的功能导向,本研究试图从三方面揭示高校自主权运行中可能涉及的法益冲突与平衡议题。

(一) 公立高等学校自主权运行中大学自治与权利保护的法益平衡

大学自治与权利保护的法益平衡,需要区分学术自治与管理自治两种自治类型与权利保护之间的关系。一般而言,当学术自治与师生权利发生法益冲突时,学术自治权往往因其专业性、复杂性而具有较强的特殊优位性。而较少涉及学术判断和裁量的管理自治事项,则更多会考虑权利的救济与保护。当然,学术自治相对师生权利保护

---

[1] [德]施密特·阿斯曼.行政法总论作为秩序理念——行政法体系建构的基础与任务[M].林明锵,等译.台北:元照出版公司,2009:129.

而言,不具有必然的优位性,需要具体甄别学术自治与师生权利冲突的具体情境和案件状况。即便是纯粹的学术自治事项,如大学教师评价[①]以及关于学位授予要件的校规规定等议题,也需要遵循最低限度的行政法治原则,而不得恣意妄为。

质言之,公立高等学校学术自治权的行使,只要是基于学术的目的,且并非恣意妄为,不存在明显不当即可。德国宪法法院对比例原则的操作,提出三种宽严不同的事实认定标准,亦即所谓明白性审查、可支持性审查与强烈内容审查三个宽严有别的认定标准。显然,在涉及专业判断权适用比例原则的强度上应当较弱,应更多采取明白性审查或可支持性审查,而不应适用强烈内容审查这一过于严苛的标准。类似地,美国法也提出严格审查标准、中度审查标准与合理审查标准。具体到专业判断权的司法审查,法院一般应采用合理审查标准。高校学术机构的学术专业判断或相关学术性校规的颁行,并非明显恣意妄为即可。

事实上,大学自治作为学术自由的制度性保障,不必然能够保障包括学术自由权利在内的师生权利,它们经常会发生冲突而相互抵牾。围绕大学自治与权利保护的冲突和纠纷时有发生,已然成为世界各国高等教育法律研究和实践的基本议题。比较法的研究表明,世界各国和地区都在致力于寻求大学自治与权利保护的法益平衡。在具体的司法实践中,法院往往会综合考量自治事项的类型、属性及其对相对人权益影响的程度等综合判断,进而形成不同的司法审查标准、强度与范围。实际上,德国法上提出的判断余地理论以及英美法系流行的学术遵从理论,均反映了法院在处理学术自治与师生权利冲突议题时的谨慎。世界各国法院对高等教育机构特殊性的考量都是较为充分的且经历了复杂的演变过程。传统上,大学与法院之间是相互隔离的。根据特别权力关系理论抑或代替父母理论、特权理论,法院往往完全不介入大学内部的纠纷。大学内部设置的纠纷解决机构的裁决具有终局效力,"自治司法权"被视为大学自治权的重要组成部分。在英国,传统上司法对高校学生管理纠纷是很少介入的,它主要

[①] 在对大学教师进行学术能力和资格的评价时,往往涉及学术权力与个体学术权利、组织化的学术自由与个体的学术自由之间的法权冲突。类似地,对学生学业成绩的评定,也涉及高校学术评价权与学生受公正评价权之间的法权冲突问题。参见:高松元.转型期公立高校管理中的法权冲突与调适研究[D].南京:南京农业大学,2011:79.

依赖高校内部这一特殊的救济体制予以解决。

当然,如何在具体个案中权衡师生权利与学术自治两种价值,世界各国的态度并不截然相同。德国通过1991年联邦宪法法院的一项判决,确立了作答余地理论,超越了此前由联邦行政法院确立的判断余地理论。这使得德国学术权力的司法规制强度较其他国家更大,在法益衡量的天平上,重心似乎落在了师生权利的保护上。这种能动的司法立场,使其受到质疑和非议。在我国台湾地区,一系列"大法官"解释的出台,使大学自治与权利保护的平衡关系逐步厘清和确立。台湾地区"大法官"在两个层面上对大学自治进行解释:第380号与第450号解释,使大学自治获得法律保障。据此,大学不仅可以对抗行政机关的不法干涉,甚至还可以对抗立法者的不当干涉;在大学与其内部成员权利层面上,藉由第382号与第684号解释,破除了传统的学校特别权力关系,学生权利的司法救济渠道更加畅通,大学自治受到更多约束。此外,通过第462号、563号、626号"大法官"解释,实现了从传统的合法性审查向正当性审查的司法转向,建构了正当性审查的基本框架体系,表明法院对大学自治与权利保护关系的认识愈加清晰明朗。即便是涉及学术自治的议题,法院也不会完全放弃其审查责任而忽视师生的权利保护与救济。实际上,对学术自治的过度遵从,不仅不能保护学术自由,反而可能激化学术权力的滥用和恣意局面,甚至为"特别权力关系"招魂。[①]

在美国,司法审查介入学术自治的范围也一直存在争议且徘徊不定,总体上经历了从"不介入"到"过度介入"再到"理性介入"的复杂过程。例如,在"费希尔案"(Fisher v. University of Texas)中,法院表现出对大学机构化的学术自由(Institutional Academic Freedom)和学生权利保护之间更为审慎的平衡态度,重视在大学自治与权利保护之间形成更为精细化的法益平衡。基于严格审查的标准与原则,法院要求大学对是否存在可替代的考量种族因素的招生入学方案作出有充分证据的证明,而法院对具体方案的考察也愈来愈从"量的关注"转向"质的判断"。从"费希尔案"的案件审理过

---

① 周慧蕾.大学自治:从保障到平衡——基于台湾地区"大法官"相关解释的分析[J].高等教育研究,2013(3):22-27.

程来看,联邦最高法院明显更加关注德克萨斯大学是否以及如何开展校内研究、分析学生数据、进行访谈调查、拓展招生活动等。"①毋庸置疑,联邦法院对大学自治与权利保护的平衡可谓不遗余力。②

从深层次而言,大学自治与权利保护的法益平衡,对公立高等学校自主权的法律规制结构厘定具有重要价值。作为硬法规制的司法规制与作为软法规制的大学"自治司法权"亦即大学内部纠纷解决机制之间亟待形成良性互动、有机衔接和优势互补。通过软硬兼施的混合法治理,可以为师生权利保障提供更为全面的救济渠道,亦能在大学自治与法治之间寻求适切的动态平衡。因此,大学自治与权利保护之间如何取得法益平衡,不仅涉及大学内部治理的改善,也关乎国家公权力介入大学自治的限度和方式。

(二) 公立高等学校自主权运行中国家监督与大学自治的法益平衡

国家公权力介入大学自治权的正当性,既涉及师生权利与其他利益相关者权利的保护和救济,也关乎公共利益的实现与增进。公立高等学校自主权运行中国家监督与大学自治的法益平衡,涉及国家立法权、行政权与司法权三种国家公权力与大学自治权的互动关系,构成公立高等学校自主权法律规制结构厘定的核心议题。关于国家监督权与大学自治权的平衡考量,德国宪法学理主张:国家对大学之监督权的强弱,主要取决于其涉及的事务领域为何。首先,应确定其涉及的是学术性事务还是国家事务,即便是后者,若其实际上可能影响学术事务的进行,即应强化大学自治保障;其次,在学术性事务中,相比于教学自由,研究自由应受更高程度的保障。

具体而言,在国家立法权与大学自治权的互动关系上,主要需要考察法律保留原则的适用问题。所谓法律保留原则,是指特定领域的国家事务,应保留立法者以法律规定,行政权唯有依法律的指示下方能决定,若无法律授权,行政机关不能合法地作成行政行为,至于法律保留的范围,学说有干预保留说、全面保留说、重要性理论以及功能最适理论。高校校规是否适用法律保留原则,一直以来是教育法学界以及实务界关

---

① 申素平,王俊.美国公立高校积极差别待遇录取政策司法审查的新动向——以"费希尔案"为基础的考察[J].高等教育研究,2017(2):95-100.
② 周慧蕾.美国大学招生平权法案司法审查立场的流变[J].高等教育研究,2017(1):98-104.

注的议题。公立高等学校内部学术权力的行使,往往涉及大学自治的核心事项。在此领域,"国家立法并非不可以参与这些事项,但只能作'纲要性或概括性'的规定,即框架性立法,给大学留以足够空间自主决定。"法律保留的重点,应置于大学自治的"核心地带"之外。① 正如许育典教授所言,"大学法的框架立法目的,在于落实研究、讲学与学习自由的保障,同时也保护人民基本权在大学的实现,以避免大学自治反而侵犯了学术自由,或限制了人民的其他基本权。"②他认为,"大学自治系来自于宪法上基本权的保障内涵,本质上非属国家权力的限制,不受法律保留原则的拘束。但是,大学自治并非意味着大学独立于国家之外,而创造出一个法外的空间。这就是大学法为什么会有所谓'框架立法'的原因。事实上,有关大学法的框架立法,应该与大学成员其他基本权实现的重要事项有关,再由国家对大学事务进行类型化的框架立法工作。"换言之,大学自治立法权的界限来自于宪法本身,而受到宪法基本权保障规范的拘束。

当然,也有学者与许育典教授支持大学自治是具有宪法位阶效力不同,而倾向于认为大学自治需要接受法律的监督。③ 例如,李惠宗教授和林明锵教授均认为,大学自治是法律为保障学术自由所赋予,所以,大学自治的权限、内容与范围及自治形式的规划与限制,原则上在立法的裁量范围内。对此,许育典教授认为,大学不仅仅"在法律规定范围内享有自治权",因为大学自治是宪法层次的制度性保障,其内容并非局限于立法形成的范围,相对地,大学自治的核心领域也将会构成立法者形成自由的界限。显然,大学自治权与国家立法权的关系如何,在学界亦存在争论。宪法学者与行政法学者的观点,存在一定差异。

本研究认为,应区分大学自治权的核心领域与非核心领域,对于处于核心领域的学术自治事项,国家立法权也需要尽量克制和谦抑,仅可基于大学成员基本权保护的目的进行框架立法。亦即,在此领域,大学自治立法权仅受到宪法基本权保障的拘束。正如德国学者盖斯(Geis)所言,"学说上的主流见解,自始即从基本法第五条第三项第

---

① 袁文峰.我国公立高校办学自主权与国家监督[M].北京:中国政法大学出版社,2015:89-90.
② 许育典.大学法制与高教行政[M].台北:元照出版公司,2014:29-30.
③ 许育典,陈碧玉.大学自治下大学评鉴制度的检讨:以系所评鉴为例[J].当代教育研究,2011(2):119-158.

一句规定的客观面向上,推导出学术自治不受立法者干预之制度性保障。"①在德国,学界普遍也只是主张只有在大学自治的核心范畴内,可以全面拒绝国家公权力的介入。而所谓"核心范畴"的界定,则必须以该范畴内的事务是否系维护学术自由、确保学术发展的各种条件所不可或缺,作为判断准则。德国基本法秩序所认可的大学自治,实际上是一种以加强学术自由规范效力为目的的制度性保障。除此以外的其他事项尤其是一般行政事项,国家立法的密度可以更高甚至适用法律保留原则。②

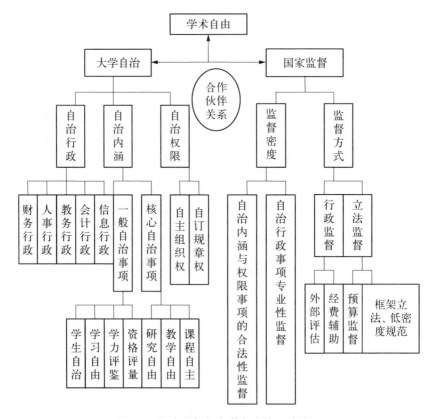

图 2.2 国家监督与大学自治的互动关系

---

① 黄舒芃.学术自由、大学自治与国家监督——从大学自治的意义与界限检讨博硕士论文抄袭争议之规范及监督机制[J].月旦法学杂志,2013(7):5-27.
② Hartmer, M. & Detmer, H.. *Hochschulrecht - Ein Handbuch für die Paraxis (4. Aufl.)* [M]. Heidelberg: C. F. Müller, 2022:1-19.

在国家司法权与大学自治权的关系上,实际上既保护师生权利的救济问题,也包括大学作为特殊的民事主体与企业产生纠纷时的介入。前者关涉大学自治权与权利保护的平衡,而后者则主要需要考察公共利益与学术自由之间的冲突整合,构成较为横跨公法学与民商法学的复杂的法律问题。从法理上而言,司法权与大学自治权的互动,基本也遵循类似的衡平法则。即便在涉及大学知识产权和技术转移纠纷的案件中,法院也是需要基于各方法益平衡的考量作出具体的判决。随着大学任务的多元化和复杂化,围绕大学所产生的法律纠纷和争议会日渐频繁,在特定的案件中如何采用"涵摄"模式进而适用具体的法律文本似乎变得愈来愈困难。在此领域,传统的"法律——事实——结论"的三段式逻辑推演显得捉襟见肘,而法益的"衡量"则构成处理复杂案件时重要与基础的法学方法。正如许育典教授所言,法学本来就是利益衡量的科学,法学总是在许多交互影响的权益中作判断。

在此,比例原则作为法治的基本原则,对法益的平衡具有重要的指导意义。我国台湾地区的学者林明锵教授认为,"比例原则具有三大功能:其一,指导性功能,具有指导所有国家行为(含立法、行政、司法行为)趋向'正确'程度的功能,因其不仅包含'过度禁止原则',且包含'不足禁止原则',因此,不仅对国家积极行为具有管制功能,进而形成一种全面性之管制功能;其二,纠正及具体化法律内容的功能,这一功能实际上是对个案的司法裁判或者行政裁量中运用比例原则,从而实现实质正义;其三,重新调整法令制度功能,亦称'限制之限制'功能,是指比例原则透过必要性审查,重新调整法律或行政法令限制之种类与程度,借此确保人民自由权利不受'不当'或'不必要'之法令限制,实现担保国家的保护人民义务,比例原则的这一功能也被称为'法律清算功能'。"

当然,比例原则也可能带来"司法目的性判断"的风险:以法官之目的取代(或推翻)立法之目的,造成法治国的危机;此外,比例原则尚存在司法凌驾于立法与行政价值之上,行政权宜(或公正合理)权限受到重大挑战等风险。[①] 尽管如此,比例原则依旧被视为法院裁判中法益衡量的基本原则。实际上,比例原则作为一种允许各种分析

---

① 林明锵.比例原则之功能与危机[J].月旦法学杂志,2014(8):65-79.

和修正的复杂原则,能够将我们的推理有效地组织起来。① 基于比例原则的考量,更为精细、审慎和专业的法益衡量,构成司法权与大学自治权互动的关键。在高等教育纠纷的司法救济中,它尤其反对"法条主义"和"形式法治",主张适度的司法能动以应对高等教育纠纷和法律关系调整的复杂性、变动性和特殊性。与此同时,司法对学术自治和专业判断的适度尊让又往往被奉为圭臬。有学者提出"有限学术遵从"的观点,倡导从合法性审查走向正当性审查的同时,尊重学术自治的特殊价值。此外,司法介入高等教育领域纠纷往往坚持"穷尽内部救济原则"或"成熟性原则",主张替代性纠纷解决机制的重要性。

实际上,作为彰显"平衡的正义"这一根本理念的比例原则,已然构成法治国原则的核心组成,旨在追求权力控制与权利保障的平衡,兼顾权利救济与保护以及法秩序的维系。比例原则在司法权与大学自治权互动中的体现,必然会涉及大学自治权与政府公权力乃至国家立法权的关系,政府公权力是否遵循辅助原则而对大学予以合乎"比例原则"的适切且正当的干预尤为重要。而国家立法权与大学自治权的关系处理,能否径直适用法律保留原则,亦需区分大学自治权中学术与非学术的部分,予以不同的立法规制。总体上,应着重考量大学自治不同于国家行政权的特殊性。国家对大学自治的法律监督仅限于"框架性",而不能事无巨细地予以立法规定。换言之,通过框架性的立法给予大学自治立法以更为广阔的空间,实现国家宽泛法律框架下的大学自我规制,似乎更加符合"比例原则"。

吉尔贝托·卡帕诺(Giliberto Capano)对高等教育治理中国家角色变迁的研究表明②,在"间接监管模式"中,法律规范的密度正在降低。国家通过法律赋予高等学校以更多的机构自治权限,明确其作为法人自治主体的权利、责任和义务。与此同时,法律对于高等教育机构的差异也设有相应的结构性限制,对于不同类型高等

---

① Schlink, B.. Proportionality in constitutional law: Why everywhere but here[J]. *Duke Journal of Comparative & Institutional Law*, 2012(2): 298.
② 基于政府确立高等教育治理目标与采用治理手段的水平构建四种高等教育治理模式,包括程序性模式、等级制模式、自治模式、间接监管模式。参见: Capano, G.. Goverment continues to do its job: A comparative study of governance shifts in the higher education sector[J]. *Public Administration*, 2011(4): 1622-1642.

教育机构的"分类规制"备受重视。与"间接监管模式"(Steering at the Distance Mode)不同,在以往的"程序性模式"(Procedural Mode)中,高等教育立法往往会对教职工招聘、学生入学、课程设计、考试与学习、项目预算的程序等一系列事项予以明确而详细的规范。① 从深层次而言,包括国家立法权在内的国家公权力的行使,均需以学术自由为界限,尊重学术自由作为主观公权利的"防御权"属性。作为主观公权利的学术自由,具有防御权功能。当其受到来自公权力的侵害时,受保障之权利主体可以请求救济,以保证自由继续其学术活动。不管侵害是来自国家或是所属大学,也不论侵害手段是法律、行政命令、行政行为等,只要公权力行使,都可以请求救济。②

最后,国家行政权与大学自治权的法益平衡问题,构成世界各国高等教育治理变革的关键。在大陆法系国家,基本的趋势是赋予公立大学独立的法人地位,放松与缓和行政规制。在这些国家,国家管制的传统正在被抛弃,取而代之的是基于合同的契约治理模式,大学成为自治与责任的联合体。而在英美法系国家,传统上不介入大学自治的观念正在受到强烈的冲击,政府正在采用绩效导向的质量评估机制对大学进行更为严格的监督。显然,极端的放任自流和严苛的国家管制,都不能适应大学治理变革的诉求。而基于绩效责任的法人自治和适距监督,则成为政府监督与大学自治互动的理想状态。当然,平衡点的界定并非固定不变的,而是始终处于动态的演进之中。

吉尔贝托·卡帕诺认为,当前西方国家的高等教育治理正在朝着更具竞争导向的"间接监管模式"转变。政府开始放弃使用事前评价以及对内部事务予以详细规定的国家规范等政策工具,而更多采用财政激励、合同管理、标杆管理等政策工具。③ 毋庸置疑,基于合意与协商的公法契约关系,已然构成公立高等学校与政府行政法律关系变革的国际趋势,政府对公立高等学校的行政规制也更加柔性化。

---

① Capano, G.. Goverment continues to do its job: a comparative study of governance shifts in the higher education sector[J]. *Public Administration*, 2011(4): 1622-1642.
② 王涛.宪法上学术自由的规范分析[D].北京: 中国人民大学,2011: 57-66.
③ 同①。

总体而言,学术自由与大学自治、国家监督的关系是极其复杂的,德国法对大学任务类型的划分(自治事项、委办事项、协办事项),为国家监督介入大学自治的范畴和强度提供了总体要求。但是,正如既有的讨论所指出的那样,"大学相关事务的属性,往往难以精确被界定为来自于国家任务之委托,或者纯粹涉及学术专业内涵。"其次,法律监督和专业监督的区分看似没有争议,但其具体应用则需作更为具体和细致的厘清。应该认识到,为了充分保障学术自由,法律监督也必须保持一定程度的谦抑。"法律监督并非意味着国家可以任意透过立法大肆干预大学事务",否则,法律监督将与专业监督无异。另一方面,大学自治核心事项免受专业监督,并不意味着其完全免受国家的监督,成为法外空间。在肯认大学自治作为学术自由制度性保障的前提下,应遵循以下原则:第一,大学自治本身绝不容许成为限制学术自由的来源;第二,一旦大学自治无法承担维护和保障学术自由的任务,国家就必须基于学术自由保障的需要介入干预。换言之,国家有权甚至有必要在大学自治功能不彰的前提下,借助立法与行政规制的方式保障学术自由。

需要注意的是,在德国法上,合法性监督不仅包括法律、法规命令,还包括大学自己制定的自治规章。此外,尽管国家针对自治行政事项或委办事项,有权发动专业上的指令(Fachliche Weisungen),但这里所谓的指令仍不能与一般上级对下级行政机关下达的指令相提并论,毕竟大学并非国家教育主管部门的下级机关。[①] 因此,理想的状态是,促使国家监督与大学自治之间形成相辅相成的合作伙伴关系,共同致力于学术自由的保障和实现。

(三) 公立高等学校自主权运行中学术自治与管理自治的法益平衡

法律规制结构厘定除了权力控制与权利救济的功能外,还具有重要的"组织法"功能。在大陆法系表现为国家法律秩序尤其是高等教育立法对大学内部治理结构的规定,而在英美法系公立高等学校内部治理结构则更多由大学章程规范。无论是大陆

---

① 黄舒芃.学术自由、大学自治与国家监督——从大学自治的意义与界限检讨博硕士论文抄袭争议之规范及监督机制[J].月旦法学杂志,2013(7):5-27.

法系抑或英美法系,高等教育治理的法秩序均重视公立高等学校自主权运行中学术自治与管理自治的法益平衡。在英美法系的传统中,学术权力与行政权力之间形成"横向分权制衡"的"两院制"治理结构。而在大陆法系国家,学术自治传统上具有绝对主导的地位,教授治校模式被奉为圭臬。

一般而言,学术自治通过所有专业共同体的成员代表来实践。它最终遵循的是科学共同体的利益和标准以及合议制平等的原则。这表明在正式决策权存在的情况中需要平衡不同的利益,其中,委员会决策和某些情况下的内部规定构成了多样化的合议制决策工具。与此相应,管理自治和学术自治最本质的不同不在于决策权是否在独立机构的手中,一般说来,领导不能是独裁的,这从治理委员会、院长和校长的任期、系主任委员会中等合议制委员会的案例中可以看出来。更重要的是,这和自治存在的要素相一致。与学术自治的合议制原则相比,人们期望这些机构拥有不同的导向,这在广义上可以被视为"效率"导向[参见霍夫曼-里姆和施密特-阿斯曼(Hoffmann-Riem and Schmidt-Assmann 1997)在行政法和行政组织法中对效率导向和产出导向的讨论]。概言之,管理自治的特征在于以效率为导向的非合议制的决策过程。此外,管理自治的框架使得单边行动成为可能,例如职务的任命,资源的分配等类似的事务。[①] 受20世纪六七十年代的学生运动以及20世纪90年代以来兴起的新公共管理运动和新自由主义浪潮的影响,世界各国公立高等学校内部权力结构中学术自治与管理自治的互动关系发生着深刻的变化。

以德国为例,在德国公立高等学校的治理结构中,管理自治持续强化,大学内部管理的层级节制[②]与专业化程度日益增强,而学术自治则被保留在特定的领域之中。传统上教授治校的模式以及20世纪六七十年代兴起的"组群大学"模式,在1998年德国《高等学校总纲法》第四次修订和2004年布兰登堡州大学法判决后,呈现了一些不同。在一些州的法律中,"管理自治在校级和院系层面都得到了实质性的强化且二者之间的协调正在增强,而大学高层管理者相对院系层面而言享有更

---

① Jansen, D.. *New Forms of Governance in Research Organizations: Disciplinary Approaches, Interfaces and Integration*[M]. Netherlands: Springer, 2007: 140-152.
② 张源泉.德国大学组织重构之边界[J].教育研究集刊,2014(3):1-34.

为优先的管理权限。"①"学术自治原本在预算分配、研究协调和内部组织等事务上所享有的决策权转移到了管理委员会手里。此外,这些权力的减少也伴随着监督权和知情权的拓展,以及解聘管理机构的新的可能性。"②

在布兰登堡州大学法判决中,"联邦宪法法院亦承认大学校务监督委员会的功能是为了确保学术自由,一方面,限制国家调控与限制通常与此相关的政治利益,另一方面,面临到取向于自治现状的危险。只要大学校务监督委员会传达出公权力控制的形式,相较于目前的模式,就是一种更外于国家的形式。"③概言之,大学校务监督委员会属于一种有别于传统国家管制(State Control)的公共控制(Public Control)形式,它更有利于保障学术自由。显然,联邦宪法法院肯认布兰登堡州通过立法为学术自由提供更为有效、适当的"组织保障"的探索。此后,2006年德国《基本法》修订后所确立的"竞争联邦制",则进一步拓展了各州高等教育的立法形成空间。目前,学术自由的有效组织环境建构,已然构成各州制度性竞争的焦点并被联邦宪法法院认定为各州立法者的义务。

具体而言,在"管理自治方面,20世纪90年代以来,几乎所有州的院长和系主任的正式权力都得到了强化,许多议题现在可以不经过大学理事会和教职工大会在院系层面做决定。在其中六个州,系主任可以自主分配财政和人力资源。此外,这些职位的任期也得到了拓展,传统上,系主任两年进行一次换届选举,而现在这一年限被延长至四年。在其中五个州,系主任现在需要双重审批——院系和校长。他们开始被视为重要的'中间层',不仅在校长面前代表了院系利益,还负责在院系层面执行校长制定的政策——如果必要的话,违背教师委员会大部分成员的意愿。总之,大学系统拥有了更多层级化的元素。与此同时,学术自治仍然以非正式的方式保持着生命力。学术群体的共识导向文化迫使大部分处在领导地位的人必须考虑到,大部分建立管理自治

---

① Jansen, D.. New Forms of Governance in Research Organizations: Disciplinary Approaches, Interfaces and Integration[M]. Netherlands: Springer, 2007: 140-152.
② Jansen, D.. New Forms of Governance in Research Organizations: Disciplinary Approaches, Interfaces and Integration[M]. Netherlands: Springer, 2007: 155-174.
③ Hans-Heinrich Trute,王韵茹,等.行政法学中的治理概念——以大学为例[J].中正大学集刊,2012(2): 255.

的措施还不够完整。因此,正式权力一般不会动用,院长和系主任仍然会尽力(至少在教授群体中)寻求共识。其中一个原因是现在处在领导地位的这些人知道终有一天他们会回到普通教师岗位,他们不想在后来可能会掌权的人中间树敌。但他们与教授群体之间开展'合作'的最重要的原因,是许多人在长期的学术社会化过程中已经将传统的协商的组织文化内化了。"①

当然,学术自治与管理自治之间的互动博弈状况,在德国各州也并非完全一致而毫无差异。例如,"在大学校级层面和院系层面的互动方面,布兰登堡州、下萨克森州和汉堡州就有所区别。在下萨克森州,大学核心领导机构拥有较强的干预院系发展的能力,例如通过实施裁决和履行监督责任的权力。在布兰登堡州,这种互动的特征在于大学核心管理层强化了对院系的战略性权威。然而,在汉堡州这一情况出现了反转。"②汉堡州高等学校法的规定表明,"以学科为基础的院系、学部或类似的结构层面拥有了更加强化的管理导向。与此同时,拥有管理权力的学校高层管理在学科层面的影响大大减弱,而学术自治在学科层面还拥有较大的影响力。"③

事实上,既有的研究也大都显示,在新公共管理运动的深刻影响下,美国、英国、加拿大、奥地利、丹麦、荷兰等西方国家也均展现出类似的趋势。例如,在奥地利,现在的立法将学术机构的未来角色交由各个大学自身进行决定,大学法案调节国家和大学之间的关系及其构成以及大学治理主体的任务,然而,关于大学领导层以下的内部组织的规定较少,各组织单元的领导者应当是大学教授,由各组织单元的委员会建议,院长进行任命。院长必须与各组织单元签订绩效协议。除此之外,每所大学必须执行其内部治理的程序规则。大学所设计的新的治理模式的共同特点包括:院系和机构层面共同体能力弱化为咨询建议功能以及决策权向院长集中。

---

① Jansen, D.. *New Forms of Governance in Research Organizations: Disciplinary Approaches, Interfaces and Integration*[M]. Netherlands: Springer, 2007: 140-152.
② Jansen, D.. *New Forms of Governance in Research Organizations: Disciplinary Approaches, Interfaces and Integration*[M]. Netherlands: Springer, 2007: 171.
③ Jansen, D.. *New Forms of Governance in Research Organizations: Disciplinary Approaches, Interfaces and Integration*[M]. Netherlands: Springer, 2007: 140-152.

显然,在奥地利公立高等学校的内部治理结构变革趋势中,管理自治也正在被进一步强化。

当然,也有学者的研究深刻指出,学术自治与管理自治此消彼长的零和博弈关系也并非必然的规律,二者也存在基于任务导向的正和关系。哈里·德波尔,于尔根·恩德斯,乌维·席曼克(Harry de Boer, Jürgen Enders, Uwe Schimank)的实证研究表明,英国、奥地利、荷兰与德国这四个国家的发展似乎呈现出一种零和关系:大学领导层和外部利益相关者获得的新的权力正是学术专业群体所失去的。然而,和普遍观念不同的是,这绝不是一种逻辑上的必然。在大学内部,可以允许强有力的领导和强有力的学术专业群体的共存。当前,学术人员继续在大学治理中扮演着他们的角色。尽管,个体学术人员维护其地位和自治权利的影响和权力被削弱。同样的,大学内部合议制机构中学术人员正式的集体权力也遭到挑战。但通过同行评审机制,学术人员资源分配的政策和决议仍然有明确的集体影响。而"准市场"机制对同行评审的制度性依赖,使得学术人员的影响力还将持续增强。① 任何一项绩效协议可能都必须建立在专业共同体或行业领域达成一致的绩效标准基础上。而这些标准如何产生、谁对它们进行管理,对依赖于专业共同体(Professional Communities)或竞争压力(Competitive Pressure)的治理结构而言至关重要(Brunsson 等,2000),这在研究系统中的应用体现为研究评价发展标准的持续过程。例如,德国研究基金会建立的研究质量评估机构或德国科学委员会倡议的德国大学各院系的排名程序。②

在 2004 年布兰登堡大学法判决中,联邦宪法法院提出,校长与院长享有教学研究之内部评鉴权并可以视评鉴结果进行资源分配,但应注意的是,这类教学研究评鉴的标准(Bewertungskriterien)须留有充分空间给予学术研究者自我决定自我研究取向(Hinreichendes Raum fuer wissenschaftseigene Orientierungen)。在建立相关评鉴标准的行政过程中,应确保有来自学术界代表之适当参与(Angemessene Beteiligung der

---

① Jansen, D.. *New Forms of Governance in Research Organizations: Disciplinary Approaches, Interfaces and Integration*[M]. Netherlands: Springer, 2007: 149 – 152.
② Jansen, D.. *New Forms of Governance in Research Organizations: Disciplinary Approaches, Interfaces and Integration*[M]. Netherlands: Springer, 2007: 69.

Vertreter der Wissenschaft),不同学术研究领域应该有不同的评鉴标准,甚至有时候更是必须如此;相关评鉴标准也应注意不同学术领域之间的构造差异。在布兰登堡州大学法的规定中,有关院级的对个别教授的教学研究的评鉴,是由院务会议的参与完成的,院务会议与校务会议也享有监督权、信息权与对校长与院长的罢免权等,校务会议有权决定相关评鉴标准。

对于管理自治强化后学术自治必然衰退和式微的趋势,德国公法学者汉斯-彼得·福塞尔也提出了不同的观点。他认为,"德国大学的权力重心正逐渐从学术团体向管理层转移。即便如此,我们可以看到二者同时存在的连续平行结构。尽管管理群体的权力得到强化,但他们难以在违背传统学术寡头意志的情况下进行大学治理。因此,新型治理结构的典型特征在许多方面都呈现出混合式特征。"①此外,德国法学家图汉斯的研究则指出,"科层制自治行政的强化因大学的特殊性而受到限制。一方面,信息不对称的情形比其他组织更为严重,因此并不容易由领导形成必要的信息。另一方面,当变动仅出现于科层制时,变动几乎没有前景可言。学术人员的专业自治很可能造成执行的障碍。应可推测,管理自治行政并非依赖共识的文化,毋宁依赖决定之沟通与合作的权限(Einhegung)以及充分的反应。在科层制的影响下,建立协商的不同模式。因此,'参与式的管理'有其必要。"②

此外,丹麦高等教育法律的立法和修法中,关于公立高等学校自主权内部权力结构的反复调适过程也表明学术自治与管理自治之间的动态平衡是至关重要的(如表2.2所示)。

质言之,公立高等学校自主权内部权力结构的变化,表明学术自治与管理自治在持续的动态博弈中寻求适切的平衡。而这种适切的平衡,往往会基于特定历史时期学术变迁以及"学术社会学"的具体状况作出判断,而没有放之四海而皆准的固定权力

---

① Russo, C. J.. *Handbook of Comparative Higher Education Law*[M]. Maryland: Rowman and Littlefield Education, 2013: 121-133.
② Hans-Heinrich Trute,王韵茹,等.行政法学中的治理概念——以大学为例[J].中正大学集刊,2012(2): 257.

表 2.2 丹麦高等教育法律关于大学治理的主要变化(1970—2011)①

立法变化	目 标	内外部利益相关者影响	工 具
1970年,行政管理法案(丹麦议会)	针对大学组织和管理的第一个法律 民主化	内部利益相关者占主导的治理和管理结构	权力由民主制的、合议制的主体掌握,例如理事会、教师委员会、部门委员会
1973年,高等教育机构管理法案(丹麦议会)	增加的民主化	内部利益相关者占主导的治理和管理结构	包括技术人员和行政人员在内的所有教职工群体在合议主体内都有充分的代表席位
1993年,大学法案(丹麦议会)	强化管理结构	内部利益相关者占主导的治理和管理结构	指令式的权威
1999年,大学法案修订(丹麦议会)	契约化 新公共管理	越来越重视外部需求和外部利益相关者	发展协议
2003年,大学法案(丹麦议会)	新公共管理/后新公共管理 解制(自治)和规制(契约化)	外部利益相关者对内部治理和管理的影响进一步强化	行政领导、治理委员会和合议制主体分享决策权力
2011年,大学法案修订(丹麦议会)	新公共管理/后新公共管理 解制/规制	外部利益相关者仍然具有影响力,但内部利益相关者的影响正在重新建立	校长全权管理大学内部组织,政府对机构目标的影响增加

结构模式。此外,各国高等教育治理的法律实践表明,一旦学术自治与管理自治呈现出与学术运作的时代要求不符的失衡局面,往往会借由特定的国家法律秩序予以调适。例如,2010年德国大学教授自治案中,联邦宪法法院对管理自治权过度扩张的矫正和批判,这使汉堡州(Hamburg)高等学校的学术自治力量得以维系和持续保存。又如,法国2013年《高等教育与研究法》的颁布实施,对2007年《大学自治与责任法》中呈现的校长权力过大的局面予以反思,提出恢复学院式治理的传统。

---

① Degn, L., Sørensen, M. P.. From collegial governance to conduct of conduct: Danish universities set free in the service of the state[J]. *Higher Education*, 2015(69): 931-946.

显然,在大陆法系国家,国家法律秩序的自我更新与反思,构成公立高等学校自主权运行中学术自治与管理自治获得动态平衡的重要机制。从深层次而言,学术自治与管理自治的法益平衡,内嵌于学术的合作强制属性以及学术自由与外部干预(公共利益)冲突整合的基本逻辑。其中,学术自治根植于专业权威与知识理性,而管理自治源于法定权威与公共理性。公立高等学校自主权二元权力结构的存在本身,就意味着学术自由与外部干预两种制度逻辑抑或政治论与认识论两种高等教育哲学的辩证统一。

四、公立高等学校自主权法律规制结构厘定的法学方法论

当前,法学方法论正在经历从"利益法学"向"评价法学"的重大转变,评价法学的追随者习惯将实际的利益及权力关系,与立法者或法官作评价时所取向的理想的价值或评价标准加以区别。本研究认为,公立高等学校自主权法律规制结构厘定中法益的平衡与最大化,需要根据"事物的本质理论"这一法学方法论予以审视,并基于"功能最适原则"实现高等教育治理中法权结构的优化配置与法权总量的最大化。

(一)法律规制结构形塑的任务导向:大学的任务框架与"事物的本质"理论的规制启示

公立高等学校自主权作为复合型法权的法律性质,深刻地表现为公立高等学校自主权中"权利类型"的多元性和特殊性。基于此,公立高等学校自主权的法律规制,势必需要深入探究各类权利类型的性质差异。诚如湛中乐教授所指出的那样,"对于不同的权利类型,由于其性质的差异,相应地有着不同的限制要素(包括学术性要素、管理性要素、民事性质要素等)组合,我们需要将限制这些权利的要素辨识出来,以便明确权力的边界与保护方式。"[①]据此,公立高等学校自主权法律规制的核心是厘清各类

[①] 湛中乐,等.公立高等学校法律问题研究[M].北京:法律出版社,2009:315.

权利类型的性质差异,其必然需要借鉴"事物的本质理论",考察不同权利类型所对应的大学任务类型和属性。

从本质上而言,"公立高等学校所拥有的自主权是为其任务服务的,其自治权限的大小取决于其服务的任务和目的,决定自主与监督平衡考虑因素也在于如何促进公立高等学校目的的达成。"[1]换言之,公立高等学校自主权的法律规制结构形塑,有赖于对自主权法律性质的剖析,而这又根植于对大学任务框架的深度解析。考察世界各国公立高等学校自主权的法律规制结构,也都展现出类似的规律性。对大学任务的不同理解,直接影响着法秩序的结构厘定。例如,德国公法学者"依据公法自治团体性质、任务不同,而区分地方性自治团体、学术自治团体、同一职业身份自治团体与社会保险性自治团体。根据不同性质任务自治团体应作不同的观察与处理。据此,大学的自治立法即其所制颁的自治规章应经监督机关之许可是一般常态。"[2]大学自治规章作为从属性、衍生性的法源,它不同于法规命令那样被视为"国家法"的一部分,而是被视为"自治法"的一环。大学作为功能自治性行政主体享有制颁自治规章的自主权,其目的并非要减轻立法者负担,而是为了使大学能够更好地完成其本身的任务。概言之,"作为团体自治法的大学章程,根据国家成文法的规定,享有一定的章程自由,从而形成以制定法作为大学自治的基础,以大学章程作为具体实现手段的模式。"[3]

从一定意义上而言,作为"自治法"的大学自治规章与国家法律秩序之间的关系,是监督与自治良性互动的关系。一方面,国家法律秩序担负监督和框架性的秩序建构责任,不能因自治立法权的存在而放弃其立法责任的行使。另一方面,大学自治规章需要填补国家法律秩序尊重大学任务特殊性进而留下的秩序形塑空间,更好地保障大学任务实现的合法性与最佳性。显然,对形塑公立高等学校学术权力的法律规制结构而言,法秩序之间的"合作"与"界分"是两项基本原则。高等教育的"过度法律化"与"法律化不足"均有其缺陷,适切地尊重学术自治的国家法律秩序的有限介入是较为

---

[1] 李昕.作为组织手段的公法人制度研究[M].北京:中国政法大学出版社,2009:210-211.
[2] 董保城.教育法与学术自由[M].台北:月旦出版社股份有限公司,1997:27-37.
[3] 李昕.公立大学法人制度研究[M].北京:中国民主法制出版社,2017:211.

第二章 公立高等学校自主权法律规制结构厘定的法理依据

理想的状态。

概言之,国家法律秩序的相对谦抑和有限介入,是基于大学作为学术自由重力场的特殊性以及大学任务框架复杂性、专业性和多元性的现实考量。① 在大学的任务框架中,最为经典和根本的任务是学术,而学术自由在德国法上是不受法律保留原则拘束的。德国学者认为,"除了教学必须忠诚自由民主基本秩序之外,学术自由基本权利与艺术自由基本权利均不得以法律明文限制之,是一种无法律保留之基本权利。"②当然,由于大学任务框架必须充分考量公共利益,"国家对于涉及社会大众利益之故,国家对大学订定学习规则与考试规则上享有相当之参与权。"③同样的,考虑到学术自由,"赋予国家参与非意谓所有有关课程与考试之规范事项必须由国家与大学共同订立,事实上,大学作为一个学术自治主体仍享有绝对的规范自主权。"④国家法律秩序与大学自治秩序的关系调适,根植于德国法团主义的国家—社会互动关系传统以及建构理性主义的思维逻辑。

当然,法律规制结构的形塑还远非如此简单,它往往需要各类法秩序经历动态而艰难的调适过程方能在特定的历史时期形成较为稳定的状态。从某种意义上而言,公立高等学校自主权法律规制结构的形塑和演进,旨在寻求各方关于大学任务框架的"重叠共识",其关键在于对大学任务核心之"学术"任务的诠释。值得指出的是,对"学术"意涵的诠释,既包含稳定、经典且不随时间流逝而变化的内核,也包含因国家、高等教育与市场法理关系深度调整和变革所引发变化的部分。换言之,对于学术这一大学本质任务的理解,是稳定与更新的辩证统一,而这客观上为大学适应性的增强注入了不竭的动力,也为法律规制结构的动态演进提供了法理依据和内在规定。概而言之,任务决定法秩序,任务的演进为法秩序的动态变化及其结构厘定提出了本质要求。据此,如何理解和诠释作为大学任务框架之核心的"学术"

---

① 在大陆法系国家,一般在高等教育法与大学章程中对大学任务予以规定。例如,法国巴黎第一大学章程第1篇使命部分第1条规定,本大学的使命是达到国际最高水平,实现包括教育、研究和传播知识文化在内的公共服务职能。在高等教育大众化趋势下,本大学以培养尽可能多的高素质大学生为目标。
② 董保城.教育法与学术自由[M].台北:月旦出版社股份有限公司,1997:27-37.
③ 同②。
④ 同②。

显得尤为重要。

事实上,这一结论的得出并非臆想和恣意揣测的结果,而是基于"事物的本质理论"。根据德国法学家科殷的观点,"事物的本质"观念,假设各种事务本身之内存在某种秩序,于是正义就在于把人和社会的事件安排在法的制度里,赋予它们以位置,这个位置是生存秩序本身赋予它们的。立法者的任务就是从决定转变为认识,认识真正的存在将会使立法者能够让每一个人各得其所。① 基于此,对于德国立法者而言,他们的工作不在于决定大学的任务框架,而在于认识、发现和充分理解大学任务框架并对其作轮廓性的扼要叙述和界定。例如,"《高等学校总纲法》第2条对高校的任务作了大致的规定。州《高等学校法》以此为基础,作了进一步的细致规定。对高校最重要的任务,《高等学校总纲法》第2条规定如下:'(1)高校应当在与其任务相应的范围内,按照自由、民主和社会的法治国要求,通过研究、教学、学习和继续教育,促进和发展科学与艺术。为职业活动创造条件,促进科学的知识和方法的应用或者艺术创造力的发展。(2)高校应当在与其任务相应的范围内,促进科学与艺术的繁荣……(7)促进科学与技术的转换……'高校的任务广泛而丰富多彩,需要进一步具体化,并且(根据不同时期、领域、国家与社会的需要等因素)确定不同的重点。高等教育规划既是高校的(首要)任务,也是主管州政府的任务。许多州法还将高等教育改革确立为高校的(长期)任务,主要是随时调整自己目标、体制和研究教学的形式,以适应日益增加的国家、社会和经济发展的需要。相对较新的是一些州的高校法明确准许高校从事企业活动,与私人组织合作是高校长期以来的日常任务。"②

德国高等教育法的更新与反思,也都是基于大学任务框架的动态理解和诠释展开的。例如,调整学术自治与管理自治的互动关系,动态地审视大学"组织法"的学术相应性,旨在通过立法和修法为学术发展建构"有效的组织环境";学术合作属性的凸显,使得学术与经济的互动日益频繁,为此相关法律增加关于学术与经济关系协调的

---

① 张青波.法学理论:多维与整合[M].北京:法律出版社,2016:369.
② [德]汉斯·J.沃尔夫,奥托·巴霍夫,罗尔夫·施托贝尔.行政法(第三卷)[M].高家伟,译.北京:商务印书馆,2007:614.

条款;在立法和修法中,明确学生作为大学成员的法律地位且逐步厘清学生的权利义务;又如对政府公权力予以限制和规范,促进法律规范的"去国家化",增进国家法律秩序的"框架性"与"宽泛性"特征。

从深层次而言,大学任务框架的界定和动态演进,始终离不开学术自由与公共利益这两种基本价值前提和构成要素。学术目的与公共目的,构成大学任务框架厘定的核心要旨,且二者之间存在内在的深层勾连。世界各国公立高等学校自治权法律规制结构的厘定,始终旨在协调学术自由与公共利益的关系。不难发现,国家法律秩序的介入往往更多基于公共利益的考量,而学术自由则为其介入设置了必要的界限。同样地,大学自治秩序的正当性,根源于学术自由,而其也因公共利益的价值诉求而不可避免地受到国家法律秩序的影响和干预。在德国,"大学为其学术事项所颁制之自治规章,其上级监督机关之监督得透过许可或不许可的方式,惟许可与否不仅可基于法律上的理由(合法性监督),甚至得基于合目的性或实质理由拒绝之。"①

显然,在德国大学自治规章的规定中,即便是涉及学术自治的事项,也因其关乎高等教育的一体性理念(Der Gedanke der Einheithichkeit)而使国家在高等教育事务中享有较高参与权。例如,学习规则与大学考试规则的订定,应属于德国州高等教育权与大学学术自由权合作的规范领域。大学在订定这两类规则时,应遵守其界限,凡与职业自由基本权密切相关以及对一般公众或第三人的利益愈具有保障的必要的,大学订定学习、考试规则的立法自主权则愈狭小。当然,政府虽有对大学自治规章的许可权,却不允许政府借由许可权对教学与学习的内容产生任何影响。②"监督制度不是作为掌控或降低学术水准的工具。同样地,教育部长致力于维护所有大学学习课程的某种程度上的一致性亦不属于对大学的控管。"③质言之,"对学术自由的规范领域和限制标准的界定,不能离开学术的事物本质和内在结构。学术具有双层结构,是现实层面

---

① 所谓实质理由包括:大学发展计划、课程与教学条件一体性与同值性以及学术工作者自由流通性等。参见:董保城.教育法与学术自由[M].台北:月旦出版社股份有限公司,1997.
② 董保城.教育法与学术自由[M].台北:月旦出版社股份有限公司,1997:35-37.
③ 董保城.教育法与学术自由[M].台北:月旦出版社股份有限公司,1997:49.

和学术层面的结合体,在对学术自由与公共利益进行法益衡量的过程中不能只关注其现实层面,更要考虑其学术层面。"[1]因此,国家法律秩序与大学自治秩序都具有相对性,其互动中所形塑的公立高等学校自主权法律规制结构始终恪守着学术自由与公共利益这两种基本价值,彰显着公共性与自主性的冲突整合和必要张力。

总而言之,随着高等教育与国家、市场之间互动的日益深化,大学任务框架的内涵和外延已经发生了深刻的变革。尤其值得关注的是,学术不再仅仅表现为探究的学术,还表现为应用的学术。在知识生产模式变革的过程中,学术的合作属性被激活,而学术的特殊优位属性则在一定程度上被限制和保留在特定的范畴内。学术的"事物本质"的变化,对其法律规制结构的演进提出了重大挑战。在德国,传统上认为"学术体系具有特殊的封闭性,依据《基本法》第 5 条第 3 项的传统理解,学术有其自己的规范,基于此项理解,学术体系的封闭性在法规范上获得确保。在该领域中,国家在管制及执行面向上的管制要求,常立刻碰到学术的界限,因此在此领域行政法的发展有限"。学术法是"以某种方式横跨一般行政法的发展"。除了"特殊封闭性"的传统理解外,沟通自由属性赋予学术以新的意涵。

基于对学术任务之"事物本质"的理解,阿斯曼教授指出,在学术法领域,合作是顺应事物的结构,因而构成管制的切入点。如果对学术系统缺乏广泛的信息,未与学术长期合作,对国家而言,根本不可能对学术程序予以促进或加以设定限制性的规范。他认为,"如果将高等教育法以及大学以外研究机构相关法规范作总体观察,且不局限在法律规定,而是将契约或行政协议纳入观察的话,学术法领域采取了许多不同的管制方式。在行政管制领域曾有过的理论上的探讨,在这个领域早已有实践的经验:有程序法、组织法、财政与预算法的联结,有私法与公法的联结。"[2]

此外,日本著名教育法学者兼子仁教授,也深刻地洞察到大学法制研究在教育法

---

[1] 杜强强.宪法上的艺术自由及其限制——以"敏感地带"行为艺术案为切入点[J].法商研究,2013(6):26-33.
[2] [德]施密特·阿斯曼.秩序理念下的行政法体系建构[M].林明锵,等,译.北京:北京大学出版社,2012:126.

第二章　公立高等学校自主权法律规制结构厘定的法理依据

学中的特殊地位。他认为,"与大学相关的法律,主要可以看作学术法。"①类似的观点,也频繁地在英美高等教育法律学者的著作中出现,研究高等教育法律的学者们,都关注到基础教育与高等教育两种教育阶段,在法律适用上的深刻差异。在英美法系高等教育法律学者的著作中,始终区分基础教育与高等教育的法律规制并深刻洞察到高等教育的特殊性。威廉·A.卡普林教授的研究发现,在许多判例中,法院就是否能将允许中等教育机构规制粗俗无礼的言论适用到高等教育机构处理教师和学生的言论上进行了许多争论,美国最高法院在库勒迈尔(Kuhlmeier)诉黑泽伍德学区(Hazelwood School District)一案[484 U.S. 260(1988)]中,这一有关学生出版的中等教育的判例成为了公众关注的焦点,该案中,法院确认了高中校长对以学生报纸的形式开展的"学校主办的演讲"有编辑控制权,法庭意见确认但并未解决"是否同样程度的干预也能适用到学院和大学层面学校主办的言论活动中"这一问题。当低一级的法院尝试决定是否初等教育或中等教育中的先例能适用到高等教育判例中时,类似的问题也出现了。例如,在爱德华兹诉加利福尼亚宾夕法尼亚大学[156卷488(3d Cir. 1988)]和乌罗夫斯基(Urofsky)诉吉尔摩(Gilmore)[216 F.3d 401(4th Cir. 2000)]等判例中,法院在拒绝教师关于学术自由的申诉的过程中,将初等教育和中等教育中的先例运用到了高等教育领域,这些法院在某种程度上不加批判地将某种教育层级中的先例适用到另一层级。

在这些判例中,法院通常不会刻意涉及在将不同层级的先例适用到另一层级时,可能会面临的关于高等教育使命、结构和客户的差异性的问题,也并未对这种先例的转移在多大程度上适用提供清晰和帮助性的引导。对此,卡普林教授批判道,"初等教育和中等教育领域的判例不能惯性地和不加批判地运用到高等教育领域。不同教育层级的结构、使命以及顾客的差异可能会使得某一个教育层级的先例不适用于另一个教育层级或者需要对其进行调整以解释这种差异。"②与此类似,将适用于公共机构或

---

① [日]兼子仁.教育法[M].东京:有斐阁,1978:16.
② Kaplin, W. A. & Lee, B. A.. The Law of Higher Education (Fourth Edition)[M]. San Francisco: Jossey-Bass, 2006: 1-40.

公共雇员的判例适用到公立高等学校或公立高等学校的教师,也往往存在着类似的适用性问题。

总而言之,高等教育与法律的联结具有有别于一般公共行政以及基础教育的特殊性和内在逻辑。无论是研究抑或实务,均需对此给予充分的体认。事实上,公立高等学校自治权的法律规制结构议题,必须回溯到"学术法"的层面进行探讨。基于对大学任务框架及其构成要素的理解,深入剖析学术的法理内涵。概括而言,当前世界各国公立高等学校自主权运行所涉及的任务大体包括:(1)学术任务、行政任务以及学术和行政混合的任务;(2)国家行政任务或履行公共职能的教育公务、大学自治任务或自治固有事项以及国家行政与大学自治混合的任务;(3)公域任务、私域任务以及公私域混合的任务。而这一系列任务所构成的任务框架中,学术任务相对于行政任务具有优位性和原初性,而公域任务相对私域任务也更具有优先性。同样地,大学自治任务相对国家教育公务而言,更接近大学任务框架的核心地带。

据此,本研究认为公立高等学校自主权的法律规制结构应该是公法与私法、硬法与软法彼此理性界分与交融互动的"混合法规制结构",旨在实现公立高等学校法益的平衡和最大化。当然,在此"混合法规制结构"中,公法与私法以及硬法与软法的关系究竟如何,需要仔细认真的辨析和区分。例如,涉及学术自治的法律规制结构中,大学自我规制或软法应被赋予更多的自主空间。实际上,在诸如大学知识产权转移等关涉学术与经济互动的事项上,各类法秩序的关系并非理想中那么清晰可辨,而是需要结合具体的案件情形,理性地适用特定的法律。

(二)法律规制结构演进的动态适切性诉求:公立高等学校自主权运行中法权配置的"功能最适"原则

在国家与社会关系深刻变革的背景下,公立高等学校自主权运行中各类法权的配置状况也势必需要因时而变。无论是国家公权力内部立法权、行政权与司法权的关系抑或国家公权力与大学自治权的关系乃至大学内部各法权主体的关系都面临着"功能"能否"最适"的考验。功能最适原则作为传统权力分立理论和法律保留理论的超越,彰显出立法权、行政权与司法权乃至大学自治权等法权配置的动态适切

第二章 公立高等学校自主权法律规制结构厘定的法理依据

性诉求。以大学自治权与行政权的关系为例,"在具体的历史条件下,大学自主与政府控制有一个孰轻孰重的问题,有一个以谁为基点达到二者整合的问题,基点的选择受到具体社会历史条件的制约。"①适切的法律规制结构,往往是与特定历史条件和制度环境动态契合的平衡结构,它旨在促进公立高等学校治理中法权的平衡与总量的最大化。

一般认为,"功能最适"原则是德国联邦宪法法院经由1984年飞弹部署判决等一系列判例所形成的诠释权力分立原则的观点。根据功能最适观点,重要事项究竟由立法抑或行政立法规范,取决于二者之间谁能够达成,尽可能正确乃至"最佳化"境地的决定。②

实际上,功能最适原则在高等教育治理中的价值在于,它认识到各类法权配置需要坚持动态的衡平法则,进而实现任务导向型互动式法权治理。从深层次而言,公立高等学校自主权的法律规制结构演进,涉及国家法律秩序内部各类法秩序(立法、行政与司法规制)以及国家法律秩序与大学自治秩序的互动关系厘清。而这种互动关系的厘清,则有赖于对各类法秩序功能的动态审视。当然,特定法秩序的功能究竟为何,必须深入考察大学任务框架的"事物本质"。通过诠释和理解特定历史时期大学任务的范畴和内涵,厘清法秩序介入大学治理的范围、强度与界限。显然,不同历史时期学术概念的演进,必然引起对各类法秩序功能是否依旧最适的思考。在德国,它集中表现为联邦宪法法院判决的观点更新以及《高等学校总纲法》、各州《高等学校法》的实施与修订。而在美国,国家公权力的公共规制、高等教育行业协会(如AAUP)的社会集体规制以及大学自我规制(主要包括大学章程、校规、学术习惯法以及契约等)之间的互动关系,也需要思考彼此能否在对特定大学任务进行规制时,发挥"最适"的"功能"。

显然,公立高等学校自主权的法律规制结构究竟呈现出何种"混合法结构",有赖于对大学任务的动态诠释以及基于此所作出的对各类法秩序的功能省思。例如,立法规制应在公立高等学校自主权运行中扮演何种角色,如何才能使立法规制符合"功能

---

① 周光礼.高等教育治理的政策范式:办学自主权的国际比较[J].湖南师范大学教育科学学报,2011(5):5-10.
② 周佳宥.行政法基本原则[M].台北:三民书局股份有限公司,2016:72.

最适原则",必须持续性地检视大学任务框架的基本特征和动态演进状况。概言之,功能最适原则在公立高等学校自主权法权配置中的适用,必须结合"事物的本质理论"。功能最适原则与"事物的本质理论"构成公立高等学校法律规制结构形塑的法学方法论基础。

从某种意义上而言,"功能最适原则"为公立高等学校的法权配置提供了一个特殊的"均衡器"(Governance Equalizer)。"假定治理结构由国家规制、利益相关者引导、学术自治、管理自治和竞争五个维度在某个时间点以某种具体方式进行组合,我们用'均衡器'的类比来定义这种实证结构,均衡器是一种电子设备,在其中可以调节(衰减或强调)音频频谱中的某种特定频率,它能用于改变频率的相对平衡,从而产生某种所需要的音调特征。因此,在均衡器模型中,这五个治理维度相互独立并且可以被任意调节。"[①]当前,世界各国公立高等学校的法权配置均在新公共管理甚或新公共治理的影响下发生着剧烈的变革,而法律规制结构的动态演进实际上也是围绕法权的平衡进行的,其本质上旨在实现任务导向型的"互动式"大学法权治理。

正如有学者所观察到的那样,在新公共管理(New Public Management,NPM)的影响下,治理的均衡器模型凸显出诸多 NPM 的特征(如图2.3所示)。其中,国家规制应该相对较弱。学术自治的角色也较为边缘化,学者在研究和教学活动中是十分重要的,这些知识工作者应该尽善尽美在发现和传播知识中做到最好。同时,利益相关者引导、管理自治和竞争在 NPM 中得分较高,国家应该从对大学进行直接控制中超脱出来,主要关注为其设定目标,市场导向的竞争。正如频繁被讨论的那样,是提高效率和降低成本的最佳方式。此外,应从强调投入控制转向产出控制,例如,事后评价和绩效。与此同时,通过使用私人领域的管理工具能实现服务提供的效率和有效性。为此,需要卓越的管理者,并且,他们需要享有足够的空间运用谋略并进行管理,大学内部和大学之间激化的竞争依赖于分权和建立新的强有力的领导,更多的政治引导和利益相关者参与能够为大学的竞争性策略提供广泛的长期导向。

[①] Jansen, D.. *New Forms of Governance in Research Organizations: Disciplinary Approaches, Interfaces and Integration*[M]. Netherlands: Springer, 2007: 136–140.

第二章 公立高等学校自主权法律规制结构厘定的法理依据

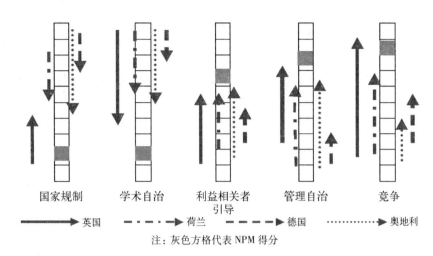

注：灰色方格代表 NPM 得分

图 2.3 四个国家大学治理转变的比较

很明显,NPM 并不是一些松散联合的甚至分散的变化,而是引导整个大学系统整体方向改变的整合路径。① 在被 NPM 重新定义的治理均衡器模型中,大学治理的五种治理机制之间的互动关系持续演进且在不同国家之间展现出诸多差异,它显著地表现为各国受"历史印迹"(Historical Roots)影响所造成的变革幅度差异。② 例如,在德国、法国、丹麦等新公共管理引进较晚的国家,其高等教育治理的变革往往有着特定的界限。例如,德国公立高等学校的组织重构,受到专业惯例和传统力量的阻碍。③ 具体而言,"在组织权方面,大学领导层虽具有制裁权,对于多数教授显然无足轻重,因此难以形成有效领导的组织保障。再者,绩效导向薪资制度的适用对象未涵盖整体成员,且对于不同专业的教授有不同影响程度,因此难以成为有效的替代方案。"④ 可以预测的是,随着新公共管理在高等教育治理中适用困局的频繁涌现和抵制声音的增

---

① Jansen, D.. *New Forms of Governance in Research Organizations: Disciplinary Approaches, Interfaces and Integration*[M]. Netherlands：Springer, 2007：136－140.
② Dobbins, M. & Knill, C.. *Higher Education Governance and Policy Change in Western Europe*[M]. London：Palgrave Macmillan UK, 2014：1－20.
③ 根据制度学派的观点,规范性与文化—认知性制度要素若与规制性制度要素不匹配,将会对规制性制度要素的变革产生抵制或者促进作用。在此,德国公立高等学校的"组织法"变革,受到学术自由与大学自治传统观念的影响,具有不可避免的界限。参见：罗伯特·布瓦耶,耿纪东.一致性、多样性和资本主义演化：一个制度互补性假说[J].政治经济学评论,2006(2)：90－116.
④ 张源泉.德国大学组织重构之边界[J].教育研究集刊,2014(3)：1－34.

多,大学治理的"均衡器"模型还将被或多或少地修正与调整。换言之,公立高等学校法律规制结构的理想状态与动态演进趋势究竟如何,实际上是一个难解的甚至没有标准答案的命题。这或许也正是这一命题被视为经典,而被学界和实务界持续关注的原因所在。

第三章
我国公立高等学校自主权法律规制结构的变迁史考察

中华人民共和国成立以来,受计划经济、"单位制"传统以及"总体性社会"的影响,我国公立高等学校长期不具有独立的法人地位,而被视为国家的附属机构。大量的政策文件,对公立高等学校的自主办学进行高度管制,公立高等学校成为全能主义时代国家宰制社会的缩影和真实写照。① 于1961年9月颁布实施的《教育部直属高等学校暂行工作条例(草案)》,就是一例。② 其中从课程计划到专业设置,从招生计划到就业分配,从机构设置到教师管理等内部事项均有巨细靡遗的政策规定。③ 显然,在改革开放以前,公立高等学校办学自主权并未进入决策者的视野。

一、我国公立高等学校自主权的规制类型及其变迁

改革开放以来,公立高等学校自主权的议题逐渐借由学者的呼吁进入领导层的视野。自1979年12月,《人民日报》刊发关于呼吁给高等学校一点自主权的文章之后,社会各界关于高等学校自主权的讨论开始兴起。在1985年制定的《中共中央关于教育体制改革的决定》(简称《决定》)中,高等学校办学自主权第一次由中央层面提出。面对当前高等学校缺乏自主权,办学陷入僵化和低效率格局的现状,《决定》指出"要

---

① 1950年,中央人民政府教育部组织起草了高等学校文、法、理、工、农等各系的课程草案,各校参考课程草案,制定其课程及教学计划草案,报请中央人民政府教育部批准实行。1950年颁布的《高等学校暂行规程》规定,大学设置或者变更学院或者学系,由中央人民政府教育部决定。参见:何兵,赵鹏.从专业课程设置析大学自治与政府管制[J].行政法学研究,2005(2):24-31.
② 傅颐.六十年代初《高教六十条》的制定、试行及历史经验[J].中共党史研究,2006(3):87-93.
③ 《高教六十条》明确规定,大学专业的设置、变更和取消,必须经过教育部批准;学校必须按照教育部制订或者批准的教学方案、教学计划组织教学工作。

从根本上改变这种状况,必须从教育体制入手,有系统地进行改革。改革管理体制,在加强宏观管理的同时,坚决实行简政放权,扩大学校的办学自主权。"《决定》明确规定了高等学校有教学、科研、招生、人事、财务与国际交流六个方面的自主权。为了贯彻落实由《决定》所明确的扩大与落实高等学校自主权的诸多原则性规定,国务院于1986年颁布实施《高等教育管理职责暂行规定》。此规定将高校办学自主权扩充为招生、干部人事管理、职称评定、科学研究、教育教学、财务、基础设施建设和对外国际交流八项内容。① 显然,在20世纪80年代,高等学校办学自主权更多停留在政策的话语中,却未能进入法律的视野。因此,此时对公立高等学校自主权的规制与保障,更多表现为一种政策驱动的逻辑和立场,通过简政放权扩大和落实高等学校自主权成为这一时期政策话语的核心内容。概言之,简政放权与公立高等学校自主权行政规制的弱化,构成改革开放初期高等教育改革的主线。值得注意的是,这一主线自1985年《决定》颁布实施以来,一直贯穿至今,构成我国公立高等学校自主权扩大与落实的"政策途径"。

实际上,我国公立高等学校自主权作为高等教育管理体制改革的核心内容,其规制类型是多元的,简政放权仅仅涉及政府行政监督与大学自主办学的关系。除此之外,立法规制、司法规制乃至大学自我规制均对公立高等学校自主权产生影响。实际上,这四种规制类型互动的结果,构成我国公立高等学校自主权法律规制的结构。长期以来,对行政规制的过度强调和对立法规制、司法规制以及大学自我规制的轻视,使得公立高等学校自主权更多局限于"政策途径"而非"法律途径"的调整。这种规制类型适用的"厚此薄彼"与"任务导向缺失",使得公立高等学校自主权法律规制结构长期处于"失衡"的困局。当然,在20世纪90年代末以来,随着《教育法》《高等教育法》等一系列教育法律的颁布实施、修订以及教育部关于公立高等学校办学自主权规制与保障的相关部门规章的出台乃至法院判决案例(尤其是指导性案例或公报案例)的持续积累,公立高等学校自主权的法律规制结构正在从"失衡"走向"平衡"。行政规制

---

① 周光礼.中国大学办学自主权(1952—2012):政策变迁的制度解释[J].中国地质大学学报(社会科学版),2012(3):78-86.

作为一种规范、约束乃至保障公立高等学校自主权的规制类型,正在走向缓和和弱化并逐渐被纳入法治的轨道。

2015年,在教育部发布的《关于深入推进教育管办评分离 促进政府职能转变的若干意见》(简称《意见》)对公立高等学校自主权的规制与保障提出了较为具体的政策建议。从某种意义上而言,该《意见》已经充分认识到公立高等学校自主权规制类型的多元化及其互动关系的问题。[①] 一方面,《意见》认识到简政放权、法律确权、章程赋权与依法维权四种扩大与落实高等学校办学自主权的途径,分别代表行政规制、立法规制、大学自我规制与司法规制四种规制类型。另一方面,这四种规制类型之间的互动关系,也在《意见》中有所表达。例如,章程更多被定位为具有健全法律法规规定的办学自主权实施机制的功能。而简政放权,也更多是为了更好地落实"法定"的办学自主权。毋庸置疑,在这份《意见》中,公立高等学校自主权法律规制结构变革的方向已经指明,如何促使"法律规制结构"从"失衡"走向"平衡",形塑各类规制良性互动、理性界分、功能互补的"规制互动网络"甚至构成高等教育治理现代化的核心议题。这实际上与西方公立高等学校自治权法律规制结构的演进状况和逻辑,有着某种深层次的内在一致性。

(一) 简政放权与公立高等学校自主权的行政规制变迁

一般而言,行政规制是指国家行政权力对公民、组织的自主权力、私权利的干涉与限制。[②] 江必新教授指出,"行政规制行为作为一种综合性的行政活动,可以归入传统的广义行政行为体系。"他认为,我国行政规制的发展,应重视规制手段的选择以及各类规制与不同领域内不同目标的适应性问题。[③] 在高等教育领域,行政规制主要表现为政府公权力对公立高等学校的监督、干预或限制。它既包括以行政审批制度为代

---

① 《意见》指出,"在制定和修订相关法律法规时,进一步研究明确各级各类学校办学自主权;通过政府简政放权,进一步落实各级各类学校的法定办学自主权;通过章程制定,进一步健全法律法规规定的各项办学自主权的实施机制;通过完善法律救济机制,切实维护学校、师生合法权益。"
② 龙宗智.行政规制缓和与高校权力行使[J].中国高等教育,2004(15):8-10.
③ 江必新.论行政规制基本理论问题[J].法学,2012(12):17-29.

表,以行政指令与"身份依附"为基本特征的显性行政规制,又包括以项目制、政策试点、大学评估制度以及政府与大学间订定的协议为代表,以"资源依赖"为基本特征的隐性行政规制。

总体而言,21世纪以来,我国高等教育领域的行政规制呈现出显性行政规制趋向缓和、弱化,而隐性行政规制趋向强化的特征。显性行政规制的"缓和"突出表现为《行政许可法》颁布实施以及政府简政放权、"放管服"改革持续演进背景下教育行政审批项目的逐渐减少。通过教育行政审批制度改革,政府不再对公立高等学校自主办学进行高权性、细节性的指令性干预,它昭示着作为计划经济时代遗产的"行政指令式"管控模式的终结,公立高等学校作为非政府与非市场的"第三部门"的特征开始凸显与强化。另一方面,在《高等教育法》修正背景下,管办评分离的制度设计获得法律的认可与合法性支持,培育第三方评估组织,完善高等教育质量治理备受关注。然而,受制于我国公民社会发育的滞缓以及政府公权力与事业单位之间"行政事业一体化"格局的长期存在和路径依赖,公立高等学校实质性地受到政府公权力的问责与评估,社会问责与大学内部问责的机制并未真正建立形成。一定意义上而言,教育部学位中心等所谓独立第三方的组织,行使的是政府公权力的授权或委托,其本质上依旧是国家公权力。它还不能被视为与美国高等教育行业协会类似的社会公权力机构,进而逃遁公法的责任与规制。在此背景下,我国高等教育评估以及与此相关的"国家教育标准""项目制"[①]、办学自主权动态调整的协议、"政策试点"等均具有行政规制的属性,而不能简单地归结为社会集体规制或外部的私人规制。

据此,公立高等学校所受的教育行政审批等显性行政规制正在逐渐退出历史的舞台,而其所面临的隐性行政规制则使公立高等学校的法定办学自主权受到实质性的侵蚀。公立高等学校与政府之间还不能界定为两个独立法人之间的平权关系,而在较大

[①] "项目制"在高等教育领域的影响,深刻地表现为公立高等学校对公共财政尤其是专项财政经费的过度依赖。在"项目制"的宰制下,公立高等学校与政府之间形成特殊的资源依赖关系,使公立高等学校陷入政府的隐性控制之中,加剧了高等教育行政化的困局。从长远而言,公立高等学校财政来源的单一化,致使其必然依附于政府,并受制于政府的指令和意志。高等教育去行政化,除了简政放权与政府职能转变的途径以外,还需要促进高等教育经费来源的多元化。

程度上可以被概括为"特别权力关系"。在"行政事业一体化"格局未能全面扭转的状况下,公立高等学校在公法上的权利能力和主体性堪忧,其法人制度的公法意义未能厘清和明晰。从某种意义上而言,我国公立高等学校甚至可以被视为德国法意义上的公法设施,其承担来自国家委办的大量事项,其与政府之间的权利、义务与责任状况尚不清晰。

1. 行政指令时代的终结:教育行政审批制度改革与"显性"行政规制的缓和

在1985年《中共中央关于教育体制改革的决定》颁布实施后,扩大与落实高等学校办学自主权成为高等教育体制改革的着力点和关键议题。1993年《中国教育改革和发展纲要》的发布,昭示着包含教育行政审批体制改革在内的教育体制改革逐渐开启。这一时期教育行政审批体制改革的重点在于下放审批权,进一步厘清中央与地方政府的教育行政权,进一步明确中央与省(自治区、直辖市)分级管理、分级负责的教育管理体制。显然,这一时期的教育行政审批制度改革,更多是一种政府间教育行政权的重新配置,并未真正触及高等学校与政府之间的分权问题,未能对涉及高等学校办学自主权的行政审批事项予以取消或调整。教育行政审批权的下放,尽管调动了中央与地方两个方面的积极性,为高等教育省级统筹权的制度建设奠定基础,但未能触动办学自主权保障与规制的核心内容,大量针对高等学校自主办学的行政审批事项依旧普遍存在。

正因为如此,有学者指出,"这一时期中央教育行政部门自上而下推动的改革,较计划经济时期是一大进步。同时也必须看到,此次教育行政审批改革中审批项目的数量并未减少,审批权只是从中央下放到地方,并没有涉及审批权的'瘦身'问题。另外,从下放的审批权的内容、性质来看,也没有涉及教育审批的核心事项。"[①]

以重构政府与高等学校关系为核心的教育行政审批制度改革真正启动,主要集中在2003年《行政许可法》颁布实施以后。为兑现加入世界贸易组织(WTO)的承诺,我国政府将简政放权与促进政府职能转变视为公共行政体制改革的重要议题,其中行政

---

① 程雁雷.我国教育行政审批改革的回顾与检视[C]//劳凯声,余雅风.中国教育法制评论(第13辑).北京:教育科学出版社,2015:92-106.

审批制度改革成为重中之重。《行政许可法》的颁布实施,"一方面,从源头上遏制了行政审批滥设的乱象;另一方面,从程序上规范行政许可的实施,例如规定审批时限、流程等。"实际上,此次《行政许可法》①的颁布实施,本质上是为了规范政府公权力的行使方式和边界,其对于高等学校的意义在于,弱化和缓和行政规制。显然,依据《行政许可法》的精神,政府对公立高等学校办学自主权的干预和监督、限制,应该基于充分尊重大学自主办学的价值前提和逻辑起点下展开,公立高等学校与政府之间应该形成彼此协商合意的合作伙伴关系,而非管制与被管制、命令与服从的"隶属型"或"依附型"关系。

梳理既有的政策文本发现,在2003年《行政许可法》颁布实施的背景下,国务院在2001年至2012年期间,先后进行了六次行政审批改革,其中四次涉及教育行政审批。梳理2001年至2012年教育行政审批的改革事项,可以发现,这一阶段的教育行政审批制度改革的主要特点包括两方面:"一是综合改革,即取消、下放、改变管理方式、减少审批部门同时或交叉进行;二是改革只有'减量',不知'存量',教育行政审批权依然抽象化,即只是公布了取消和下放的行政审批事项,但总共有多少审批事项、取消和下放后还剩多少、还有哪些该取消和下放的,却鲜为人知。"②更为重要的是,在这一阶段的改革中,改革呈现出明显的"集聚"效应或现象,在2002年至2004年国务院集中进行了三次行政审批事项的取消和调整,其中2003年《行政许可法》颁布实施前后是一个高峰期。而此后2005年至2011年,国务院只进行过两次行政审批事项的清理并且均未涉及教育行政审批事项。显然,在这7年的时间里,教育行政审批制度改革又陷入了停滞期,政府职能转变遭到新的瓶颈。直至2012年国务院才开始进行第六次行政审批项目的取消和调整,其中,"百千万人才工程"人选审批事项被取消。

---

① 《行政许可法》第十三条明确规定,"本法第十二条所列事项,通过下列方式能够予以规范的,可以不设行政许可:(一)公民、法人或者其他组织能够自主决定的;(二)市场竞争机制能够有效调节的;(三)行业组织或者中介机构能够自律管理的;(四)行政机关采用事后监督等其他行政管理方式能够解决的。"
② 程雁雷.我国教育行政审批改革的回顾与检视[C]//劳凯声,余雅风.中国教育法制评论(第13辑).北京:教育科学出版社,2015:92-106.

第三章 我国公立高等学校自主权法律规制结构的变迁史考察

正如沈岿教授所言,"实施将近十年的《行政许可法》并没有完全巩固行政审批改革成果,也没有实现改革的常态化。行政审批改革还是沿袭'领导决策启动——下达减放指标——集中排查论证——汇总并公布改革事项'的工作程式,以及'抓大放小'的减放逻辑。"①显然,在行政主导意志下展开的行政审批制度改革,往往具有较大的反复性,更难免"避重就轻"乃至"明减暗增"。概言之,当前我国教育行政审批制度改革总体上具有运动型治理的特征和形式主义的印记,行政审批制度改革很大程度上取决于领导的重视,缺乏公众以及其他利益相关者的实质参与。

更重要的是,"非行政许可审批"甚至存在着潜在的增长倾向。②截至目前,我国行政审批制度改革总体上有三次浪潮,其中,第一次和第三次改革浪潮的幅度较大。具体而言,2002年至2004年的3个批次,实为第一股浪潮。此后三年时间没有任何改革举措。2007年批次是第二股浪潮,只是浪头较低、一次而过,涉及审批数量也少。再时隔三年以后,才掀起第三股大浪。2010年至2015年,集中进行了8个批次的行政审批制度改革。沈岿教授的实证研究表明,"在运动浪潮过后,在量化指标不再被关注的时候,催生新的行政审批事项,已经成为未根除的运动化、形式化痼疾之症状。"③对此,有学者认为,这根源于政府公权力法律规制体系的不健全以及公民社会发育不健全背景下政府对包括公立高等学校在内社会自治组织治理能力的不信任。④

当然,在国家治理体系与治理能力现代化与依法治国理念的引导下,随着负面清单、权力清单与责任清单制度的实施,教育行政审批制度改革的漏洞和弊病正在逐渐得到扭转。与其他领域类似,教育领域的简政放权与政府职能转变在新一届政府成立以来开始得到更为实质性的进展。

---

① 沈岿.解困行政审批改革的新路径[J].法学研究,2014(2):20-34.
② 程雁雷.我国教育行政审批改革的回顾与检视[C]//劳凯声,余雅风.中国教育法制评论(第13辑).北京:教育科学出版社,2015:92-106.
③ 同①。
④ 在当前中国,存在一种担忧,即认为"中国目前的行业协会类社会组织,在管理水平等方面质量也参差不齐,参与行政审批制度改革后,会产生更多矛盾"。参见:汤凯锋.让行业协会有序参与行政审批制度改革[N].南方日报,2012-4-4.

表 3.1　2013—2017 年取消和下放的教育行政审批事项清单

序号	项目名称	处理意见	依据
1	中外合作办学机构以及内地与香港特别行政区、澳门特别行政区、台湾地区合作办学机构聘任校长或者主要行政负责人核准	取消	国发〔2013〕19号
2	高等学校部分特殊专业及特殊需要的应届毕业生就业计划审批	取消	国发〔2013〕19号
3	省级人民政府自行审批、调整的高等职业学校使用超出规定命名范围的学校名称审批	取消	国发〔2013〕44号
4	民办学校聘任校长核准	取消	国发〔2013〕44号
5	利用互联网实施远程高等学历教育的教育网校审批	取消	国发〔2014〕5号
6	国家重点学科审批	取消	国发〔2014〕5号
7	高等学校设置和调整第二学士学位专业审批	取消	国发〔2014〕5号
8	高等教育自学考试专科专业审批	下放后取消	国发〔2014〕5号、国发〔2016〕9号
9	高等学校博士学科点专项科研基金审批	取消	国发〔2014〕27号
10	高等学校新农村发展研究院审批	取消	国发〔2014〕27号
11	教育部科技查新机构认定	取消	国发〔2015〕11号
12	高等学校赴境外设立教育机构(含合作)及采取其他形式实施本科及以上学历教育审批	取消	国发〔2015〕27号
13	省级自学考试机构开考高等教育自学考试本科专业审批	取消	国发〔2015〕27号
14	孔子学院(课堂)设置及年度项目审批	取消	国发〔2015〕27号
15	教育部重点实验室审批	取消	国发〔2015〕27号
16	教育部工程中心审批	取消	国发〔2015〕27号
17	教育部人文社科重点研究基地审批	取消	国发〔2015〕27号
18	全国普通高校本科生分学校招生计划、研究生分地区分部门分学校招生计划审批	调整为政府内部审批	国发〔2015〕27号

续表

序号	项目名称	处理意见	依据
19	高等学校面向全国招生和跨省招生生源计划审批	调整为政府内部审批	国发〔2015〕27号
20	国家和省级教育考试机构与外国及港澳台地区考试机构或其他组织合作举办境外考试审批	调整为政府内部审批	国发〔2015〕27号
21	教育网站和网校审批	取消	国发〔2016〕9号
22	高等学校副教授职称评审权审批	先下放后取消	国发〔2017〕7号
23	高等学校教授职称评审权审批	取消	教政法〔2017〕7号

如表3.1所示，2013—2017年，与高等学校办学自主权密切相关的被取消的教育行政审批事项包括：国家重点学科审批、高等学校设置和调整第二学士学位专业审批、高等学校博士学科点专项科研基金审批、教育部重点实验室审批、教育部工程中心审批、教育部人文社科重点研究基地审批、高等学校教师职称评审权（包括副教授、教授）审批等。通过大幅度取消行政审批事项，建立健全负面清单与权力清单制度，高等学校自主办学的空间开始获得较大幅度的拓展。

根据国发〔2013〕19号、国发〔2013〕44号、国发〔2014〕5号、国发〔2014〕27号、国发〔2015〕11号、国发〔2015〕27号、国发〔2016〕9号、国发〔2017〕7号等多次行政审批事项的取消、下放与调整，截至目前教育部尚保留的教育行政审批事项包括以下9项内容：(1)实施本科及以上教育的高等学校（含独立学院、民办高校）的设立、分立、合并、变更和终止审批；(2)中央部属高等学校章程核准；(3)中小学国家课程教材审定；(4)硕士、博士学位授予单位及其可以授予硕士、博士学位的学科名单审核；(5)学位授予单位授予国内外人士名誉博士学位审批；(6)实施本科以上高等学历教育的中外合作办学机构（含内地与港澳台地区合作办学机构）设立、分立、合并、变更和终止审批；(7)实施本科以上高等学历教育的中外合作办学项目以及内地与香港特别行政区、澳门特别行政区和台湾地区合作办学项目审批；(8)高等学校设置、管理权限范围外的本科专业和国家控制的其他专业审批；(9)全国性中、小学教学地图审定。同样地，各省、自治区与直辖市也大幅度取消了教育行政审批事项。而经由教育部下放的部分行政审批事项,也在后续的行政审批制度改革中被取消。例如,高等学校副教授评审权的审批以及高等教育自学考试专科专业审批等。

以江苏省为例,通过简政放权,江苏省教育行政审批事项也被极大地限缩,以避免对高等学校办学自主权的直接干预乃至侵犯。江苏省教育厅官方网站公开的信息显示,目前江苏省保留的教育行政审批事项包括以下 10 事项:(1)中小学地方课程教材审定;(2)高等学校教师资格认定;(3)实施高等专科教育、非学历高等教育、中等学历教育和自学考试助学、文化补习、学前教育等的中外合作办学机构以及内地与香港特别行政区、澳门特别行政区和台湾地区合作办学机构的设立、分立、合并、变更和终止审批;(4)实施高等专科教育、非学历高等教育和高级中等教育、自学考试助学、文化补习、学前教育的中外合作办学项目以及内地与香港特别行政区、澳门特别行政区和台湾地区合作办学项目批准;(5)专科层次高等学校、五年制高职校、省属中等职业学校的设立审核和地方所属高校章程核准;(6)自费出国留学中介服务机构资格认定;(7)开办外籍人员子女学校审批;(8)学士学位授予单位以及学位授予单位可以授予学位的专业名单审核;(9)对民办学校以捐赠者姓名或者名称作为校名的批准;(10)民办高等学校招生简章和广告备案。而根据国发〔2017〕7 号等规范性文件的要求,江苏省保留的教育审批事项中,将被继续减少。其中,自费出国留学中介服务机构资格认定、高校副教授职称评审权审批以及民办高校招生简章和广告备案核准将被取消。

而在浙江省,通过深化行政审批制度改革,高等学校在教育教学、专业设置、资源配置、人事管理、招生等方面的办学自主权逐渐扩大与落实。[1] 为保障政府行政监督与大学自主办学的动态平衡,实现"放管服"相结合。浙江省教育厅在取消、下放或调整一系列教育行政审批事项的同时,出台了一系列配套的监管办法,大量采用绩效评估、抽查、备案等宏观监管的规制措施。通过事中事后监管以及指导、服务,代替以往高权性的教育行政审批。(如表 3.2 所示。)

---

[1] 孙菊红.省教育厅向地方和高校简政放权[N].浙江教育报,2013-11-22.

表 3.2　浙江省教育行政审批制度改革及其配套监管措施概览①

事项的性质	调整、下放或取消的行政审批事项	事项的性质	行政部门保留、新增、强化的权力清单（配套监管措施）
教学自主权	教学改革与建设项目评审权（调整）	资源配置权	项目成效与名额分配挂钩制度
专业设置权	分学科专业设置权（下放）	教育质量监管与评价	新增专业的办学条件与师资力量审核机制
资源配置权	科研项目评审权（下放）	教育质量监管与评价	本科高校教学业绩考核办法的强化
人事管理权	本科高校教师职称评审权	教育质量监管与评价	高校毕业生职业发展与人才培养质量跟踪调查制度
资源配置权	部分竞争型项目准入范围	专业设置权	对新增专业方向的备案审查
招生自主权	核定范围内自主设定招生计划	人事管理权	教师职称评审质量的抽查制度

显然,教育行政规制的"工具箱"不仅包括显性的以"命令——服从"亦即"压制逻辑"为表征的显性规制,亦包括以"自我治理的治理"为基本运行逻辑,以"资源依赖关系"为纽带的隐性规制。相比而言,隐性规制更侧重绩效评估考核、质量监管、资格认证、"项目治理"以及配套的激励惩戒措施设置,其规制强度相对此前的"行政审批"乃至"行政指令"较弱,规制手段则更加多元。实际上,在行政审批制度改革持续推进的语境和背景下,公立高等学校自主权在某种意义上并未真正实现扩大与落实,监管型政府②与评估型政府的兴起使得自主权的运行被纳入"可计算的空间"。传统的政府

---

① 刘业进,刘晓茜.简政放权、负面清单管理与落实高校办学自主权改革的制度分析[J].湖南师范大学教育科学学报,2016(4):111-120.
② 在监管型政府与评估型政府兴起的背景下,尽管政府与公立高等学校的关系开始超越行政指令与服从的关系,但政府对高等学校的监管方式和规制手段日益增多。从某种意义上而言,高等学校所受到的隐性行政规制越来越多。以高等学校专业设置与调整为例,《普通高等学校本科专业设置管理规定》指出"高校主管部门综合应用规划、信息服务、政策指导和资源配置等措施,促进所属高校加强专业内涵建设。"（转下页）

高权管制的"权力之手"逐渐被更为隐秘、细致而全面的"权力之眼"替代，因资源依赖而生的实质性依附，成为技术治理时代我国高等教育行政规制"隐性化"的逻辑后果。

当然，"隐性行政规制"的丛生之所以能够发挥实质性的控制作用，根源于公立高等学校在人事、财政等方面法人权利的缺失。换言之，"显性行政规制"与"隐性行政规制"之间形成了相互叠加、彼此支撑的效应。受"编制"与"行政级别"政策的束缚，行政审批制度"单兵突进式"的改革势必收效甚微。在事业单位体制改革未能取得实质性突破的制度环境下，显性行政规制依旧会发挥重要作用，而"隐性行政规制"（如各类大学评估）则会借由人事、财政等稀缺资源发挥更加强大的控制功能。

从长远而言，取消大学编制管理及其行政级别，充分保障各级各类大学正常办学所需的"最低限度的经费配备"，超越"行政事业一体化"的僵局，破除大学实际存在的行政化的管理方式，是弱化和缓和行政规制的治本之策。应该认识到，行政审批仅是"显性行政规制"的表现形式，而政府对人事、财政、招生计划、学位授权点、学科专业设置等各类稀缺资源的超强控制，则构成"显性行政规制"的实质内容。

2. 因资源依赖而生的实质性依附：技术治理时代"隐性"行政规制的丛生及其法治规约

当前，我国教育行政规制展现出从"显性"向"隐性"转变的总体趋势，传统的行政审批制度开始被质量监管与评估机制、政策试点、动态调整协议等规制工具所取代。在此背景下，我国公立高等学校自主权成为基于政策意志主导的受限制的自主权，其"获得"抑或"剥夺"、"授予"抑或"收回"均受到政府行政规制的深刻影响。其中，质量监管与评估构成自主权能否持续扩大的政策依据，协议与试点构成自主权"下放"

（接上页）"高等学校依据高等学校本科专业目录，在核定的专业设置数和学科门类内自主设置、调整专业""设置、调整核定的学科门类范围外的专业，由学校主管部门审批，报教育部备案。"当然，从专业设置与调整的自主权而言，高等学校所拥有的还只是在政府政策框架限定范围内的有限的自主权，其依旧需要受到政府的宏观调控与质量监管。显然，《高等教育法》所规定的高等学校的专业设置等自主权限，也并非西方意义上受法律乃至宪法规制与保障的自治权，其更多还只能属于法律法规乃至规章的授权，具有较强的政策属性。此外，高等学校教师职称评审权以及学位授予与撤销权，亦遵循类似的逻辑。从本质上而言，当公立高等学校作为法律法规规章授权组织时，其受到政府的专业监督，其行使的权力本质上属于行政权而非自治权。

的政策渠道。概言之,在隐性行政规制持续强化和盛行的教育治理体制下,公立高等学校自主权的"放"与"收"实质上是政府与公立高等学校之间"特别权力关系"的特殊表现形式。隐性行政规制的兴起并未实质性地改变政府与公立高等学校之间关系的"非法治化状态",相反,它使得这种"非法治化状态"表现得更为隐秘。目前,如何将此类教育行政规制纳入公法规制的范畴,促使我国公立高等学校与政府分权的法治化,显得尤为重要而紧迫。

(1) 绩效责任逻辑的兴起:公立高等学校的质量监管与评估机制建设

从一定意义上而言,教育行政审批制度的风靡与盛行,表明了计划经济思维的蔓延与"再生产"。在市场经济体制改革的背景下,总体性支配的逻辑已然不能适应治理的要求,而技术治理的时代开始来临。技术治理意味着政府行为模式的控制导向,其势必会努力追求控制技术的改进,并通过控制技术的改进和完善去建立起严密且隐蔽的控制体系。更为重要的是,在技术治理的范式下,所有的政府监管活动都是在理性的名义下进行的,所有控制技术都包含着理性的内涵,以便所有的控制技术都与整个控制体系具有同一性。① 显然,技术治理蕴藏着极大的风险。一方面,技术治理使得政府公权力的运作陷入高成本、低效率和灵活性弱的陷阱;另一方面,技术治理使得被规制对象承担了比以往管制时代可能更为沉重的负担,社会自治的空间被挤压。

具体到高等教育领域,高等学校办学的核心领域如教学、科研等均被视为绩效评估的对象,与大学所获得的经费拨款直接挂钩,高等学校开始形成与政府之间基于资源依赖的实质性依附关系。基于组织分析的新制度主义的观点,高等学校对政府的资源依赖强度越高,其与政府的组织同构程度越大,高等学校办学自主权所受的实质性规制就越多。这在一定意义上,验证了我国地方高校"行政化"程度更高,自主权相对部属高校更少的事实。由于缺乏必要的组织、制度和程序保障,由教育行政机关抑或其委托和授权机构开展的各类评估,往往会对学术自由和大学自治构成侵犯,难以真正促使各大学凝练本校特色。基于绩效竞争导向的专项经费拨付(简称"项目制"),

---

① 张康之.公共行政的行动主义[M].南京:江苏人民出版社,2014:247.

使公立高等学校及其师生成员与政府之间形成特殊的"发包""抢包"与"打包"关系和"分级运作机制"。① 依托于既有科层制运作的项目制,作为一种技术化、专业化的社会治理手段,深嵌于高等教育治理的全过程,广泛渗透进大学事务管理中。

诸如学科评估、学位点评估、专业评估等在内的各类大学评估,对大学的生存构成"明显且立即"的影响,其效应实际上已然甚过其他任何形式的行政监督。正如台湾地区学者吴志光所言,"教育主管部门透过各种评鉴或奖补助及竞争性专案计划(诸如'顶尖大学''教学卓越'),对于因评鉴或计划申请所设定的条件(指标),所伴随之行政监督,已俨然成为教育主管机关对大学最具影响力的行政监督方式。这种行政监督方式,对大学自治甚至产生了质变的作用。"在办学资源不足的情况下,各大学对此类竞争性的专案计划只能"闻之起舞"。更重要的是,此类行政监督缺乏必要的法律规制,其往往混淆"法律监督"与"专业监督"的界限。例如,教育质量评估与监管作为一种行政监督方式,往往涉及教学研究自由等纯粹的学术事项。然而,对于此类事项,往往仅能作"适法性监督",而不能进行"适当性监督"。②

应该认识到,"项目治教"虽然能有效增强政府部门对大学的监管和调控能力,但破坏了大学组织的学术生态与内在平衡,技术理性压制和僭越了价值理性。③ "高校常年检查、评估不断,财务、审计、教学等检查让高校疲于应付",政府的行政监督在一定程度上成为高校自主办学的阻碍而非助力。在评估与被评估的关系中,政府与高校的关系表现为一种相对人义务不确定④与行政主体可以制定"内部规则"并据此行使惩戒权⑤的

---

① 折晓叶,陈婴婴.项目制的分级运作机制和治理逻辑——对"项目进村"案例的社会学分析[J].中国社会科学,2011(4):126-148.
② 吴志光.教育主管机关对大学行政监督之界限[J].世新法学,2014(1):2-38.
③ 殷文杰."项目治教":大学治理中技术理性对价值理性的僭越[J].高等教育研究,2016(9):31-37.
④ 例如,高校对口支援政策的实施,无形中增加了高等学校的义务。参见:2012年9月27日发布的《教育部关于对口支援延安大学等6所高等学校的通知》(教高函[2012]16号)。
⑤ 教育部对高等学校的惩戒权,目前更多是基于对专业、学科以及教学等的质量评估抑或办学行为尤其是招生行为不规范行使的。例如,在2010年5月13日由教育部发布的《教育部关于公布2010年暂停招生(红牌)和限制招生(黄牌)高等学校名单的通知》(教发[2010]5号)中指出,"根据2009年全国教育事业统计结果和《教育部关于印发〈普通高等学校基本办学条件指标(试行)〉的通知》(教发[2004]2号)等有关规定,经审核确认,山西老区职业技术学院等7所高等学校因基本办学条件达不到有关规定要求,确定为2010年度暂停招生(红牌)或限制招生(黄牌)高等学校。"

特别权力关系。① 由于政府及其部门缺乏大学自主乃至自治的理念,加之法条的粗陋模糊与法院判例对法条予以解释的缺失,大多时候,规范政府与高等学校关系的往往是游离于法律法规和规章以外或之下的大量教育行政机关或准政府机构如"评估中心"等机构发布的通知、意见等文件。② 当前,如何促使作为行政监督必要方式的大学评估,不至于侵犯学术自治,而是通过评估促进学术自治的发展和实现,构成学界和实务界面临的现实难题。本研究认为,最根本的解决途径是促进行政规制的法治化,打破目前政府与高等学校关系的"非法治化"状态。

从长远而言,应厘清大学评估的法律性质及其法律规制方式,将其纳入法治的范畴予以审视。以教育部学位与研究生教育发展中心(简称"学位中心")开展的学科评估以及教育部高等教育教学评估中心(简称"评估中心")开展的本科教学质量评估这两项关于大学的主要评估类型为例,这两项评估实质上都属于典型的行政规制而非独立第三方评估组织的"社会集体规制",其实际上行使的是政府的公权力。"评估中心"官网发布的信息显示,该中心于2004年8月正式成立,是教育部直属的行政性事业单位。

曾任教育部评估中心副主任的李志宏在一次专访中表示,"评估中心是政府领导下的具有中介性质的国家事业单位。这说明我们的评估模式还具有转型期的过渡特征。随着以后逐渐对民间评估机构的培育,就可以形成民间评价与官方评价相辅相成的格局。如日本,既有文部省批准设立的大学评价与学位授予机构,也有大学基准协会这样的非官方性质的评价机构。中国也可能会朝着这样的方向发展。"显然,李志宏的观点倾向于认为,在转型期我国大学评估的模式还更多具有官方评估的特征,教育部"评估中心"实际上是一种行使行政监督权的"政府评估"而非"民间评估"。与李志宏的观点不尽相同,教育部"学位中心"主任王立生认为,"学位中心"是没有财政经费供养的完全自收自支单位。"学科评估是学位中心面向所有学位授予单位的所有学科

---

① 将我国现实存在的政府与公立高校的关系概括为"特别权力关系",并不否认它们之间存在的作为独立主体间的法律关系。例如,在教育行政复议中,复议机关与被申请高等学校之间的独立性相对明显。但是,除此之外,我国公立高校与政府之间存在着大量的游离于法律法规之外的、由规范性文件予以规范的行为。其中,较为典型的是各类大学评估。而高校的专业设置、教育教学、人才培养等"内部事项"往往都受制于"文件治教"的脉络和体系之中,所谓"事中事后监管"很多时候依旧被做成了"审批"。
② 袁文峰.我国公立高校办学自主权与国家监督[M].北京:中国政法大学出版社,2015:138-153.

自主开展的一项评估服务,而且是以"第三方"的方式组织运行,不是经由政府部门授权开展的行政性、强制性评估任务。①

显然,王立生认为"学位中心"与政府之间不存在"身份依附"的隶属关系。基于此,他将"学位中心"开展的学科评估视为一种第三方机构的服务。毋庸置疑,"学位中心"与"评估中心"试图将自己定位为非政府组织,进而游离于公法规制之外。为避免这些评估机构游离于法律规制之外,保障公立高等学校的自主权免受不当干预和侵害,应将这类机构视为"准政府机构"或"授权性行政主体",将其纳入公法规制的范畴。

具体而言,本研究认为,无论是"学位中心"抑或"评估中心",其作为教育部下属事业单位在对高等学校进行评估时所行使的是具有"高权属性"的政府公权力,属于典型的行政监督权。据此,"学位中心"与"评估中心"等事业单位对公立高等学校所开展的教育评估,就不能简单地视为"私人规制",而更多应被视为行政规制。鉴于这类官方评估机构作出的评估结果,与各种办学资源、"项目"与利益等直接挂钩,对教育部以及地方政府具有事实上的拘束力。因此,从某种意义上而言,甚至可以将此类评估机构发布的评估结果,视为具有"法效性的处分"。② 概言之,"学位中心"与"评估中心"等具有官方背景的事业单位开展的各类大学评估,对高等教育资源配置产生着实际的影响,③本质上都是具有公权属性的行政规制行为。

---

① 王小梅,范笑仙,李璐.以学科评估为契机提升学科建设水平(观点摘编)[J].中国高教研究,2016(12):23-30.
② 我国台湾地区学者在对台湾大学评鉴制度的考察中,指出根据总量审查作业要点的规定,高教评鉴中心所作成的评估结果,对于教育行政部门有事实上的拘束力。参见:许育典,陈碧玉.大学自治下大学评鉴制度的检讨:以系所评鉴为例[J].当代教育研究,2011(2):119-158.
③ 在"双一流"大学建设的背景下,"学位中心"开展的学科评估的影响力进一步增强。在一些省发布的"双一流"建设的实施方案中,明确将"学位中心"学科评估的结果,纳入遴选一流大学与一流学科的政策参照和依据。例如,山东省将教育部学位与研究生教育发展中心的学科排名作为一流大学与一流学科认定的重要参考。由山东省政府印发的《关于印发推进一流大学和一流学科建设方案的通知》(鲁政发〔2016〕34号)中规定:进入教育部"学位中心"第四轮及以后学科排名前20%的学科,可认定为一流学科;同时满足认定期内有3个及以上学科稳定在ESI学科排名前1%一年以上,或进入教育部"学位中心"学科排名前10%的,可认定为一流大学。显然,"学位中心"的学科评估与"双一流"建设中政府的财政经费等资源配置,具有密切的关联性。"学位中心"开展的学科评估,与其说是独立第三方机构的服务项目,毋宁说是一种实质性的行政监督渠道。学科评估结果与财政资源乃至"自主权试点"获得之间的内在关联,则进一步强化了这类监督方式的实效性。从某种意义上而言,当其评估结果对高等学校资源获取产生不利影响时,其甚至可以被视为一种具有"法效性"的特殊行政处分。

第三章 我国公立高等学校自主权法律规制结构的变迁史考察

从某种意义上而言,国家保障公立高等学校的办学经费,满足其给付请求权,其有权对高等学校实施行政监督。关键在于,将大学评估作为一种行政监督的方式,其如何走向合宪、合法与合理,满足法律保留原则、正当程序原则以及比例原则等公法基本原则的检视,进而确保政府对大学的评估不对大学自治和学术自由构成结构性的危害。在此,德国联邦宪法法院的裁判观点以及德国和我国台湾地区公法学者的相关学说值得借鉴。在德国学者看来,国家借由财务补助,影响研究对象、方法的选择,将产生是否抵触《基本法》第5条第3款规定的问题,亦即可能侵犯学术自由这一德国宪法保障的基本权利。假设相关补助的财源虽然来自国家,但系经由中介的学术组织(intermediäre Wissenschaft‐sorganisationen),由专家学者决定有限资源的分配,则不产生违宪疑义。

而对于如何使国家不借由财政手段影响乃至控制大学自治(尤其是学术自治),我国台湾地区学者董保城教授指出,"在公务预算时代,公立大学经费来源全数来自国家预算;在现行校务基金制度下,基金的主要来源仍系政府循预算程序的拨款,所谓自筹部分,在扣除本属政府预算收入的学杂费后,学校自行创设的比例仍然偏低。质言之,公立大学运作主要仍依靠国家预算,惟政府对公立高校的财务,逐渐由全额负担调整为仅负担其基本运作的必要经常性经费。国家对公立大学提供必要经常性经费,亦属国家保障大学自治之内涵。"这在德国法上,被界定为"最低限度配备原则"。许育典教授则认为,"学术发展非仅涉及国家负有建构使人格自我开展能尽可能实现之文化环境的义务,在近代工业科技社会下,其亦属国家得以面对全球化竞争之基础,国家亦因此而有义务确保未来学术发展,其对于教学、研究之主要场所——大学,即负有提高必要财政资源的义务。"①概言之,"就学术自由的保障而言,在其客观价值秩序功能所建构的文化国下,国家即负有学术促进的义务(die Staatliche Wissenschaftsförderungspflicht)。"②此外,国家固然仍得借由财务助长措施决定其学术发展重点,但不许借由有目标的激励措施影响学术研究的内容。为强化大学的学术自主,国家对大学提供财务配备应以概括补助(Globalzuweisung)为原则。质言

---

① 许育典.大学法制与高教行政[M].台北:元照出版公司,2014:13.
② 同①。

之,不得借由财务手段干预研究与教学的对象、方法与内容,并应赋予大学就与其有关的预算编定程序以必要的程序参与权。①

当然,"诚如费迪南德·基尔乔夫(Ferdinand Kirchof)所指出的,法律上的请求权基础无法创造财政资源,法律上的深入探究也必须对普遍性的国家财源紧缩作出回应。因此,大学不能仅基于法律上的主张,消极对抗国家对其采取的财务紧缩措施,毋宁应积极强调其重要任务与其成效,据此以正当化其由国家获取财政资源、其财务自主性的要求。"②因此,在财政紧缩背景下,大学自治的"契约式"表达及其绩效责任取向成为世界各国家与地区,高等教育治理的必然趋势。政府解制的目的不仅是为了实现大学自治,还势必包含责任的要素。从某种意义上而言,行政监督与大学自治之间的新的平衡关系能否达致,关键在于问责的方式、程序和标准能否符合学术运作的规律且满足公共利益。否则,政府基于契约的问责,反而会加剧对高等学校的管制,形成福柯意义上的"自我治理之治理"的格局。

显然,在新自由主义的语境下,市场的逻辑使得大学自治的内涵发生深刻变革,机构的自治与个体的自由之间呈现出紧张的冲突关系。概言之,"在机构自治权放大的同时,无论是群体(学者社团)还是个体意义上的学者学术自主,实际上反而受到牵制。"③大学自治在某种意义上可能并未成为学术自由的制度性保障,反而成为隐蔽的"管制者"。一项实证研究表明,在日本国立大学法人化改革之后,教师对改革的实施和进展往往持有否定态度,受访教师没有一位认为法人化改革给教师创造了更宽松、自由的研究环境。正如名古屋大学高等教育研究中心的某位教授在接受访谈时所表示的那样,"为了从文部科学省获得资金,大学就会去猜测文部科学省的意图,并据此来制定各种计划和设计各种表格。可以说,在这种情况下,教师是没有研究自由可言的。"④

---

① Hartmer, M. & Detmer, H.. *Hochschulrecht – Ein Handbuch für die Paraxis (4. Aufl.)*[M]. Heidelberg: C. F. Müller, 2022: 44 – 51.

② 同①。

③ 阎光才.西方大学自治与学术自由的悖论及其当下境况[J].教育研究,2016(6): 142 – 147.

④ 田爱丽.现代大学法人制度研究——日本国立大学法人化改革的实践和启示[M].上海:上海教育出版社,2009: 150 – 151.

当然，鉴于对日本国立大学法人的自治保障诉求，《国立大学法人法》作出了诸多与《独立行政法人通则法》不同的特殊规定，以对国立大学法人的教学研究自由和自治予以特殊保护，避免产生违宪疑义。正如日本行政法学家盐野宏教授所言，"国立大学法人不是独立行政法人的亚种。""国立大学的法人化，是以从宪法所规定的学术的自由推导出的大学的自治为前提的。不过，由于被法人化了，在对来自公权力的侵害的防御这种意义上的大学的自治，直接地作为国家与法人化了的大学之间的关系体现出来。关于国家对于国立大学（法人）的干预，《国立大学法人法》在《独立行政法人通则法》上的国家的自主性考虑义务的基础上（第35条），规定了对教育研究的特性予以恒常性考虑。进而，关于学长的任免程序、中期目标制定程序、评价程序，呈现出对大学自主性的考虑（第12条，第30条第3款）。此外，即使针对违法行为，也仅限于纠正要求，这一点与独立行政法人的情况相同（第65条）。"

显然，"《国立大学法人法》规定了比对独立行政法人更高的、对国立大学法人的自主性的考量义务，即提高了对大学自治的考虑。"盐野宏教授同时指出，国家对独立行政法人自主性的尊重主要立足于"政策性见地"，而其对国立大学法人干预，则主要受到宪法上保障大学自治的考虑。当然，尽管《国立大学法人法》对于国家监督与大学自治、学术自由的关系予以特殊关切，但依旧存有较多争议。盐野宏教授就指出，"中期目标、大学评价这种机制虽然不能说直接地产生违宪的问题，但是，其本来是否适合于大学，则是今后应当推进检讨的问题。"①山本隆司也指出，"法人法制定以前，根据《独立行政法人通则法》，文部科学大臣制定中期目标并向国立大学法人作指示，这有可能违反宪法。法人法规定：文部科学大臣在决定中期目标时，事前要听取国立大学法人的意见，而且要考虑该意见（第30条第3款）。这是对大学特性的一种考量。但是，设定中期目标（6年间）本身是否符合大学的自由学术研究，成为问题。"②据此，盐野宏教授认为，通过国立大学评价委员会、独立行政法人大学评价与学位授予机构实施的大学评价，属于国立大学法人化改革后被广泛使用的国家干预手段。由于评价

---

① ［日］盐野宏.行政组织法［M］.杨建顺，译.北京：北京大学出版社，2008：69-74.
② 盐野宏，肖军.论国立大学法人［J］.行政法学研究，2011（1）：137-143.

活动左右着今后大学的发展方向,应重视对评价机构的评价。换言之,评价机构应该履行充分的说明责任。[1]

显然,德国与日本的公法学界都关注到基于绩效导向的大学评估以及目标协议制度,尽管在一定程度上改变了传统的高权管制之格局,却可能对学术自由构成危害,进而产生违宪的问题。据此,他们纷纷倡导强化评估中专业团体、学术同行的力量参与。与此同时,主张增强信息公开,以践行评价机构的说明责任。换言之,契约治理的违宪疑义能否消除,关键在于学术自治力量能否深度参与契约治理之中且保持一定的开放性与透明性。

实际上,在我国台湾地区,类似的各类评估亦可谓"泛滥",学者们纷纷撰文对其合法性乃至合宪性予以批判反思。[2] 当然,也有学者认为,台湾地区的大学评鉴强调应由大学自我定位,以发展自身特色,借此争取教育主管部门的奖助;据此而论,尚难认定其有违大学自治之本旨。[3] 目前,在未建立违宪审查机制的背景下,本研究认为较为可行的方案是,借鉴德国、法国与日本等国家的契约治理模式,将大学评估纳入行政合同的范畴,对其采用公法规制。与此同时,需要充分引入学术自治的力量参与行政合同的相关规则拟定和程序设计,以增强对评估机构的监督。确保评估不被政府所操控,使学术自由与大学自治免遭结构性的危害。

在德国,超出基本配备以外的,成果取向的奖助被称为成果取向的资源分配(sog. leistungsorientierte, LOM),也有学者将其描述为"任务导向式的经费配置模式"。它涉及各州基于评量,对符合相关研究、教学、研究人员培养、获致其他办学资源、专利权等指标所为的特殊奖助。为确保大学的自主性,德国主要采取目标协议的方式开展成果取向的资源分配。大学可以选择国家规定的不同目标、方向,借此确定其特色(Profilbildnung),并可以自行决定其实现目标的方法。基于此,大学与国家所建构的就并非从属关系,而是一种合作关系。[4] 作为一种绩效导向的协议,目标协议制度的

---

[1] 盐野宏,肖军.论国立大学法人[J].行政法学研究,2011(1):137-143.
[2] 吴志光.教育主管机关对大学行政监督之界限[J].世新法学,2014(1):2-38.
[3] 许育典.大学法制与高教行政[M].台北:元照出版公司,2014:148-150.
[4] Krausnick D.. Staat und Hochschule im Gewährleistungsstaat[M]. Tübingen: Mohr Siebeck, 2012: 27-29.

实施"必须建立在专业共同体或行业领域达成一致的绩效标准基础上"[①],以保障其不与宪法保障的学术自由基本权利相抵触乃至对其构成结构性的危害。

除了德国以外,日本国立大学法人化改革后,国立大学开始从政府的下属机构[②]亦即"国家所设立的从事教育研究的'公共设施'或'国家设施'"转变为独立的法人,政府的权力与义务除了法律明定的内容外,还更多依据政府与大学之间合意[③]达成的契约即"中期目标"予以阐明。所谓"中期目标",是文部科学省制定的大学在6年内所要达成的教学、科研以及社会服务等各方面的指标。文部省根据"中期目标"对大学进行最终的质量监控,并根据大学完成中期目标的程度,确定对大学的拨款额度。大学内部具体的人事管理和财务管理等事项,政府不再干预,而由各大学自行处理。[④]

在法国,早在1984年的《高等教育法》中就已经明确建立了国家与大学的合同制度。通过签订多年合同的方式,明确规定学校要承担的义务,并写明国家提供其使用的相应设备和人员。2013年颁布实施的《高等教育与研究法》进一步改革国家和大学合同制,高等教育与研究部将只同高校新的重组机构(如大学与机构共同体、联合会等形式)签署"多年场地合同",而不再与成员学校单独建立契约关系。这一举措,进一步改进了法国高等教育的契约治理模式,增强了高等教育与科学研究的协同合作。毋庸置疑,在新公共管理理念和范式持续扩散的背景下,契约治理已经成为世界各国尤其是具有国家管制传统的大陆法系国家,弱化和缓和教育行政规制的重要方案。

---

① Jansen, D.. *New Forms of Governance in Research Organizations: Disciplinary Approaches, Interfaces and Integration*[M]. Netherlands:Springer, 2007.
② 改革前,日本国立大学的法律地位由《国立学校设立法》第1条、《国家行政组织法》第8条规定:"国立大学属于文教研修设施,由文部省设置,由文部科学大臣管辖,其法律地位是营造物,同时属于营造物中的非独立营造物。"而改革后,根据《国立大学法人法》第1条和第3条的规定,国立大学法人是以设置国立大学为目的成立的法人,国立大学法人是国立大学的设置者。至此,日本国立大学不再被视为"政府行政机构的一部分"。参见:施雨丹.论美、德、日三国公立大学的法律地位[J].外国教育研究,2007(1):25-27.
③ 对于"中期目标"制定过程,能否真正达成政府与大学的合意,在日本学界往往存在争议,大多数学者倾向于认为中期目标的制定往往受到文部科学省的影响。此外,法人化改革后国立大学也只是在文部科学省制定的政策框架下行使有限的自主权,其人事权与财政权的独立性依旧不足,法律所规定的大学自治权往往在现实中会遭诸多限制。参见:田爱丽.现代大学法人制度研究——日本国立大学法人化改革的实践和启示[M].上海:上海教育出版社,2009:146.
④ 田爱丽.现代大学法人制度研究——日本国立大学法人化改革的实践和启示[M].上海:上海教育出版社,2009:51-52.

面对我国大学评估制度实施以来,所产生的一系列弊病和问题,我国学界普遍提出从政府问责走向社会问责,回归大学内部问责的学术观点和政策建议。而在国家公共政策的议程中,评估作为一种对大学自主办学进行监督的方式,也受到高度关注,政府问责与社会问责、院校自主问责相结合的多元化评估机制备受推崇。毋庸置疑,多元化的评估方式具有其治理意义上的应然价值。但是,从较为务实的层面而言,我们必须认识到,在当前我国第三方教育评估机构未能充分发育甚至"生长滞缓"的背景下,如何避免诸如教育部学位中心的学科评估游离于法律规制和监督之外,进而对公立高等学校办学自主权构成潜在的或实质性的威胁,实属紧迫。为破解这一规制困局,可以考虑借鉴德国、法国、日本等国家普遍运用的高等教育质量治理的"契约治理模式",将政府或"准政府"机构对公立高等学校开展的各类大学评估纳入公法合同的视野中予以审视和规制。通过专家参与和公法规制的有机结合,既增强大学评估等隐性行政规制的法治理性,也实现对大学的自主办学的充分尊重和保障。

当然,从长远而言,未来亦需要着力培育独立的第三方教育质量评估机构,建立英美国家较为盛行的高等教育质量"缓冲治理"模式,将这类机构视为"私人外部治理"的重要构成。这类机构对公立高等学校实施的规制,在某种意义上可以被视为"私人规制"。所谓私人规制,是"对于作为现象的私主体(包括企业、个人或其他组织)依据合同、法律或政府机构授权、委托以及自身使命获得相应'权力',从而独立或者参与经济、社会规制现象的总结和理论概括。"[1]诸如美国大学教授联合会(American Association of University Professors,AAUP)以及美国中北部院校认证协会等高等教育行业协会机构[2],都具有类似的规制方式和权限范畴,属于典型的合同型或自主型的私人规制类型,具有制定职业活动规范、保障高等教育质量和规范办学行为、影响高等教

---

[1] 胡斌.私人规制的行政法治逻辑:理念与路径[J].法制与社会发展,2017(1):157-178.
[2] 在美国众多类型的高等教育协会中,从事高等教育质量认证与评估的行业协会包括三类:"一是地区性认证组织,共6个,负责一定区域内高等教育机构和院校的整体认证,所认证的高校98%是具有学位授予权且为非营利的高校;二是全国性认证组织,共6个,负责在全国范围内对高校的认证,但所认证的高校80%是营利性的,大多没有学位授予权,单科性高校较多;三是专业性认证组织,共49个,对高校中的特定专业或学院进行认证。"参见:黄敏,杨凤英.第三方治理:美国高等教育协会组织的管理职能[J].河北师范大学学报(教育科学版),2014(3):76-81.

第三章 我国公立高等学校自主权法律规制结构的变迁史考察

育政策制定与反映成员权益诉求等功能。

对于高等教育行业协会等私人规制机构的法律地位及其法治规约,在英美法系的理论与实务中存在较大争议。在美国,相关判决表现出将此类规制界定为"政府行为"(State Action)的争议和分歧。① 相应地,具体适用公法抑或私法规范乃至非营利性法律规制,还需要仔细辨识。总体上,目前美国高等教育领域的行业协会对公立高等学校的监督和规制,往往被纳入非营利性法律规制的范畴。为了保障高等教育行业协会的自治,法院往往会倾向于否定将其视为"政府行为"的见解,将其视为民间组织而非公共机构。② 当然,根据美国高等教育法律专业威廉·A.卡普林教授的考察,依旧存在一些判例,基于特定的测试标准,发现认证机构与政府有特殊的联结,进而判定存在"政府行为"。③ 显然,高等教育行业协会究竟适用公法规范抑或私法规范,需要仔细辨识。

从整体上而言,美国高等教育行业协会都是"私人组织而非政府实体,由于其私人组织的性质,它们不直接由州和联邦宪法或联邦、州、地方政府机构的授权立法产生,相反,它们的产生源于私人个体或群体的行动,其法律地位受到州公司法(State Corporation Law)和'自愿协会'的习惯法(the Common Law of 'Voluntary Associations')的调整和塑造。"这些协会享有在其法人或协会章程以及附则和规则中规定的任何权力。这些权力通过组织结构行使,并通过私人制裁(Private Sanctions)加以执行,这些制裁在条款、细则和规则中有明确规定。州和联邦法律以许多重要的方式来限制私人协会的权力,州公司法可能限制协会运作的结构和形式,"自愿协会"的习惯法可能在协会自身的标准和程序上附加一些合理、公平,特别是对其成员行事的一般义务,并且还可要求协会遵守其自己的规则,如果某些协会违反了这些规则并危害到了个人或组织的利益将会受到司法审查。联邦和州的反托拉斯法可能限制具有反竞争或垄断效应的协会活动,其他法令在某些情况下可能对某些协会提出一些特殊要求。过去,保

---

① Kaplin, W. A. & Lee, B. A.. *The Law of Higher Education* (Fifth Edition)[M]. San Francisco: Jossey-Bass, 2013.
② Kaplin, W. A. & Lee, B. A.. *The Law of Higher Education* (Fourth Edition)[M]. San Francisco: Jossey-Bass, 2006: 1523−1586.
③ Kaplin, W. A. & Lee, B. A.. *The Law of Higher Education* (Fifth Edition)[M]. San Francisco: Jossey-Bass, 2013: 1811−1849.

护个人权利的州和联邦宪法条款也被用于限制一些私人协会的权力,然而,在目前的趋势下,这些规定很少适用于私人教育协会(Private Education Associations)。①

综上所述,本研究认为,高等教育行业协会等教育中介组织作为社会公权力机构,其权力来源既包括成员的权利让渡,也包含一定的公权力授予或委托,具有特殊的双层权力结构(国家授予性权力与自治性权力)。考虑到中国公民社会发育的特殊路径和权力来源,将其界定为特殊的与政府公权力具有密切关联的社会公权力机构更为合理与适切。因此,教育中介组织行使的规制权,并非等同于市场私主体的私权利,而是一种特殊的社会公权力。

从长远而言,随着事业单位体制改革的持续深化,即便"学位中心"和"评估中心"与政府之间真正实现了"脱钩",进而转变为完全独立的公益性的第三方社会组织,其对公立高等学校行使的评估或认证,也属于社会公权力而非私权利。考虑到我国高等教育中介机构对公立高等学校资源获得状况的深刻影响(如"评估中心"的评估结果被纳入"政策参考"),即便未来这些具有"官方背景"的高等教育中介机构在事业单位体制改革过程中与政府完全"脱钩",其亦应被视为"社会公权力"或"社会公行政"组织。需将这些机构的权力行使纳入公法调整的范围,按照公法的逻辑予以规制。②

总体而言,对公立高等学校自主权运行的监管和规制,应重视行政规制与私人规制的合作规制③,促进政府问责、社会问责以及院校自主问责的有机结合。实际上,这与我国"管办评分离"以及政府职能转变的治理理念与变革趋势相契合。传统上,我国教育中介组织的自治属性受到行政机关的压制而往往具有浓厚的官方色彩,"有的

---

① Kaplin, W. A. & Lee, B. A.. *The Law of Higher Education* (*Fourth Edition*) [M]. San Francisco: Jossey-Bass, 2006: 1528 -1530.
② 石佑启.论协会处罚权的法律性质[J].法商研究,2017(2): 74 - 81;李海平.基本权利间接效力理论批判[J].当代法学,2016(4): 48 - 58.
③ 值得指出的是,私人规制并未因为私人因素的介入而改变其规制性和权力性,其与政府规制之间是互补、融合和竞争的关系。私人规制权是国家公权力与社会公权力的融合,而不能简单被视为私权利。私人规制权的运行也基本上遵循公权力的运行逻辑,其本质上是公权力的特殊表现形式。我国高等教育领域第三方评估机构等教育类中介组织的培育,应重视其与政府公权力机构的合作。在缓和与弱化行政规制的同时,建立私人规制与行政规制的合作规制格局。参见:胡斌.私人规制的行政法治逻辑:理念与路径[J].法制与社会发展,2017(1): 157 - 178.

是由教育行政部门派生出来的并在其直接领导下工作,有的甚至是'一套班子,两块牌子',这种形式的教育中介组织只是政府行政权力的延伸或部门翻牌的载体。"①近年来,随着我国公民社会发育速度的加快以及社团自治相关立法规范的完善,教育中介组织的合法性与有效性以及公信力正在提升。作为一种以自治为核心价值,以契约和信任为纽带的特殊的规制类型,"私人规制"在公立高等学校自主权的规制与保障中将逐渐发挥更大的作用,而其规制优势也将日益凸显。

(2) 借由协议抑或试点的赋权与"收权":公立高等学校自主权的动态调整机制

在我国,办学自主权的动态调整机制包括试点、协议等。公立高等学校办学自主权事项(如专业设置、学位授权点设置②、教师职称评审权③等)的"赋予"与"收回",取

---

① 值得指出的是,私人规制并未因为私人因素的介入而改变其规制性和权力性,其与政府规制之间是互补、融合和竞争的关系。私人规制权是国家公权力与社会公权力的融合,而不能简单被视为私权利。私人规制权的运行也基本上遵循公权力的运行逻辑,其本质上是公权力的特殊表现形式。我国高等教育领域第三方评估机构等教育类中介组织的培育,应重视其与政府公权力机构的合作。在缓和与弱化行政规制的同时,建立私人规制与行政规制的合作规制格局。参见:胡斌.私人规制的行政法治逻辑:理念与路径[J].法制与社会发展,2017(1):157-178.
② 根据国务院学位委员会于2017年3月13日颁布实施的《博士硕士学位授权审核办法》(学位〔2017〕9号)以及此前由国务院学位委员会和教育部于2014年印发的《学位授权点合格评估办法》(学位〔2014〕4号)、国务院学位委员会发布的《关于开展博士、硕士学位授权学科和专业学位授权类别动态调整工作的通知》(学位〔2015〕40号)等一系列规范性文件的规定,学位授权点的设置遵循动态调整、审核评估与质量监管的基本原则,表现出大学自主与行政监督之间借由绩效责任机制的动态平衡,是一种权责一致的规制方案设计。从某种意义上而言,这是一种典型的公立高等学校自主权动态调整与监管的"政策途径"。例如,根据《博士硕士学位授权审核办法》(简称《办法》),部分具备条件的高等学校将获得自主按需开展新增博士硕士学位点以及新兴交叉学位点的评审,评审通过的学位点报国务院学位委员会批准。针对新增学位点的自主评审,《办法》设置了明确的质量监管办法。《办法》第二十七条规定,"学位授予单位存在下列情况之一的,应暂停新增学位点:(一)生师比高于国家规定标准或高于本地区普通本科高校平均水平;(二)学校经费总收入的生均数低于本地区普通本科高校平均水平;(三)研究生奖助体系不健全,奖助经费落实不到位;(四)研究生教育管理混乱,发生了严重的教育教学管理事件;(五)在学位点合格评估、专项评估、学位论文抽检等质量监督工作中,存在较大问题;(六)学术规范教育缺失,科研诚信建设机制不到位,学术不端行为查处不力。"
③ 高等学校职称评审权的获得,肇始于1986年原国家教委发布《高等学校教师职务试行条例》。从1986年至今30余年的政策变迁过程中,高等学校职称评审权逐渐下放到高等学校,成为高等学校自主权的重要组成部分。但是,伴随着"放权"的同时,相应的自主权退出机制和监管举措也正在建立。显然,这种自主权的获得更多还是基于"政策途径",缺乏稳定预期和法治保障。从某种意义上而言,职称评审本质上还是国家公权力的构成,其并未回归学术自治权的应有之义。这实际上,也构成我国公立高等学校自主权"放乱收死"恶性循环之根源与症结。将"政策途径"纳入法治规约,强化立法与司法规制对公立高等学校自主权的保障与监督,实为良法善治之必然要求,也构成我国公立高等学校自主权法律规制结构真正走向平衡的关键。

决于协议与试点的具体完成状况,甚至受制于政府自身利益的考量。① 2014 年,国家教育体制改革领导小组办公室发布的《关于进一步落实和扩大高校办学自主权完善高校内部治理结构的意见》中明确提出,"根据赋权与能力相匹配原则,对有能力用好、有机制规范的,以协议、试点等方式放权。选择若干自律机制健全、办学行为规范的高校,赋予更多的办学自主权。对出现重大违规办学行为的高校,实行协议暂停或试点退出机制。"②这一改革思路,是对此前公立高等学校自主权运行"放乱收死"恶性循环的政策回应,试图通过协议、试点等动态调整机制,实现公立高等学校自主权的良性运行。

实际上,国家教育体制改革领导小组提出的这一改革思路,早在原国家教委、人事部于 1994 年发布的《关于进一步做好授予高等学校教授、副教授任职资格评审权工作的通知》(教人〔1994〕19 号)(简称通知)中就已经有所体现。《通知》指出,"国家教委和人事部将委托地方教育行政部门会同当地人事(职改)部门以及有关部委教育行政部门组织力量采取普查与抽查相结合的办法,对已具有教授或副教授任职资格评审权的高等学校进行检查和评估,对不能正确行使权力、保证评审质量的,将暂停评审工作直至收回评审权。"

目前,以质量评估与绩效监管结果为依据,以试点、协议为制度性渠道的公立高等学校自主权动态调整机制,已经被广泛地运用于高等学校自主权的扩大与落实之中。在我国高等教育体制改革的过程中,一系列重大改革项目的实施(例如,本科高校的应用型转变政策、"双一流"政策等),均会考虑到高等学校自主权和经济社会改革与发展的匹配性、契合性。2014 年,湖北省教育厅发布的《关于在省属本科高校中开展转型发展试点工作的通知》,明确了湖北省关于本科高校转型的政策方案。该方案试图通过扩大和落实高等学校的招生、教师评聘、专业设置、校企合作、市场融资、学位点建

---

① 在我国,高等学校专业设置必须考虑区域经济社会发展的诉求,满足政府的利益。受此影响,高等学校专业设置的调整,总体上依旧受到政府的强控制。高校设置何种专业,既受《专业目录》的框定和束缚,又受到政府乃至个别官员意志的影响。参见:贾汇亮.高校本科专业设置利益相关者共同治理模式研究[M].广州:广东高等教育出版社,2015.
② 国家教育体制改革领导小组办公室关于进一步落实和扩大高校办学自主权完善高校内部治理结构的意见[Z].教改办〔2014〕2 号,2014-7-8.

设等方面的自主权,破解本科高校转型过程中所面临的办学自主权不足的困局。① 2015年,由教育部、国家发改委与财政部联合发布的《关于引导部分地方普通本科高校向应用型转变的指导意见》中指出,要"制定试点高校扩大专业设置自主权的改革方案,支持试点高校依法加快设置适应新产业、新业态、新技术发展的新专业。"显然,在部委与地方政府关于引导本科高校向应用型转变的政策文件中,均将高等学校专业设置自主权以及高等学校在校企合作中的自主权的扩大与落实,视为改革的着力点。

除了本科高校转型以外,在《统筹推进世界一流大学和一流学科建设实施办法(暂行)》(简称《实施办法》)中,也将高等学校自主权视为支持"双一流"建设的重要方式。《实施办法》第四章第十六条指出,有关部门应"深化高等教育领域简政放权改革,放管结合优化服务,在考试招生、人事制度、经费管理、学位授权、科研评价等方面切实落实建设高校自主权。"而在省级政府出台的"双一流"建设的方案中,也将下放和扩大高校自主权作为推进"双一流"建设的重要保障。例如,安徽省发布的《一流学科专业与高水平大学建设五年行动计划》中提出,"对承担一流学科专业与高水平大学建设任务的高校,在人才引进、重大项目立项、职称评聘和结构比例设定、薪酬分配、经费使用、设备采购、建设项目审批、学费定价等方面,进一步下放和扩大高校办学自主权。"

概言之,高等学校自主权的扩大与落实,已经被视为我国高等学校改革的"基础性工程"。改革者往往假设高等学校自主权的扩大与落实,将会直接影响到高等学校的改革乃至转型历程。与此同时,改革者认为自主权的赋予,需要有相应的监管举措相匹配,以保障获得自主权的高等学校能够较好地使用自主权。当前,我国正在推进的高等教育"放管服"改革,正是基于"放权——监管——服务"三位一体的思路而确立的政策方案。政府不仅重视放权,更关注放权后高等学校自主权运行的具体状况,并辅之以相应的服务保障举措。从某种意义上而言,我国公立高等学校自主权的"扩大"与"落实"过程,是典型的行政规制主导的"政策过程"。作为一种受制于政府政策意志的"政策过程",公立高等学校与政府之间的关系更多具有"内部关系"的特征。

---

① 湖北省教育厅关于在省属本科高校中开展转型发展试点工作的通知[Z].鄂教发〔2014〕5号,2014-4-28.

此时,公立高等学校更多被视为依附于政府的"附属机构"或"单位",而非具有完全权利能力的法人。在以"政策途径"为主导的实践逻辑①支配下,公立高等学校与政府之间的关系,是一种典型的"特别权力关系"。公立高等学校的权利与义务,具有明显的不确定性。在"政策途径"的支配下,高等学校自主权被视为高等教育改革的工具,而非目的;高等学校自主权被视为一种政策逻辑主导下的"特权"乃至"奖品",而非受法律认可与保障的法定权利。

在"政策途径"的宰制下,公立高等学校自主权中的"国家委办事项"与"国家与大学协办事项"乃至"自治固有事项"均受到政府的专业监督。公立高等学校自主权实际上依旧被视为政府行政权的组成部分看待,而未能基于法律规范的框架予以有效保障。例如,公立高等学校职称评审权是借由渐进式"放权"的"政策途径"逐步获得的。具体而言,1986年原国家教委发布《高等学校教师职务试行条例》(简称《条例》)明确对公立高校教师职称评审权采用"备案"与"审定"相结合的管理方式且探索实行"双轨制"。该《条例》第十四条规定,"讲师任职资格,由学校教师职务评审委员会审定,报省、自治区、直辖市或主管部委教师职务评审委员会备案;没有成立教师职务评审委员会的学校由教师职务评审组评议,报省、自治区、直辖市或主管部委教师职务评审委员会审定。教授、副教授任职资格,由学校报省、自治区、直辖市、主管部委教师职务评审委员会审定,审定的教授报国家教育委员会备案。部分高等学校教师职务评审委员会,经国家教育委员会会同省、自治区、直辖市、主管部委批准,有权审定副教授任职资格,或有权审定副教授、教授任职资格。审定的教授报国家教育委员会备案。"

显然,《条例》第十四条的规定,仅赋予部分公立高校教师职务评审委员会享有审定副教授乃至教授任职资格的权力。至此,关于副教授、教授的职称评审权开始呈现出"分层规制"或"双轨制"的格局。② 基于《条例》的规定,"双轨制"将教师任职资格

---

① 从一定意义上而言,我国公立高等学校自主权法律规制结构的失衡,是由"政策途径"主导的实践逻辑所致。如何促进我国公立高等学校自主权扩大与落实的实践逻辑,从"政策途径"走向"法律途径",将传统的"政策途径"全面纳入公法规制的范畴,构成我国公立高等学校自主权法律规制结构从失衡走向平衡的关键。
② 李训民.高校教师升等评审管制之司法审查——公法及大学自主性视野论之[J].行政法学研究, 2010(1): 8-15.

表 3.3 若干年份中国具有教授、副教授评审权的高校数量一览表①

截止时间（年）	全国普通高等院校总数（所）	具有教授评审权		具有副教授评审权	
		高校总数（所）	占全国普通高等学校比例（%）	高校总数（所）	占全国普通高等学校比例（%）
1986	1 054	32	3.0	9	0.9
1988	1 075	80	7.4	69	6.4
1993	1 065	84	7.9	103	9.7
1994	1 080	83	7.7	132	12.2
2000	1 041	125	12.0	120	11.5
2003	1 552	141	9.1	117	7.5
2004	1 731	150	8.7	118	6.8
2005	1 792	153	8.5	116	6.5

的评审分别划归为教育部(或省、自治区教育机构)及学校本身(被授权之大学)。此后,在简政放权的背景下,借由行政机关发布规范性文件的"政策途径"和"渐进式"的放权,越来越多的公立高校获得了更大的职称评审权限。如表3.3所示,"与1986年相比,具有教授、副教授评审权的高校数量明显增加,比例也有所提高。但是,就全国高校而言,具有教授、副教授评审权的高校数量仍不多,2005年,具有教授、副教授评审权的高校占全国普通高等学校的比例还不足10%"。显然,大部分高校依旧没有教师职称评审的自主权限。在"双轨制"的"渐进式"放权格局下,这些未获得教师职称自主评审权的公立高校,其教师职称评审依旧需要受到政府严格的"审批式管理"。

毋庸置疑,在"双轨制"或"分层规制"的管制格局中,部分高等学校(尤其是重点大学)借由职称评审自主权的获得,超脱了政府的"高权管制",而其他未获得"授权"或政府"放权"的高等学校(尤其是地方高校),其职称评审仍然属于政府的"行政审批

---

① 叶芬梅.当代中国高校教师职称制度改革研究[M].北京:中国社会科学出版社,2009:280-281.

事项"。以陕西省为例,在《关于做好高等学校讲师任职资格评审权下放工作的通知》(陕教师〔2013〕42号)之前,依旧有部分高等学校未能获得讲师职称评审的自主权。根据该文件的要求,在该省"行政区域内设立且尚未取得讲师任职资格评审权的公办高等职业技术院校和民办普通高等学校","不再向省高等学校教师职务评审委员会提交讲师及助教评审事项。"

当然,这种关于公立高校教师职称评审权的"双轨制"格局,在高等教育领域"放管服"改革的背景下正在逐渐被破除。其中,《国务院关于第六批取消和调整行政审批项目的决定》(国发〔2012〕52号)中明确将高校副教授职称评审的行政审批权下放至各省级教育行政部门。据此,教育部发布了《关于做好高等学校副教授评审权授予工作的通知》(教师函〔2012〕8号)。该文件明确指出,"高等学校副教授评审权的审批工作由教育部下放到省级人民政府教育行政部门实施"。此后,各省相继出台了相应的扩大与落实高校职称评审权的规范性文件,部分省份取消了政府对高校职称评审的行政审批。通过政府职能转变,加强备案管理与事中事后监管,实现放权与监管相结合。

例如,浙江省印发了《关于深化高校教师专业技术职务评聘制度改革的意见》(浙教高科〔2014〕28号)以及《关于高校教师专业技术职务评聘制度改革有关问题的通知》(浙教高科〔2014〕84号)等规范性文件,对公立高校教师职称评审权的行使,采取抽查、复核以及黄牌警告乃至退出机制等行政规制方式。又如,陕西省发布《陕西省高等学校副教授评审权授予及管理办法》以及《陕西省教育厅关于授予陕西省省属高等学校副教授评审权的通知》(陕教〔2016〕282号)等规范性文件,实行自主评审质量抽查制度以及高等学校副教授评审权复检制度。当然,这种基于质量评估与检验的监管式治理模式,早在原国家教委、人事部于1994年发布的《关于进一步做好授予高等学校教授、副教授任职资格评审权工作的通知》(教人〔1994〕19号)中就已经有所体现。该文件指出:"国家教委和人事部将委托地方教育行政部门会同当地人事(职改)部门以及有关部委教育行政部门组织力量采取普查与抽查相结合的办法,对已具有教授或副教授任职资格评审权的高等学校进行检查和评估,对不能正确行使权力、保证评审质量的,将暂停评审工作直至收回评审权。"

浙江省、陕西省等省份出台的关于下放高等学校副教授职称评审权的政策举措,符合人才体制改革与现代大学制度建设的趋势,更反映了"放管服"改革相结合的治理理念与原则。当然,相比于这两个省份,其他省份在高等学校职称评审权下放与监管服务等方面的改革步伐相对较少。大多数省份在国家层面出台政策,彻底取消高校副教授乃至教授职称评审的行政审批事项,将高校职称评审权完全下放至高等学校之前,依旧将高校副教授职称评审作为教育行政审批的重要事项之一。例如,安徽省于2013年将《教育部关于做好高等学校副教授评审权授予工作的通知》(教师函〔2012〕8号)以及《国家教育委员会人事部关于进一步做好授予高等学校教授、副教授任职资格评审权工作的通知》(教人〔1994〕19号)作为对高校副教授职称评审进行行政审批的办理依据。

值得关注的是,借由教育部、中央编办、发展改革委、财政部、人力资源社会保障部五部门于近期联合发布的《关于深化高等教育领域简政放权放管结合优化服务改革的若干意见》(教政法〔2017〕7号)(简称《意见》),公立高校教师职称评审权的"双轨制"格局被彻底打破。《意见》将包括教授与副教授在内的高等学校教师职称评审权完全下放至高校,"由高校自主组织职称评审、自主评价、按岗聘用"。据此,所有公立高校均获得了教师职称评审(包括教授、副教授)的自主权。

显然,包括教师职称评审权、专业设置权等在内的高等学校自主权扩大与落实的"政策途径",充斥的是技术治理的工具理性,而非"实质法治"所应具备的法律理性。它与法治的基本理念与理性相悖,与学术自由与大学自治的精神相去甚远。鉴于政策试点、协议以及质量监管等"隐性"行政规制所具有的协商性、契约性、合意性等基本特征,它符合《最高人民法院关于适用〈中华人民共和国行政诉讼法〉若干问题的解释》第11条对行政协议的概念界定,可将其视为作为行政主体的教育行政机关等政府部门与作为行政相对人的公立高等学校之间订立的行政契约。具体而言,一方面,公立高等学校自主权的试点或协议,是教育行政机关为实现公共利益或者行政管理目标,与公立高等学校之间协商订立的;另一方面,在协议或试点之中,存在行政法上的权利义务内容,具有明显的公权力特征。[1]

---

[1] 于立深.行政协议司法判断的核心标准:公权力的作用[J].行政法学研究,2017(2):36.

据此,可以认为政府与公立高等学校之间签订的关于办学自主权的协议或试点作为行政契约的法律性质。当公立高等学校与政府之间围绕试点或协议发生行政纠纷时,可将其纳入行政诉讼的范畴。同时,应破除传统行政优益权理论或特权理论对行政合同制度的影响,强化行政合同的程序控制与契约属性。据此,政府与公立高等学校之间订定协议或契约时,应增进彼此的沟通协商,明确政府说明责任和信息公开的义务,赋予公立高等学校以申诉和抗辩的权利,完善教育行政合同的救济渠道及其机制的有效性。当关于公立高等学校自主权事项的协议终止或试点退出时,需要保障公立高等学校的申诉权和司法救济权。

(二) 依法维权与公立高等学校自主权的司法规制变迁

公立高等学校自主权的运行中,涉及其与国家公权力、社会教育权(私权利)、师生权利的复杂博弈和互动。换言之,它处于复杂互动的法权网络之中。在这一法权互动网络中,司法权始终扮演着特殊的角色,其使命是维护和保障权利并实现对公权力的规范和约束。应该认识到,"办学自主权仅有法律的规定、行政部门的规范性文件以及其监督行为的补充和章程、校规的具体落实,只能说它有了一个初坯,须经司法之手加以打磨,经过了司法审查这个环节,才可以说是形成了一个完整的办学自主权的内涵。"换言之,"办学自主权的法律内涵的最终确定需要司法的脚注,一般地它会形成一种可行的共识。"①理想的状态是借由司法审查,实现大学自治、国家监督与师生权利救济的动态平衡。据此,本研究认为对公立高等学校自主权司法规制变迁的分析,需要着重考察两方面议题:一是公立高等学校自主权与师生权利冲突的司法救济;二是公立高等学校与政府行政纠纷的司法救济。

1. 公立高等学校自主权与师生权利冲突的司法救济困局

中国公立高等学校自主权的司法规制,源于1999年田永诉北京科技大学拒绝颁发毕业证、学位证行政诉讼案。② 该案开启了高等教育领域行政诉讼的先河,使得法

---

① 袁文峰.我国公立高校办学自主权与国家监督[M].北京:中国政法大学出版社,2015:244.
② 北京市第一中级人民法院(1999)一中行终字第73号行政判决书;《最高人民法院》1999年第4期(总第60期);指导性案例38号发布于2014年12月25日。

治的阳光开始进入学术的殿堂,大学自主权开始接受法治的拷问。已有的实证研究表明,1999年"田永诉北京科技大学"案件虽已开创高等教育行政诉讼的先例,并最终作为公报案例刊登在《最高人民法院公报》上,但各地法院面对高等教育纠纷的态度依旧显得谨小慎微。在"政策实施型"司法体制①下,法院往往会径直以笼统的高等学校自主权的名义支持高校,进而判决学生败诉甚至索性不予受理。在此,"高等学校自主权"甚至成为保障高等学校恣意妄为的"挡箭牌",进而衍生出公立高等学校与学生之间"无名而有实"的特别权力关系。②

实际上,在1999年"田永案"发生后,紧接着的2000年、2001年与2002年,法院受理高等教育行政纠纷的案件数量呈现出明显的连续下降趋势。事实上,在当前"政策实施型"的司法体制下,法院更多受到行政逻辑以及"行政化"的思维模式的支配,其判决往往会考虑较多的因素。在"政策实施型"的司法体制下,法官的判决往往被限制在基于既有法律条文的"文义解释",而缺乏弥补法律褶皱的能动性和自觉性。在涉及高等教育纠纷的案件中,法官是否受理以及如何说理,受到法官的学识、胆识,以及社会的环境、公众的认同等诸多因素的束缚和制约。

从某种意义上而言,最高人民法院出台的"解释"③用一个概括性的条款替代《行政诉讼法》的逐项列举方式,既可以被法院理解为扩张受案范围的制度空间,也可以被法官用作拒绝受理相关案件的"法律挡箭牌"。实际上,法律的生命在于解释,而模糊的法律却可能使得法官基于现实利益的考量而陷于过度谦抑和不作为的境地。应该认识到,法律的模糊不清,会使得司法裁判权的使用本身面临合法性与正当性的疑问。必须指出的是,"田永案"之所以会被海淀区法院审理,"并不是一个偶然事件",而是当事人、媒体、学界以及司法界共同努力的结果。它昭示着学生权利观念的增强、公民

---

① 余军,张文.行政规范性文件司法审查权的实效性考察[J].法学研究,2016(2):42-61.
② 实际上,高校自主权具有丰富的内涵,对于不涉及学术自治核心事项的纪律性惩戒权的行使,法院应坚持积极介入的态度。仅对高校基于学术自治所进行的专业判断,予以特殊的尊让。例如,在学位授予与撤销类案件中,法院应注意区分学位授予与撤销的"学术要件""品行要件"以及"学业要件",进而采用不同的司法审查强度。
③ 该《解释》是指由最高人民法院于2000年发布的《最高人民法院执行〈中华人民共和国行政诉讼法〉若干问题的解释》,有研究认为,这一解释的出台直接导致"田永案"之后高等教育行政诉讼案件数量的持续下降。参见:荣利颖.高等教育行政诉讼的实践及其问题[J].中国行政管理,2013(7):74-78.

社会的发育以及回应型司法的初兴,正在共同破除公立高等学校与学生之间既有的"特别权力关系"。当然,"鉴于《行政诉讼法》在列举性条件和排除性条件上的限制以及《教育法》《高等教育法》相关条款的模糊性,大学生通过行政诉讼进行权利救济的权利被大大削减。"①

显然,在2014年《行政诉讼法》修订之前,此类案件能否受理、如何受理,司法介入的强度、标准和界限如何,往往依赖于法官的智慧和胆识,而缺乏明确有力的法律依据。这也很大程度上造成了各地区法院乃至不同的法官面对同一类型的案件时,往往可能做出截然不同的判决。概言之,在我国高等教育行政诉讼中存在着"同案不同判"和"同案不同受"两种现实的问题类型②,司法规制是否介入以及如何介入高等教育领域纠纷还徘徊在克制抑或能动之间,可谓"进退维谷"。质言之,在《行政诉讼法》抑或相关的司法解释未能对高等学校等事业单位法人的纠纷案件,做出具体而明确的规定时,法院往往缺乏介入此类案件的动力和意愿。

当然,随着《行政诉讼法》的最新修订以及2014年最高人民法院38号、39号指导性案例的发布,司法审查介入高等教育行政纠纷的范围与强度正在逐步厘清。一方面,新修订的《行政诉讼法》,明确将法律法规规章授权组织的"行政行为"纳入行政诉讼的受案范围。根据新《行政诉讼法》第二条的规定,法院受理高等学校等法律法规规章授权组织的行政行为获得了明确的法律依据。③ 此外,根据新修订的《行政诉讼法》第五十三条的规定④,法院对作为法律法规规章授权组织的高等学校所制定颁行

---

① 张冉,申素平.台湾地区大学生救济权利的最新突破:第684号大法官解释评析[J].复旦教育论坛,2012(2):55-60.
② 所谓"同案不同判"就是相同情节的案子,在不同的法院会做出不同甚至是截然相反的判决结果。比如因学生替考受到处分,现实中就有北京、南昌两地的法院给出不同的判决结果的案例。"同案不同受"是指相同或相近的案件,在起诉的过程中,有的法院会受理案件,而有的法院则不予立案。参见:包万平,都振华.高校学生处分的程序控制研究[J].中国人民大学教育学刊,2016(3):136-154.
③ 2014年新修订的《行政诉讼法》第二条规定:"公民、法人或者其他组织认为行政机关和行政机关工作人员的行政行为侵犯其合法权益,有权依照本法向人民法院提起诉讼。前款所称行政行为,包括法律、法规、规章授权的组织作出的行政行为。"
④ 2014年修订的《行政诉讼法》第五十三条规定:"公民、法人或者其他组织认为行政行为所依据的国务院部门和地方人民政府及其部门制定的规范性文件不合法,在对行政行为提起诉讼时,可以一并请求对该规范性文件进行审查。"

的规范性文件亦即高校校规,也可进行"附带性审查"。而《行政诉讼法》修订之前,规范性文件的"附带性审查"还缺乏明确的法律依据。①

毋庸置疑,此次修法极大地拓展了行政诉讼的受案范围,对高等教育领域行政争议的实质性化解具有重要意义。除了《行政诉讼法》的修订外,最高人民法院发布的关于高等教育行政诉讼的指导性案例和公报案例也逐渐增加,作为一种"准法源"②对地方法院审理类似案件产生一定的实效性乃至拘束效果。其中,作为公报案例的"甘露案"③以及指导性案例的"田永案""何小强案",对司法介入高等教育领域纠纷均具有重要的指导意义。例如,"甘露案"不再拘泥于"田永案"等司法判例中关于高校诉讼的被告资格审查的既有标准,主张基于基本权利是否受损的实质性标准,划定行政诉讼的受案范围。从"法律法规授权"的被告资格审查标准转向审查导致"权利实际受损"行为④是否属于受案范围的路径,法院的司法审查规则和路径将更有利于保护公民的合法权益,也更符合《行政诉讼法》的权利救济目的,还原了行政诉讼"定纷止争"的本来面目。当然,"甘露案"也因其对学术自治的忽视及其对"法律适用"这一"正统的法律理论"的极致化发挥抑或法律论证方法不当而遭受批判。⑤

---

① 修订后的《行政诉讼法》规定的行政规范性文件司法审查权,并非这项权力在我国行政诉讼制度中之滥觞,最高人民法院自2000年起就通过司法解释等文件逐步创设了这项权力及其运行规则。具体而言,2000年《最高人民法院关于执行〈中华人民共和国行政诉讼法〉若干问题的解释》第62条第2款规定:"人民法院审理行政案件,可以在裁判文书中引用合法有效的规章及其他规范性文件。"但是,此前法院对规范性文件的审查往往存在着实效性不足、合法性和正当性遭受质疑的困境。这一困境,在《行政诉讼法》修订后得到部分解决。法院对规范性文件的审查,开始获得法律的明确支持。参见:余军,张文.行政规范性文件司法审查权的实效性考察[J].法学研究,2016(2):42-61.
② 有学者指出,"因最高法院拥有法律解释的制度性功能、法律规范的复合型确证授权以及试行立法的制度性实践,指导性案例已成为司法裁判中基于附属的制度性权威并具有弱规范拘束力的裁判依据,具备'准法源'的地位。同时,指导性案例的分量低于制定法与司法解释,并受诸多现实和制度因素的影响。"参见:雷磊.指导性案例法源地位再反思[J].中国法学,2015(1):272-290.
③ "甘露不服暨南大学开除学籍决定案",载《最高人民法院公报》2012年第7期.
④ 朱思懿.高校管理学生行为的司法审查规则——以最高人民法院公布的典型案例为考察对象[D].上海:上海师范大学,2014.
⑤ 陈金钊,杨铜铜.重视裁判的可接受性——对甘露案再审理由的方法论剖析[J].法制与社会发展,2014(6):134-149;蔡琳.不确定法律概念的法律解释——基于"甘露案"的分析[J].华东政法大学学报,2014(6):18-29;吕玉赞.案件说理的法律修辞方法选择——以甘露案再审判决书为例[J].东方法学,2015(1):152-159;管瑜珍.大学行政行为的司法审查技术——以甘露案再审判决为分析对象[J].甘肃政法学院学报,2016(5):92-100.

又如,指导性案例39号即"何小强案"进一步明确了法院在涉及"学术自治"类案件时的克制和谦抑态度,厘清了此类案件的司法审查标准与强度。① 第39号指导性案例的裁判要点指出,"高等学校依照《学位条例暂行实施办法》的有关规定,在学术自治范围内制定的授予学位的学术水平标准,以及据此标准作出的是否授予学位的决定,人民法院应予支持。"最高人民法院案例指导工作办公室石磊撰文对此裁判要点作出解释,他指出,"行政诉讼以对行政行为的合法性审查为基本原则。在不违反上位法规定的情况下,学校有权决定具体的学术标准要求。……法院对学士学位授予的司法审查不能干涉和影响高等学校的学术自治原则,学位授予类行政诉讼案件司法审查的强度应当以合法性审查为基本原则。"概言之,根据39号指导性案例,法院认为高等学校在学术自治的范围内,享有制定学术评价标准以及相关资格要求的自主权。② 显然,法院审判高等教育领域纠纷的过程,是逐渐厘清司法审查范围(包括受案范围与审查强度)的艰难探索历程。大量具有典型意义的判决的作出,为《行政诉讼法》的进一步修订以及法院对类似案件的审理提供了可资借鉴的"先例"。而《行政诉讼法》的修订,也开启了法院审理高等教育行政诉讼案件的新阶段。

在现实中,由于受教育权并未在《行政诉讼法》保障的权利类型中予以明示,其救济往往需要法院基于"反向推理"的判决思路予以实现。这一思路,实际上在现有的司法判决实践中已被采用③,诸如此类的不属于人身权、财产权的权利类型乃至新型

---

① 最高人民法院行政庭经审查认为,本案例涉及高校办学相关政策、规范性文件相关规定的理解,特别对如何界定独立学院与其挂名高校诉讼主体资格、如何理解学术自治很有普遍性和现实意义。参见:石磊.《何小强诉华中科技大学拒绝授予学位案》的理解与参照——高等学校在学术自治范围内有依法制定学术评价标准职权[J].人民司法(案例),2016(20):22-26.
② 石磊.《何小强诉华中科技大学拒绝授予学位案》的理解与参照——高等学校在学术自治范围内有依法制定学术评价标准职权[J].人民司法(案例),2016(20):22-26.
③ 在最高人民法院发布的第77号指导性案例即罗镕荣诉吉安市物价局物价行政处理案中,法院指出"行政机关对与举报人有利害关系的举报仅作出告知性答复,未按法律规定对举报进行处理,不属于《最高人民法院关于执行〈中华人民共和国行政诉讼法〉若干问题的解释》第一条第六项规定的'对公民、法人或者其他组织权利义务不产生实际影响的行为',因而具有可诉性,属于人民法院行政诉讼的受案范围。"显然,在该案中法官采用"反向推导"的方式,使该案所涉纠纷纳入受案范围,实现了对行政相对人的权利救济,无疑是值得肯定的。

权利,可采取此种"反向推理"的方式纳入行政诉讼的受案范围。此外,亦可以对新《行政诉讼法》第 2 条和第 11 条规定的"合法权益"作广义解释,认定其包括受教育权等公民的基本权利。但是,这些思路均属于"法律解释"等法学方法论层面的司法技术考量。最有效和最直接的方法,依旧是将受教育权作为明示的权利救济类型,在法律中予以明定。

除此之外,值得一提的是,在新修订《行政诉讼法》第 70 条中"明显不当"的"行政行为",人民法院判决撤销或者部分撤销,并可以判决被告重新作出行政行为。至此,法院作出行政判决的合法性,开始从以往的"形式合法性"逐渐走向"实质合法性",实质法治已然被纳入行政诉讼制度变革的视野。① 根据"实质法治"的司法裁判逻辑,行政行为合法要件(审查根据)可以归纳为以下 5 个方面:主体合格;事实有据;条件符合;程序正当;处理得当。②

显然,实质合法已经触及公共行政的合理性抑或最佳性问题。事实上,关于行政诉讼中合法性审查与合理性审查关系的争论,由来已久。新《行政诉讼法》第 70 条的规定,无疑为这一争论开拓了新的讨论空间。例如,何海波教授着重区分了明显不当与滥用职权以及"违反法定程序"③的区别,将"明显不当"概括为行政机关行使裁量权力时没有考虑相关因素或者考虑了不相关的因素,没有遵循业已形成的裁量基准④、行政先例

---

① 何海波.实质法治:寻求行政判决的合法性基础[M].北京:法律出版社,2009;何海波.论行政行为"明显不当"[J].法学研究,2016(3):70-88.
② 何海波.行政行为的合法要件——兼议行政行为司法审查根据的重构[J].中国法学,2009(4):59-72.
③ 在行政诉讼法修改之前,扩大"违反法定程序"的内涵,使其能够涵盖行政程序裁量的要求,已经形成一种相当明显的趋势和相当广泛的共识。刘燕文案、田永案、张成银案、于艳茹案等一系列涉及正当程序原则适用的案件的发生,表明正当程序原则在我国法院的司法审查中已经获得了比较广泛的认可,甚至开始成为中国法律的一部分。法院认为涉及相对人重大权益的事项,即便法律未作明文规定,亦需符合正当程序原则等行政法治的一般原则,而不应恣意妄为。这一事实显示了中国法院在相对局促的空间里的能动主义立场,以及由个案判决所推动的一种法治发展的特殊路径。因此,比较稳妥的方法是维持现有趋势,将符合正当程序的合理性要求,纳入"违反法定程序"的扩张解释之中。换言之,"明显不当"可以不适用于行政程序问题。参见:何海波.论行政行为"明显不当"[J].法学研究,2016(3):70-88;何海波.司法判决中的正当程序原则[J].法学研究,2009(1):124-146.
④ 北京市海淀区法院一审判决以校规"对考试作弊的处理方法明显重于《普通高等学校学生管理规定》第 12 条的规定"为由,决定不予适用。显然,高等学校在对学生进行处分时,需要坚持教育与处分相结合的原则,区分学生违纪违规的具体情形。高等学校不能放弃裁量,作出"明显不当"的处分或其他惩戒。

或者法律原则(尤其是比例原则①),以致处理结果有失公正。② 当然,他同时指出,"明显不当的适用范围最好限于针对行政行为处理方式问题的裁量","对法院来说,既要对行政行为的合理性进行审查,又要对行政裁量予以足够的尊让,避免以自己的判断代替行政机关的判断。至于具体尺度的拿捏,还得法官在具体情境中作出。"③概言之,法院不能基于"明显不当"否认高等学校等行政主体的裁量空间、评价特权和判断余地。相反,在涉及专业判断的问题时,法院并非专家,其应对高等学校的学术专业判断予以尊重。据此,法院对"明显不当"根据的适用也应保持一定的克制,以体现对行政主体的适切"遵从"。

目前,针对高等教育领域纠纷的司法救济议题,比较现实的解决途径是由最高人民法院制定适用于教育领域行政诉讼的司法解释。④ 对此,"2004年最高法院曾酝酿出台关于教育行政诉讼的司法解释,以规范、统一此类案件的受理和审理。在调研过程中,除部分教育界人士担心大学自治和学术自由受侵扰而强烈反对外,还遇到了一些理论上的疑难问题,其中最为突出的就是高校能否作为行政诉讼被告。"⑤实际上,学界和实务界的担忧抑或反对,恰恰表明教育行政诉讼司法解释制定的必要性和复杂性。该司法解释不应局限于对学生身份构成影响的教育纠纷,除了学位授予与撤销、开除学籍、招生录取等大学行政行为外,其他对学生权益构成重要影响的惩戒行为,也应该纳入教育行政诉讼司法解释的规定范畴。⑥

---

① 何海波教授认为"明显不当"不能对应德国法的比例原则。他指出,抛弃了"明显"二字的比例原则,就不是中国的法律。"缺少尊让意识的比例原则,有可能导致司法过分干预行政。"显然,他主张在较低的强度上适用比例原则。例如,我国台湾地区《行政程序法》第7条规定,"行政行为,应依下列原则为之:一、采取之方法应有助于目的之达成。二、有多种同样能达成目的之方法时,应选择对人民权益损害最少者。三、采取之方法所造成之损害不得与欲达成目的之利益显失均衡。"参见:何海波.论行政行为"明显不当"[J].法学研究,2016(3):70-88.
② 何海波.论行政行为"明显不当"[J].法学研究,2016(3):70-88.
③ 同②。
④ 值得关注的是,2020年由最高人民法院办公厅印发的《最高人民法院2020年度司法解释立项计划》(法办〔2020〕71号)将制定《关于审理高等教育行政案件适用法律若干问题的规定》纳入立项计划。这表明关于高等教育行政案件的法律适用问题,再次获得了最高人民法院的关注。
⑤ 程琥.高校信息公开行政诉讼若干问题研究[J].行政法学研究,2013(2):22-28.
⑥ 张冉,申素平.台湾地区大学生救济权利的最新突破:第684号大法官解释评析[J].复旦教育论坛,2012(2):55-60.

当然,这并不意味着高等教育行政诉讼的理论障碍和现实法律困境已经完全被破除。由于公立高等学校的法律地位、受教育权的法律性质以及大学自治与司法审查的关系等一系列基本问题尚未完全厘清,而"内部行政行为理论""法律法规规章授权组织"等一系列法理上值得反思的理论的影响力依旧存在。此外,政策实施型的司法体制作为一种制度环境的约束又将长期存续①,这些问题都使得公立高等学校与教师②、学生之间纠纷的司法救济陷入理论和现实的双重困局。针对这一系列问题,应借鉴重要性理论、公共职能理论、行政主体理论以及学术遵从抑或判断余地等既有的较为成熟的理论,③厘清司法审查介入公立高等学校与教师、学生纠纷的受案范围(广度)与强度(密度)。从长远而言,促进立法与司法围绕这一系列问题展开更为深入的良性互动,进而更为有效地破解公立高等学校师生权利的司法救济难题显得尤为重要与紧迫。

2. 公立高等学校与政府行政纠纷的司法救济窘境

当前,我国公立高等学校与政府之间产生的关涉高等学校自主办学的相关行政纠纷还未纳入司法救济的渠道,"高等学校对教育行政机关侵犯其自主权的行为,还缺乏

---

① 正如何海波教授所言:"司法权威不加强、审判独立的问题不解决,行政诉讼永远摆脱不了困境。《行政诉讼法》的修改,必须在司法体制上有所突破,否则修法就没有多少意义。"参见:何海波.困顿的行政诉讼[J].华东政法大学学报,2012(2):86-96.
② 实际上,和公立高等学校与学生权利纠纷的司法救济相比,教师权利的司法救济面临着更大的困境。在此,较为根本的问题是公立高等学校与教师法律关系的不清晰以及救济渠道之间衔接的困难,法院往往拒绝将公立高等学校与教师的纠纷定位为行政纠纷。例如,2003年发生的"全国高校教师职称评审第一案"亦即"华中科技大学教师王晓华诉教育部案"虽使得高校职称评审行为第一次进入司法的视野,但是法院却认为"职称评审并非具体行政行为",进而堵塞了司法审查高校职称评审行为的通道。对此,章志远教授指出,"高校教师职称评审过程的规范隐退和法治缺失",已经严重影响了教师的权利保障和救济。未来,能否区分不同类型公立高等学校教师的法律身份,进一步将公立高等学校与教师之间发生的涉及"公权"或"公共职能"行使的纠纷纳入行政诉讼,具有重要意义。例如,学界倾向于将公立高等学校教师的职称评审视为具体行政行为而非"内部管理行为",进而纳入行政诉讼的受案范围并强调此类纠纷的司法审查应以合法性审查为原则,尊重高等学校的判断余地和学术自治,重点进行程序审查。对于实体性事项,除非明显不当和恣意妄为,否则法院不得介入。参见:湛中乐.教育行政诉讼理论与实务研究[M].北京:中国法制出版社,2013:103-113;李训民.高校教师升等评审管制之司法审查——公法及大学自主性视野论之[J].行政法学研究,2010(1):8-15.
③ 刘桂清.公立高校学生权利行政司法救济的困境及其化解[J].中国高教研究,2014(9):92-98.

有效的法律救济途径"。① 已有的"西北政法大学申博案"也仅仅是一起行政复议案件而非行政诉讼案件。在中国,类似个人起诉政府或者高校的案件时有耳闻且逐渐增长,而高校起诉政府(部门)的案件还没有发生过,也无明确的法律依据。对此,既有的解释表明,受制于高等学校与政府在办学自主权议题上关系的复杂性和特殊性以及相关法律规定的模糊性,法院对此类纠纷案件缺乏介入的意愿和动力。受"内部行政行为理论"的支配,当高等学校的合法权益受到政府实质性的侵害时,难以借由行政诉讼的渠道获得行政司法救济。从某种意义上而言,法院对此类纠纷的过度谦抑,恶化了公立高等学校与政府之间实际存在的"特别权力关系",促使二者之间的"非法治化"关系愈演愈烈。

从法治发达国家和地区的经验而言,法院对于政府僭越其法定职权,干预高等学校自治权的纠纷,往往会予以司法救济。在我国台湾地区,借由"大法官"第380号和450号解释,厘清教育行政监督介入大学自治的界限,阐明大学自治的范围。该解释在我国台湾地区产生了深远的影响,它使得台湾地区教育主管部门一贯地通过行政规定或命令等高权管制方式干预乃至支配大学的行为受到限制。② 与我国台湾地区相比,日本《国立大学法人法》颁布实施后国家对国立大学法人干预的司法救济可能性值得关注。

传统上,日本法学界以及实务界倾向于将特殊法人(独立行政法人)与国家之间的关系视为"内部关系",关于两者之间的争议不具有法律上争讼性的观念根深蒂固。③ 在日本,"以前的国立大学具有国家行政机关的地位(严格讲是《国家行政组织法》第8条之2规定的设施等机关)。所以,在因国家对大学业务所作干预而生纠纷时,大学通过法院寻求救济的道路被封闭。"但是,由于"国立大学法人在法人法中明确获得了法人格,故相关问题的前提条件发生了巨大变化。"对此,盐野宏教授指出,"具有行政主体性的独立法人与国家的关系,原则上应作为法律关系来把握。"④ "在

---

① 申素平.高等学校的公法人地位研究[M].北京:北京师范大学出版社,2010:116.
② 申素平.高等学校的公法人地位研究[M].北京:北京师范大学出版社,2010:116-117.
③ 盐野宏,肖军.论国立大学法人[J].行政法学研究,2011(1):137-143.
④ 同③。

《国立大学法人法》之下,这个问题将以对于国家的干预的国立大学法人的起诉可能性这种形式出现。"换言之,作为特殊行政主体的国立大学法人,因其行政主体性的存在和独立的法人资格,也使其具有对政府违法或不当干预行为提起诉讼的可能性。进而言之,即便不考虑国立大学法人资格获得后,所产生的行政诉讼上的"起诉可能性"。基于学问自由与大学自治的考量,"在国家的干预对受到宪法保障的大学自治权构成侵害的情况下,国立大学法人不必返回一般论,便可以认为该争议属于法律上的争讼性的争议。"①

对于学界传统上所持有的将国家与特殊法人(独立行政法人)等"特殊行政体"②之间的关系视为"内部关系"的观点,盐野宏教授持有反对意见。他认为,"基于对某种法人承认行政主体这件事,直接认为在任何关系中都是内部关系的观点,是存在疑问的。""更进一步说,赋予了独立的法人资格,即意味着自律性活动的余地,在这期间,既然围绕法律的适用发生了纠纷,就应该作为法律上的争讼来对待。"基于此,国立大学法人作为具有"行政主体性"的"特别行政主体"③,在国家干预其法人自治并产生纠纷时,可以纳入法律争讼中予以解决。当然,他也特别提出,"有时候,就一定的业务,也存在政府对该机关委托该事务推行的情况,在该限度内,该法人也许只能被承认部分独立性。"④他认为,"将独立行政法人与国家的关系理解为内部法关系,否定它们之间纠纷的法律上的争讼性,这一学说原本来源于德国法理,但作为母法的德国法理就该区别及其适用范围展现出了灵活性,而作为进

---

① [日]盐野宏.行政组织法[M].杨建顺,译.北京:北京大学出版社,2008:85.
② 市桥克哉等学者将行政体的种类区分为国家、地方公共团体及其他行政体(特别行政体),其中,特别行政体包括公共组合、独立行政法人、国立大学法人、特殊法人、认可法人等类型。对于国立大学法人与国家之间纠纷的行政诉讼,主要可以参考特殊行政体与国家之间的诉讼。参见:[日]市桥克哉,等.日本现行行政法[M].田林,等,译.北京:法律出版社,2017:52-56.
③ 盐野宏教授认为,"以对社会有用的业务存在为前提,在将其规定为国家事务(行政事务)的基础上,为了推行该业务而由国家设立的法人,称为特别行政主体。"他指出,"综观现行法上的各种法人,作为以相关见解来看具有行政主体性的法人,有独立行政法人、国立大学法人、政府关系特殊法人、公共组合、地方公社和独立地方行政法人共六种。"据此,国立大学法人也被视为特别行政主体,具有行政主体性。参见:[日]盐野宏.行政组织法[M].杨建顺,译.北京:北京大学出版社,2008:67.
④ [日]盐野宏.行政组织法[M].杨建顺,译.北京:北京大学出版社,2008:82-85.

口国的我国学说却对应迟缓。"①根据日本学者德本广孝所著的《对于大学的国家干预的法律问题》一文中,考察了德国公立大学与国家监督之间争议的诉讼状况。他认为,"在德国,对国立大学的国家监督(法监督),大学可以提起抗告诉讼,已没有异议。"②此外,山本隆司在《行政上的主观法和法关系》一书中,围绕德国国家对公法人监督及其纠纷救济等议题,对德国最近的学说、判例的展开进行了具体的分析研究。他们的研究都表明,在德国,"国立大学(公法上的社团法人)可以通过诉讼来争议国家监督措施。"③当前,受新公共管理的影响,德国公立高等学校作为"授权性行政主体"所承担国家委办事项正在持续减少,其传统上作为"公法设施"或"国家机构"的身份日益淡化。随着高权行政的瓦解,作为公法人的公立高等学校已不适用绝对的不许救济的特别权力关系。作为独立的法人,公立高等学校能够以其名义提起诉讼或应诉。④

相比于德国,日本在此议题上的发展显得迟缓和保守。关于国家与"特殊行政体"之间纠纷的行政司法救济,日本的最新案件也仅承认了法律上诉讼的可能性,而德国已经产生了较多判例。在日本,讨论国家和特别行政体之间的诉讼时,宝塚市柏青哥店建筑中止命令案件的最高法院判决具有重要意义。在该案中,最高法院作出了具有诉讼可能性的判断。而在此之前,能否把特别行政体按照其法律形式本身理解为不同于国家的法人,也成为问题。在成田新干线案中,东京高等法院指出,铁建公团是根据日本铁道建设公团法(现已废除)而成立的,是以推进铁道建等为目的的法人,但要注意其资本金由日本政府以及日本国有铁道支出,其总裁以及监事是由运输大臣任命等,铁建公团在形式上是独立于国家的法人,"虽然与国家的行政机关应当有所区别,但其实质上应当承认其为国家的同一体","功能上看已构成运输大臣的下级组织,在广义上将其视为国家行政组织的一部分是妥当的。"(东京高判昭和48·10·24民

---

① 盐野宏,肖军.论国立大学法人[J].行政法学研究,2011(1):137-143.
② 德本广孝.大学に对する国家関与の法律問題[J].明治学院論叢635号法学研究68号,1999:203-232;山本隆司.行政上の主観法と法関係[M].东京:有斐閣,2000:366.
③ [日]盐野宏.行政组织法[M].杨建顺,译.北京:北京大学出版社,2008:84-85.
④ 翁岳生.行政法[M].北京:中国法制出版社,2009:346.

集 32 卷 9 号 1651 页)。

对此,日本最高法院认为,"如果说作为上级行政机关的运输大臣对作为下级行政机关的日本铁道建设公团所制定的本案工程实施计划的整合性进行的审查,有作为监督手段予以认可的性质的话,应当视为行政机关之间的(内部)行为",否定了认可的处分性(成田新干线案件,最判昭和 53·12·8 民集 32 卷 9 号 1617 页)。显然,在该案中,法院将特殊行政体与国家之间的关系视为"内部关系"。对此,市桥克哉等学者的研究认为,"没有必要把国家和特别行政体之间的关系经常性地理解为内部关系,而是要取决于规定二者法律关系问题的法令。"①

通过上述分析,不难发现,学理上的可行性论证乃至"实定法"上的可能并不一定在实际判决中实现。日本国立大学在取得法人资格后,其与国家之间的行政纠纷,依旧难以纳入行政诉讼的渠道。传统的关于"特别行政体"与国家之间关系属于"内部关系"的观念,还将在很长一段时间内存在。从某种意义上而言,这可能与大陆法系国家公立大学作为国家设施或公营造物的传统有密切关联,也与公立大学对政府的资源依赖关系有关。

当然,应该认识到,随着国家交由公立大学完成的委办事项的减少,这种只承认法人部分独立性的情形将不需被考虑。据此,公立大学与政府之间的关系,就更多被视为法律监督关系而非"内部行政关系"。换言之,国家更多只对大学进行合法性监督,而不进行专业性监督。基于合法性监督所产生的法律争议,自然可以纳入行政诉讼的受案范围。根据此思路,何兵教授认为,对《高等教育法》明定的高等学校的七项办学自主权,应建立和完善司法救济途径,"允许学校通过司法手段,质疑教育行政部门的违法行为。"②当前,行政法学界的学者普遍认为,对于行政机关侵犯大学自治的行为,应将司法救济作为终局性的纠纷解决渠道。针对目前司法救济的乏力,学者们纷纷表示,应增强和完善司法对大学自治的保障。③

当前,在我国较为可行的路径是,将公立高等学校与政府之间的行政法律关系界

---

① [日]市桥克哉,等.日本现行行政法[M].田林,等,译.北京:法律出版社,2017:66-68.
② 何兵,赵鹏.从专业课程设置析大学自治与政府管制[J].行政法学研究,2005(2):24-31.
③ 王青斌.论高教法治与大学自治[J].行政法学研究,2006(2):13-19.

定为公法契约关系,进而纳入公法的规制范畴。从某种意义上而言,《行政诉讼法》的修订,为我国公立高等学校与政府之间公法争议的司法审查提供了法律依据。① 据此,我国公立高等学校与政府之间围绕办学自主权事项调整所引发的行政纠纷(如学位点的撤销),是否可以被视为行政合同(行政协议)的公法争议,借由行政诉讼渠道实现司法救济,将成为我国高等教育行政诉讼制度变革的新议题。实际上,基于"行政法上的权利义务"这一判断行政合同是否存在的核心标准②,我国教育行政部门对公立高等学校的行政规制中也确实包括行政合同。此外,在政府与公立高等学校之间订立行政合同的过程中,政府也事实上具有一定的行政优益权。据此,本研究认为,将公立高等学校与政府之间基于行政合同的公法纠纷纳入行政诉讼,在法理上并无疑义。在实务中,一旦该问题获得解决,我国公立高等学校与政府间客观存在的"特别权力关系"将有望被破除。

(三)法律确权与公立高等学校自主权的立法规制变迁

我国公立高等学校自主权的立法规制肇始于1995年《教育法》、1998年《高等教育法》等法律的颁布实施,这两部法律分别赋予了学校与高等学校以独立的法人地位。其中,1998年《高等教育法》第32至38条,对高等学校自主权的基本内容和范畴予以列举式的规定。通过教育立法,为公立高等学校自主权的保障和规制提供了法律依据。但是,广为诟病的是教育法律的硬法规范较少,而软法规范较多。对此,有学者将其概括为教育法律的"软化"现象甚至直接将教育法律称为"软法"。具体而言,我国现行的教育法律,并未"履行其固有的制度性保障学术自由的职责。一是法律空白较多,如学校设置、解散、合并与设置的权力配置、学校财源的制度保障、学校成员基本权利的救济、中央与地方对高等学校的职责划分、对学校监管权力的规范及其法定责任与义务等;二是过于粗疏的立法规范和对政府公权力法律责任规定的缺失,为行政权

---

① 2014年《行政诉讼法》的修订,明确将行政主体与行政相对人之间经由协商所订立的行政协议纳入行政诉讼的受案范围。
② 韩宁.行政协议判断标准之重构——以"行政法上权利义务"为核心[J].华东政法大学学报,2017(1):72–84.

力的扩张提供了空间并危及大学的自主办学"。

尽管,2015年"教育一揽子修法"对《教育法》《高等教育法》等法律作了较大幅度的修订。其中,《高等教育法》的修订主要集中在以下几个方面:第一,新修订的《高等教育法》吸纳了《高等学校学术委员会规程》的内容,明确大学治理中学术自治的功能、地位和权限范畴,将学术不端的调查认定、学术纠纷的调查处理、教学科研成果的评定等纳入学术委员会的职责范畴。第二,修订后的《高等教育法》进一步落实了管办评分离与政府职能转变原则,使政府、高等学校与社会之间的关系的调适和优化获得了法律依据。① 第三,构建多元化的高等学校经费筹措机制,实施以举办者投入为主、受教育者合理分担培养成本、高等学校多种渠道筹措经费的机制,进一步保障高校办学所需的财源。显然,此次修法已经对高等学校的办学经费保障、质量评估以及内部治理结构完善等重大议题予以回应。但是,此次修法依旧未能触及高等学校自主权的深层次议题。概言之,新修订的《高等教育法》依旧未能真正体现"法律保留原则",在政府法定职责权限、政府与高等学校法律关系、高等学校法律地位以及师生权益保障等核心事项上还未能真正突破。1998年颁布实施的《高等教育法》以及2015年、2018年两次修订后的《高等教育法》,均未对政府的管理权力范围和法律责任做明确界定。现行《高等教育法》中法律责任条款的缺失,"意味着由该法所规定的高校享有的办学自主权和教师、学生享有的各项权益,都将因缺乏问责约束机制而遭遇无法落实的尴尬。当高等学校、教师、学生的权利受到侵害时,势必面临欲诉无门的困境"。②

此外,现有的法律依旧只对高等学校作为民事主体的法律地位予以肯认,却未能对公立高等学校法人制度的公法属性予以明确乃至强化,这客观上加剧了公立高等学校作为横跨公、私法域的双界性法人的"公私串权"难题,使公立高等学校作为民事主

---

① 此次修订,将第四十四条修改为:"高等学校应当建立本学校办学水平、教育质量的评价制度,及时公开相关信息,接受社会监督。教育行政部门负责组织专家或者委托第三方专业机构对高等学校的办学水平、效益和教育质量进行评估。评估结果应当向社会公开。"
② 尹力.是"具体落实"还是"选择性移植"——《教育法律一揽子修订草案(征求意见稿)》解读[J].教育学报,2013(6):48.

体的法定责任在其作为政府"附属机构"的"现实身份"掩护下被逃遁。与此同时,尽管新修订的《高等教育法》明确了管办评分离的基本原则,但是却未能对政府与评估机构的法律关系予以阐明,政府组织专家参与评估的合法性和正当性问题也未能真正厘清。

实际上,我国《高等教育法》的修订还受到部门主导立法体制的束缚和限制,行政主导的立法与修法体制使得修法的幅度与速度都不能满足教育治理现代化的要求。正如沈岿教授所言,在我国目前的"政治体系中,比起行政机关,代表机关实际的地位、能力相对较弱。而代表机关制定法律、地方性法规以及最高行政机关制定行政法规的过程,一直深受部门本位主义的影响。"①在教育立法与修法中,教育部往往通过作为法律草案起草者的身份参与其中,借此渗透教育行政部门的利益和意志。②例如,在教育部政策法规司2013年的工作要点(简称《工作要点》)中,明确将"加快推动教育立法进程,不断提高立法质量"的任务纳入其中。《工作要点》指出,要"配合国务院法制办做好'一揽子'修订教育法、高等教育法、教师法、民办教育促进法的工作。配合做好《职业教育法》修订送审稿的审议工作。推进《学前教育法》立法进程,提出比较成熟的法律草案。进一步推进《学位条例》修订"等。显然,教育部政策法规司具体承担了法律草案起草的实务性工作。实际上,此次教育法律的"一揽子"修订是由"教育部报请国务院审议,国务院法制办在广泛征求有关方面意见的基础上,会同教育部对送审稿反复研究、修改"而形成的。这表明教育法律的"一揽子"修订是一种典型的政府主导型法律生成过程。在《高等教育法》等教育法律的"一揽子"修订中,教育部作为国家最高教育行政部门扮演着至关重要的角色。

从某种意义上而言,教育部在教育立法或修法中话语权的形成,主要是通过法律草案的起草实现的。尽管,从表面上看教育部作为教育法律的部门起草者仅仅贡献法

---

① 沈岿.解困行政审批改革的新路径[J].法学研究,2014(2):20-34.
② 有学者将这种由"部门主导"立法的现象形象地概括为"法律部门化"。所谓"法律部门化",是指"行政部门在起草法律法规时,利用法定职权和掌握的国家立法资源,过于强调本部门的权力而弱化相应的责任,偏离公共利益,力图通过国家法律来巩固甚至扩大本部门的各种职权及其既得利益。"参见:郝战红.立法过程中专家咨询制度的多维面相[J].法学杂志,2012(2):133-136.

律草案,但无论审议机构如何修改,除非全盘推翻草案,否则起草者仍然具有最大的发言权。教育部在《高等教育法》等教育立法中通过草案的起草获得了最大的话语权,实质性地影响了法律的具体规定。"在此背景下,法律的漏洞是不可能通过一个自然的演化路径来得到填补的,而有可能长期存在。"①在"部门主导"的教育立法体制下,限缩政府公权力范围,明确其法律责任等关涉公立高等学校自主权规制与保障的诸多现实问题,将难以在立法与修法中获得及时而有效的回应。应该认识到,在现有的立法体制、思维和技术尚未成熟完善的背景下,教育治理现代化的诸多现实难题将难以通过法律的途径实现。立法规制作为元治理形式的功能缺位,为行政规制的介入提供了"借口"和可能。从某种意义上而言,立法规制既未能对政府监管高等教育的职责权限与法定义务作出明确规定,又未能对一系列应通过立法予以保留的事项(如师生基本权利救济)作具体规定,这些都助长了公立高等学校自主权的行政规制。立法规制的缺位,使行政规制客观上产生了对立法规制的替代乃至压制效应。

毋庸置疑,在现有的高等教育立法规制框架下,教育法律依旧"过软"且缺乏可操作性,而行政规制却并未在简政放权的治理语境下真正走向缓和和弱化。相反,在高等教育的任务体系日趋庞杂和繁复的现实语境下,行政规制的运行空间与疆域正在持续扩张。其中,以政府为主导的各类大学评估和质量监管,构成当前我国公立高等学校与政府互动的主要领域。随着政府职能转变与简政放权的推进,政府的行政审批等活动正在持续减少,取而代之的则是各类质量监管行为。遗憾的是,尽管《高等教育法》的修法已经触及高等教育质量的评估议题,但其却未能对政府质量监管与评估行为的法律性质予以界定,更未能对其所涉及的教育法律关系予以调整和规范。受此影响,公立高等学校的自主权乃至高校教师的学术自由等基本权利被实质性地限缩。

通过对《教育法律一揽子修订草案(征求意见稿)》的解读发现,我国教育法律的修订依旧存在重秩序、轻权利的倾向。在部门立法的体制束缚下,政府主导的立法和修法往往更多体现政府的利益和意志,以至于法律的修订"避重就轻"。在教育法律

---

① 丁建峰.立法语言的模糊性问题——来自语言经济分析的视角[J].政法论坛,2016(2):19-28.

关系各主体的法律责任规定方面,更多只规定学校、学生、其他社会组织和公民个人所需承担的法律责任,而缺乏对政府法律责任的规定,这使得教育法律缺乏可操作性而陷入"软化"的僵局。其中,最明显的修法缺陷,表现在《高等教育法》的修订中。

表 3.4　2010 年以来颁布实施的规范与保障高等学校办学自主权的教育部部门规章概览

部门规章发布时间	教育部部门规章名称
2011 年颁布实施教育部 31 号令	《高等学校章程制定暂行办法》
2011 年颁布实施教育部 32 号令	《学校教职工代表大会规定》
2014 年颁布实施教育部 35 号令	《高等学校学术委员会规程》
2014 年颁布实施教育部 37 号令	《高等学校理事会规程(试行)》
2016 年颁布实施教育部 40 号令	《高等学校预防与处理学术不端行为办法》
2017 年颁布实施教育部 41 号令	《普通高等学校学生管理规定》

当然,我国高等教育立法规制的上述缺陷,某种程度上被教育行政部门制定的政府规章所弥补(如表 3.4 所示)。近年来,教育部颁布实施了一系列关于规范与保障高等学校办学自主权的部门规章,旨在构建校长负责、民主监督、依法治校、教授治学、社会参与的高等学校治理结构和现代大学制度。基于此,高等学校办学自主权的运行,开始向"任务导向型法权治理"的方向发展,大学治理的法权结构配置更加优化。当然,这些部门规章的制定依旧受制于部门本位主义的影响和束缚,部门规章难以对高等学校与政府关系变革等一些实质性的议题给予回应。在现有的制度空间下,大学治理结构的完善过多关注"内部去行政化",而未能真正回应和破解"外部去行政化"即公立高等学校与政府分权的议题。

(四) 章程赋权与公立高等学校自主权的内部自我规制变迁

当前,我国公立高等学校章程的制定、核准与实施工作,本质上被视为一项公共政策执行的任务。在此过程中,教育行政部门与高等学校分别扮演"政策执行者"与"执行监督者"的角色。显然,大学章程制定并非来源于高等学校治理变革的自觉,而更多是出于"压力型体制"下的政绩考量。换言之,"现阶段大学章程的推动力主要来自国家、政府、高校等行政外推力,而来自大学教师、学生等内部执行主体的内生力量严重不足,大学章程的准政府行为属性非常明显"①。根据已有的调查显示,"一些试点学校存在对其他法律条款的搬移或者对其他高校章程的抄袭。有些大学章程不是为了体现大学的办学理念,而是为了应付上级领导的检查,一旦领导检查过后,大学章程就束之高阁,再也没有去过问。也有些高校制定章程几乎是学校领导的事情,没有经过严格调查、讨论和论证"②。概言之,目前我国大学章程的制定与实施,受到大学内部行政权力惯性的深刻影响,缺乏民主参与、协商沟通和程序正义的治理精神与理念。毋庸置疑,在"泛行政化"的大学治理结构未能根本改变的状况下,大学章程的制定显然不能满足《高等学校章程制定暂行办法》(教育部31号令)中所明确规定的制定程序。③

实际上,大学章程的治理功能受制于大学与政府关系的变革,在制度环境未产生实质性突破的背景下,大学章程往往也会被"悬置"而难以真正实施,其规范与保障高等学校自主权的功能被严重束缚。与此同时,大学章程与高校校规的关系如何,实际上也未能真正厘清。目前,高校校规往往受到政府规范性文件的直接影响,"文件治国"的传统深嵌于高等学校与政府的互动关系之中。从深层次而言,根据大学章程梳理高等学校规范性文件,建立以大学章程为中心的现代大学制度体系④,并非高等学校自身变革所能实现。更严峻的问题是,在"外部行政化"难题未能破解且持续"再

---

① 李威,熊庆年.大学章程实施中的权力惯性[J].复旦教育论坛,2016(6):75-80.
② 许杰.建设中国特色现代大学制度:成效、问题与对策——基于试点院校的探索实践[J].教育研究,2014(10):57-72.
③ 《高等学校章程制定暂行办法》第十七条规定,"高等学校起草章程,应当深入研究、分析学校的特色与需求,总结实践经验,广泛听取政府有关部门、学校内部组织、师生员工的意见,充分反映学校举办者、管理者、办学者,以及教职员工、学生的要求与意愿,使章程起草成为学校凝聚共识、促进管理、增进和谐的过程。"
④ 《教育部办公厅关于加快推进高等学校章程制定、标准与实施工作的通知》要求"以章程为准则,全面清理学校的各项规章制度、管理文件,对不符合章程、在章程中没有依据的、不适应学校改革发展实践要求的,要及时予以废止或者修改;对保留的文件要进行系统整合,形成以章程为核心的层次清晰、内容规范的制度体系;要依据章程,对自主招生、资产财务、人事管理等重要问题,以及学术委员会、理事会建设等重要领域,抓紧制定或修订具体规定,形成完整、有效的内部治理制度体系"。

生产"的现实格局下,高等学校缺乏现代大学制度变革的能力、意愿和动力,高等学校"内部行政化"的痼疾使以大学章程为核心的大学内部自我规制的发育滞缓。既有的规制性要素的变革,缺乏规范性以及文化—认知性制度要素的支撑,难以形成制度互补的效应并可能导致规制性制度要素的实施陷入困局。① 在政府以及大学内部行动者未能形成尊重大学自治和学术自由共识的前提下,与公立高等学校自主权运行相关的教育法律、大学章程等规制性制度要素无疑会被"虚置"。总而言之,受制于国家法律秩序的过度挤压以及大学自治秩序"行政驱动"的生成逻辑,我国大学章程的规定往往呈现出过度抽象、可操作性差、重合度高、特色凝练程度弱等问题。破除公立高等学校对政府的"制度性依附",是大学章程发挥实效的制度保障和逻辑前提。

应该认识到,合法性与正当性阙如的大学章程,即便存在较多文本上的创新②,也只能被视为"一纸空文",其形式意义终究高于实质意义。据此,它也就无法在公立高等学校自主权的动态运行中发挥实质性的作用。我国公立高等学校颁行的大学章程在实施过程中能否产生实效,不仅在于教育部 31 号令③以及《教育部办公厅关于加快推进高等学校章程制定、标准与实施工作的通知》(简称《核准通知》)所指出的争取"司法机关的理解和支持"以及各级教育行政部门的尊重外④,更取决于大

---

① 关于制度互补性理论的介绍可参见:罗伯特·布瓦耶,耿纪东.一致性、多样性和资本主义演化:一个制度互补性假说[J].政治经济学评论,2006(2):90-116;[美]W·理查德·斯科特.制度与组织——思想观念与物质利益(第3版)[M].姚伟,王黎芳,译.北京:中国人民大学出版社,2010:59.
② 实际上,既有的研究通过对大学章程的文本分析发现,教育部核准通过的"38 所"大学章程的文本存在高度雷同,重复性高的特征,大学章程的"自主创新"较少。参见:张冉,王舒,马梦言.大学章程中的修订条款研究——基于对"985"大学章程文本的考察[J].复旦教育论坛,2016(6):67-74.
③ 《高等学校章程制定暂行办法》第 3 条规定:"章程是高等学校依法自主办学、实施管理和履行公共职能的基本准则。高等学校应当以章程为依据,制定内部管理制度及规范性文件、实施办学和管理活动、开展社会合作。"第 31 条规定:"高等学校的主管教育行政部门对章程中自主确定的不违反法律和国家政策强制性规定的办学形式、管理办法等,应当予以认可。"
④ 《教育部办公厅关于加快推进高等学校章程制定、标准与实施工作的通知》(简称《核准通知》)要求,"各级教育行政部门要尊重章程,对章程已确定由学校自主管理的内容,不得任意干预,除规章以上层级的规范性文件外,其他文件要求与经核准的章程不一致的,优先执行章程的规定。""教育行政部门对涉及章程执行异议的申诉或者行政复议请求,要依据章程的表述做具体判断。对司法机关受理的起诉高校的行政诉讼案件,高校在陈述、答辩中要充分反映章程的依据,争取司法机关的理解与支持。"

学章程法律效力的厘清①、制定过程的完善及其实施监督以及修订机制的建立健全等一系列基本问题的解决,有赖于公立高等学校自主权运行中各方行动者观念分歧的消解和思想共识的达成。而从某种意义上而言,大学章程的制定与实施过程本身,也是促进共识达成,形成多方合意的制度性契机。一方面,应健全硬法规制,改革现有的框架性制度。通过《高等教育法》的进一步修订,厘清公立高等学校与政府之间的行政法律关系,破除公立高等学校对政府的"体制性依赖"格局。正如李昕教授所言,"在不同的制度环境下,章程自由度的空间是不同的,制度环境特别是框架性制度的设计决定着章程建设在多大程度内能够进行制度创生的实质能力。若不改革框架性制度,仅仅按照主管部门预设的大学章程模板"进行章程建设,其成效势必是十分有限的。另一方面,"对于大学章程这一具有强烈内生性特点的制度载体而言,制度创生需要内在动力与团体共同理念的培植,这是一个长期的任务。"②从长远而言,应从软法与硬法兼施的角度出发,重塑大学章程和校规等大学自我规制的治理空间和功能定位,以实现公立高等学校自主权运行中软法与硬法的良性互动和优势互补。

---

① 有研究指出,我国部属高校的大学章程最终由教育部核准后颁布实施,其法律效力高于教育部制定的规章以下的规范性文件,但低于法律、行政法规和部门规章。据此,大学章程的制定与修订均应坚持"合法性原则"即法律优位和法律保留原则。同时,这项研究也指出,不同于行政机关,公立高校作为独立的法人,享有学理上的自治权,因此对"合法性原则"的适用也并非绝对。"上位法"的变化,被视为大学章程修订的外部原因。换言之,大学章程将根据法律、行政法规和部委规章的变化,进行"亦步亦趋"的修订。这也符合大陆法系国家大学章程被视为"次级秩序法"的通例。当然,对于我国大学章程的法律效力,学界的观点也可谓众说纷纭。其中,有学者基于法律多元主义的视角,提出大学章程应根据其规范的内容和对象的属性,区分其法律效力。质言之,大学章程应具有"多重法律效力",而不应简单地视为"国家法"的"下位法"。毋庸置疑,这种理论构想具有一定的启发意义。实际上,基于文义解释的方法考察《高等学校章程制定暂行办法》第3条和第31条的规定,可以分析出我国现行法中大学章程的法律位阶。此外,其中也多次出现依据法律与相关政策规定制定大学章程的表述,这些规定实际上都表明我国大学章程总体上应被界定为"自治法"与"次级秩序法",赋予其在法律框架下的一定的弹性自主立法空间。在涉及学术自治的事项上,应赋予大学章程以更多的自治立法空间,而国家应仅对此领域进行"框架性立法"。此外,大学章程作为自治共同体制定的内部规则,其亦具有软法的特征,其与"国家法"的良性互动与优势互补形塑出软硬兼施的高等教育"混合法"治理格局。参见:张冉,王舒,马梦芸.大学章程中的修订条款研究——基于对"985"大学章程文本的考察[J].复旦教育论坛,2016(6):67-74;湛中乐,苏宇.大学章程的法律位阶:基于法律多元主义的再认识[C]//姜明安.行政法论丛(第18卷).北京:法律出版社,2016:39-54.
② 李昕.公立大学法人制度研究[M].北京:中国民主法制出版社,2017:248.

二、中国公立高等学校自主权法律规制结构的动态实践——基于"正当程序"原则引入的历史考察

公立高等学校自主权的法律规制结构,并不仅仅表现为立法、行政、司法以及大学自我规制等法秩序的静态界分和彼此"间隔",亦包括各类法秩序的良性互动和融贯。换言之,治理理念下的法律规制结构,主张形塑法秩序良性互动、彼此制衡、优势互补以及体系融贯的规制互动网络。法律规制结构,既具有一定的静态性和稳定性,又始终在动态的运作中保持生命力且渐趋完善。中国公立高等学校自主权法律规制结构动态实践的观察窗口,是借由"田永案""刘燕文案""于艳茹案"等一系列经典的高等教育行政诉讼案所确立并逐步在其他各类法秩序中持续扩散的"正当程序原则"。围绕正当程序原则,法院的判决、学者的观点、行政立法的变革以及大学治理的演进之间,形成特定的法治共识与认知。在"法律织物"存在诸多漏洞的背景下,法官基于法治基本原则的"造法"活动维系并持续赋予法律以生命力,使权利被认真对待而不至于失去终局性的救济渠道。而受此影响所产生的教育行政权的"正当程序革命"以及大学治理中程序正义精神的凸显,则构成我国公立高等学校法治秩序建构的重要表现。质言之,在多重制度逻辑持续互动的影响下,"正当程序"原则逐渐走向制度化[①],成为我国公立高等学校自主权规制与保障的基本法治原则。

(一)通过判决发展法治:高等教育行政诉讼中正当程序原则的适用

传统上,在"法条主义"与"形式法治"观的制约下,法官的判决被狭隘地理解为

[①] 美国学者朱克尔认为,"制度化既是一种过程,又是一种状态或属性变量。"也就是说,制度化既指一种历时性过程,也指已获得某种确定状态或属性的一套社会安排;当社会模式逐渐实现再生产时,会把它们自己的存在归因于相对自我激发的社会过程。考虑到制度具有三种基础要素即规范性、规制性与文化认知性,制度化也对应具有三种制度化的基础机制或三种"制度化观"即基于回报递增的制度化,基于承诺递增的制度化和随着日益客观化而出现的制度化。我国公立高等学校自主权运行中正当程序原则的引入及其制度化,还处于初步阶段,其能否嵌入法院、大学以及行政机关等各方行动者的文化认知乃至形成较为稳定的"理论系统"和信仰还需要很长一段时间。目前,正当程序原则的引入,较多还属于利益驱动和成本考量,而非观念乃至信仰的支撑。

第三章 我国公立高等学校自主权法律规制结构的变迁史考察

"制定法的精确复写,法律适用就是将案件涵摄于制定法之下的过程。"然而,这种观念忽视了法律的固有缺陷和立法资源有限的现实状况。实际上,"法官应有之担当并不意味着对立法的僭越,正如德国原联邦法院院长赫辛格(Heusinger)所言:'作为法官,我们并不想攫取立法权,但是我们也深切地意识到,于此界限内,仍有宽广的空间提供法官作有创意的裁判,共同参与法秩序的形成。'"[①]在我国局促的司法空间内,法院通过正当程序原则的引入,实质性地增强了司法的权利救济功能。在缺乏法律明文规定的情况下,法院应用正当程序原则,作出了一系列高等教育领域的重要判决。显然,《行政诉讼法》所规定的行政行为的合法性要件中,已然包含了"正当程序原则"。法院在一系列判决中适用的正当程序原则,已经构成学界和实务界对《行政诉讼法》中"违反法定程序"规定的理解。经由法官的"造法"活动,法定程序实现了扩张解释。[②] 自"田永案"[③]以来的近二十年中,"正当程序原则在司法审查中获得了比较广泛的认可,开始成为中国法律的一部分。这一事实显示了中国法院在相对局促的空间里的能动主义立场,以及由个案判决所推动的一种法律发展的特殊路径。"[④]

实际上,在缺乏普通法系盛行的先例制度的我国,典型案例作为"非正式法源"或"准法源",对下级法院的判决产生了一定的拘束作用。最高人民法院1999年10月20日颁布的《人民法院五年改革纲要》指出:"2000年起,经最高人民法院审判委员会讨论、决定的适用法律问题的典型案件予以公布,供下级法院审判类似案件时参

---

① 江必新.司法对法律体系的完善[J].法学研究,2012(1):88-95.
② 与此不同,传统的"正统理论"认为,违反法定程序就是违反法律、法规或者规章明文规定的程序;凡是不违背上述制定法明文规定的,就属于行政机关的自由裁量范围,不属于违反法定程序。受此观点影响,对行政行为程序合法性审查的目光基本停留在现有的程序条文上。参见:何海波.司法判决中的正当程序原则[J].法学研究,2009(1):124-146.
③ 根据何海波教授的考察,"直到20世纪90年代末的田永案件和刘燕文案件以前,行政诉讼的原告似乎很少在法律、法规、规章规定以外,提出程序主张。即使原告提出这种'没有法律依据'的程序主张,似乎也不太可能得到认真对待。即使法官认识到行政行为背离其心中的程序准则,通常也不太可能把它作为判决理由"。而在"田永案"中,海淀法院在没有制定法根据的情况下,提出了程序合法性的要求。进一步而言,通过1999年第4期《最高人民法院公报》对该案的刊登,田永案关于正当程序原则的观点获得了扩散,并逐渐产生影响。参见:何海波.司法判决中的正当程序原则[J].法学研究,2009(1):124-146.
④ 何海波.司法判决中的正当程序原则[J].法学研究,2009(1):124-146.

考。"经由最高人民法院公报公布的这些"典型案件",以及由最高人民法院发布的指导性案例及其编辑的《人民法院案例选》《中国审判案例要览》《行政执法与行政审判》等,乃至最高人民法院主办的《人民司法》杂志上所刊载的案件,事实上都对与之类似的案件产生参考、指导乃至约束作用。①

在目前我国大学内部管理的行政化色彩较为浓厚,法治意识和思维总体淡薄的背景下,法院时常基于"正当程序原则"判决高校败诉。毋庸置疑,公立高等学校在作出对学生受教育权的不利决定时,其程序上的不规范极大地增加了败诉的风险。"田永案"和"刘燕文案"中被法院适用的"正当程序原则"②,在此后的高等教育纠纷案件中产生了较强的影响力。例如,备受关注的"于艳茹案"的一审判决中,法院将"正当程序原则"适用到学位撤销类案件之中。法院认为"在本案中,北京大学虽然在调查初期与于艳茹进行过一次约谈,于艳茹就涉案论文是否存在抄袭陈述了意见;但此次约谈系北京大学的专家调查小组进行的调查程序;北京大学在作出《撤销决定》前未充分听取于艳茹的陈述和申辩。因此,北京大学作出的对于于艳茹不利的《撤销决定》,有违正当程序原则"③。

以"程序合法"和"普通高等学校学生管理规定"以及"学位条例"等作为关键词,通过中国裁判文书网进行高级检索后发现,高等教育行政诉讼中正当程序原则的适用总体分为两种类型:

第一,在教育法律法规或规章中有明确的程序规定,法院对程序要件进行审查的。在"田永案""刘燕文案"以后,随着《普通高等学校学生管理规定》等教育行政法规或规章中"正当程序原则"的引入,法院对行政行为合法性的审查中开始对程序问题予以高度关注。受主流观点对"法定程序"理解的影响,程序合法性的审查较多依赖于教育法律法规和规章的明文规定。换言之,这是一种"形式法治"的司法裁判思路。例如,2005年颁布实施的《普通高等学校学生管理规定》(教育部31号令)第55条规

---

① 宋华琳.转型时期中国行政程序立法的几点思考[J].中国行政管理,2008(9):18-22.
② 当然,这两起案件中法院均未明确提出"正当程序原则",真正在裁判文书中明确表达这一原则的案件是"张成银案"。但是,这两起案件均涉及正当程序原则的思想内涵。
③ (2015)海行初字第1064号。

定:"学校对学生的处分,应当做到程序正当、证据充足、依据明确、定性准确、处分恰当。"第 56 条规定:"学校在对学生作出处分决定之前,还应当听取学生或者其代理人的陈述和申辩。"第 58 条规定:"学校对学生作出处分,应当出具处分决定书,送交本人。"

第二,法院基于"实质法治"的审判思路,将"正当程序"原则引入司法裁判的说理之中,以增强教育行政判决的合法性。① 不难发现,在高等教育行政诉讼案件中适用"正当程序"原则并非"一帆风顺",而是经历了一个渐进变迁的复杂过程。如果说在"田永案"②中法官写下正当程序原则那一段话还是"无心插柳",在"刘燕文案"③中"有心栽花"而花未开,那么,"于艳茹案"则使得正当程序原则在高等教育行政诉讼中"花开绚烂"。这一系列判决,既象征着法官正当程序意识和运用正当程序原则信心的增强,也折射出正当程序理念在法律职业共同体中已经取得初步却比较广泛的共识。④

如表3.5所示,本研究通过中国裁判文书网以及媒体报道的相关案例介绍,梳理了"田永案"以来我国法院基于"程序合法"要件审理的公立高等学校学生管理纠纷案件。显然,自20世纪末以来的近二十年间,正当程序原则在高等教育行政诉讼中已经产生了较大的影响,正当程序构成大学行政行为的合法性要件之一。大学在对学生受教育权等合法权益作出不利决定时,必须恪守正当程序原则,给予学生以告知、申辩等程序权利。值得指出的是,最高人民法院于2014年发布的第38号指导性案例中,对"田永案"的裁判观点进行了进一步"加工"。在第38号指导性案例中,最高人民法院

---

① 何海波.实质法治:寻求行政判决的合法性基础[M].北京:法律出版社,2009.
② 在"田永案"中,法院指出,"退学处理的决定涉及原告的受教育权利,从充分保障当事人权益原则出发,被告应将此决定直接向本人送达、宣布,允许当事人提出申辩意见。而被告既未依此原则处理,尊重当事人的权利,也未实际给原告办理注销学籍、迁移户籍、档案等手续⋯⋯"
③ 在"刘燕文案"中,海淀区法院认为,"校学位委员会作出不予授予学位的决定,涉及到学位申请者能否获得相应学位证书的权利,校学位委员会在作出否定决议前应当告知学位申请者,听取学位申请者的申辩意见;在作出不批准授予博士学位的决定后,从充分保障学位申请者的合法权益原则出发,校学位委员会应将此决定向本人送达或宣布。本案被告校学位委员会在作出不批准授予刘燕文博士学位前,未听取刘燕文的申辩意见;在作出决定之后,也未将决定向刘燕文实际送达,影响刘燕文向有关部门提出申诉或提起诉讼权利的行使,该决定应予撤销。"
④ 何海波.司法判决中的正当程序原则[J].法学研究,2009(1):124-146.

将裁判理由表述为,"退学处理决定涉及原告的受教育权利,为充分保障当事人权益,从正当程序原则出发,被告应将此决定向当事人送达、宣布,允许当事人提出申辩意见。而被告既未依此原则处理,也未实际给原告办理注销学籍、迁移户籍、档案等手续。"除此之外,"于艳茹案"更是超越程序工具主义的窠臼,并对程序正当的正当性予以新的阐释。在该案中,法院深刻地认识到,"正当程序作为对当事人最低限度的程序保障,它的正当性不是源于实体结果或其他方面,而是源于程序本身的价值即程序正义。"①基于此种程序本位主义的认识,法院指出,"对于正当程序原则的适用,行政机关没有自由裁量权。"不难发现,是否遵守正当程序原则,已经成为高校涉诉案件中法院对高校行政行为进行合法性判定的基本要素和关键一环。

表 3.5　我国公立高等学校学生管理纠纷案件中的"程序合法"议题

高等教育行政诉讼案例名称	法院裁判观点中的"正当程序"原则
刘燕文诉北京大学学位评定委员会不批准授予博士学位决定纠纷案 (1999)海行初字第 103 号	"校学位委员会作出不予授予学位的决定,涉及学位申请者能否获得相应学位证书的权利,校学位委员会在作出否定决议前应当告知学位申请者,听取学位申请者的申辩意见;在作出不批准授予博士学位的决定后,从充分保障学位申请者的合法权益原则出发,校学位委员会应将此决定向本人送达或宣布。本案被告校学位委员会在作出不批准授予刘燕文博士学位前,未听取刘燕文的申辩意见;在作出决定之后,也未将决定向刘燕文实际送达,影响了刘燕文向有关部门提出申诉或提起诉讼权利的行使,该决定应予撤销。北京大学学位评定委员会应当对是否批准授予刘燕文博士学位的决议,依法定程序审查后重新作出决定。"
张超诉郑州航空工业管理学院教育行政处罚纠纷案② (2012)郑行终字第 162 号	"上诉人郑州航空工业管理学院对涉嫌考试作弊的被上诉人张超先作出开除学籍决定,后履行相关程序,其所作校教(2011)64 号《关于给予张超开除学籍处分的决定》违反法定程序。"
上诉人聂恒布与被上诉人河海大学教育行政处理决定案 (2014)宁行终字第 142 号	"河海大学在第三次作出严重警告处分决定后,也已告知聂恒布将要对其作出开除学籍处分决定。聂恒布拒不返校、且没有回复的行为可视为对陈述、申辩权利的放弃,并不能限制河海大学对其作出处分决定。"

---

① 周佑勇.行政法基本原则研究(第二版)[M].北京:法律出版社,2019:295-297.
② 包万平,都振华.高校学生处分的程序控制研究[J].中国人民大学教育学刊,2016(3):136-154.

续 表

高等教育行政诉讼案例名称	法院裁判观点中的"正当程序"原则
杨昆诉吉林师范大学履行颁发学位证职责案 (2015)四行终字第12号	"有关程序上的瑕疵,经审理查明,认为不足以改变所诉具体行政行为结果的可能,亦应属行政程序瑕疵问题。《行政诉讼法》规定,对行政程序上的瑕疵问题则不按照行政违法定案,可视为行政程序基本合法。"①
于艳茹诉北京大学学位撤销案 (2015)海行初字第1064号	"北京大学虽然在调查初期有与于艳茹进行过一次约谈,于艳茹就涉案论文是否存在抄袭陈述了意见;但此次约谈系北京大学的专家调查小组进行的调查程序;北京大学在作出《撤销决定》前未充分听取于艳茹的陈述和申辩。因此,北京大学作出的对于于艳茹不利的《撤销决定》,有违正当程序原则。"
张羿诉上海理工大学开除学籍处分决定案 (2015)杨行初字第83号	"《上海理工大学学生违纪处分条例》系根据《普通高等学校学生管理规定》第六十八条的规定制定,与上位法不相悖,对其效力可予确认。该条例第五十条第二款规定,学生对拟处分决定有异议的,可以向学校主管部门提出申辩;其中拟给予开除学籍处分的学生有申请召开听证会的权利。该规定系被告自我设定的较上位法更为严格的程序性规范,有利于充分保障受教育者的合法权益,不违背《普通高等学校学生管理规定》及《国家教育考试违规处理办法》相应条文的立法本意,被告应予遵守。本案中,被告在被诉处分决定作出前未告知原告有申请听证的权利,属违反法定程序。"
吴继磊诉中国海洋大学行政处罚案 (2016)鲁02行终2号	"被告依据《普通高等学校学生管理规定》作出了退学决定,并依法给予原告陈述和申辩的权利,告知了原告的救济途径,程序合法。"
李涛诉华南理工大学博士学位撤销案 (2017)粤71行终2130号	"程序正义是实体正义的保障。在高校依法查处学术造假行为并作出撤销学位决定时,程序正义显得尤为重要,没有正当合理的程序就难以保证真正能查清事实。就本案而言,上诉人的涉案博士学位论文为《基于约束的频繁项集挖掘和离群点检测方法研究》,专业性非常强,判断标准亦十分专业,如果不是专业人员作出评判,如果不允许上诉人参与甚至不听取上诉人的陈述和申辩,就可能无法判断涉案学术论文的抄袭对该博士学位论文产生多大影响,就无法判断上诉人学术论文造假与博士学位撤销的关联性。……上诉人的涉案博士学位论文2013年通过了查重检测、通过了论文答辩、通过了学位评定委员会不记名投票并经全体成员三分之二以上同意,现有证据仅能够证明上诉人有学术不端行为,至于这种学术不端行为对其博士学位论文关联程度多大、是否应当撤销已授予的博士学位,尚属事实不清。……被上诉人华南理工大学2016年7月19日作出华南工研〔2016〕20号《关于撤销计算机科学与工程学院李涛博士学位的决定》事实尚未查清,程序严重违法,应予撤销。"

---

① 关于行政行为程序瑕疵的研究,可参见:杨登峰.行政行为程序瑕疵的指正[J].法学研究,2017(1):24-41.

续 表

高等教育行政诉讼案例名称	法院裁判观点中的"正当程序"原则
柴丽杰诉上海大学不履行法定职责案（2019）沪 0115 行初 362 号	"上海大学并未将经济学院应用经济学学科纳入另行制定科研成果量化指标的学科范围。经济学院的科研量化指标规定的论文发表载体和数量与学校规定不相一致，并非对学校规定的简单细化，而是重新定义。学位的授予与否关涉学生重大切身利益，经济学院的相关规定并不能如被告所称通过事先告知的方式，当然上升为校级规定。……在不违反上位法的前提下，高校对博士学位申请者的学术衡量标准有自主自治的权力，可以设置相关规范，但设定的规则应当被严格遵守，以防止学术评价标准上的混乱。"
龚传洋诉上海大学拒绝授予博士学位案（2022）沪 0115 行初 818 号	"学位授予单位具有对学位申请人学术价值、学术水平等作出独立学术判断的权力，一般应予以尊重。但当这一学术判断影响学生的切身权益时，需经受法律的检验。被告上海大学作为学位授予单位，应按照科学严谨的态度和方式审慎地处理原告博士学位的申请。在对学生作出不利其重大权益的决定时，需要考量向学生说明相关事实理由，并听取学生陈述和申辩意见。在决定程序中告知拒绝授予博士学位的理由，既可体现学校客观和理性的考量，也可防止学生对已作决定是否具有正当理由的猜测与质疑。本案中，学位评定分会虽将表决的方式和结果告知了原告，却仅简单地以程序性的表决结果作为不同意授予博士学位的理由，未能体现其审查职责之所在，亦未能充分保障学生享有的陈述和申辩的权利，其行为显然违反正当程序原则，对学生切身权益造成影响。"

当然，对正当程序原则是否适用、正当程序原则的适用强度如何、选择何种裁判思路审视正当程序原则[①]以及何种程度上的程序违法[②]可能构成大学行政行为撤销的依

[①] 总体上，法院的裁判思路包括"法条主义"的形式法治路径和"原则主义"的实质法治路径两种。前者更加关注公立高校学生管理中是否遵守了法定程序的要求；后者则采取更为实质的裁判思路，考察公立高校学生管理中是否遵守正当程序原则。显然，相比于前者，后者对公立高校学生管理的合理性有更高的要求。从某种意义上而言，在法律法规规章的程序规定缺乏的背景下，实质法治的裁判思路具有紧迫的现实意义。更重要的是，采取实质法治的裁判路径，可以较好地区分学术性惩戒与纪律性惩戒两类高校惩戒权的程序要求，亦可超越"授权论"视野下高校被视为政府"附属机构"的制度性困局。具体而言，形式法治的思路，总体上将高校校规视为法律法规规章的"下位法"。从深层次而言，这不利于大学自治保障的现实诉求，有悖于学术自由作为宪法基本权利的内在规定。基于此，形式法治的裁判思路，应逐渐让位于实质法治。法院在高等教育行政诉讼案件中，应关注高等教育行政纠纷是否涉及学术自治以及师生重大权益，通过精细化的法益平衡，不同强度地适用正当程序原则。

[②] 目前，我国人民法院的司法判决中，关于行政行为的程序瑕疵抑或轻微程序违法的界限并未厘清。参见：杨登峰.行政行为程序瑕疵的指正[J].法学研究，2017（1）：24-41.

据,我国各地区法院的观点不尽一致。当然,随着我国教育法治进程的加快、学生权利意识的觉醒以及法官审判技术的提高,法院在判决中倾向于要求公立高等学校给予学生以最基本的程序权利。例如,在杨昆诉吉林师范大学履行颁发学位证职责案中,大学行政行为中的程序瑕疵①问题,被法院认定为程序基本合法。换言之,法院总体上仅要求公立高等学校在学生管理中适用"最低限度的正当程序"原则②,给予学生以最基本的程序权利保障。

(二) 司法规制的潜在影响:21 世纪以来教育行政权的"正当程序革命"

"田永案"等经典的高等教育行政诉讼案不仅通过公报案例、指导性案例等的发布,对其他法院处理类似案件产生指导乃至一定的拘束作用,也对教育行政权的行使产生了巨大影响。正如何海波教授所言,"除了引发公众关注和学界讨论,海淀法院的判决也促动了行政程序的改进。"③沈岿教授也指出,"田永案、刘燕文案的判决努力不仅在司法领域产生了广泛影响,也直接推动了公共行政组织变革其制度。"④2004 年,国务院颁布的《全面推进依法行政实施纲要》中,明确将"程序正当"作为依法行政的基本要求。2005 年 3 月颁布实施的《普通高等学校学生管理规定》(教育部令第 21 号)中,明确规定了学生处分的程序合法性要求。具体而言,该规定要求学校对学生的处分要做到程序正当、证据充分、依据明确、定性准确、处分适当(第 55 条),对学生作出处分决定之前,应当听取学生或者其代理人的陈述和申辩(第 56 条),学校作出处分决定后要出具处分决定书并送交本人(第 58 条)。

此后,在《高等学校章程制定暂行办法》《国家教育考试违规处理办法》《高等学校

---

① 一般而言,行政行为中的程序瑕疵包括以下特征:(1) 大多属于义务性程序,与正当程序有一定关联性;(2) 未对行政行为的实体内容造成影响,或者未影响利害关系人的合法权益;(3) 大多不属于正当程序原则要求的基本程序,而是属于基本程序的辅助程序或者次要要素,对程序的正当性未造成实质性损害。参见:杨登峰.行政行为程序瑕疵的指正[J].法学研究,2017(1):24-41.
② 如果基本程序的辅助性程序或者组成要素所存在的瑕疵没有对基本程序造成实质性损害,基本程序的立法目的已经实现了,则该辅助性程序或者组成要素所存在的瑕疵就不构成违法。参见:杨登峰.行政行为程序瑕疵的指正[J].法学研究,2017(1):24-41.
③ 何海波.司法判决中的正当程序原则[J].法学研究,2009(1):124-146.
④ 沈岿.公法变迁与合法性[M].北京:法律出版社,2010:176.

学术委员会规程》《高等学校预防与处理学术不端的办法》等教育部颁布实施的一系列部门规章中,都纷纷引入了正当程序原则的考量。例如,2012年修订的《国家教育考试违规处理办法》第28条规定,"处理决定认定事实清楚、证据确凿,适用依据正确,程序合法,内容适当的,决定维持。"换言之,"程序合法"被视为国家教育考试违规处理决定的合法性要件,而告知、陈述、申辩乃至听证则构成该《办法》中所涉及的有关"正当程序"的要素。

而在2017年,《普通高等学校学生管理规定》(教育部第41号令)的最新修订中,关于学生管理的程序性规定更加完善健全。例如,新《规定》第五十五条规定:"在对学生作出处分或者其他不利决定前,学校应当告知学生作出决定的事实、理由及依据,并告知学生享有陈述和申辩的权利,听取学生的陈述和申辩。"值得关注的是,新《规定》增设"学生申诉"一章作为《规定》的第六章,进一步明确和完善高等学校学生申诉的程序制度。例如,第六十三条规定:"省级教育行政部门在处理因对学校处理或者处分决定不服提起的学生申诉时,应当听取学生和学校的意见。"

总而言之,经由"田永案""刘燕文案"等一系列高等教育行政诉讼案的影响,正当程序原则开始被视为教育行政法治的重要内涵,教育行政规制被纳入较为严格的程序控制之中。在教育治理现代化的背景下,我国教育行政权开始迎来以"合法性"与"最佳性"或"正当性"的辩证统一为旨归的"正当程序革命"。实际上,"对行政规制最常见也是最有效的方式就是行政机关内部的自我控制和司法审查。从法治发达国家的经验来看,不仅行政规制的形成过程要受到正当程序的控制,而且法院也要运用正当程序对规制的合法性进行审查。"[①]中国教育行政权的变革,亦遵循类似的法治逻辑。一方面,基于正当程序原则,法院对教育行政规制的程序合法性进行审查,"程序合法"构成教育行政机关行政行为的合法性要件;另一方面,根据既有的法律法规和部委规章乃至一般规范性文件的规定,教育行政机关的行政行为开始被纳入正当程序的控制范畴。例如,根据《国家教育考试违规处理办法》的规定,教育考试机构在作出相关处理决定前,需履行法定的告知义务。

---

① 王柱国.论行政规制的正当程序控制[J].法商研究,2014(3):23-31.

第三章 我国公立高等学校自主权法律规制结构的变迁史考察

当然,与美国、德国、日本等国家较为完善的行政规制程序制度相比,"我国行政规制的程序制度要简单得多。我国至今没有一部统一的《行政程序法》,各种行政程序制度散见于各法律法规乃至规章之中"。而在我国的教育法律中,程序性规范也非常之少。"在仅有的几部教育法律法规中,只能在《中华人民共和国学位条例》等极个别的法律规定中看到少量程序性规范,但整体上也是属于粗线条的勾勒。"[①]显然,相比于法治发达国家,我国高等教育法律法规和规章中的程序性规范还相对粗疏且较为零散,缺乏系统性、整体性与协调性。

与此同时,我国《行政诉讼法》对"违反法定程序"行为的合法性审查,还受到诸多现实因素的限制。尽管,在我国行政诉讼的审判实践中,已经展现出将"法定程序"理解为"正当程序"的趋势。但是,这一趋势尚不明显且不稳定。对于行政规制中的"程序瑕疵"状况,法院往往通过"指正"的方式予以纠偏或确认其"程序基本合法"。换言之,除非行政规制涉嫌严重的程序违法或违反"法定程序"的要求,否则,法院往往缺乏介入的动力和意愿。与中国不同,对于普通法系国家而言,"制定法上没有正当程序的规定,并不妨碍法院以正当程序对行政规制进行审查"[②]。在美国,公共机构的行政规制必须恪守宪法所要求的"正当程序原则",而这也被视为美国行政法"宪法化"的重要根据。毋庸置疑,在我国司法与立法规制尚不完善以及行政机关自我规制发育相对滞缓的窘境下,我国教育行政机关的程序控制强度还较为不足,教育行政规制的"合法性"与"正当性"水平还相对较低。

(三)司法与行政规制的"倒逼":外部压力推动下大学治理的程序正义

传统上,公立高等学校与教师、学生之间属于典型的"特别权力关系",它集中表现为公立高等学校管理中"轻权利、重管理"的倾向和校规的"管控法"特征。例如,公立高等学校校规尤其是惩戒性规则中往往缺乏程序条款的设计,公立高等学校师生的程序性权利难以获得有效保障。例如,在公立高等学校学生管理中,"比较典型的程序

[①] 包万平,都振华.高校学生处分的程序控制研究[J].中国人民大学教育学刊,2016(3):136-154.
[②] 王柱国.论行政规制的正当程序控制[J].法商研究,2014(3):23-31.

瑕疵有：没有告知、送达等程序，缺乏听取学生意见环节，证据搜集不充分、事实认定不清楚，先处分再走'程序'等问题。"大学治理中程序正义的缺失，助长了大学内部行政权力的恣意和扩张，加剧了大学治理中的法权失衡。当然，公立高等学校管理的程序控制缺失问题，正在通过司法与行政规制的"倒逼"逐步得到解决。

一方面，行政规制对大学治理的影响，主要通过行政立法得以实现，通过教育行政部门颁布实施行政规章，直接完善公立高等学校管理的"程序装置"。例如，《普通高等学校学生管理规定》第五十五条①对学生处分的程序性规定，将对大学治理产生直接影响。第五十条②则对关于学生奖励等赋予学生利益行为的程序作出明确要求。据此，未来公立高等学校学生管理中，无论是损益性③抑或授益性④的管理行为均将受到正当程序原则的约束，进而更为有效地维护和保障学生的合法权益。毋庸置疑，在新的《普通高等学校学生管理规定》中，"行政主体没有偏见，听取相对人的意见，说明行政行为的理由"这三项正当法律程序的基本要素都得到了充分体现。借由新《规定》，公立高等学校学生管理中学生的程序性权利获得了更为充分的保护。

另一方面，司法规制对大学治理的影响，主要通过法院对大学行政行为是否满足"程序合法"要件的司法审查实现。借由"田永案""于艳茹案"等一系列经典案例，法院逐渐形成较为完善的关于大学治理中适用"正当程序"原则的观点。通过既有的判决梳理发现，法院往往要求大学治理尤其是学生管理行为满足最低限度的"程序正义"。其中，告知、申辩与陈述构成基本的正当程序要素。在晓章（化名）诉郑州航空

---

① 2017年修订后颁布实施的《普通高等学校学生管理规定》（第41号令）第五十五条规定："在对学生作出处分或者其他不利决定前，学校应当告知学生作出决定的事实、理由及依据，并告知学生享有陈述和申辩的权利，听取学生的陈述和申辩。"
② 《普通高等学校学生管理规定》（第41号令）第五十条规定："学校对学生予以表彰和奖励，以及确定推荐免试研究生、国家奖学金、公派留学人选学生利益的行为，应当建立公开、公平、公正的程序和规定，建立和完善相应的选拔、公示制度。"
③ 损益性行政行为又称为不利行政行为，是指为相对人设定义务或者剥夺、限制其权益的行政行为，在德国行政法上称作负担行政行为，我国台湾地区称负担处分。参见：曾娜.行政程序的正当性判断标准研究[M].北京：知识产权出版社，2014：198.
④ 所谓授益性的行政行为，是指赋予或者确认相对人权益或者免除其义务的行政行为。德国联邦《行政程序法》将其定义为设定或证明权利或者具有法律意义的利益，如批准培训资助、发放许可证、入学注册、录取公务员。参见：曾娜.行政程序的正当性判断标准研究[M].北京：知识产权出版社，2014：200.

工业管理学院案中,法院指出"学校的做法是先做出处分决定,然后履行程序,属于程序违法。2011年12月26日,法院对此案做出判决,撤销郑州航空工业管理学院做出的《关于给予晓章开除学籍处分的决定》,要求该校恢复原告晓章的学籍。"①

通过行政规制与司法规制的持续作用,正当程序原则在大学治理中逐渐扩散并制度化。以作为正当法律程序核心内容的听证制度为例,近年来该制度逐渐被许多高校采用并取得了较好的治理效果。原华东政法学院(现华东政法大学)于2000年3月即出台申诉听证制度,2002年10月,又颁布了"《华东政法学院听证暂行规则》,在学生考试作弊认定等涉及学生重大处分行为中适用听证制度;2005年浙江大学对给予开除处分的学生实行听证制度"②。当前,越来越多的高校认识到正当程序对于大学治理的重要意义,一方面,基于正当程序原则的大学治理能够减少纠纷的产生,降低大学在行政诉讼中的败诉风险。另一方面,正当程序原则的引入,可以显著增强治理的民主性和科学性。应该认识到,程序结构的交涉性、开放性和参与性,能够增进大学决策的共识与理性,消除分歧与偏见,避免权力的恣意和失控。基于此,应建立健全商谈沟通式③的程序装置,保障大学治理中各类法权的良性互动和理性制衡。

当然,目前我国大学治理中正当程序原则的适用还存在诸多现实困局,行政规制与司法规制的"外部推动"有其不可避免的缺陷。一方面,司法规制作为一种终局性的纠纷解决机制,其对大学治理的影响相对被动和间接。更严重的是,在"政策实施型"④的司法体制下,法院对高等教育领域纠纷的介入还缺乏统一的司法审查标准。另一方面,行政规制中的程序性规范还相对欠缺且过于零散,其对公立大学治理的影响也更多限于公立高等学校作为授权性行政主体或法律法规规章授权组织时所作出的行政行为。显然,大学治理中正当程序原则的适用,除了依靠外部"倒逼"外,更多还有赖于大学内部多元利益相关者的共识达成。

---

① 包万平,都振华.高校学生处分的程序控制研究[J].中国人民大学教育学刊,2016(3):136-154.
② 李建华.公共政策程序正义及其价值[J].中国社会科学,2009(1):64-69.
③ 刘东亮.什么是正当法律程序[J].中国法学,2010(4):76.
④ [美]米尔伊安·R.达玛什卡.司法和国家权力的多种面孔:比较视野中的法律程序[M].郑戈,译.北京:中国政法大学出版社,2004:109-131.

第四章
我国公立高等学校自主权法律规制结构失衡的困境

改革开放以来,我国公立高等学校的办学自主权逐渐被纳入公共政策议程且被立法与司法所确认。在向市场经济体制转型的过程中,公立高等学校自主权的法律性质开始被学界关注。众多研究指出,我国公立高等学校自主权本质上是具有国家教育权、社会教育权以及学术自治权等"多头法源"的"复合型法权"或"综合性权利"。① 与此相应,公立高等学校具有行政主体、行政相对人以及民事主体等多重法律地位。基于此,我国公立高等学校自主权中"多头法源"的互动关系,构成其法律规制的逻辑前提。作为"复合型法权",我国公立高等学校自主权的运行,呈现出"互侵式"的法权结构。这种"互侵式"的法权结构总体上包括宏观与微观两个方面。

在宏观层面,它突出地表现为公立高等学校自主权与政府公权力以及社会教育权(私权利)之间法权结构的互侵与失衡;在微观层面,它表现为学术权力与行政权力、大学自主权与师生权利等之间的法权互侵与失衡。换言之,在大学内部治理结构中,各权力(权利)组群之间的关系未能厘清。实际上,宏观与微观层面的法权"互侵"及其所衍生的法权结构失衡,可以概括为"过度市场化"与"泛行政化"的双重困局。其中,"泛行政化"包括"外部行政化"与"内部行政化"两方面。前者表现为大学与政府之间实际存在的"特别权力关系",而后者则指涉大学内部行政权力对学术权力以及师生权利的宰制。

---

① 参见:龚怡祖.我国高校自主权的法律性质探疑[J].教育研究,2007(9):50-54;劳凯声.教育体制改革中的高等学校法律地位变迁[J].北京师范大学学报(社会科学版),2007(2):5-16.

第四章 我国公立高等学校自主权法律规制结构失衡的困境

一、任务导向的缺失：公立高等学校自主权法律规制结构失衡的表现与成因

我国公立高等学校法律规制结构的失衡，本质上是由其任务导向的缺失所致。在缺乏任务导向的法律规制结构中，各类法秩序或规制介入公立高等学校自主权的范围、方式缺乏具体而细致的"分类"。一方面，现有的教育立法和司法规制未能对公立高等学校自主权中所包含的公权与私权的特殊性予以充分的厘清和回应，表现出"公法化不足"与"私法化过度"的结构性失衡，这使得公立高等学校自主权的运行势必存在"公私串权""角色串通"的治理性危机。与此同时，这种失衡也导致公立高等学校自主权与师生之间发生的权利纠纷，难以获得有效的法律救济。① 另一方面，公立高等学校自主权运行中，立法规制与司法规制作为硬法规制的功能未能凸显，而行政规制、社会集体规制以及大学自我规制作为软法的属性也未能明确。立法规制与司法规制的不足，为行政规制的扩张提供了广阔的空间。在现实中，教育行政规制既存在与教育法律相抵触即"政策与法律冲突"的情形，也存在游离于司法监督范畴之外的状况。由于行政规制的"软法属性"未能明确，教育行政规制往往通过显性或隐性的控制方式，对公立高等学校的内部事项进行干预乃至支配。行政监督介入公立高等学校自治规章缺乏必要的界限设置，公立高等学校的章程与校规甚至沦为政府规范性文件的"复制品"或"衍生物"。

毋庸置疑，在法律规制结构任务导向缺失乃至失衡的背景下，公立高等学校自主权的法权异化现象实属其必然的逻辑后果。一方面，国家公权力、社会教育权（私权

---

① 据此，有学者建议，应在未来《高等教育法》的修订中作出如下规定：凡是学校基于平等主体身份而侵犯教师、学生权利的，比如解聘教师、向学生超标准收取学费等，教师、学生可以提起民事诉讼；凡是学校基于管理主体身份侵犯教师、学生权利的，比如涉及处分教师、教师职称评审或升等、拒绝向学生发放学位证毕业证等事项引起权利纠纷的，教师、学生可以提起行政诉讼。换言之，公立高等学校自主权中公权与私权同时存在，而根据自主权属于公权抑或私权的法律性质，可区分适用公法与私法。然而，目前，我国的教育立法和司法规制，尚未能对此作出明确的区分，这使得师生权利的法律救济存在诸多问题。参见：俞德鹏，侯强，等.高校自主办学与法律变革[M].济南：山东人民出版社，2011：94.

利)、社会公权力以及公立高等学校自主权之间存在法权"互侵"的现象;另一方面,大学内部治理中学术权力、行政权力以及师生权利等法权之间亦存在法权结构的失衡和各法权主体之间彼此冲突的问题。理想的法律规制结构能够促使公立高等学校自主权运行中法权的优化配置及其总量的最大化,而缺乏任务导向且失衡的法律规制结构则势必衍生出法权互侵、失衡乃至"异化"的乱象。

(一) 公法化不足与私法化过度:公立高等学校自主权公、私权属性的特殊性缺失

公立高等学校自主权作为包含国家教育权、社会教育权与学术自治权等多头法源的"复合型法权",应该受到公法与私法秩序的共同规制。为保障公立高等学校作为公共机构的公共性,公法规制被视为公立高等学校法律规制结构的核心内容。相对而言,公立高等学校作为民事主体的法律地位仅被视为"辅助性"的角色,而私法规制的适用也被限缩在特定的范围之内。但是,在我国公立高等学校自主权的法律规制中,忽视公立高等学校自主权中公权的特殊性。① 我国《教育法》《高等教育法》等法律规范,仅对公立高等学校作为民事主体的法律地位予以明确规定,而未能对其法人制度的公法属性予以明定。这使得我国公立高等学校法人制度公法属性不彰,而私法属性过度。应该认识到,20世纪90年代末以来,我国高等学校法人地位的确立,在增强高等学校面向社会自主办学的积极性和主观能动性的同时,也因其未能注意事业单位与企业的区分,进而滋生出"过度市场化"的治理性危机。在高等教育市场化的语境下,我国公立高等学校甚至呈现出向"营利性机构"转变的趋势,陷入"企事不分"的困局。对公立高等学校作为民事主体法律地位的过度强调及其作为特殊行政主体法律地位的关注不足,使公立高等学校自主权的法律规制结构,表现出"公法化不足"和"私法化过度"的失衡难题。

具体而言,现有的法律规范过度强调公立高等学校作为民事主体的法律地位,忽视公立高等学校自主权中私权的特殊规制或适度限缩。有学者指出,"我国公立高等学校的'一次法人化',使其拥有了作为民事主体的法律地位,可以独立地参与各种民

---

① 在此,公权的特殊性,主要表现为公立高等学校自主权中公权因素与政府行政机关公权力的区别。参见:马晓燕.基于法治的自主——我国高等学校自主权及其界限研究[D].北京:北京师范大学,2008:102-108.

事法律关系,这虽然可以在一定程度上强化高校的办学自主权,但其实也有漏洞,容易导致甚至已经导致了相关问题的产生。'一次法人化'未就公立高等学校的本质属性进行法律上的定位,也未就其民事主体的法律地位进行有效的规制。它过度强调了公立大学的民事主体地位,极易导致财产权利和侵权赔偿两大类型的法律问题。而财产权问题在我国又更为凸显。"①据此,在当前我国公立高等学校法人制度的设计中,公法属性的缺失与不足显而易见。对于目前我国公立高等学校"一次法人化"过程中涌现出的现实问题,学者们提出可以借鉴域外公立大学法人制度变革的经验,将公立高等学校界定为公务法人或特殊的公法人,以限缩公立高等学校作为民事主体的民事权利能力,推进公立高等学校法人制度的"公法化"。②

　　从深层次而言,我国公立高等学校法人制度"公法化"的不足乃至缺失,是由国家与大学之间的特殊关系决定的。目前,我国公立高等学校与政府之间的法律关系实际上还属于"无名有实"的"特别权力关系"。作为事业单位的公立高等学校,受"行政事业一体化"格局的长期影响,其作为法人的独立性和自主性还呈现较多缺陷,这集中反映在教学、科研以及内部管理事项上。实际上,相对于过度扩张的"办事的权利",亦即公立高等学校作为民事主体的"民事权利"而言,公立高等学校作为特殊行政主体或行政相对人的"办学权利"是极其有限的,其受到政府的强控制。即便是在行政审批制度改革和简政放权背景下,公立高等学校办学自主权的增强也缺乏"稳定预期"。其中,最根本的原因在于公立高等学校与政府的分权尚未法治化,公立高等学校法人制度的公法属性还严重不足。换言之,在"行政事业一体化"的格局和思维模式未能真正突破的背景下,现行的法律实际上缺乏赋予公立高等学校公法身份的制度空间。"公法化不足"③实际上构成我国公立高等学校自主权保障和规制的核心难题,而此问

---

① 张力,金家新.公立大学法人主体地位与治理结构完善研究[M].武汉:华中科技大学出版社,2016:247-251.
② 当然,也有学者认为,可以借鉴英美法系的做法,在肯认公立高等学校作为公共机构的同时,强调其作为非营利性法人的属性。据此,在适用税收法、专利法等法律时,予以特殊考量。本研究认为,这种观点对于矫正公立高等学校自主权运行中"过度市场化"的弊病具有重要价值。
③ 本研究提出的关于公立高等学校自主权法律规制结构中"公法化不足"的观点,是基于大陆法系传统上公法与私法二元区分的观点提出的。实际上,《中华人民共和国民法典》的颁布实施,已经确立了营利性与非营利性法人的分类框架,并将事业单位作为非营利性法人。据此,我国公立高等学校"私法化过度"的矫正,除了增强其法人制度的公法属性外,亦需要强化其作为非营利性法人的属性。

题又与"硬法软化"和"软法硬化"这一法律规制的结构性失衡难题密切关联。也正因为如此,诸多学者将通过立法与修法,赋予公立高等学校公法上的法律地位视为治本之策。①

(二) 公立高等学校自主权行使与监督中软法的过度"硬化"与硬法的过度"软化"

通常认为,软法的渊源和疆域,总体上包含两个层面:一则,软法指的是一种法律多元意义上的社会规范。波斯纳认为,"软法指的是一套没有中央的权威加以创设、解释和执行的规则。"将社会规范视为软法,实际上是一种法社会学的研究进路,它旨在颠覆法律中心主义的传统,超越正式法律才是社会秩序唯一渊源的经典命题。二则,软法是公法中所谓行政主体发布的"非法律性的指导原则、规则和行政政策,包括诸如非正式的指导方针、信函、操作备忘录、指令、守则和口头指示等形式。"在此层面上的软法,显然有别于赋予某些行政机构发布委任立法或准立法的权力,要比后者更为广泛。② 据此,在公立高等学校自主权的运行中,公立高等学校的章程、校规以及政府机关制定的"非法律性"的公共政策或规范性文件均可被纳入"软法"的审视范畴。③ 一般而言,软法应该具有以下特征:第一,软法本身属于法的范畴,具有法规范的一般特征,应该体现法的理性;第二,软法不具有严格法的拘束力,它通常不依靠国家强制力作为保障实施;第三,软法必须以成文形式予以表现,这是软法区别于道德和习惯的外在表现形式。④

据此,可以基于公共治理的软法理论,批判与反思当前我国公立高等学校自主权运行中软法"硬化"等软法理性化不足的现实问题。熊文钊教授指出,高等教育去行

---

① 申素平.高等学校的公法人地位研究[M].北京:北京师范大学出版社,2010.
② 罗豪才,宋功德.软法亦法:公共治理呼唤软法之治[M].北京:法律出版社,2009:332-333.
③ 一般而言,"在法规范体系中,与法律目的公共性高低不等相对应的刚性程度强弱有别的法规范,按照能否运用国家强制力保证实施这个标准可以分为两类:一类是硬法规范,它们是指能够运用国家强制力保证实施的法规范,它们属于国家法;另一类是软法规范,指的是不能运用国家强制力保证实施的法规范(内涵),它们由部分的国家法规范与全部的社会法规范共同构成(外延)。"在软法的理论视野中,国家法中的"任意性规范"(如行政指导等非强制性的行政行为)以及公立高等学校章程与校规、高等教育领域的行业自治规范等社会法均被视为软法。参见:罗豪才,宋功德.软法亦法:公共治理呼唤软法之治[M].北京:法律出版社,2009.
④ 熊樟林.非强制性行政行为的软法治理[D].南京:东南大学,2010:10.

政化的关键在于促进高等教育体制中各类软法的规制。他认为,我国高等教育体制中存在以下几类软法规范,包括:政法惯例(如法院对"学生诉高校""教师诉高校"以及"政府诉高校"类案件的传统排斥)、公共政策(如国家教育行政机关对高等学校评定行政级别以及政府对大学的各类评估与监管)、自律规范(如高校章程以及高校内普遍存在的校规、校纪)、专业标准(如高等学校招生中对于录取条件的设定)以及弹性法条(如《高等教育法》对"校党委书记统一负责全校工作"的规定最终演化成为党政同构的行政化特征)。这些软法规范均未能充分发挥软法在公立高等学校自主权"良法善治"中的特殊优势,相反,却显现出助长"高等教育行政化"的倾向性。毋庸置疑,当前我国高等教育行政化的特征,已经完全覆盖了软法论者对于公域软法主要渊源的所有归纳。① 从深层次而言,高等教育"去行政化"抑或公立高等学校自主权运行的"泛行政化"难题,本质上是公立高等学校治理中软法过度"硬化"与硬法过度"软化"的逻辑结果。因此,有必要重新审视软法与硬法在公立高等学校这一特殊公域的治理中的角色、地位和功能及其相互关系,反思现有的高等教育法规范中"硬法"与"软法"的缺陷。

1. 合法性与最佳性的双重不足:政府规范性文件的过度"硬化"

虽然《学位条例》②《教育法》《高等教育法》等法律的颁布,使我国教育法律体系得以初步建立。但由于我国政府及其部门缺乏保障大学自治、学术自由的理念,加之法条的粗疏、模糊和漏洞百出以及法院判例对已有法律解释的不足,大多时候规范政府与公立高等学校关系的往往不是立法与司法规制,而是在法条之下或游离其外的大量教育行政机关的通知、意见等文件。③ 这些规范性文件的泛滥与丛生,建构出显性与隐性控制并存的权力之网,使公立高等学校与政府之间的行政法律关系表现为"特别权力关系"。

具体而言,我国公立高等学校自主权受到行政规制的过度干预与侵犯。它集中表

---

① 熊文钊,郑毅.高等教育去行政化的基本问题及其对策——以法律规制为核心视角[J].北京行政学院学报,2011(3):86-92.
② 2018年9月,《十三届全国人大常委会立法规划》发布,学位条例(修改)被列入第二类项目,即"需要抓紧工作、条件成熟时提请审议的法律草案"。2023年5月29日,《全国人大常委会2023年度立法工作计划》发布,学位法(修改学位条例)被列入初次审议的法律案。从学位条例到学位法,我国学位法律制度将迎来一次重要的修订和完善。
③ 袁文峰.我国公立高校办学自主权与国家监督[M].北京:中国政法大学出版社,2015:152-153.

现为政府规范性文件(俗称"红头文件")与法律的抵触与冲突,行政规制在"合法性"与"最佳性"这两个维度上均存在缺陷。一方面,《高等教育法》所规定的公立高等学校的自主权事项,几乎均受到政府行政规制的干预。即便是公立高等学校自主权的核心事项如教育教学、学术研究、招生、教师评聘乃至内部机构设置等,均受到政府显性抑或隐性的规制。教育行政规章乃至其他规范性文件,尽管在法律效力位阶上很低,但其在教育治理中却具有明显的实效性。从一定意义而言,教育行政规章乃至其他行政规范性文件,实质性地支配着教育治理,教育领域法律的实效性极其微弱。① 对此,胡建华教授指出,我国公立高等学校自主权的运行更多受"文件"而非"法律"的规制,"在《高等教育法》颁布以来的高校办学实践中,我们可以看到这些法律所规定的自主权并没有完全落实到位,政府有关部门还在不断地发布指示、通知等文件影响高校自主权的行使。"②

例如,在2017年教育部《工作重点》中指出,要切实加强课程教材建设,"建立高校哲学社会科学学科专业核心课程教材目录制度"。显然,课程教材目录制度已经干涉到高等学校教师的教学自由以及高等学校的学术自治权。事实上,诸如此类的干预高等学校内部事项的行政规范性文件可谓"汗牛充栋","文件治理"作为国家治理的重要机制亦深嵌于政府对高等学校的监管之中。受此影响,《高等教育法》所规定的高等学校所享有的自主权,只能被视为受政府强制性政策意志限定的有限自主权,其与学术自由和大学自治之间相去甚远。毋庸置疑,政府规范性文件缺乏基本的合法性乃至合宪性审查,其发布与实施较为恣意。

实际上,这种规范性文件泛滥的状况,也存在于德国、日本等国家。在日本,它被批判为"依通达行政"现象。而在德国,有学者将其概括为"重要性理论的反向操作"现象。对此,"曾有德国学者指出,当今众多的'法规命令'与'行政规则',对于政策走向的实质领导功能,甚至已经达到所谓'反向的重要性理论(umgekehrte Wesentlichkeitstheorie)'的程度,亦即:越重要的事情,如今往往反而都是规定在法规命令或行政规则,而不是

---

① 当前,在我国教育管理领域,教育行政规范性文件占有绝对的比重,且具有明显的实效性。相比之下,教育法律则显得疲软无力,实效性差。
② 胡建华.从文件化到法律化:改善大学与政府关系之关键[J].苏州大学学报(教育科学版),2015(4):4-6.

法律当中。"①显然,立法规制的卸责使得行政立法的空间迅速扩张。当然,德国"重要性理论的反向操作现象"主要存在于环境法、科技法等领域,而非学术法领域。应该认识到,在高等教育领域,行政立法并不具有环境、科技等高度专业领域所具有的正当性,其应更多关注"大学法"与"国家法"的功能发挥与良性互动。退一步讲,即便肯认教育行政机关在教育领域规制中的"行政专业性",亦需要警惕"行政专业"沦为行政机关偷渡恣意的工具。目前,我国行政立法尤其是教育行政规范性文件的丛生,使公立高等学校自主权受到过度的侵蚀和干预,存在着严重的合宪性、合法性与正当性问题。对此,我们必须始终回溯法治国的基本原理和精神,恪守行政法定之原则。正如我国台湾地区学者黄舒芃所言,"法律对行政,特别是对行政立法的拘束,始终都是所有法治国家不容放弃的诉求。"②

另一方面,即便是满足合法性要件的政府行政规制,其合理性与正当性也备受质疑。法治框架下政府对公立高等学校自主权的行政监督,亦存在"过度"干预的问题。概言之,规范性文件难以通过"比例原则"(包括"妥当性原则""必要性原则""法益平衡原则")的检视,公立高等学校自主权与政府公权力之间呈现出严重的法益失衡。例如,政府对公立高等学校专业设置的监督,尽管符合《高等教育法》的规定,但其监督方式中"专业目录"的制定③,无疑是通过刚性的文件划定了公立高等学校专业设置的可能空间,实质性地限缩了大学专业设置的自主权。

应该认识到,在法治发达国家,国家规制(包括立法规制)介入公立高等学校自治权的核心事项的程度较弱。对于学术自治事项,国家一般仅作"框架性立法"以保障公共利益和基本权利,行政规制则不得介入。在我国,政府机关对于公立高等学校自主权的干预,实际上与法治发达国家的做法和经验相悖。国家监督与大学自主之间并未建立起合作伙伴关系,而更多呈现出一种彼此不信任的"零和博弈"乃至"负和博

---

① 黄舒芃.行政命令[M].台北:三民书局,2011:147-149.
② 同①。
③ 根据《普通高等学校本科专业设置管理规定》第四条的规定,"教育部制定和发布《普通高等学校本科专业目录》(以下简称《专业目录》)。《专业目录》规定专业划分、名称及所属门类,是设置调整专业、实施人才培养、安排招生、授予学位、指导就业,进行教育统计和人才需求预测等工作的重要依据。"

弈"关系。实践中,对于涉及公立高等学校自主权"核心地带"的事项,我国政府的行政规制并未弱化和缓和,而是一如既往地予以强制性的干预。公立高等学校实际上被视为政府的"附属机构"或"公营造物",公立高等学校法人制度的公法属性极度缺失。尽管,在行政审批制度改革持续推进与政府简政放权的背景下,某些领域(如高校教师职称评审权①)出现了控制弱化的趋势。② 但是,在另一些领域(如学位点授予和调整、专业设置)依旧维持着强控制的格局。这种控制强化与弱化趋势并非线性发展,而是呈现出一定的往复性,整个高等教育控制总体上仍表现为强控制型。③

破解作为"软法规范"的教育行政规制的"过度硬化"问题,既需要坚持"法治主义"的基本要求,又需要引入"软法之治"的治理逻辑。一方面,政府公权力的运作应被严格地限定在法律法规规定的范畴内,遵循"法无授权即禁止"的原则和精神,实施权力清单与责任清单管理制度。以高等学校招生为例,招生方案制定是高校办学自主权的一项内容。"教育行政部门应按照职权进行合法性监督,而不是以'招生工作规定''考试方案''招生暂行条例''录取新生工作权限的规则'和每年一份的'高等学校招生工作的意见'等内部规定拘束高校。"④另一方面,应基于软法的治理逻辑,增强

---

① 相关政策文件包括:《国务院关于第六批取消和调整行政审批项目的决定》(国发〔2012〕52号);教育部《关于做好高等学校副教授评审权授予工作的通知》(教师函〔2012〕8号);《关于高校教师专业技术职务评聘制度改革有关问题的通知》(浙教高科〔2014〕84号);《中共中央关于深化人才发展体制机制改革的意见》(中发〔2016〕9号);2017年中共中央办公厅与国务院办公厅印发的《关于深化职称制度改革的意见》(中办发〔2016〕77号);《国务院关于第三批取消中央指定地方实施行政许可事项的决定》(国发〔2017〕7号)。其中,在国务院发布的《关于第三批取消中央指定地方实施行政许可事项的决定》中,取消了高等学校副教授评审权的审批事项。至此,高等学校副教授评审权完全回归"高等学校",而不再接受政府的行政审批。而在教育部、中央编办、发展改革委、财政部、人力资源社会保障部五部门联合发布的《关于深化高等教育领域简政放权放管结合优化服务改革的若干意见》(教政法〔2017〕7号)中,高等学校副教授与教授职称评审的行政审批被取消。总体上,我国高等学校教师职称评审权经历了从政府高权管制走向行政监督与大学自主"合作规制"的演进轨迹。
② 2017年1月,由中共中央办公厅与国务院办公厅印发的《关于深化职称制度改革的意见》明确指出,"下放职称评审权限。进一步推进简政放权、放管结合、优化服务。政府部门在职称评价工作中要加强宏观管理,加强公共服务,加强事中事后监管,减少审批事项,减少微观管理,减少事务性工作。发挥用人主体在职称评审中的主导作用,科学界定、合理下放职称评审权限"。"推动高校、医院、科研院所、大型企业和其他人才智力密集的企事业单位按照管理权限自主开展职称评审。"
③ 涂端午.高等教育政策生产[M].北京:北京大学出版社,2012:102.
④ 袁文峰.我国公立高校办学自主权与国家监督[M].北京:中国政法大学出版社,2015:141-142.

行政规制的合理性、正当性与最佳性。对公立高等学校自主权的监督,应尽可能采用备案、行政指导、行政合同等更为柔性化的规制举措,而减少行政审批等强制性程度较高的规制方式。①

2."空间有限"与"能力不足":公立高等学校章程与校规的制定实施困局

我国公立高等学校章程与校规的制定与实施,受制于国家法律秩序尤其是教育部门规章乃至规章以下规范性文件的宰制。正如前文所言,行政规制借由保障公共利益和师生权利的理由,全面而细致地介入大学内部事务,从内部机构和专业设置,到大学生的管理与处分,从教师的学术评价与聘任等管理事项到学籍档案的管理,从教学课程安排到招生计划配置等,教育行政机关的规范性文件可谓"无孔不入",编织出一张覆盖公立高等学校办学自主权运行各个角落的"规则之网"。② 显然,在我国高等教育法律规范中,法律法规的比重明显偏低,教育治理高度依赖政府规章尤其是规章以下的规范性文件,高等教育的法律化程度严重不足。这使得行政规制挤占了立法规制的空间,并具有对立法规制的"替代效应"。与此同时,行政规制与高校章程和校规之间基于政府监督权的"制度性传送"关系,使大学自治立法空间被严重削弱。从某种意义上而言,高校校规乃至章程仅仅是对政府规章乃至规范性文件的"誊抄"与"复制"。立法的疏漏和司法解释的缺位,使得行政规制的恣意妄为获得了立法与司法机关的默许和放纵。换言之,游离于法治轨道之外的行政规制,始终束缚着公立高等学校自主立法权在内的办学自主权。

在此背景下,我国公立高等学校自治规章的制定与实施空间有限且能力低下。典型的表现是,在教育部发布《普通高等学校章程制定暂行办法》之后,高校章程制定过程缺乏实质性的协商沟通与程序正义精神,而成为少数教育学与法学专家乃至高校行政人员"技术化"操作并由校领导"拍板决策"的过程。一方面,高校章程制定并未经过广大师生的充分讨论,更未能采纳师生的意见和建议;另一方面,高校章程的制定、

---

① 周兰领.政府与公立学校行政关系法治化论纲[M].北京:海洋出版社,2010:210-241.
② 根据全国人民代表大会常务委员会法制工作委员会审查出版的《教育法律法规总览》所收录的1084件有效文件显示,仅1985年以后的教育法律、法规、规章及其他规范性文件就多达1032件,其中绝大多数是教育部这一最高教育行政机关的部门规章和其他规范性文件。参见:倪洪涛.大学生学习权及其救济研究——以大学和学生的关系为中心[M].北京:法律出版社,2010:155-156.

表现为对教育部31号令以及2014年发布的《核准通知》乃至已核准高校章程的"照搬"。正因为如此,教育部最终核准通过的大学章程之间重复性极高,而少有彰显高校自主办学特色的"创新"。作为大学"宪法"的章程尚且如此,作为章程"下位法"的高校校规则更缺乏自主的"立法空间"。从一定意义上而言,大学制度能力低下已经构成当前我国高等教育治理现代化的严重阻滞因素。大学自我规制能否建立健全,关乎政府简政放权后公立高等学校自主权能否良性运行。缺乏健全的自治和自律机制的公立高等学校,难以获得政府的信任,办学自主权的"放乱收死"困局也就在所难免。

3. 过度"软化"的教育法律与"政府部门主导"的教育立法体制:公立高等学校自主权规制与保障中立法权的旁落

在我国,最为强大的立法博弈力量是政府部门。典型的表现是,教育法律的草案往往由最高教育行政部门即教育部起草。在"政府部门主导立法"的立法模式下,立法程序一般是由国务院某一部门提出法律草案,提交国务院法制办协调并进行立法技术处理,经国务院批准后提交全国人大常委会审议通过。"政府部门主导"的教育立法过程,使得"国家利益部门化、部门利益法定化"的格局被固化。以《高等教育法》的立法过程为例,它主要涉及全国人大、中共中央和国务院、教育部和其他中央政府部门等三类权威部门的互动。《高等教育法》立法自1986年开始进行前期准备,当时北京大学和上海市高等教育局受原国家教委[①]委托提出了各自的草案。1993年《高等教育法》的立法进入专题研究阶段[②]并成立了正式的起草小组,小组人员比较固定,专家组人员主要来自北大和北师大,包括原国家教委官员总共10多人。起草小组组长是周远清(时任高教司司长)。通过调查研究与反复论证,原国家教委起草了《中华人民共和国高等教育法(送审稿)》。1996年5月《送审稿》在经过原国家教委党组审议后报送国务院,国务院法制局在进一步广泛征求意见的基础上,又会同原国家教委对送审稿反复研究、修改,形成了《中华人民共和国高等教育法(草案)》。该《草案》于1997年6月4日国务院第57次常务会议通过。此后,第八届全国人大常委会第26次会议

---

① 1985年,第六届全国人民代表大会常委会第11次会议决定,撤销教育部,设立国家教育委员会(简称"国家教委")。1998年,原国家教委更名为教育部。
② 涉及的专题包括政府、社会与高等学校的关系、学校的权利义务、教师学生的权利义务等。

对国务院提请的《高等教育法(草案)》进行了第一次审议。1997年8月、9月、10月,由全国人大常委会法制工作委员会牵头,教科文委员会、原国家教委、原国务院法制局参与,对草案先后进行了三次重大修改,并提交全国人大法律委员会审议。

1998年4月27日,九届全国人大常委会第2次会议后,全国人大党组就《高等教育法(草案)》中的一些问题向党中央请示报告,中央提出了一些建议,请全国人大常委会研究。同年8月,第九届全国人民代表大会常务委员会第四次会议对草案进行了第四次审议,并于8月29日审议通过《中华人民共和国高等教育法》。考察我国《高等教育法》的立法过程,可以发现高等教育立法具有明显的"部门立法"特征,"它最初是在原国家教委内部形成初步方案,然后再在政府内部讨论,讨论成熟后,再由全国人大常委会法制工作委员会汇报,交全国人大常委会审议。""全国人大常委会在收到国务院呈报的《高等教育法(草案)》后,先后进行了四次审议,在审议中争论不下的问题,由全国人大党组向中共中央政治局常委请示,在得到中央相关建议后,才会就法案进行最后表决。"①

表4.1　中国立法过程的制度内参与者②

参 与 者	机 构
全国人大及其常委会的立法起草部门	法制工作委员会,办公厅研究室,专门委员会,法律委员会和内务司法委员会
国务院的立法起草部门	法制办,各部的法制局、办
省级立法起草部门	省级人大和政府
其他立法起草部门	社科院,大学,法学会,其他社会群体

显然,在"部门主导"的教育立法体制下(如表4.1所示),教育部不可能通过《高等教育法》等教育法律的立法或修法,明确规范自身的权力范畴和运行方式。受此影响,《高等教育法》等教育法律的规定中存在"政府权力范围过大"而"法律责任范围过小"的现实困局。在现行的《高等教育法》中,既有的法律条款并未对高校作为行政相

---

① 涂端午.高等教育政策生产[M].北京:北京大学出版社,2012:61-64.
② 孙哲.全国人大制度研究(1979~2000)[M].北京:法律出版社,2004:127.

对人权利进行说明,也未能对教育行政机关等政府部门的权力边界和法律责任予以明晰。《高等教育法》等教育法律的粗疏,客观上造成政府与高校之间的权利与义务相互脱离,为行政主体对行政相对人权力的恣意侵犯提供了空间和可能。①

毋庸置疑的是,行政主导的教育立法体制势必造成教育法律文本的粗疏和模糊,使得教育法律过度"软化"而缺乏生命力。对于教育法律过度"软化"的问题,秦惠民教授批判道:"将不能强制执行的内容用法律的形式来确定,只会降低法律所特有的权威和尊严,使法律与政策难以区别。所以说,政策化和道德化的倾向并不是我国教育法律的一个优点。"②尹力教授则认为,"如果教育违法责任难以追究,那么义务履行将失去约束,权利保障将失去依据,纠纷解决也将无从裁判,这无疑会降低教育法的权威,造成谁也不会把教育法当回事,进而泛化成有法不依之态势。"③显然,教育法律的过度"软化",正在减损教育法的尊严和权威,导致各类教育法律关系无法获得有效调整。具体到高等教育领域,公立高等学校自主权既难以受到法律的有效规制,也难以获得法律的有效救济和保障。

从某种意义上而言,"自治机构决策和发展的自主空间有多大,关键取决于法律监督的具体尺度。如果该尺度包含不确定的法律概念,就可能显著压缩自治机构的行政自主权。"④当前,我国《高等教育法》对高等学校自主权的规定,存在着较多"不确定的法律概念",这为行政规制乃至其他强制性政策规定的介入预留了制度空间。⑤ 显然,《高等教育法》中出现的"按照国家有关规定"以及"达到国家规定的标准"等概念都较

---

① 祁占勇.现代大学制度的法律重构[M].北京:中国社会科学出版社,2009:174.
② 秦惠民.走向社会生活的教育法——中国教育法律的适用状况分析[C]//劳凯声.中国教育法制评论:第5辑.北京:教育科学出版社,2007.
③ 尹力."具体落实"还是"选择性移植"——《教育法律一揽子修订草案(征求意见稿)》解读[J].教育学报,2013(6):44-51.
④ [德]埃贝哈德·施密特-阿斯曼,等.德国行政法读本[M].于安,等,译.北京:高等教育出版社,2006:153.
⑤ 例如,《高等教育法》第三十一条规定:"高等学校应当以培养人才为中心,开展教学、科学研究和社会服务,保证教育教学质量达到国家规定的标准。"第三十二条规定:"高等学校根据社会需求、办学条件和国家核定的办学规模,制定招生方案,自主调节系科招生比例。"第三十三条规定:"高等学校依法自主设置和调整学科、专业。"第三十六条规定:"高等学校按照国家有关规定,自主开展与境外高等学校之间的科学技术文化交流与合作。"第三十七条规定:"高等学校……按照国家有关规定,评聘教师和其他专业技术人员的职务,调整津贴及工资分配。"

为模糊,属于典型的"不确定法律概念"。借由法律有意或无意中留下的规范空间,政府势必出台大量的规章乃至其他行政规范性文件对此予以进一步明确。然而,政府公权力自由裁量空间的扩张,必然意味着公立高等学校自主权疆域的进一步限缩。实际上,我国立法规制的模糊和抽象,客观上为行政规制的"恣意妄为"提供了不受约束的可能,衍生出高等教育法律化程度低的困局。

当前,在《高等教育法》等教育法律关于公立高等学校与政府之间权利义务边界未能明确的状况下,政府出台的"红头文件"极有可能与法律相冲突。实际上,在教育法律极度粗疏的背景下,"政策与法律的隐性冲突"并不必然构成"违法",教育行政规制的变革往往只能依靠政府自身的简政放权实现。毋庸置疑,在政府部门主导的教育立法模式长期不变的现实语境下,这一局面势必难以得到改善。政府的"放权"与"收权"也必然显得过于随意,而难以受到法治的规约。

从长远而言,我国教育立法体制变革的关键在于立法权的重新配置。应改变当前教育立法的"部门主导"格局,促进公众与各领域专家学者广泛而有效地参与教育立法,增强教育立法的科学性、权威性与民主性势在必行。

4. 司法权的"行政化"与"政策实施型"司法体制:公立高等学校自主权规制与保障中法院角色的徘徊与游离

公立高等学校自主权的法律规制结构中"硬法"的过度"软化",既包括教育立法体制的不足,也关涉司法体制的缺陷。根据达玛什卡的观点,回应型国家与能动型国家作为国家的两种理想类型,分别对应"纠纷解决型"与"政策实施型"司法体制。他认为,"回应型国家的政府只做两件事:维护秩序,并且为解决公民无法自行解决的纠纷提供平台",而与此相对应的则被称为"能动型国家"。"能动型国家并不满足于采取几项推行性的政策和福利计划,它信奉或致力于实践一种涉及美好生活图景的全面理论,并以此为基础设计一个面面俱到的公共政策。在能动型国家,社会生活的各个方面都可能按照国家政策的要求被塑造。"[1]作为有着全能主义政治传统的我国,国家

---

① [美]米尔伊安·R·达玛什卡.司法和国家权力的多种面孔:比较视野中的法律程序[M].郑戈,译.北京:中国政法大学出版社,2004:109-131.

类型总体上可以被视为"能动型国家"。与此相应,我国目前的司法制度属于典型的"政策实施型"司法体制,法院的中心任务被定位于执行国家在各个时期内的政治与政策纲领,而"纠纷解决"则是其附随的功能。从某种意义上而言,"政策实施型"司法体制强调法官"为中心工作服务",而不强调其作为"中立裁判者"的角色。我国法院系统的"政策实施型"制度逻辑与审判权的"行政化"运作,导致法官普遍形成了体制化的行为逻辑和思维方式。①

受此影响,我国高等教育纠纷的司法救济遭到诸多障碍。法院系统内部甚至形成了排斥受理"学生诉高校""教师诉高校"以及"政府诉高校"类案件的"政法惯例"。对于司法审查介入公立高等学校自主权纠纷的范围和强度,不同时期、不同层级与地区的法院持有不同的观点。根据目前高等教育领域的行政诉讼案的状况而言,法院在公立高等学校学生管理纠纷方面显得相对能动。对公立高等学校与教师、政府之间的行政纠纷,鲜有法院受理。其中,公立高等学校与教育行政机关之间的纠纷,几乎未有纳入司法审查的先例。备受学界关注的"西北政法大学申博案",也仅仅是一起行政复议案。之所以会产生这种局面,与我国法院相对于其他国家行政机关的弱势地位有着密切联系。"为什么田永案、刘燕文案的法官,敢于直接'造法',让被告去遵循呢?"

毋庸置疑的是,相对于面对行政机关的行政诉讼,法官面对一个高校(无论是北京科技大学抑或北京大学),"法官选择自己倾向的解释并创设规则所可能遇到的阻力或可能负担的成本要少得多。"②换言之,法院对公立高等学校与学生纠纷的司法审查阻力相对较小,也更容易形成共识。相比之下,受制于事业单位体制改革中公立高等学校教师法律地位的不确定性以及行政权与司法权博弈的现实因素,法院对公立高等学校与政府、教师纠纷的司法审查往往存在较大阻力。希冀通过司法权控制行政权对公立高等学校的不当干预,不仅在我国未有先例,在德国、日本等法治发达国家,亦仅处于理论争鸣期③,尚未发现相关的行政诉讼案产生。

---

① 余军,张文.行政规范性文件司法审查权的实效性考察[J].法学研究,2016(2):42-61.
② 沈岿.公法变迁与合法性[M].北京:法律出版社,2010:173.
③ 对于该议题的争论,参见:[日]盐野宏.行政组织法[M].杨建顺,译.北京:北京大学出版社,2008:82-85.

尽管,我国《行政诉讼法》实施已有近20年,也已形成了较为丰富的高等教育行政审判经验,发布了诸多高等教育行政纠纷的"典型案件"。但是,"外部的压力和审判权独立的欠缺,使得法院在受案范围问题上进退维谷,以'请示'和'解释'的方式来规避法律和政治风险,成为法院基于司法能力的认识而做出的理性选择"。[①] 法院角色的徘徊与游离,势必导致公立高等学校自主权难以获得有效的规制、救济和保障。一方面,公立高等学校学生与教师管理中的权力滥用和恣意,无法受到司法的有效规制;另一方面,当公立高等学校受到政府的不当和过度干预时,其合法权益也无法获得救济。

表 4.2　公立高等学校自主权法律规制结构失衡的表现与成因

	法律规制结构失衡的表现	法律规制结构失衡的成因
公法化不足与私法化过度	过度强调公立高等学校作为民事主体的法律地位	市场经济背景下"工具导向"的教育立法,旨在推卸政府作为举办者的财政责任
	公立高等学校作为行政主体与行政相对人的法律地位未在法律中予以明确,司法判决中提出的"法律法规授权说"存在法理漏洞与缺陷	政府主导型的法律形成过程;部门主导的教育立法体制;"政策实施型"司法体制与"形式法治"的逻辑
硬法"软化"与软法"硬化"	教育法律中过多使用软法规范;教育法律对高等教育改革的现实难题缺乏及时有效的回应;教育法律的实效性微弱	政府主导型的"部门立法体制";全国人大在立法中的主导地位难以有效发挥
	法院拒绝或排斥受理高等教育领域行政纠纷案件(尤其是高等学校与政府以及高等学校与教师之间的纠纷)的"政法惯例"	"政策实施型"司法体制下法院对行政相对人权益保障的不足;行政判决的合法性尚建立在"形式合法性"而非"实质合法性"的基础上
	教育治理过度依赖规章以及规章以下规范性文件;规范性文件中过多使用硬法规范;"政策"与法律冲突、抵触,违反"行政法定"的基本原则	"政府主导型"部门立法体制下高等教育立法的粗疏以及"政策实施型"司法体制下司法解释不足为行政规范性文件的泛滥遗留巨大空间;政府公权力缺乏完善的司法监督和自我监督机制

---

① 谭炜杰.行政诉讼受案范围否定性列举之反思[J].行政法学研究,2015(1):89-98.

续 表

	法律规制结构失衡的表现	法律规制结构失衡的成因
硬法"软化"与软法"硬化"	高校章程、校规与"上位法"抵触	司法监督与行政监督相对乏力;缺乏软法规范应有的"合法性审查"机制
	高校章程、校规中学术自治规范或学术"习惯法"发育滞缓且缺乏实际性的"自治立法空间"	高校章程、校规的制定和实施缺乏"协商对话机制";行政立法的"挤压效应"

总结而言,我国公立高等学校自主权法律规制结构的失衡主要表现在公法化不足与私法化过度以及硬法软化与软法硬化两方面(如表 4.2 所示)。它构成我国公立高等学校自主权运行中法权失衡的根本原因与制度性难题,使公立高等学校自主权长期以来表现出"放乱收死"的困局。

二、"互侵式"法权结构:公立高等学校自主权法律规制结构失衡的影响

(一)"公私串权"的滥权行为:作为"双界性法人"的公立高等学校及其治理难题

公立高等学校作为横跨公、私法域的"双界性法人",既具有行政主体性或被视为具有公法性质的法人,据此承担一定的公共职能,履行部分国家教育公务,行使特定的国家公权力;又被视为具有私法性质的法人或民事主体,其与企业等私主体之间可能发生大量的民事活动。在我国,《高等教育法》明确规定了高等学校作为民事主体,享有民事权利,承担民事责任的法律地位。在我国,大学越来越经常地将学术资源(知识产权)这一法人资产以技术股权、技术转让、有偿服务等方式从事民事活动。此外,公立高等学校与教师、学生之间的法律关系也呈现出私法化或公、私法混合的趋势。这在公立高等学校教师聘任制改革以及学生学费持续增长的背景下,显得尤为显著。当然,这种"双界性法人"的特殊法律地位界定,也潜藏着特殊的治理危机。对"双界性"法人界分其公、私职能,是我国转型时期法律制度体系建设的软肋和盲点,这使得公立高等学校等"双界性"法人在某些领域里受不到法治的足够约束,留下了角色串通、

"公私串权"的"法外空间"。①

第一,公立高等学校作为民事主体的法律地位,可能因过多参与经济性活动,使其产生"私法化过度"的问题。公立高等学校自主权"既可用为公器,亦可用为私器,在自律失效和他律不足的情况下,极易发生不规范的营利性活动"。换言之,公立高等学校可能利用其与政府的"特殊连带关系"或实际存在的"身份依附关系"逃遁民事主体应该承担的民事责任。20世纪90年代,在我国高等教育规模的快速扩张中,"某些高校在基础设施建设的决策和实施过程中缺少监督,导致其因盲目扩张背负了巨额债务。面对高校债务危机严重影响高校正常发展的局面,政府默许了高校土地置换还债的方式,甚至为高校的债务承担还债责任"。② 应该认识到,"公立大学因为具有高度的公共责任性,其财政管理和运用必须以学术为中心,不可基于自治而恣意为之。基于公立大学的公共性和社会功能,大学来自政府预算的经费运用,仍应受到政府与立法机构的监督。但监督的方式、范围也应兼顾学术自由的保障内涵。"③

基于公立高等学校作为公共机构与非营利性机构的特殊属性,其参与民事活动的权利能力应当受到一定的限制。而这也构成世界各国公立高等学校自主权规制与监管的重要内容,如大陆法系国家对公立高等学校法人民事权利能力的公法规制和限缩。在英美法系,非营利性法律对包括公立高等学校在内的非营利性机构或公共机构的商业活动给予一定的限制。然而,我国公立高等学校的民事活动却缺乏必要的规制和监管。例如,既有的国有资产管理办法未能对公立高等学校的"两类法人财产权"即国有资产和民事主体的法人财产权予以界分。应该认识到,公立高等学校与企业性质存在明显不同,高校具有财务主体和财政主体的双重属性。一方面,公立高等学校的办学经费主要依靠政府财政拨款,这部分办学经费实际上属于"国有资产",其监管适用《事业单位国有资产管理暂行办法》(财政部令第36号);另一方面,高校作为独

---

① 龚怡祖.高校经济性行为失范的后果、原因及法制回应[J].中国地质大学学报(社会科学版),2008(3):46-50.
② 别荣海.高等教育转型中的政府与高校关系重塑[J].中国行政管理,2011(9):33-36.
③ 许育典,李佳育.从大学的法律地位探讨大学自治的落实:以大学法人化为核心[J].当代教育研究季刊,2014(1):169-209.

立的事业法人,其享有独立的法人财产权。又如,公立高等学校的贷款制度设计应侧重于政策性银行贷款而非商业银行贷款,尤其是在公立高等学校的非营利性项目中尤其需要增强政策性银行贷款制度的适用。

第二,公立高等学校作为行政主体的权力和行政相对人的权利可能因为其法人制度的"公法化不足"而难以规制或保障。它典型的表现为,公立高等学校与教师、学生以及政府之间的纠纷难以获得有效解决。一方面,公立高等学校作为法律法规规章授权组织或行政主体时,其与教师之间的纠纷可能被视为民事纠纷而非行政纠纷。另一方面,公立高等学校作为行政相对人时,其与政府之间的纠纷,难以通过司法途径获得解决。实际上,受制于公立高等学校法人制度的公法属性的缺失和不足,公立高等学校自主权的"公权面向"难以保障和规范。

具体而言,当前事业单位体制改革的背景下,公立高等学校教师的法律地位呈现出"私法化"的趋势。尤其是在取消编制管理后,公立高等学校与教师之间的聘任合同将更多被视为民事合同。由于法院倾向于将公立高等学校与教师之间的纠纷定位为民事纠纷而非行政纠纷,因此,教师权益的保障难以通过行政诉讼渠道解决。[①] 而在公立高等学校教师法律地位未能厘清的背景下,教师权利救济的民事诉讼、教师申诉以及仲裁等渠道也未能健全且缺乏有效的衔接机制。据此,最根本的问题当属厘清公立高等学校教师的法律地位,肯认其公法身份。实际上,考察世界各国公立高等学校教师的法律地位,大多依旧将其视为公务员或公共雇员,赋予其公法上的法律地位,其与公立高等学校的争议被视为公法争议,纳入公法规制的范畴。

据此,本研究认为将公立高等学校与教师之间的法律关系简单地视为民事法律关系,而忽视其行政法律关系的面向,不符合公立高等学校履行公共职能,承担国家教育公务的特质。可考虑对公立高等学校教师进行分类管理,例如,纯粹科研岗位的教师管理,与高等学校之间的关系更多可被视为民事法律关系,适用私法规制。而更多从事教育教学的教师的管理,则应更多适用公法规制。[②] 进一步而言,对于公立高等学

---

① 高延坤.高校教师惩戒之司法救济——基于53件高校人事争议诉讼案例的考察[J].复旦教育论坛,2017(1):10-16.
② 娄宇.我国高校"非升即走"制度的合法性反思[J].高等教育研究,2015(6):21-32.

校教师而言,应肯认其所具有的公法身份,其与公立高等学校的法律关系中既包含公法因素,也包含私法因素。单纯强调私法因素,并不能有效保障公立高等学校教师的合法权益,也不能证明其可以提高大学的竞争力,维系大学的公益性。

与此同时,公立高等学校与政府之间的行政纠纷长期难以获得解决,也被视为公立高等学校自主权"公法化不足"的典型表现。在过度强调公立高等学校民事主体法律地位的同时,由于公立高等学校长期被视为政府的附属机构,其公法地位尚未被法律明确,这使得法院缺乏介入公立高等学校与政府间行政纠纷的动力和意愿。因此,能否进一步明确公立高等学校在公法上的地位,关系到公立高等学校作为行政相对人时权利的保障和救济。目前,我国公立高等学校与政府之间的行政纠纷还未出现行政诉讼的先例。备受关注的"西北政法大学申博案"也仅是一起行政复议案件。考察域外的状况可以发现,在英美法系国家,公立高等学校与政府之间的纠纷,纳入司法审查并无障碍。

而在大陆法系国家,这一问题也面临诸多障碍,表现出与我国类似的窘境。其中,受"内部关系论"的影响,日本国立大学与政府之间的纠纷长期难以纳入司法救济的渠道。当然,这种传统正在遭受批判。越来越多的学者认为,特殊行政主体与国家的纠纷应纳入行政诉讼,具有"起诉可能性"。而在德国,传统上碍于公立高等学校的公法设施身份,其与国家的纠纷难以通过公法诉讼的渠道解决。但是,近年来这种状况正在得到改变。随着公立高等学校法律地位的多元化,德国公立高等学校(公法上的社团法人)可以通过诉讼争议国家监督措施。[①] 而在我国台湾地区,自20世纪90年代以来,通过380号与450号"大法官"解释,解决了国家监督与大学自治的关系问题,增强了大学自治的法律保障。[②]

总而言之,我国公立高等学校作为特殊的"双界性法人",其自主权所具有的公权与私权的双重面向,使其具有了"滥用"和"保障缺失"的双重可能。如何界分公立高

---

① [日]盐野宏.行政组织法[M].杨建顺,译.北京:北京大学出版社,2008:82-85.
② 周慧蕾,孙铭宗.论大学自治权与学生权利的平衡——从台湾地区司法实践切入[J].行政法学研究,2013(1):86-92;周慧蕾.大学自治:从保障到平衡——基于台湾地区"大法官"相关解释的分析[J].高等教育研究,2013(3):22-27.

等学校自主权中公权与私权的双重面向,如何凸显公立高等学校法人制度的公法属性并规制和限缩其私法属性,是我国公立高等学校自主权法律规制结构失衡困局予以矫正的重要方面。

(二) 绵密的国家"规则之网":被"挤压"的大学自治空间与软法生长困局

我国公立高等学校自主权法律规制结构的失衡除了公法与私法秩序适用错位抑或缺位以外,亦包含"硬法软化"与"软法硬化"的现实难题。它集中体现在政府规范性文件(俗称"红头文件")的丛生及其对大学自治空间的"挤压",大学章程与校规等自治规章的软法属性及其应有的"法治品性"难以彰显。换言之,各级教育行政部门等政府机关编织的"规则之网",束缚着大学自治立法的生长空间。政府公权力的扩张,借由"文件"而非"法律"穿透大学自治的"围墙"。既有的研究中,政治学者们普遍关注"文件治国"的政治与行政体制对大学治理的宰制效应,国家建构着大学治理的运行模式并使其呈现出"泛行政化"和"官僚化"的弊病。据此,文件作为一种治理机制和手段,也被我国公立高等学校普遍使用。从某种意义上而言,法律法规以及规章以下的"规范性文件"作为政府意志的体现被广泛地应用于公立高等学校的治理中。高校校规存在着对规章乃至其他政府规范性文件的"复制"状况,它甚至可以被视为对政府公共政策决定的执行。

从政策类型的视角而言,当前,我国政府普遍适用较强的规制措施。与此同时,政府的"红头文件"过多地介入教学、科研等大学"内部事务"。它更多扮演的并非"服务者",而是"生产者"的角色。统计表明,来自立法机构的发文较少,而党政机关向大学发布的文件更多,我国高等教育的法律化程度还偏低。[1] 从一定意义而言,公立高等学校校规乃至章程的制定,表现为政府规范性文件的"誊抄"而缺乏自主的"立法空间"。[2]

---

[1] 魏姝.政策类型视角下的中国政府职能转变——以高等教育政策为例的实证研究[J].中国行政管理,2016(7):115-121.
[2] 倪洪涛.大学生学习权及其救济研究——以大学和学生的关系为中心[M].北京:法律出版社,2010:155-156.

从深层次而言,作为法人的公立高等学校之所以受到不同层级、不同部门党政机关"规范性文件"的支配,根源于其人事、财政等法人权利的缺失。概言之,法律对公立高等学校法人地位的确认,更多仅具有形式意义。鉴于我国公立高等学校法人在一些基本的权利要素或能力上的缺失,其往往被视为政府的"附属机构"。公立高等学校的"单位属性"较强,而"法人属性"较弱。政府对财政(尤其是"项目制")、人事(编制管理)以及"招生计划"等稀缺资源的控制,使公立高等学校获得的自主权始终处于极其有限的状况。实际上,这种稀缺资源的控制,已经深刻地影响到公立高等学校的学术自治。通过"项目"与"五花八门"的"帽子工程"等激励机制设计,政府能够直接影响高等学校及其教师的学术研究、教学设计等。"正如德国学者汉斯-乌韦·埃里克森/阿诺·谢伯格(Hans-UWe Erichsen/Arno Scherberg)所指出的,大学的发展受到国家在财务、人事手段上的诸多控制,并且因人事、资金的匮乏,大学的学术自主空间大受限缩。"①

(三)"泛行政化"逻辑的蔓延:大学内部治理中法权的不当行使与结构失衡

大学内部治理的应然逻辑是各类权利(权力)组群的良性互动与法权平衡,而其实然逻辑却表现为学术权力与行政权力、大学与基层学术组织、大学自主权与师生权利等法权之间的"互侵"与"失衡"。我国大学内部治理的行政支配逻辑,是政府与公立高等学校之间客观存在的"特别权力关系"的逻辑后果。它深刻地表现为,公立高等学校内部行政权力对学术权力、师生权利的侵害或不当干预以及学术权力或权利的不当行使。

第一,当前我国公立高等学校内部治理结构中,学术权力式微而行政权力过度强化且持续扩张。在我国公立高等学校中,行政级别的科层体系及职位设置与行政机关几乎如出一辙,高校的行政权力已经蔓延至大学治理的每一个角落。在公立高等学校行政权力与行政机关"组织同构"且"精神气质"趋同的背景下,学术专业团体的自治

---

① Krausnick, D.. *Staat und Hochschule im Gewährleistungsstaat*[M]. Tübingen: Mohr Siebeck, 2012: 494-496.

以及师生个体的学术自由均受到不当的干预乃至倾轧。"行政化"的管理方式,使得教师个体的课程设置、教学进度安排、学术研究方向选择乃至博士生的招生,均被纳入到高强度的管制之中。从某种意义上而言,"行政化"的管理方式,试图将整个学校"规范"成一部精细运作的庞大机器,教师则变成这部机器上的螺丝钉,抹掉任何个人的或学术方向上的特点。

当然,近年来我国《高等教育法》的修订以及《高等学校学术委员会规程》等一系列关于大学治理结构优化的教育部部门规章的出台,使得大学内部治理结构的"行政支配"逻辑有所消解,而基于学术自治的大学内部治理结构正在逐渐生成。当然,规制层面的局部变革能否真正撬动大学内部治理结构的"泛行政化"难题还不能轻易地下结论。不难发现的是,在大学与政府之间行政法律关系不平衡格局抑或二者之间客观存在的"特别权力关系"未能被根本打破的背景下,规章乃至立法中对学术委员会地位的确立仅能为大学内部治理结构变革提供形式意义上的法律依据。更为棘手的是,在大学行政权力"官僚化"的习气与"官本位"的立场,未能根本矫正的背景下,大学独立法人地位的真正确立,也并不能改变学术权力与师生权利被行政权力挤压或不当干预,且无法获得有效救济的现状。

第二,我国公立高等学校内部学术权力与权利的行使也缺乏自律机制,学术自治的功能不彰。应该认识到,公立高等学校内部治理中法权的失衡,不仅表现为行政权力对学术权力的侵犯和挤压,也独特地表现为学术权力或权利的"自我异化"。一方面,学术自治作为学术自由的制度性保障,其可能与学术自由背道而驰。换言之,学术权力存在滥用,并对师生个体权利构成不当侵害的可能。当前,我国公立高等学校内部的各类学术自治团体,如学术委员会、教授职称评定委员会的权力行使,还缺乏完善的专业惯例或"学术习惯法"支撑。这使得学术权力时常受到外部行政意志的干预甚至被个别缺乏学术自律精神的"学术寡头"所支配,学术治理陷入混乱状态。必须指出的是,对学术治理中"民主胜任"原则的强调,绝不意味着服膺于个别"学术寡头"的意志。基于"民主胜任"原则的专业判断能够切实发挥作用的前提,是学术自治与自律机制的健全。为此,我国《高等学校学术委员会规程》应进一步完善学术委员会作为学术权力行使的最高学术机构,其权力行使的程序和具体规则,避免权力的恣意与失控,实现师生权利的保障与救济。另一方面,师生个人的学术权利,也可能被不当行使。它突出地表现为教师的学术不端乃至学术腐败行为。当前,在高强度的绩效激励机制驱动下,学术界的浮躁之风蔓延,学术不端行为屡见不鲜。在此背景下,教育部于2016年颁布实施《高等学校预防与处理学术不端行为办法》(教育部40号令)。根据该部门规章的规定要求,进一步加强对高等学校学术不端行为的预防、监督与惩戒。

第三,行政支配逻辑下公立高等学校教师与学生权利救济与保障机制的中立性、独立性与有效性不足。从权利的积极保障面向而言,公立高等学校教师与学生作为大学治理的"当事人"的参与性不足。当前,《高等教育法》等法律以及《普通高等学校学生管理规定》《高等学校章程制定暂行办法》《学校教职工代表大会规定》以及《高等学校学术委员会规程》等部门规章,均对公立高等学校教师、学生参与大学治理的方式、程序和途径有所规定。① 根据法律法规以及规章中与师生参与大学治理相关的规定,一些高校正在逐步推进大学治理的"去行政化",增强大学治理的民主性与专业性。但是,这些规定在大学治理的实践中却难以有效实现抑或正在走向极端乃至"异化"。一些高校进行的"校长退出学术委员会"的改革举措,在获得媒体和一些学者赞许的同时,却忽视了大学治理中学术权力与行政权力沟通的必要性,使学术委员会可能沦为"清谈馆"。此外,学生如何参与大学治理,其参与大学治理的限度如何,还需要更为清晰的法理认识。德国大学治理中"组群大学"的观点以及美国大学教授联合会(AAUP)所提倡的共同治理,均关注学生在与其利益相关事项上的参与权。在特定的遵循"民主胜任原则"的学术事务中,教师尤其是教授则被视为"优势组群"而具有更强的"特殊优位性",学生在此类事务中更多仅享有旁听抑或建议权。据此,大学治理的"当事人行政"特性,要求教师与学生积极参与与其权益密切相关抑或专业特性鲜明的事务的治理之中。

---

① 最新颁布实施的《普通高等学校学生管理规定》(教育部令第41号)第六条规定:"学生在校期间依法享有下列权利:(一)……(五)在校内组织、参加学生团体,以适当方式参与学校管理,对学校与学生权益相关事务享有知情权、参与权、表达权和监督权"。第四十条规定:"学校应当建立和完善学生参与管理的组织形式,支持和保障学生依法、依章程参与学校管理。"

从消极的权利救济面向而言,我国公立高等学校教师与学生理论上所拥有的权利救济渠道在实际运行中遭受着严峻的挑战,其实效性堪忧。一方面,公立高等学校教师权益受损时,可以求助的申诉、行政复议、行政诉讼、民事诉讼、仲裁等理论上可行的方式,在实际的法律规定中仅有申诉制度和仲裁制度具有明确的法律依据。"严格地说,仲裁只适用于高等学校教师的聘用纠纷。而其权利纠纷主要是通过申诉的办法解决,通过法律解决也大多通过调解来进行。"[①]毋庸置疑,在公立高等学校教师法律地位未能厘清的背景下,公立高等学校教师的权利救济状况必然堪忧,既有的权利救济制度也难以真正发挥作用。另一方面,公立高等学校学生的权益救济制度,相对教师而言更加完备。但是,由1995年颁布实施的《教育法》确立[②],借由教育部21号令即《普通高等学校学生管理规定》予以明确和健全的学生申诉制度作为公立高等学校学生权利救济的重要渠道,其实效性还相当不足。尽管,《规定》对高校学生校内申诉的申诉组织、申诉范围、申诉程序等作了制度性规定,为高校学生申诉制度建立健全提供了具体的依据。但是,这种"行政主导"模式下建立的高校学生申诉制度,还在独立性、权威性和专业性等方面存在较多问题。它集中表现为"学生申诉委员会"作为学生申诉处理机构的地位、组成和人选来源不够清晰明确,致使各高校校规对"学生申诉委员会"的成员比例等"实质性问题"拥有"自由裁量"的空间。

针对该问题,有学者对安徽理工大学等30所高校"学生申诉委员会"的设置状况进行了实证调查。调查结果表明,鉴于对《规定》第60条第二款规定的遵守,在这些高校中,大多数都规定"学生申诉委员会"的委员由校分管领导、学生处、教务处、监察处、保卫处、团委、法律专家和相关学院的负责人、教师代表和学生代表组成。由于教师与学生代表比例极小,"学生申诉委员会"实际上沦为高校行政结构的"微缩版"。[③]显然,学生申诉委员会的成员构成及其具体的代表比例设置,具有

---

① 蒋后强.高等学校自主权研究:法治的视角[M].北京:法律出版社,2010:191-192.
② 1995年颁布实施的《教育法》第42条规定,"对学校给予的处分不服向有关部门提出申诉,对学校、教师侵犯其人身权、财产权等合法权益,提出申诉或者依法提起诉讼"。
③ 贺奇兵,黄毅.高校学生校内申诉制度研究[J].西南大学学报(社会科学版),2009(6):88-91.

鲜明的"行政支配"特性。① 由于学生申诉机构受高校行政权力的支配和统一领导，申诉处理委员会在处理纠纷时势必会更多考虑高校管理者的权威，而非学生权利的救济与维护。

与此同时，校内申诉制度的处理程序（如回避制度设置）以及受理范围也均存在较多的制度缺陷。例如，2005年颁布实施的《普通高等学校学生管理规定》（教育部令第21号）第60条②对学生申诉制度的受案范围作了较《教育法》第42条更为限缩的规定。毋庸置疑，这一规定将校内学生申诉制度的受案范围限定在学生身份变更等对学生重大权益产生影响的处分，客观上不利于学生合法权益的保护与救济。在高校根据《普通高等学校学生管理规定》要求颁布实施的相关校规中，一些高校对学生申诉处理委员会的受理范围作了更为明确的限缩。③ 显然，《普通高等学校学生管理规定》与一些高校据此制定的学生申诉处理办法，实质性地限缩了《教育法》所规定和保障的学生申诉权的权利范围。④ 除此之外，更为根本的问题在于，"如果不赋予学申委以一定的变更学校原处分决定的权力，则学申委的作用就形同虚设，根本无法维护学生权利"⑤，不难想象，2005年《普通高等学校学生管理规定》（教育部令第21号）以及高校据此制定实施的有关学生申诉的校规，对学生合法权益的救济与保障能力可谓极为有限。

值得欣喜与关注的是，在最新颁布实施的《普通高等学校学生管理规定》（教育部令第41号）中，对高等学校学生申诉制度作了更为具体翔实的规定。⑥ 在新《规定》中

---

① 正如湛中乐教授所言，"现行的高校申诉委员会在人员的设置上，还是以校方行政管理人员为主，以校职能部门的领导为主，而具有学术权威的教授专家比例偏少，权利真正受到影响的学生群体在学申委中也只占到极小的比例"。参见：湛中乐.高等学校大学生校内申诉制度研究（下）[J].江苏行政学院学报，2007（6）：100－105.
② 《普通高等学校学生管理规定》第60条规定，"学校应当成立学生申诉处理委员会，受理学生对取消入学资格、退学处理或者违规、违纪处分的申诉。"
③ 以清华大学为例，《清华大学学生申诉处理办法》将学生申诉制度的受理范围界定为"学生对学校做出取消入学资格，给予退学处理，给予警告、严重警告、记过、留校察看或者开除学籍处分的处理决定"。
④ 申素平，陈瑶.论非诉讼纠纷解决机制及其在我国教育领域的适用[J].中国高教研究，2017（1）：64－69.
⑤ 湛中乐.高等学校大学生校内申诉制度研究（下）[J].江苏行政学院学报，2007（6）：100－105.
⑥ 目前，《学生申诉办法》尚未制定。此次《普通高等学校学生管理规定》的修订中，对学生申诉制度的详细规定，可以被视为《学生申诉办法》出台的前奏。而根据教育部发布的《依法治教纲要（2016——2020）》的要求，将"制定《教师申诉办法》《学生申诉办法》，健全教师和学生申诉制度。"显然，《学生申诉办法》等部门规章的制定，将进一步完善我国高等学校学生申诉制度。

单独设立"学生申诉"一章,对学生申诉机构的成员构成与权限范畴、学生申诉的具体程度等重要事项予以明确规定。据此,拓展了高等学校学生申诉处理委员会的受理范围,完善了该委员会的成员构成①、议事规则以及相关程序。以受理范围为例,新规定不再对学生申诉委员会的受理范围作列举式的规定,而是将其界定为"学生对处理或者处分决定不服"的权益纠纷。② 最值得肯定的是,在此次修订中,新《规定》明确赋予高等学校学生申诉处理委员会以变更学校原处分决定的权力。③ 此外,新《规定》还对教育行政部门的行政申诉制度予以更为明确的规定,要求省级教育行政部门,"根据调查结论,区别不同情况,分别作出"不同的决定。

尽管新《规定》已经对学生申诉制度作了较为完善和全面的规定。但是,高等学校学生申诉制度依旧存在较大不足。例如,新《规定》对学生申诉处理委员会的受理范围、成员构成还缺乏更为明确具体的规定,各高校在出台自身申诉办法时,依旧存在着较大的"自由裁量"空间。对于新《规定》,高校可能会作出有利于维护其管理秩序的解释,进而沿袭其以往的做法。此外,如何厘清校内申诉、行政申诉、行政复议以及行政诉讼等多元纠纷解决机制之间的关系,也尚未获得解决。

从长远而言,只有解构大学内部治理中长期存在的行政支配逻辑,方能实现大学章程与校规作为大学自我规制的良性运行,进而更好地实现大学自主权与师生权利的动态平衡。应该认识到,行政支配逻辑作为一套观念秩序已经深嵌于大学治理及其行动者的思维模板之中。短时间内,这种状况难以真正改变。仅仅依靠国家自上而下的

---

① 2017年修订后颁布实施的《普通高等学校学生管理规定》(教育部令第41号)第59条规定:"学生申诉处理委员会应当由学校相关负责人、职能部门负责人、教师代表、学生代表、负责法律事务的相关机构负责人等组成,可以聘请校外法律、教育等方面专家参加。"显然,相比于2005年的旧《规定》,此次规定更加重视专家的参与,以凸显学生申诉制度的权威性、专业性。但是,在学生申诉处理委员会中各方代表的比例如何,教育部41号令也未能作出具体规定。实际上,新《规定》依旧存在着与旧《规定》类似的关于学生申诉处理委员会成员构成过度"行政化"的风险,学生申诉处理委员会的"中立性"依旧存疑。
② 新《规定》第五十九条规定:"学校应当成立学生申诉处理委员会,负责受理学生对处理或者处分决定不服提起的申诉。"
③ 新《规定》的第六十条规定:"学生申诉处理委员会经复查,认为做出处理或者处分的事实、依据、程序等存在不当,可以做出建议撤销或者变更的复查意见,要求相关职能部门予以研究,重新提交校长办公会或者专门会议作出决定。"

"大学法治秩序"建构(例如,教育部令第 41 号的颁布实施以及教育部发布关于大学法治建设的指导性意见①等),还是远远不够的。它亟待大学内部行动者,形成关于大学法治的基本共识。据此,在公立高等学校自主权的运行中形成"对权利保有敬畏,对权力保有警惕"的基本法治信仰与思维模式。

---

① 根据教育部发布的《教育部 2017 年工作要点》的要求,将"研究制订部属高校加强法治工作的指导意见"。据此,对部属高校的法治建设予以更为全面具体的统一部署。

第五章
我国公立高等学校自主权法律规制结构失衡的矫正

我国公立高等学校自主权作为一种包含国家教育权、学术自治权与社会教育权等多头法源的"复合型法权",其运行中呈现出的法权互侵乃至异化现象,根植于法律规制结构的失衡及其任务导向的缺失。因此,治本之策在于形塑任务导向型的"混合法"规制结构,这既符合公立高等学校自主权法律规制结构形塑的法理依据,也具有比较法的经验支持。更重要的是,任务导向型"混合法"规制结构能够有效矫正我国公立高等学校自主权法律规制结构失衡所衍生的诸多弊病,建构任务导向型"互动式"法权治理格局。

一、公、私法域的界分与交融:"双界性法人"困局的破解与公共性回归

当前,我国公立高等学校自主权的运行存在"公法化不足"与"私法化过度"的法律规制结构失衡。公立高等学校作为横跨公、私法域的"双界性法人",存在"公私串权"的治理性危机。受"双界性"法人这一特殊制度设计的影响,公立大学所应具有的公益性与自主性的双重属性,正在逐渐扭曲乃至异化。据此,应增强公立高等学校法人制度的公法属性,适时推进其"公法化",以实现我国公立高等学校的"二次法人化"。[①] 与此同时,应基于非营利性法律以及公法规制的原则和精神,对公立高等学校作为民事主体的民事权利能力予以特殊的限缩,以增强公立高等学校的公益属性,避免公立高等学校自主权运行的"过度市场化"。通过公法化的适时推进以及"过度私

---

① 所谓"二次法人化",是针对此前我国《高等教育法》和《民法通则》确立高等学校作为民事主体法律地位的"一次法人化"而言的。它试图进一步强化公立高等学校法人制度的公法属性,在立法中明确公立高等学校在公法上的法律地位。

法化"的矫正,将公立高等学校界定为应公即公,应私即私,介乎公私之间,兼具公共职能与学术自治双重属性,以学术自由与公共利益辩证统一为基本价值旨归的"特殊法人"①,是目前我国事业单位体制改革背景下公立高等学校法人制度变革的理想选择。

(一) 适时推进公法化:我国公立高等学校的"二次法人化"

关于我国公立高等学校的"二次法人化",公法学者普遍提出应借鉴德国、法国等大陆法系国家公立高等学校法律地位的界定,明确公立高等学校作为"行政法人"或者"公法人""公务法人"的法律地位。有学者指出,将公立高等学校确立为公法人,而并非私法人。具体理由包括:"其一,我国的公立大学是依《教育法》《高等教育法》《学位条例》等设立的,而教育法是调整教育行政关系的法律规范的总称,符合行政法的特征,具有公法性质。其二,我国《教育法》《高等教育法》《学位条例》等相关法律法规均赋予公立大学行使颁发学位证书、进行学籍管理、对受教育者及教职工进行奖励处分等权利,承担了一部分国家行政职能。其三,公立大学所从事的是教育活动,旨在为社会、国家培养、输出人才,不以自己的私利为目的,以培养符合社会发展需要的人才为宗旨,具有极强的公益性。"②除了"公法学进路"以外,尚包括"民商法学"③以及"第三部门"④等研究进路。

应该认识到,任何一种理想类型的制度设计,都存在着不可避免的缺陷或限度,也都难以整合公立大学所面临的多元而冲突的利益。从某种意义上而言,将我国公立高等学校界定为公益二类的事业法人,能够包容这种复杂性和特殊性。在此,中共中央、国务院于2011年发布的《关于分类推进事业单位改革的指导意见》(简称《意见》)可以视为我国公立高校法律地位厘定的重要依据。《意见》昭示着我国公立高等学校法人制度,正在回归"公法化",其公法属性正在凸显与强化。在《意见》中,事业单位按

---

① 劳凯声.回眸与前瞻:我国教育体制改革30年概观[J].教育学报,2015(5):3-12.
② 张力,金家新.公立大学法人主体地位与治理结构完善研究[M].武汉:华中科技大学出版社,2016.
③ 张弛,韩强.学校法律治理研究[M].上海:上海交通大学出版社,2005:8;覃壮才.中国公立高等学校法人治理结构研究[M].北京:北京师范大学出版社,2010:30.
④ 罗爽.我国公立高等学校法人制度的问题及其改革[J].复旦教育论坛,2014(5):58-63.

照承担行政职能、从事生产经营活动和从事公益服务划分为行政机构、企业和公益事业单位三类,公立高校被定位为公益二类事业单位。将公立高等学校定位为公益二类事业法人,具有两方面的政策考量和治理意涵:一方面,它肯认了公立高等学校履行部分教育公务,承担一定公共职能的行政主体性,并强调减少教育公务履行即淡化作为"授权性行政主体"法律地位的趋势。另一方面,它主张"部分引入市场机制",这使其与公益一类事业单位有所区别。这种区分,实际上肯认了公立高等学校作为民事主体的法律地位,并在一定程度上限缩了其作为民事主体的民事权利能力,将其与公司、企业等一般民事主体有所区分,强调其特殊的公益属性。前者认识到,公共性不同于"政府性",需要区分公立高等学校与一般行政机关的差异,凸显其作为"自治性行政主体"而非"授权性行政主体"抑或"法律法规授权组织"的法律地位;后者则旨在区分公立高等学校与一般民事主体在民事权利能力和责任能力上的区别,凸显"企事分离"的内在规定,强调市场机制引入的"相对性""部分性"和"特殊性"。

从深层次而言,公益二类事业法人的法律地位定位,反映了政策设计者对公立高等学校法人制度复杂性与特殊性的充分肯认与准确研判,彰显了公私法域界分与交融的法秩序结构对公立高等学校自主权规制和保障的内在价值。当然,《意见》这一充满智慧的政策方案设计,亦存在着过于模糊和不确定的弊端。它对我国公立高等学校法人制度变革,更多只能产生"原则性""方向性"的指引,而不能对其予以明确的规定和制度安排。应考虑在我国《高等教育法》的修法中,进一步明确公立高等学校法人制度的公法属性,适时推进其公法化。与此同时,在《高等教育法》中对公立高等学校作为民事主体的权利、义务和责任予以进一步明确表述。可以结合我国大学法人制度变革的现实困局,制定《公立高等学校法人法》,单独设立公立高校法人这一有别于传统公法人与私法人的"法人类型"。

事实上,日本《国立大学法人法》以及《新加坡国立大学公司化法案》,均反映了这种超越公、私法二元界分的趋势,超越"广义公法人"经典共识的国家正在增多。2006年《新加坡国立大学公司化法案》指出,新加坡国立大学的法律地位,将由政府全资投入的法人机构转变为有担保的企业型责任有限公司。作为"非营利性公司"(Non-for-profit Company)①的法人制度安排,有利于实现公立大学、政府与市场力量之间的动态平衡。② 近年来,新加坡四所公立大学先后进行了公司化改革,获得了更大程度的自主权。然而,其办学经费很大一部分仍然来源于政府。在2011年,政府共投入了26.3亿美元用于支持这四所公立大学的运作和发展,为确保它们对公共资金的使用负责,政府明确规定了其法定义务。首先,大学必须遵守教育部设定的问责框架;其次,大学管理层在采取某种行为时需要得到教育部的同意;这些行为包括大学公司成员的聘任或免职、大学总资产的处置、大学公司的自动清盘、大学组成文件(章程)内容的删除或修改、董事会成员的免职等。

此外,在新加坡公立大学"公司化"改革后,大学被赋予了充分的自主权以决定其内部治理结构及其操作性事务,而这些事项均被规定在这些大学的契约条文和章程之中。在"公司化"以后,新加坡公立大学所享有的自主权包括学费、课程项目、教师聘任和工资等方面的决定权。与此同时,大学也与教职工和学生签订合同,这类合同明确设定了签订合同的各方在相应事务上的参与权利、责任和义务。③ 显然,在"公司化"改革后,新加坡国立大学确立的新的法律地位,超越了既往的公法学与民商法学的争论,在一定程度上实现了国家、市场与高等教育之间法理关系的重新调适与平衡。

在日本,《国立大学法人法》对日本国立大学的法律地位设计,展现出类似的功能主义导向。从《国立大学法人法》出台的复杂博弈过程④可以发现《国立大学法人法》"具有作为行政改革(旨在促进行政精简、效率)与大学改革(旨在促进大学教育研究)对抗、妥协之结果的性质。"据此,《国立大学法人法》对日本国立大学的法律地位厘定,具有整合多元且冲突的利益的治理功能。

日本国立大学法人的制度设计,使其有别于《独立行政法人通则法》(简称《独通

---

① Russo, C. J.. *Handbook of Comparative Higher Education Law* [M]. Maryland: Rowman and Littlefield Education, 2013: 277－284.
② 姚荣.公私法域的界分与交融:全球化时代公立高等学校法律地位的演进逻辑与治理意涵[J].复旦教育论坛,2016(4):23－29.
③ 同①。
④ 参见:田爱丽.现代大学法人制度研究——日本国立大学法人化改革的实践和启示[M].上海:上海教育出版社,2009.

法》)中的一般的独立行政法人,而仅在一些特定法律条款中特殊适用《独立行政法人通则法》。①《国立大学法人法》对国立大学法人制度的具体设计,充分关注了大学的独立性,强调国立大学自治作为学术自由制度性保障的宪法基础。

据此,盐野宏教授旗帜鲜明地指出,"国立大学法人法制与独立行政法人法制的关系不是一义性的"②,"国立大学法人不是独立行政法人的亚种"。"国立大学法人(法)无论在形式上还是理念上都是与独立行政法人(《独通法》)不同的,从法的结构来看,则包含共通的内容,因而应当对其运用予以相应的注意。""将国立大学法人区别于独立行政法人,是对教育研究这种业务的特殊性进行考虑的结果,而不是因为对其行政主体性产生了疑问。"③概言之,国立大学法人制度设计认识到国立大学作为行政主体的特殊性与自治性,不应将其简单地等同于独立行政法人。另一方面,肯认国立大学法人作为民事主体,享有民事权利,承担民事责任。与此同时,根据《国立大学法人法》的相关法律规定,对国立大学法人的民事权利能力(如贷款、发行债券等)予以特殊的限制。而《学校教育法》对其他类型学校公益性或非营利性的相关法律规定,亦适用于国立大学法人。

诚如盐野宏教授所言,"国立大学具有法人格,但其设立方法、法地位呈现多样,更准确地说,在此印刻着各国法制度的历史。"④受本国固有法制度的"根"的影响,德国、法国等传统上将法人制度明确区分为公、私法人的大陆法系国家,其公立高等学校法律地位的变革,总体上是在公法人制度的体系框架内调适其法人组织形态或治理结构。例如,德国在1998年《高等学校总纲法》第四次修订后,其公立高等学校的法律身份正在走向"多元化",传统上公法社团与公营造物的双重法律身份开始逐渐被抛弃。一些公立高等学校甚至开始确立作为公法财团的法律身份,如黑森州的法兰克福大

---

① 盐野宏教授指出,国立大学法人与独立行政法人分属于不同的范畴,为国立大学制定了新的《国立大学法人法》,在设置国立大学法人所固有的规定的同时,准用《独通法》的规定。国立大学固有部分有组织运营、校长任免程序、中期目标制定程序、评价方式等制度,《独通法》活用部分包括业务的公共性、透明性、自主性、领导的职员任命权、财务会计、职员工资标准等。
② 同①。
③ [日]盐野宏.行政组织法[M].杨建顺,译.北京:北京大学出版社,2008:69-74.
④ 盐野宏,肖军.论国立大学法人[J].行政法学研究,2011(1):137-143.

学。而在英美法系国家,公立高等学校的法律地位除了受到议会立法的影响外,更多还受到判例的影响。由于缺乏公法与私法二元区分的传统,英美法系国家公立高等学校的法律地位研判需要结合具体的判例加以考量。例如,密歇根大学作为州宪法上自治的公立高校,其"宪法上自治"的法律地位,是借由1896年斯特林诉密歇根大学董事会案(Sterling v. Board of Regents of the University of Michigan, 1896)确立和保障的。显然,"普通法的规则大都镶嵌于诉讼框架之中,而很少致力于理论线条的梳理。这也是普通法国家存在公法人的制度背景,而缺乏公法人概念的归纳与理论抽象的根源。"相比于大陆法系国家,普通法国家公立高校的法律地位更加多元,也更加依赖于具体的案例情境和场景。公立高校并不总是以履行公共职能的公共机构身份出现,其也与教师、学生以及市场主体之间形成复杂的契约关系。此外,它也可能以非营利机构的法律身份,从事"非营利活动"。例如,服务于其办学宗旨的大学与企业合作研究活动。在英美法系,"现实生活要求法律家透过具体的法律关系去认识公立学校的性质,而不能不分场景地套用一套定义。"①

对域外公立高等学校法人制度变革的经验考察,能够发现各国公立高等学校法人制度变革均受到旧制度与观念的深刻影响,根植于传统的新制度不可避免地受到既有体制的约束。"由于任何新制度都是在旧制度框架内进行的,即使在进行新制度设计时引入大量新观念和新制度的成分,但新铸就的制度无论如何也避免不了旧制度的影子。"②这种制度框架的约束,使得大陆法系与英美法系高等学校的法人制度分别被置于"公/私区分"以及"营利性/非营利性区分"的分类框架之中。概言之,域外公立高等学校法人制度变革,往往受到既有制度框架的约束,其制度创新的空间有着不可避免的界限。③ 当然,受各国"固有法制度"差异所产生的公立高等学校法人制度的"形态分殊"仅是表象,其背后所内嵌的寻求多元且冲突价值整合的功能主义导向亦即

---

① 方流芳.从法律视角看中国事业单位改革——事业单位"法人化"批判[J].比较法研究,2007(3):1-28.
② 何俊志,等.新制度主义政治学译文精选[M].天津:天津人民出版社,2007:160.
③ 在德国、日本公立高等学校法律地位的变革过程中,这种博弈显得尤为明显。其中,德国主要表现为联邦宪法法院对各州《高等学校法》的合宪性审查;在日本,文部省与立法机关、国立大学之间的博弈,使得《国立大学法人法》的出台,展现为拥有不同政策核心信仰的行动者之间的对立、分歧乃至妥协。

"功能耦合"则更为根本。

鉴于我国固有法制度基本特征的特殊性,我国公立高等学校法人制度的"公法化",不应简单地局限于大陆法系国家传统公法学的研究进路,将其界定为特殊的公法人或公务法人。[①]而应在更为本质的功能主义导向的立场上,基于"任务决定组织"的"组织法"原理,考察大学任务框架与大学"组织法"之间的关联性、匹配性和契合性[②],审视公立高等学校法人制度变革的治理意涵。据此,"简单回到过去或简单照搬某种法系,未必是最佳方案。"[③]正如劳凯声教授所言,"在改革设计上既不应使公立学校的改革倒退到国家垄断的老路,也不应把其完全推向市场。"[④]应立足于我国法人制度不作公、私二元区分的现状以及事业单位体制长期存在且持续变革的现实,提出可供选择的改革思路。实际上,2020年颁布的《中华人民共和国民法典》[⑤],已经明确了公立高等学校等事业单位作为非营利性法人的法律地位。在区分营利性与非营利性的法人分类框架下,大陆法系盛行的公、私法人分类框架在我国不再具有适用的空间和可能。

据此,本研究认为,在现有事业单位体制改革的总体框架下,超越公、私法的二元之争,秉持"公私法域界分与交融"的基本思想,将我国公立高等学校界定为介乎公私之间的、应公即公、应私即私、非公非私的"特殊法人"[⑥]较为可取。

从长远而言,应在明确公立高等学校法律地位的基础上,进一步据此厘清公立高

---

① 姚荣.迈向法权治理:德国公立高校法律地位的演进逻辑与启示[J].高等教育研究,2016(4):93-102.
② 朱新力,唐明良,等.行政法基础理论改革的基本图谱:"合法性"与"最佳性"二维结构的展开路径[M].北京:法律出版社,2013:82.
③ 龚怡祖.高校法人滥权问题的制度回应方向[J].公共管理学报,2008(1):106-110.
④ 劳凯声.回眸与前瞻:我国教育体制改革30年概观[J].教育学报,2015(5):3-12.
⑤ 《中华人民共和国民法典》第八十八条规定:"具备法人条件,为适应经济社会发展需要,提供公益服务设立的事业单位,经依法登记成立,取得事业单位法人资格;依法不需要办理法人登记的,从成立之日起,具有事业单位法人资格。"
⑥ 这种法人制度设计,既保障其作为非营利性法人的属性,强调公立高等学校自主权中"私权"的特殊性亦即公益性诉求,又考虑到公立高等学校作为"公权"的特殊性亦即自主性诉求。它反映公立高等学校既承担国家教育公务,又不同于科层机关;既部分引入市场机制,又不同于作为市场主体的私法人的特征。换言之,公立高等学校作为"特殊法人"的制度设计,融合了公、私组织的优点和特性,又旨在超越二者所具有的不足和弊病。因此,可谓"应公即公""应私即私""非公非私""亦公又私"。

等学校与政府、教师与学生的法律关系,明确各类法权主体的权利义务边界。一方面,促进公立高等学校与政府之间的行政法律关系,从"特别权力关系"向"公法契约关系"转变,实现国家监督与大学自主的动态平衡和良性互动。另一方面,可以考虑将公立高等学校与教师之间的法律关系定位为行政契约关系,总体上将公立高等学校教师视为公共雇员,将公立高等学校与教师之间的行政纠纷纳入司法审查的范畴。目前,我国事业单位人事制度改革的趋势表明,公立高等学校教师取消编制管理后,其法律地位将更多被视为"公共雇员"。[①] 应采用分类管理的方式,区分不同类型公立高等学校教师的法律身份。例如,从事科研工作的高校教师,其与公立高等学校之间的法律关系可以更多被视为民事法律关系,其与公立高等学校之间签订的聘任合同更多具有民事合同的属性。而其他较多从事教育教学工作,更多承担国家教育公务的教师,则应将其与公立高校之间签订的聘任合同视为行政合同。[②]

当前,我国法院的实务观点,大多将公立高校与教师之间关于聘任与解聘引起的争议,视为民事争议。相应的纠纷解决,往往通过民事诉讼途径解决。相关实证研究的结果表明,"我国教师诉高校的案件主要属于劳动人事争议,具体分为终止聘用与自动离职两种情况。相比学生,教师诉高校的案件出现时间较晚,虽然20世纪末我国高校已经开始启动以聘任制为核心的人事制度改革,但由人事争议引发的诉讼直到2008年才在上海和北京等地的高校集中发生。值得一提的是,尽管教师诉高校案件出现的时间较晚,但案件数量却增长很快。从2010年到2015年,教师诉高校

[①] 于安.公立高校人事制度的决策及其改革[J].中国高等教育,2014(22):23-25;于安.公立高等学校教师聘用制度的立法新制研究——论《事业单位人事管理条例》在公立高等学校的适用[J].国家行政学院学报,2014(6):60-64.
[②] 在我国台湾地区,关于公立学校教师的法律地位,在学说与实务上存在行政契约说、私法契约说以及行政处分说三种观点。当前,行政契约说在我国台湾地区的学说和实务中被视为主流观点。其中,代表性的判决是我国台湾地区行政主管部门"91年度判字第2282号判决(2002)",该判决指出:"「公立学校与教师聘约关系,由于适用法规如教育人员任用条例等多具有强制性、公益性及公法性,且契约标的内容乃为实现国家教育高权之任务,故学界通说向来以行政契约之公法属性定其属性。」"参见:吴瑞哲.公私立学校教师解聘、停聘或不续聘之法律性质与救济程序[J].教育实践与研究,2014(1):95-120.此外,我国台湾地区行政主管部门于2009年7月份第一次庭长法官联席会议决议内容,也旨在解决公立学校与教师之间解聘、停聘或不续聘等问题。在该决议中,公立学校与教师之间的聘任关系被视为行政契约关系。

的案件数量已经超过了同期学生诉高校的案件数量。"①当然,应该认识到,教师诉高校的案件中鲜见公法争议案件,行政诉讼介入公立高校与教师纠纷的通道尚未打开。在既有的案例中,法院将公立高校的教师职称评审行为认定为"内部管理行为",属于"高校自主权"的范畴,致使职称评审纠纷被排除在行政诉讼的受案范围之外。在高校人事制度改革持续深化的背景下,如何进一步明晰公立高校与教师之间法律关系的跨界性、多重性与复杂性,如何区分与辨识其中存在的公法与私法关系显得尤为重要。

最后,进一步廓清公立高等学校与学生之间的法律关系,明确并区分其中所包含的公、私法因素②,促使公立高等学校与学生之间"无名有实"的特别权力关系向行政契约关系③转变。在此基础上,突破传统的"基础与经营关系"二分法,进一步拓展教育行政诉讼的受案范围。换言之,应将受教育权是否受到侵害,作为判断法院是否介入公立高校与学生纠纷的核心标准,而不应局限于公立高校学生身份是否发生变更等关涉"基础关系"的纠纷事项。实际上,目前我国法院受理的行政诉讼案件,已经涵盖了招生录取、转学与转专业、毕业证书与学位证书、开除学籍、退学与取消学籍等类型。④ 这表明,我国教育行政诉讼的受案范围正在持续拓展,学生受教育权的司法救济状况正在不断改善。

(二) 过度私法化的矫正:我国公立高等学校"经济性行为"的特殊规制

在社会主义市场经济体制改革的浪潮中,我国公立高等学校、公立医院等事业单位呈现出法人制度"过度私法化"的问题,事业法人的公法意义严重缺失。"许多传统的事业单位由于改制,在行为目的以及运作方式上已无异于企业。"⑤由于现有法律规定,过度强调公立高等学校作为民事主体的法律地位,而忽视公立高等学校

---

① 申素平,郝盼盼.我国高教法治现状分析——基于高教诉讼案件的视角(2010—2015)[J].复旦教育论坛,2017(2):34-39.
② 沈岿.公法变迁与合法性[M].北京:法律出版社,2010.
③ 苏林琴.行政契约:中国高校与学生新型法律关系研究[M].北京:教育科学出版社,2011.
④ 同①.
⑤ 李昕.法人概念的公法意义[J].浙江学刊,2008(1):19-25.

法人制度的公法属性及其制度意义,这使得高等教育的公益属性难以有效保障和恪守。

为破解这一困局,既有的研究大多援引和借鉴大陆法系公法人制度的实践和学说,提出对公立高等学校作为民事主体的民事权利能力予以必要的限缩和规制的改革思路。劳凯声教授指出,"高等学校作为法人依法享有的民事权利不应当损害高等学校的公益性质,必须依据高等学校的功能对其法人权利作出必要的限制。"①马晓燕博士认为,公立高等学校"所享有的私权或者说它从事的私法行为应受到一定公法原则的约束"。"高等学校所享有的私权的范围,所能从事的民事活动应受其目的和宗旨的限制,与自然人、合伙等其他民事主体不同。"②薄建国则指出,应从公法产权的角度明晰公立高等学校的哪些财产可以参与市场行为,哪些财产不能参与市场行为。③ 此外,有学者甚至直接指出,公立高等学校的民事主体地位应被视为"辅助地位",应对我国公立高等学校法人制度公、私属性"本末倒置"的结构性错位状况予以矫正和反思。④

总体而言,既有的研究大多认为,公立高等学校从事民事活动,作为民事主体的民事权利能力,需要服务于其特定的宗旨与目的。否则,将受到特殊的法律规制,其权利能力将受到特定的限缩。⑤ 本研究认为,英美法系对非营利组织从事营利性活动的法律规制以及大陆法系国家对公法人民事权利能力进行特殊限缩的法律规定,均在某种程度上值得我国借鉴。在英美法系国家,法律对非营利组织从事经营活动予以规制,可以分为三类:一是绝对禁止主义;二是一般禁止主义;三是附条件许可主义。其中,"附条件许可主义"应该成为我国公立高等学校等事业单位从事经营性活动的规制方案。⑥

在大陆法系,作为公法人的公立高等学校的民事权利能力的特殊限制及其保障

---

① 劳凯声.教育体制改革中的高等学校法律地位变迁[J].北京师范大学学报(社会科学版),2007(2):5-16.
② 马晓燕.基于法治的自主——我国高等学校自主权及其界限研究[D].北京:北京师范大学,2008:98-102.
③ 薄建国,王嘉毅.公法视野中我国公立高校法人制度的重构[J].高等教育研究,2010(7):15-19.
④ 张力,金家新.公立大学法人主体地位与治理结构完善研究[M].武汉:华中科技大学出版社,2016.
⑤ 马晓燕.基于法治的自主——我国高等学校自主权及其界限研究[D].北京:北京师范大学,2008:102.
⑥ 吕来明,刘娜.非营利组织经营活动的法律调整[J].环球法律评论,2005(6):730-736.

公益性的相关法律规定,值得借鉴。在大陆法系国家的行政法学理论和实务中,高等学校为履行国家任务目的而从事的私法行为,往往被视为"行政私法行为",受公法原则的特殊约束。① 公立高等学校作为公法人,其从事私法行为时,实际上亦可以参考行政私法理论的观点,对其作目的性限制和民事权利能力的限缩。在德国,公立高等学校传统上被视为公法社团与公法设施,其作为民事主体的法律地位往往是"辅助"的,国家对其负有财政供给的给付责任。随着新公共管理运动的兴起,一些公立高等学校开始尝试转换其法律身份。在黑森州,2010 年 1 月 1 日开始施行的新的《黑森州高等学校法》第九章(第 81~90 条)中,明确规定法兰克福大学作为公法财团的法律地位。尽管如此,公法社团依旧需要受到公法约束,而基于财团法人的相关法律规定,其需要恪守公益属性。在大陆法系国家,"由于具体行为人不承担行为的后果,公法人不存在内在的行为约束机制,其从事民事活动的权力要受其目的的严格限制。"②

借鉴英美法系和大陆法系关于公立高等学校民事权利能力厘定的相关立法、判例以及学说观点,本研究将公立高等学校从事的"经济性行为"大致分为两类。一类是与其"固有事项"即教育教学、科学研究等"核心任务"或"原生性任务"相关性较强的"经济性行为"。例如,知识产生交易与技术转移为典型。另一类是与其"固有事项"无关或相关性较弱的"经济性行为",这类行为往往与公立高等学校的办学宗旨和目的没有必然联系。为保障公立高等学校的公益性,必须对公立高等学校从事与其"核心任务"或"固有事项"无关的"经济性行为"予以特别的规制。与此相反的诸如高等学校科技成果转化等私法行为,则需要受到特殊的激励和保障。

1. 公立高等学校从事与其"固有事项"相关的"经济性行为"需受特殊保障

当前,促进公立高等学校与企业之间开展技术研发合作以及知识产权交易,已经被世界各国的立法者们视为实现公立高等学校使命与宗旨的重要任务。在美国,联邦政府为技术转让和大学与行业研究合作提供了许多类型的奖励,了解这种激励

---

① 陈新民.中国行政法学原理[M].北京:中国政法大学出版社,2002:18-21.
② 蔡立东.论法人行为能力制度的更生[J].中外法学,2014(6):1540-1555.

措施,以及如何获得这种福利,对于考虑或参与合作活动的高等教育机构十分重要。其中一种激励措施涉及对联邦监管要求的豁免或修改。例如,1980年的"专利和商标修正案",修改了联邦专利法以促进技术转让以及在联邦资助的研究项目中涉及发现或发明的大学与产业之间的合作。1984年的"国家合作研究法案"提供了针对"联合研究和开发企业"的反托拉斯责任的特殊保护,出口管制法律和法规的修订已经实施,以减轻其对大学与外国科学家合作研究的影响。国会也将鼓励合作研究的措施纳入了联邦税法,对无关宗旨商业所得税(Unrelated Business Income Tax, UBIT)的法律修改不包括某些研究收入和专利使用费收入。此外,对某些研究和开发企业的投资者进行特殊的税务处理可能有助于大学参与这类企业的投资。在不同的历史阶段和时间节点,国会以各种方式提供了其他税收抵免,慈善扣除,费用扣除,加速折旧公式和类似的鼓励赞助商参与大学研究的措施。这种激励措施加上对研究活动收入的"宽大处理",为大学创造了一个非常有利的税收环境,有助于他们探索新技术方面的专门知识。[1] 而在德国,自20世纪90年代以来,在德国一些州的高校法中,开始明确准许高校从事企业活动。与私人组织合作是高校长期以来的日常任务。[2] 从一定意义上而言,凸显学术研究的应用属性,拓展公立高等学校学术研究活动为社会提供服务的制度空间,成为德国公立高等学校民事权利能力扩充的新领域。在德国,该领域属于《大学法》《公务员法》《民法》与《公司法》等法律的混合领域,具有异常的特殊性与复杂性。

在美国,公立高等学校与企业的合作研究活动,受到较多的财税法律政策优待。对于美国的高等教育机构而言,如果它们对每项研究活动的结构和特征保持敏感(Sensitive)并进行细致的税务规划(Careful Tax Planning),那么,其大部分的研究收入可以免税。首先,与大学得以免税的目的(即教育,科学或慈善等为大学免税提供基础的目标)"基本相关"的任何研究活动符合无关商业的定义(Fit the Definition of an

---

[1] Kaplin, W. A. & Lee, B. A.. *The Law of Higher Education (Fourth Edition)* [M]. San Francisco: Jossey-Bass, 2006: 1652-1661.
[2] [德]汉斯·J·沃尔夫,奥托·巴霍夫,罗尔夫·施托贝尔.行政法(第三卷)[M].高家伟,译.北京:商务印书馆,2007: 614.

Unrelated Business),该项收入将仅仅因为这个原因免于 UBIT① 的征税。其次,即使大学某项研究活动与大学得以免税的教育目标没有"实质性相关"(或其特征在这方面不明确),但根据法定豁免,所产生的收入也可能免于 UBIT,条件是"应保证学院,大学或医院所得的收入,并不为特定个人所享有"。② 另外,UBIT 修订条款规定,承担美国联邦政府及其附属机构、州政府和地方政府委托的研究项目也享受免税。

此外,值得关注的是,在州一级,美国的一些州颁布实施了适用于州立大学及其大学员工(University Employees and Officers)研究活动的政府伦理行为法规或行政法规(Ethics-in-government Statutes or Administrative Regulations)。例如,根据"伊利诺伊州政府道德法"(Illinois Governmental Ethics Act),州政府雇员每年必须填写列有收入、酬劳、礼物和资本资产的经济收益表,并确定其来源,同时列出外部就业和专业实践活动(outside Employment and Professional Practice Activities)。这部法律明确覆盖了州董事会成员和州立大学的受托人和员工。此外,教师还要遵守以下利益冲突要求:任何接受州资助的高等教育机构的全职教师不得通过提供研究或咨询服务为除大学外的任何人承担任务、签订条约或接受任何有价值的回报,除非(a) 他须事先获得大学校长或校长的指定人的书面批准,以执行外部研究或咨询服务,而该要求包含对涉及时间的估计;(b) 他必须每年向大学校长或校长的指定人提交在外部研究或咨询服务上花费的实际时间。根据格鲁吉亚州章程(Georgia statutes, Ga. Stat Ann. § 45 - 10 - 23 et seq)的"利益冲突"条款部分,州雇员被禁止与雇佣他们的机构进行商业交易,并且必须披露他们与任何其他州政府机构进行的任何财务交易。与此同时,禁止财务冲突,特别涉及格鲁吉亚大学系统的董事会或个体机构的受托人或官员[§ 45 -10 - 40; and see Opin. Atty Gen. Ga. No. 04 - 7(July 23,2004)]。显然,基于公立高等学校的公

---

① 1950 年,美国国会在税法的修订中,介绍了 UBIT 的概念。一个活动被归类为一个不相关的贸易或业务(unrelated trade or business)必须满足三个条件:(1) 活动必须是一种"贸易或业务";(2) 必须定期进行(regularly carried on);(3) 与组织豁免的目的不存在实质性的关联。参见:Hopt, K. J. & Hippel, T. V.. *Comparative Corporate Governance of Non-profit Organizations* [M]. Cambridge: Cambridge University Press, 2010: 141 - 145.
② Kaplin, W. A. & Lee, B. A.. *The Law of Higher Education (Fourth Edition)* [M]. San Francisco: Jossey-Bass, 2006: 1652 - 1655.

共本质及其与国家的特殊连带关系,公立高等学校及其员工的财务状况均需透明,而这也被视为政府伦理的重要组成。

值得一提的是,在亚当森斯诉沃顿(Adamsons v. Wharton)一案中,州医学院颁布了一项限制教师通过私人执业获得收入的规定。原告以三个理由质疑该条例的合宪性:它剥夺了他没有正当法律程序的"财产";在豁免兼职教授时,这种规定歧视他,违反了平等保护原则;并且该条例违反了他的第一修正案的结社自由。法院驳回了所有原告的申诉,认为其理由很牵强(Farfetched at Best),并指出该规定得到了医学院的"促进献身于教学的正当利益"(Legitimate Interest in Promoting Devotion to Teaching)的支持。这一案件中法院的裁判,显然也认识到公立高等学校教师从事教学科研活动是其核心使命。据此,为保障公立高等学校的教学科研活动正常开展,教师应更多奉献教学,教师的私人执业活动应受到一定程度的限制。①

概言之,在美国,公立高等学校从事与其基础任务或核心任务相关的"经济性活动"特殊的适用非营利性法律的规制。不同于大陆法系公法与私法的二元划分,"营利性与非营利性"的法律区分在美国显得尤为重要。当然,考虑到公立高等学校作为公共机构的法律地位,一些适用于政府机构商业行为限制的法律文件,也同样准用于公立高等学校。据此,可以认为美国公立高等学校在商业行为中,可能复杂的适用公法、私法与非营利性法律。具体适用何种法律,在既有的司法判决中往往关注公立高等学校从事"经济性活动"的实质为何。换言之,法院往往考察这些"经济性活动"是其作为商业机构的体现抑或作为公共机构或非营利性机构的表现。据此,特殊的适用财政税收、专利等领域的法律。

在我国,公立高等学校的知识产权交易与技术转移,同样被视为法律予以特殊保障的领域。《高等教育法》《科学技术进步法》《专利法》《科技成果转化法》等法律和国家出台的政策文件,普遍认识到高等学校知识产权具有较强的公共品属性。

---

① Kaplin, W. A. & Lee, B. A.. *The Law of Higher Education (Fourth Edition)* [M]. San Francisco: Jossey-Bass, 2006: 1660-1661.

新修订的《高等教育法》第63条规定,"国家对高等学校进口图书资料、教学科研设备以及校办产业实施优惠政策。"《科学技术进步法》则提出,"学校及其他教育机构……要鼓励科学技术研究、开发与高等教育、产业发展相结合"。对于高等学校知识产权管理的政策规范中,最直接的指导性依据是1999年教育部颁布实施的《高等学校知识产权保护管理规定》和2004年教育部、国家知识产权局联合发布的《关于进一步加强高等学校知识产权工作的若干意见》。① 尽管如此,受国资管理体制对于知识产权产品进行物质性管理的影响,高等学校科技成果转移还存在较多的制度性障碍。

为此,有必要区分公立高等学校的两类法人财产权,改变对高等学校知识产权的法律规制方式,超越传统僵化的国有资产管理规定的局限性,激发高等学校进行知识产权交易和科技成果转化的积极性。值得关注的是,由教育部与科技部于2016年联合发布的《关于加强高等学校科技成果转移转化工作的若干意见》(简称《意见》)中,明确指出将通过简政放权的方式,破除高校科技成果转化中存在的诸多制度性壁垒。② 根据《意见》提出的政策方案,高等学校知识产权管理的自主权将获得进一步拓展。高校科技成果转化将更多依据契约的精神进行,而行政规制的强度将逐渐缓和与弱化。

当然,必须指出的是,公立高等学校的任务框架中科学研究成果的转化,并不能与学术自由(包括教学、研究自由等)本身相抵触,进而威胁到公立高等学校使命、功能与宗旨的实现,陷入"学术资本主义"的泥淖。对此问题,在学术与经济的互动中,如何寻求学术自由与经济利用的平衡是应考量的关键点。而在美国,在大学与企业的合作互动中,卷入商业化的程度与公共目的之间的平衡也是法律适用时关注的焦点。每当大学超越基本的结构性安排(例如赞助研究协议和专利许可协议)而卷入更复杂的

---

① 针对我国目前高等学校知识产权管理规范的零散和法律效力较低的状况,有学者建议国务院专门制订《高等学校知识产权工作条例》,通过行政法规进一步规范高等学校的知识产权管理。参见:邱跃.高校创新能力亟待知识产权法治保障[N].中国教育报,2016-02-01.
② 最近的改革趋势中,大学二级学院院领导的行政级别的取消成为各方关注的焦点,这有利于促进教授治院和教授治学的推进。基于此,避免二级学院治理"泛行政化",促进学术与经济的良性互动。

结构安排(More Complex Arrangements)时(例如合资企业和附属公司),法院对这些活动所产生的收入,是否适用 UBIT 将进行额外的考虑。如果大学与专利管理签订合同或创建一个单独的专利管理公司,这将使得难以确定是否和对谁适用专利转让费免税的特权。或者,如果大学设立了应缴税的附属公司从事某些产品开发,这将引发关于大学从其附属公司获得的专利使用费、租金或股息收入的可征税性的复杂问题。此外,大学设立附属公司或与另一个独立设立的公司合资经营等研究合作可能会引起关于附属公司或其他公司是否符合免税地位的问题。

在华盛顿研究基金会诉委员会(Washington Research Foundation v. Commissioner)一案中,税务法院(Tax Court)认为美国国税局根据 501(c)(3)条拒绝批准华盛顿研究基金会(Washington Research Foundation,WRF)希望成为免税组织的申请。法院驳回了华盛顿研究基金会对其目的的描述,并确定 WRF 是为了实质性的商业目的而运作的组织,因为它的主要功能是开发专利以提供给私营企业,与其他商业机构竞争,以此实现商业利润最大化。除了关于大学子公司或单独设立的公司税务状况的问题,一些研究合作可能使大学过度卷入商业化或盈利化的活动,导致其自身的免税地位被质疑。其中,大学成立或参与合资企业和合伙企业最有可能引发这种状况。[①]

显然,卷入商业运作程度强弱的基础性结构安排(Basic Structural Arrangements)与复杂性结构安排(Complex Structural Arrangements),构成大学与企业合作研究等商业性活动是否以及如何适用 UBIT 等法律的判断基础。显然,在美国法中,公立高等学校自主权的法律规制,亦需要回溯到"事物的本质"这一逻辑起点,考察公立高等学校自主权事项所涉任务的本质。当其本质反映的是非营利性机构从事与其宗旨相关的经营性活动时,应特殊的适用非营利性法律,给予财税政策的优惠。反之,对于其他无关宗旨的经济性活动,应该予以特殊的法律限制且不具有免税的地位,以保障公立高等学校的公益性。

---

① Kaplin, W. A. & Lee, B. A.. *The Law of Higher Education (Fourth Edition)* [M]. San Francisco: Jossey-Bass, 2006: 1652-1655.

换言之,学术研究中"市场机制"的引入,需要始终回归到公立高等学校公共性与自主性的基本价值诉求之中。在公立高等学校特定的任务框架中,审视学术研究的应用价值。为避免知识产权转移等大学商业活动,对高等学校办学造成过多的负面影响,法律应对由这些"经营活动"所产生收益的具体用途予以明确限定,①亦需要对大学卷入商业化的程度予以仔细考量。从深层次而言,学术与经济的互动,涉及"学术法"规范的"合作属性"。应通过国家法律规范与大学学术自我规制的良性互动,持续而深入地考察学术与经济互动对公立高等学校公益性以及学术自由的实际或潜在影响,促进公立高等学校在"市场价值"与公共目的之间寻求适切的动态平衡。

2.公立高等学校从事与其"固有事项"无关的"经济性行为"需受监管限制

考虑到公立高等学校的公益性诉求,应对公立高等学校从事与其宗旨、目的不相关经营活动的业务比例加以限制,以避免其过度地卷入商业化的运作模式。在此,日本《国立大学法人法》的法律规定值得借鉴。在所有权方面,《国立大学法人法》规定,"每个国立大学法人都可拥有自身主要建筑、土地等资产,原则上在政府严格的约束条件下可借贷、发行债券或投资其他实业。"②在此,"政府的严格约束条件"设定,将避免公立高等学校作为公共服务提供者的过度市场化,保障其公共性。显然,日本国立大学贷款等民事行为,受到政府的严格约束,其法人财产权受到一定程度的限制。在德国、法国等大陆法系国家,基于公益性以及法人宗旨实现的目的性考量,公法人的财产权利一直受到诸多限制性的规定。

在我国,公立高等学校的法人财产权亦受到较多限制。既有的法律法规规章乃至其他规范性文件,均认识到适度限制高等学校法人财产权对保障公立高等学校公益性的重要意义。例如,新修订的《高等教育法》第38条、第64条、第65条以及《担保法》第9条,均对这一问题予以特殊的规定,限缩公立高等学校的民事权利能力,保证国有

---

① 《高等教育法》第63条规定,"高等学校所办产业或者转让知识产权以及其他科学技术成果获得的收益,用于高等学校办学。"
② 杨旎,张国庆.对公共服务市场化改革的再考量——初评日本国立大学法人化改革得失[J].中国行政管理,2013(2):89-93.

资产不被滥用,恪守公立高等学校的公共性。此外,在部门规章中,亦对事业单位的国有资产使用作了较多的限制性规定。例如,《事业单位国有资产管理暂行办法》(财政部第36号令),对事业单位国有资产的风险控制、财务信息发布等具体事项予以明确规定。而在2017年教育部工作要点①中,则明确指出将研究制订高等学校与所属企业剥离工作方案。基于此,进一步厘清高等学校的任务框架,破解"企事不分"的公共性危机,回归高等学校自主办学的宗旨和目的。通过"企事分离",保障高等学校教学、科研等"核心任务"的有效完成。上述法律以及政策规定,都旨在对公立高等学校自主权的"私权"面向予以特殊的限定。

显然,公立高等学校任务框架的复杂性、动态性与交叠性,使得其作为民事主体的"私权"具有较强的特殊性。实际上,国家、高等教育与市场之间法理关系的动态演进,已经使得公立高等学校法人制度的"私法化"议题变得更加复杂。任何非此即彼的改革思路,都必将引致治理性危机。在此背景下,更应认真区分公立高等学校不同类型的法人财产权②,厘清公立高等学校"经营活动"的基本类型。根据不同类型"经济性行为"与其宗旨、目的或"核心任务"的关联性强弱,予以差别化的法律规制。概言之,既不能简单地认为公立高等学校作为法人,其应当具有不受限定的民事权利;也不能因为公立高等学校任务框架的特殊性,进而全面否定其民事权利能力。值得关注的是,在"事业单位分类改革"以及《中华人民共和国民法典》颁布实施的背景下,我国公立高等学校作为"公益二类"事业法人或非营利性法人的属性也将进一步凸显。

从长远而言,我国公立高等学校作为民事主体的权利能力必将呈现出"限缩"与"扩充"并存的局面。一方面,公立高等学校从事与其"固有事项"密切相关的"经济性行为"将受到更多的规制保护和政策支持。诸如知识产权交易和科技成果转化的制度空间,将进一步拓展。另一方面,为保障公立高等学校的公益性,公立高等学校的贷款

---

① 教育部关于印发《教育部2017年工作要点》的通知(教政法〔2017〕4号)。
② 董保城教授指出,具有公法人地位的公立高等学校,除了政府机关补助经费所取得或购置的土地、设施与设备仍为国有,由大学代理政府管理外,因办理建教合作、推广教育、场地设备管理、捐赠、孳息或其他因教学研究成果生之收入所购置之动产、不动产,得以大学为所有权人。

将更多被限定为"政策性银行贷款",其借贷、担保等民事行为将受到更多的政府监管和严格约束。据此,公共利益作为公立高等学校自主权运行的基本价值诉求,其内涵将被重新诠释。它不再被局限于狭义的政府利益抑或国家利益,而更多融入"社会公共性"的内涵和要素。例如,公立高等学校通过学术研究活动及其科研成果转化,增进社会公共利益,将成为法律规范予以特殊保障的领域。

二、软硬兼施的法秩序建构:国家监督、大学自治与权益保障的动态制衡

罗豪才教授及其研究团队对我国法律、法规、规章等不同效力层级规范性文件"文本"的实证研究表明,在我国公共治理尤其是公共教育治理中,国家机关制定的规范性文件中所包含的软法规范较理想状态过少,而法律中所包含的硬法规范较理想状态则过少。应该认识到,在传统的统治逻辑下,行政规制的软法属性并不明显。在规章以下其他性质规范性文件中包含的软法规范相对较少而硬法规范则相对较多。一些规范性文件,甚至为高等学校创设了新的义务抑或减损了由《高等教育法》等教育法律所规定的高等学校的权利。必须认识到的是,规章以下其他行政规范性文件的泛滥,潜藏着"政策与法律冲突"的合法性危机,且可能因其不当干预公立高等学校自治权而遭到合宪性的质疑。与此同时,在我国教育法律中,由于过多使用软法规范而缺乏对教育法律关系各方权利义务以及法律责任的明确规定,教育法甚至被戏称为"软法"。

事实上,理想状态中的教育法律应较少使用软法规范,更多使用硬法规范。同样的,行政机关制定的规章尤其是规章以下其他规范性文件,应更多使用软法规范而非硬法规范。将教育行政规制界定为软法规制,有利于促进公立高等学校与政府之间合作伙伴关系的建构和形塑。相应地,将立法规制和司法规制界定为硬法规制,则旨在改变当前"政府主导型"部门立法体制与"政策实施型"司法体制下,立法和司法过于"疲软"的状况。需要特别指出的是,本研究所指涉的立法和司法规制并不涉及由立法和司法机关所制定的其他规范性文件的探讨,而仅考察《高等教育

法》等教育法律以及司法判例尤其是"典型案例"。① 针对我国公立高等学校自主权法律规制结构中存在的软法过度"硬化"与硬法过度"软化"这一"结构性失衡"②难题,本研究认为应通过软法的"理性化"③以及硬法秩序的转型与重构予以矫正。从理想的状态而言,应通过软法与硬法的理性界分、良性互动、优势互补,形塑软硬兼施的"一元多样"的"混合法"结构。总体而言,我国高等教育立法与司法规制可以被视为硬法规制,大学自我规制与社会集体规制作为"国家法"之外的"社会法"应更多被视为软法规制。

然而,随着公共治理的兴起与政府职能转变的深化,传统的"命令—控制"型教育行政规制模式已然过时,更加关注主体间协商与合意的"回应—服务"型教育行政规制模式方兴未艾。除了恪守干预法定的法治主义基本原则外,法治发达国家的教育行政规制开始更多采用公法合同、行政指导等"非强制性行政行为",其"软法"属性日益凸显。毋庸置疑的是,在公共治理的语境下,将教育行政规制界定为软法规制更为科学合理,它将有利于建构行政监督与大学自治之间合作伙伴关系并促进其动态平衡。基于教育行政规制的软法定位以及软硬兼施的混合法规制模式的选择,我国公立高等

---

① 罗豪才,宋功德.软法亦法:公共治理呼唤软法之治[M].北京:法律出版社,2009:457-478.
② 本研究认为,我国公立高等学校自主权法律规制结构的失衡包括两种类型:一是作为"双界性法人"的公立高等学校存在"公法化不足"与"私法化过度"的治理性危机和困局;二是作为硬法的立法和司法规制表现"过软",而规章以下其他规范性文件却"过硬"。而在行政规制的宰制下,公立高等学校的章程和校规既缺乏基本的法治理性,又缺乏软法所应有的制度优势和理想品质。据此,可以认为公立高等学校章程和校规作为"自治软法"也表现得"过硬",它客观上形塑并强化了公立高等学校与学生之间存在的"无名有实"的"特别权力关系"。例如,公立高等学校对学生的纪律处分,可能因其对学生作出过于严苛的规定,进而与"上位法"相抵触,违反法律保留原则。又如,公立高等学校章程和校规的制定和实施中,缺乏基本的协商对话机制,师生的权利难以有效保障与救济。据此,本研究认为公立高等学校章程和校规也存在"过硬"的弊病。如何促使立法、司法以及行政规制、大学自我规制等法秩序回归其应有的特征和运行逻辑,实现公立高等学校自主权运行中软法与硬法的良性互动和优势互补,是本研究旨在解答的基本问题。
③ 软法的理性化,旨在促使软法服膺于法治的基本理性,恪守法治的基本原则和精神。本研究认为,应通过立法与司法监督的强化,增强行政规制与大学自我规制等"软法"秩序的合宪性与合法性,保障其不与"硬法"秩序相抵触。当然,这并不代表立法和司法规制可以任意对公立高等学校自治权进行监督。应区分公立高等学校自治权的不同事项,采取差别化的国家监督方式和强度。基于此,为公立高等学校的自我规制、社会集体规制以及行政规制留有一定的自主裁量空间。例如,立法权与大学自治立法权的互动关系处理,就需要特殊地适用法律优位和法律保留原则。在学术自治事项上,大学自治立法权应有更大的形成空间,而立法监督的密度应该降低。

学校自主权的教育行政规制亟待重构①,而这也构成我国公立高等学校自主权法律规制结构从"失衡"走向"平衡"的焦点议题。除此之外,基于硬法规制与软法规制应有的"法规范"特征和逻辑,重新厘清立法规制与司法规制以及大学自我规制和社会集体规制的角色、功能及其互动关系,亦构成我国公立高等学校自主权"良法善治"的题中应有之义。

(一) 作为元治理方式的高等教育立法规制:主体、思维与技术的三重突破

法治发达国家的经验表明,立法规制作为公立高等学校自主权动态运行中各类法权配置的基本依据,始终扮演着"元治理"(Meta Governance)的角色②,具有"权利法""程序法""组织法""行为法"等多重功能。通过立法规制所提供的制度性框架,国家教育权、社会教育权(私权利)、学术自治权、社会公权力、师生权利等各类法权之间的关系得以获得有效的调适并达致动态平衡。③ 据此,教育立法应当以"规则为中心",在规则中明确地授予权利或规定义务。"大学内外各种权利的归属、责任的担任和权力的分配应该有较清晰的界定,并以恰当的比例体现在法律中。"④

考察我国的教育立法规制,既有的教育法律并未真正厘清公立高等学校自主权运行中所涉及的一系列基本法权关系。其中,大学与政府之间的法权关系以及师生权利的救济与保障等基本问题久拖不决。毋庸置疑,我国立法机关在维护和保障公立高等学校自主权以及监督行政机关履行其职责等方面,是严重缺位的。⑤ 从学术自由的制度性保障的角度而言,我国教育立法并未履行其固有的制度性保障学术自由的职责,在一些应由

---

① 一方面,应基于法制统一原则和法治主义原理,促进教育行政规制的合宪与合法,保障学术自由与公共利益;另一方面,应根据软法规范的应有特征与运行逻辑,重新审视教育行政规制的内在构造,增强其民主性、合理性与正当性。根据前文的梳理,不难发现,目前我国教育行政规制的运行状况而言,无论是合宪性与合法性抑或合理性与正当性均显得不足甚至堪忧。
② Jansen, D.. *New Forms of Governance in Research Organizations: Disciplinary Approaches, Interfaces and Integration*[M]. Netherlands: Springer, 2007: 165-166.
③ 高松元.转型期公立高校管理中的法权冲突与调适研究[D].南京:南京农业大学,2011: 111-115.
④ 潘懋元,左崇良.高等教育治理的衡平法则与路径探索——基于我国高教权责失衡的思考[J].清华大学教育研究,2016(4): 11.
⑤ 袁文峰.我国公立高校办学自主权与国家监督[M].北京:中国政法大学出版社,2015: 104-105.

法律予以明定的重要事项上,法律均处于稀疏乃至空白的状态。① 正如尹力教授所言,政府主导型的教育法律生成过程,势必使得法律沦为政策的翻版,而对公立高等学校与政府关系等基本的高等教育法律关系调整等议题置若罔闻。概言之,在"部门主导"的教育立法体制下,法律的修订往往"避重就轻",表现出"选择性修订"的实践逻辑。

受政府主导型教育立法体制的束缚,在2015年《教育法》《高等教育法》修订后,这些基本问题依旧未出现实质性的突破。在此背景下,我国高等教育立法规制作为"元治理"方式的功能,被严重阻滞。如何充分有效地凸显高等教育立法规制作为"元治理"方式的功能,为公立高等学校自主权运行中各类法权的互动提供制度性框架,进而实现高等教育治理中各类法权的优化配置与法权总量的最大化,亟待从立法主体、立法技术与立法思维三方面予以全面突破。基于此,实现我国教育法律从"国家本位"的"管理型法"乃至"压制型法"向"权利本位"的"回应型法"转变。正如我国台湾地区公法学者黄舒芃所言,"法律的功能与目的,不应仅止于'现状保障',而是必须着眼于因应未来各种无法预先确知的发展。"高等教育立法规制,应充分体现前瞻性、回应性,对公立高等学校自主权规制与保障中已经出现或未来可能出现的问题,予以深刻洞察。显然,当前我国高等教育立法规制,距离理想中的"回应型法"还相去甚远。当然,值得关注的是,2015年,围绕立法体制变革,我国《立法法》进行了大幅度的修订。其中,《立法法》第51条、第53条,旨在增强立法主体的权威性,进一步明确人大主导立法的地位。《立法法》第36条、第37条,旨在增强立法的公众参与。《立法法》第53条,则主张在专业性较强的领域,促进专家参与立法。《立法法》第39条,则对立法的效果评估和可行性予以明确要求。

通过对《立法法》修订条款的梳理,能够发现我国立法体制的变革将在立法主体的权威性、参与性和专业性以及立法思维的回应性和立法技术的明确性、最佳性等方面有所突破。当然,相比于德国等立法体制较为发达完善的国家,我国《立法法》尚存在较多不足。他山之石,可以攻玉。作为成文法国家的典范,德国高等教育立法规制的变革经验和实践逻辑值得深入考察和借鉴。本研究认为,德国高等教育立法规制总

---

① 袁文峰.我国公立高校办学自主权与国家监督[M].北京:中国政法大学出版社,2015:95.

体上在德国大学自治与法治之间实现了平衡且具有较强的回应性。通过国家立法规制的反思与自我更新,德国公立高等学校自治权得以良性运行。作为"元治理"的方式,德国高等教育立法规制为高等教育治理中各类治理机制的持续互动提供了有效且富有弹性的制度性框架,形塑出自治与责任相统一的"治理均衡器"。① 具体而言,德国高等教育立法规制在以下几个方面,有其自身特色并值得借鉴学习。

第一,通过高等教育立法规制的"元规制"(Meta-regulation),实现对公立高等学校自治规章的"规制"。德国《高等学校总纲法》第58条第1项规定,"大学在法律范围(im Rahmen der Gesetze)内享有自治权(Selbstverwaltung)"。此处的"法律",不仅包括形式意义上的法律,也包括实质意义上的法律,如宪法、法规命令、大学依法授权制定颁布的自治规章等。据此,德国公立高等学校的自治规章被视为公法上的法源,其作为"自治法"受到"国家法"的框架性约束亦即法律监督。在我国,公立高等学校的自治规章包括校规和章程,总体上仅被视为"规章以下其他规范性文件",其法律效力的低下使其制定与实施难以获得行政机关与司法机关的尊重。应借鉴德国高等教育立法规制的经验,明确公立高等学校自治规章(包括大学章程与校规)的法律地位,使自治规章超越政府行政规范性文件的严格拘束。应该认识到,教育行政规制干预大学自治的范围是极其有限的,且必须获得法律的明确授权。在学术自治领域,即便是立法规制的介入也应保持谦抑和适度克制,尽量仅作"框架性立法"以保障大学自治立法的空间不被过度挤压。概言之,应该区分校规所规定事项的类型(学术性抑或行政性事项),采取不同的立法规制介入强度。"法律保留原则之于大学自治,是以学术自治权为起点,呈现逐渐增强的适用格局。相应地,大学自治规章则应以相反的方向强化着自己的规范密度。"②

---

① 哈里·德·波尔登(Harry de Boerdeng)等德国学者创新性地提出"治理均衡器"(Governance Equalizer)的概念,据此描述大学治理中国家规制(State Regulation)、利益相关者引导(Stakeholder Guidance)、学术自治(Academic Self-Governance)、管理自治(Managerial Self-Governance)和竞争(Competition)五种治理机制互动的理想状态。参见:Jansen, D.. *New Forms of Governance in Research Organizations: Disciplinary Approaches, Interfaces and Integration*[M]. Netherlands:Springer, 2007:136-140.
② 倪洪涛.大学生学习权及其救济研究——以大学和学生的关系为中心[M].北京:法律出版社,2010:127.

第五章　我国公立高等学校自主权法律规制结构失衡的矫正

当然,考虑到我国大学自治与自律机制尚不健全的特殊国情,立法规制是否需要与德国类似,对学术自治保持高度谦抑和尊让,尚值得探讨。比较可行的方法是,在立法规制自身功能尚未完善以及大学自我规制发育滞缓的背景下,充分发挥行政法规与部门规章的作用,使其"填充"由高等教育法律和大学自治规范所遗漏的制度空间。当然,部门规章毕竟属于教育行政立法,其能否真正站在培育大学自治规范的立场上,为大学自治与自律机制的健全作长远考量,依旧值得警惕和怀疑。显然,治本之策依旧在于完善高等教育立法体制,增强教育行政立法仅是当前立法资源有限困境下的权宜之计。不可否认的是,教育行政立法功能的发挥,既存在着侵占大学自治立法空间的风险,又存在培育大学自治与自律机制的正向功能。总体而言,在目前我国立法体制在短期内无法实现根本性突破的背景下,这种权宜之计的制度安排,依旧是利大于弊的。对政府部门规章一律予以否定批判的观点,尽管符合德国等法治先进国家的经验,却显得过于理想化。① 在我国,赋予教育行政立法以一定的形成空间并对其进行明确的法律规制,强化公众参与以及行政立法效果评估机制建设,进而增强教育行政立法的合宪性、合法性与合理正当性,显得更加现实可行。

第二,德国《高等学校总纲法》以及各州《大学法》的法律规定采取"类型化"的立法思维,对不同类型高等学校以及高等学校的不同类型"任务"予以区别化的法律规制。一方面,德国《高等学校总纲法》与各州《大学法》普遍对应用型高校与综合性高校采取分类规制的方式,以彰显两类高等学校在自主权诉求上的差异。德国1976年颁布实施的《高等学校总纲法》第1条明确揭示专门高等学校属于高等教育层级,而

---

① 类似观点的持有者,大多属于宪法学者。他们将作为基本权利的学术自由作为高等教育法制建构的逻辑起点。这部分学者,认为涉及学术自治核心领域的事项,国家立法权也需要保持谦抑,仅能进行框架性的立法,其规范密度应予以降低。当然,大学自治与法律保留的关系究竟如何,台湾地区学者自20世纪90年代以来,一直争论不休。这种争议实际上,源于"制度性保障说"和"授权说"的分歧。本研究认为,法律保留原则是否适用,如何适用,除了考虑大学自治的事项属性和类型是否关涉学术自治核心领域外,亦需考察大学自治是否对师生基本权利构成侵犯。一味地遵从学术自由,也不符合宪法保障公民其他基本权利的精神。换言之,相对于学术自由以外的其他类型的基本权利以及公共利益,学术自由并不必然具有优位性。当然,对学术自由的限制,亦需在宪法基本权利体系的理论框架内审视。对于涉及学术核心领域的大学自治事项,不应适用法律保留原则,仅应适用法律优位原则。参见:许育典.大学法制与高教行政[M].台北:元照出版公司,2014;安宗林,李学永.大学治理的法制框架构建研究[M].北京:北京大学出版社,2011:113-128.

与大学居于同等的地位。① 相比之下,我国《高等教育法》"不加区分地将大学、学院、高等专科学校放在一部法律中统一进行规范"②缺乏基本的"分类思维",法律规制的针对性弱。未来,可以考虑在《高等教育法》《职业教育法》的法律修订中,对不同类型高等学校的自主权予以差别化的法律规定,以契合不同类型高等学校的属性和特定要求。

第三,德国高等教育立法对公立高等学校与政府间的分权予以明确的法律规定。当前,我国公立高等学校自主权的赋予、确认抑或扩大乃至"收回",除了立法规制等法律途径外,更多还依靠"政策试点""动态调整协议"等"政策途径"。这使得我国公立高等学校自主权难以获得稳定的法治预期,政府对公立高等学校自主权的干预显得相对随意乃至恣意,公立高等学校自主权受政府不当干预和侵害时亦缺乏有效的法律救济途径。在此,应借鉴德国高等教育立法规制的经验,明确规定政府与高等学校各自的权利义务范畴,基于立法明确二者之间的权力边界,实现政府与公立高等学校分权的法治化。在德国《高等学校总纲法》以及各州《大学法》的法律规定中,分别规定了政府与高等学校各自的权利以及双方共同行使的权力。实际上,这种立法方式,根植于德国公立高等学校自治权法律监督的"任务区分"。

一般而言,德国大学自治事项被区分为三类,包括:固有事项即自治核心事项、自治行政事项或委办事项以及协办事项。其中,"固有事项"属于公立高等学校自治的核心地带,其往往与学术研究密切相关,与公立高等学校作为公法社团的法律地位相对应。而自治行政事项则往往指涉政府的委办事项,对应公立高等学校作为公法设施或国家机构的法律地位。对于自治行政事项,政府不仅可以对其进行合法性监督,亦可进行专业性监督。当前,德国政府对公立高等学校的委办事项逐渐减少③,公立高

---

① 张源泉.洪堡与马太之对决[J].教育研究集刊,2015(2):1-37.
② 申素平.高等学校法人与高等学校自主权[J].中国高教研究,2005(5):9.
③ 对此变化影响最大的法律修订,当属1998年《高等学校总纲法》的第四次修订。在此次修订中,大量政府对公立高等学校的委办事项遭到删减。据此,各州《大学法》也开始进行相应的修订。一些州甚至开始取消公立高等学校作为公法设施或国家机构的法律地位,仅将其视为公法社团。参见:张源泉.德国高等教育治理之改革动向[J].教育研究集刊,2012(4):91-137;胡劲松.德国公立高校法律身份变化与公法财团法人改革——基于法律文本的分析[J].比较教育研究,2013(5):1-8;孙进.政府放权与高校自治——德国高等教育管理的新公共管理改革[J].现代大学教育,2014(2):36-43.

等学校作为公法设施的法律身份正在淡化。据此,各州《大学法》中所明确规定的政府所有的权力范围也日益减少。例如,2006年通过的北威州《高等学校自由法》的第2条第1项,明确规定大学的法律地位为"具有权利能力的公法社团"。据此,北威州政府将仅能对该州公立高等学校进行法律监督,而不得再进行专业监督。

此外,随着新公共管理运动的兴起,德国公立高等学校与政府分权的绩效导向开始凸显,各州《高等学校法》亦对这一问题予以明确规定。根据德国公法学者汉斯-彼得·福塞尔(Hans-Peter Fussel)的观点,"德国公立高等学校制定其内部章程或规定时,需要考虑联邦制定的高等教育法律框架以及各州《高等学校法》的法律规定,有关法律往往会以一种较为抽象的方式规定大学需要满足的原则和要求。目前,规定大学的政治目标仍然是一项国家任务。即便如此,国家需要保证来自大学的参与和支持以实现这些目标,因此,咨询的过程显得十分关键。首先,国家提供了实现目标的财政途径。如今,大学和国家之间签订的针对具体目标的契约或协议代表了一种新形式的合作。它旨在减少等级关系,增强合作伙伴关系。在这类长期的契约里,大学致力于实现特定的教学和研究目标。反过来,国家为大学提供必要的财政资源。同样的,国家取消了之前对学生学习和考试的相关规定,现在,学习项目由外部独立机构(认证)负责评估。来自国家的影响相应减弱,但国家通过设立国家考试在选择学习课程方面保留着一定影响,同时间接影响着课程的内容结构。大学相对于国家预算分配的独立以及遵守国家财务规定意味着外部因素依然对大学产生影响。"[1]在契约治理模式下,公立高等学校与政府之间权利义务划分的法律规定开始进入新的阶段,公立高等学校作为功能自治主体的绩效责任备受关注。

第四,德国高等教育立法中广泛采用"试验性法律条款"且引入"成本效益分析",强化了高等教育法律的适切性。在德国,实验法律所具有的功能是,通过宣扬其过渡性、合理性而说服因担心法律具有副作用而对其持反对意见的人。实验立法作为一种减少改革阻力的战略性手段,被广泛适用于学校与教育改革、媒体政策、交通政策等领

---

[1] Russo, C. J.. Handbook of Comparative Higher Education Law [M]. Maryland: Rowman and Littlefield Education, 2013: 121–133.

域。它具有两大特点：第一,设有期限;第二,伴有评估措施(评估的义务、评估委员会的设立、评估报告的制作)。① 这种实验法律的思想,同样被应用于高等教育立法与修法等国家法律秩序的生成与演进之中。其中,较为典型的是"试验性法律条款"的实施,它为德国高等教育法律秩序的动态调整提供了更为广阔的弹性空间,使立法的适应性与回应性得以增强。

除了各州高教法中设置的试验性条款以外,实验法律的思想还表现为德国各州教育立法拥有偏离联邦层面法律的形成空间。自 2006 年《基本法》修订确立"竞争联邦制"以来,各州的教育立法权限获得了实质性的扩充。尤其是,2009 年第二期联邦制改革以来,对于各州教育领域的立法(Bildungsrecht)而言,各州可以在一定程度上偏离联邦层面的教育法(Abweichungsrecht)。② 此外,在实验法律思想被引入高等教育立法规制的同时,德国"规制型国家"的兴起也使新的规制技术被发明出来。其中,规制影响评估(Regulatory Impact Assessment,RIA)作为系统评估规制正面和负面影响的一个工具,极大地改善了高等教育立法规制的质量。③ 通过规制影响评估的实施,德国高等教育立法规制的适切性、有效性与动态回应性得以逐渐增强。

第五,德国联邦宪法法院对高等教育立法的合宪性审查,使德国高等教育法律规范始终维系与保障学术自由的基本权利。通过联邦宪法法院对学术自由的宪法解释,高等教育立法规制的"组织法"功能持续完善和更新。实际上,德国高等教育立法规制最为显著的特征,是其"宪法化"的特征,而这在德国公立高等学校"组织法"的变革中表现得尤为明显。④ 具体而言,联邦宪法法院通过 1973 年大学组织判决案、2004 年布兰登堡州大学法判决案以及 2010 年大学教授自治案等经典的宪法诉讼案,形塑并更新"学术自由的组织保障"理论,旨在实现大学内部各权力(权利)组群(尤其是学术自治与管理自治)之间的动态平衡。该理论在从正面论证大学"组织法"变革为学术

---

① [日]大桥洋一.行政法学的结构性变革[M].吕艳滨,译.北京：中国人民大学出版社,2008：285.
② 巫锐.德国高等教育治理新模式：进程与特征——以"柏林州高校目标合约"为中心[J].比较教育研究,2014(7)：1-5.
③ 维尔纳·杨,夏晓文.德国的国家范式和行政改革[J].德国研究,2012(4)：5-17.
④ 斯特凡·科里奥特,田伟.对法律的合宪性解释：正当的解释规则抑或对立法者的不当监护？[J].华东政法大学学报,2016(3)：5-14.

自由提供组织保障的同时,从反面论证其不能对学术自由构成结构性危害。从一定意义上而言,德国联邦宪法法院对学术自由的宪法解释,既通过对学术自由"客观法"面向的肯认,为德国高等教育立法规制提供了更为广阔的空间;又通过对学术自由作为主观公权利的强调,为德国高等教育立法规制提供了一定的"界限"。例如,大学"组织法"对管理自治的强化,将在一定程度上受到限制,而这在2010年的"大学教授自治案"中表现得尤为明显。

此外,联邦宪法法院对高等教育立法规制变革的合宪性审查,还涉及联邦与州层面高等教育立法权的配置以及政府组织实施的大学评估对学术自由的潜在威胁与违宪疑义①等议题。显然,在联邦宪法法院卓有成效的努力下,德国高等教育立法规制始终将学术自由视为重要的宪法价值,高等教育的立法与修法均需慎重考察其是否可能构成对学术自由的结构性危害。否则,将不可避免地遭致联邦宪法法院的合宪性审查。与德国相比,我国立法规制缺乏明确的违宪审查机制。当然,这并不表明德国高等教育立法的合宪性审查,对我国就不具有启发意义。从一定意义上而言,立法者应就高等教育立法对学术自由这一基本权利发挥何种效应保有清晰的认识,要求立法者积极推动学术自由基本权利的实施,与禁止立法者侵害学术自由基本权利,本身并无矛盾。换言之,立法规制的"不足"和"过度"②均需得到重视。当前,我国高等教育立法规制的问题,更多表现为立法规制的"不足"而非"过度"。③

《高等教育法》的立法与修法,应以促进与保护作为宪法基本权利的学术自由为旨归,从正面实施宪法当中的基本权利条款,这甚至应被视为立法者的义务。传统上,将学术自由视为消极防御权或主观公权利,忽视其客观法面向的宪法学观点已经被抛弃。一方面,学术自由为国家立法权的介入设置了一定的界限,使其免遭立法者借由立法所可能引发的对学术自由的结构性危害。另一方面,学术自由要求立法者担负促

---

① 盐野宏,肖军.论国立大学法人[J].行政法学研究,2011(1):137-143.
② 在德国,关于高等教育法律规范过于绵密和巨细靡遗的批判较多。20世纪90年代以来,德国《高等学校总纲法》以及各州《大学法》的法律规定正在朝"框架性"立法转变。在关涉大学自治的事项上,法律一般只做框架性的规定和约束,为大学自治立法保留形成空间。避免高等教育立法规制过度,掏空大学自治立法权。
③ 陈鹏.论立法对基本权利的多元效应[J].法律科学(西北政法大学学报),2016(6):19-26.

进和保障学术自由的立法义务。① 在经济社会环境急剧变化的21世纪,学术自由的内涵已经发生了深刻的变化,"学术"的沟通属性和合作强制属性日益凸显。学术与社会、经济的合作和沟通,使得立法者需要重新审视学术自由并通过立法为其提供有效的制度、组织与程序保障。质言之,立法者具有为学术自由提供有效的组织、制度环境以及程序保障机制的义务。

然而,从学术自由基本权利的保障以及政府公权力的规范约束而言,我国公立高等学校自主权的立法规制,显然是缺位的。② 最新的《高等教育法》修订,尽管在大学学术治理以及高等学校第三方评估等方面有所突破,但依旧未能全面建构学术自由保障的法律基础。"在立法实践中,由于立法不作为和法律漏洞方面的原因,使得立法出现了相较于基本权利的缺位。"一方面,在高等教育立法规制明显缺位的状态下,公立高等学校自主权更多被纳入行政规制如行政立法的调整范畴。从应然的角度而言,"行政立法可以在一定程度上分担法律在基本权利实现方面的责任,但是,却不能从根本上取代法律在基本权利实现方面的作用。"③否则,行政立法的扩张乃至泛滥与恣意,势必导致学术自由遭受潜在的威胁。来自政府部门的规章乃至规章以下的行政规范性文件的"丛生",使公立高等学校"疲于应付"。受此影响,学者个体的学术自由基本权利以及高等学校的自治权均难以获得有效保障与救济。

另一方面,在大学自治功能不彰的背景下,立法者未能扮演拘束"大学自治"的积极性角色。当前,大学学术不端乃至腐败现象丛生,学术寡头滥用学术权力的现象,时常见诸报端。若立法者不承担维护学术自由的积极性角色,那么,学位论文的粗制滥造和学术资格评审中的"拉关系""走后门"等现象,将无法有效遏制。2016年,教育部颁布的《高等学校预防与处理学术不端行为办法》(教育部40号令),正是针对这些学术"乱象"出台的部门规章。当然,部门规章的法律效力位阶毕竟还过低。未来,应通过立法,进一步强化对学术自治功能不彰等问题的法律监督。

---

① BVerfGE 111,333(363 ff.).
② 刘志刚.立法缺位状态下的基本权利[M].复旦大学出版社,2012:162-180.
③ 刘志刚.立法缺位状态下的基本权利[J].法学评论,2011(6):22-32.

第五章　我国公立高等学校自主权法律规制结构失衡的矫正

第六,德国高等教育法律的修订较为稳定与规律,通过国家法律秩序的自我更新与反思,据此,持续地回应高等教育治理中的现实难题,进而更好地规制与保障公立高等学校自治权。目前已经被废除的《高等学校总纲法》自1976年颁布实施以来,先后经历过数次修订。其中,修订幅度最大的是1998年第四次修订。根据德国学者桑德贝格尔(Georg Sandberger)的观点,德国《高等学校总纲法》的修订方向包括以下三个方面:"自由化,即大学须享有更多自由;多元性,自由化激励更多变化与创新;竞争力提升,因多元自由可创造大学教学研究之特色。"① 概言之,联邦《高等学校总纲法》的修订方向是放松国家管制,增强大学自治权。与此同时,减少法律规范的密度,为各州《大学法》的立法提供更为广阔的形成空间。

具体而言,1998年《高等学校总纲法》的修订,删除了在1987年《高等学校总纲法》第61条至66条有关大学组织与管理的规定。据此,联邦层面的《高等学校总纲法》不再规定大学的内部治理结构,而由各州《大学法》予以规定。此外,这次修法中,还松动了大学设立的法定形式即其法律地位,赋予各州以更大的"组织法"形成自由。1998年,《高等学校总纲法》修正条文第58条第1款,增加了"以其他法律形式设立(in anderer Rechtsform)"的条款。② 值得关注的是,2006年德国《基本法》修订后,传统的合作联邦制被竞争联邦制取代,德国各州《大学法》进入制度性竞争时期。据此,德国各州《大学法》的修订成为德国高等教育立法规制的主要观察窗口。

从目前的趋势而言,各州《大学法》的修订确实展现出较大的差异性。其中,关于公立高等学校法律地位的规定,在各州之间差别较大,公立高等学校法律身份开始朝着多元化的方向发展。例如,北威州于2006年通过的《高等学校自由法》的第2条第1项规定,大学的法律地位为"具有权利能力的公法社团"。《汉堡高等学校法》第2条,也对此作出了相同的规定,明确公立高等学校作为公法社团的法律地位。③ 而在黑森州,公立高等学校被赋予公法财团的法律地位。此外,一些州沿袭了公立高等学

---

① 张源泉.德国大学管理体制的演变——以《高等学校基准法》为线索[J].宪法与行政法治评论,2011(5):320-339.
② 张源泉.德国高等教育治理之改革动向[J].教育研究集刊,2012(4):91-137.
③ 同②。

校双重法律地位的传统,依旧将其界定为公法社团与公法设施的统一。在德国,公立高等学校的"公法人组织形态选择与设计,主要取决于'大学任务'的完成与实现学术自由、大学自治的要求,而不拘泥于传统的模式。"①联邦宪法法院也认为,各州《高等学校法》的修订,应增强大学"组织法"的学术相应性。联邦宪法法院根据这一观点作出了关于大学"组织法"变革的数次判决,包括 1973 年大学组织判决案和 2004 年布兰登堡州大学法判决以及 2010 年教授自治案等。通过高等教育法律持续而稳定的修订,德国公立高等学校自治权的运行中各类法权的关系,能够始终保持协调与平衡。

除了德国以外,法国高等教育立法规制对我国《高等教育法》的修订亦具有重要启示。其中,比较明显的是在法律中对大学与政府的关系以及大学内部治理结构予以明确规定。更重要的是,法国高等教育法律秩序重视自我更新与反思,通过持续而稳定的法律修订,审慎地对公立高等学校自主权予以规制和保障。例如,围绕学术自治与管理自治这两股力量在大学内部治理结构中的博弈与平衡,法国高等教育法律的最新修订对此问题予以回应。在 2013 年颁布实施的《高等教育与研究法》中明确规定,校长职能不可与学术委员会成员或学校、学院等人职责兼容,具体负责以下事务:主持行政委员会工作,准备和开展协商决议,准备和实施学校多年合同;法律上可代表大学与第三方签订协议;组织审核大学的收入与支出;决定大学的人事工作;任命评审团成员;维护学校总体秩序和校园卫生、安全等。而且当行政委员会、学术委员会在投票决议中出现平票时,校长拥有优先裁决权。②

目前,法国公立高等学校的内部治理结构主要由决策机构——校长及其领导的管理团队和校务会,执行机构——行政服务部门,学术机构——教学科研单位三部分组成(如图 5.1 所示)。总体上,负责政治决策的大学校长、负责协商决议的行政委员会和负责决议和咨询事务的学术委员会共同确保大学的决策管理工作。根据 2013 年

---

① 李昕.作为组织手段的公法人制度研究[M].北京:中国政法大学出版社,2009:152.
② Code de l'éducation-Article L712 − 2[EB/OL].(2016 − 06 − 12)[2022 − 10 − 18]. https://www.legifrance.gouv.fr/affichCodeArticle.do;jsessionid = 034431D79EA72F19DA58C4E0FACF97FB. tpdila15v _ 2? cidTexte = LEGITEXT000006071191&idArticle = LEGIARTI000027747947&dateTexte = 20160706&categorieLien = id # LEGIARTI000027747947.

第五章 我国公立高等学校自主权法律规制结构失衡的矫正

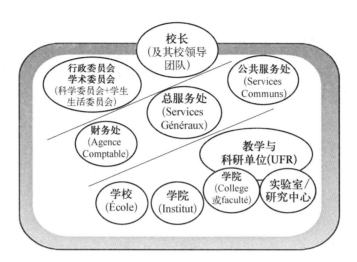

图 5.1 法国公立高等学校内部治理结构①

《高等教育与研究法》的规定,大学设立学术委员会与行政委员会两个校务会分管学术与行政事务。其中,行政委员会为大学的核心决策机构,是大学民主管理的体现。行政委员会由24至36人构成。其中教师及研究人员占8—16人,校外人士占8人,学生代表占4—6人,行政与服务(工程、技术)人员占4—6人。委员会中教师与研究人员仍保持了较大比例,学生和行政人员的比例较2007年《大学自治与责任法》的法律规定有所增加,充分体现了协商民主与合作治理的理念。校外人士中至少有一位企业经理和一位地方政府负责人,目的是增强大学与外部社会的联系。行政委员会负责决议学校政策,有权允许签订学校合同,对预算、决算有投票权;可以批准校长签署的协议,通过大学内部章程;能够在听取校长建议并遵照国家优先发展(项目)的基础上,对人员的职务进行分配;可以授权校长参与一切法律行动;批准校长提交的年度活动报告(报告包括总结和计划);通过学术委员会提出的政策总方案等。②

---

① 资料来源:Les établissements d'enseignement supérieur, Structure et fonctionnement[EB/OL].(2017-01-20)[2022-10-18]. http://www.univ-paris-diderot.fr/DGRH/publication%20brochure.pdf.
② Code de l'éducation-Article L712-3[EB/OL].(2017-01-10)[2022-10-19]. https://www.legifrance.gouv.fr/affichCodeArticle.do;jsessionid=F2C8FC73D5DFB500C7C5A2712EB88FAE.tpdila15v_2?cidTexte=LEGITEXT000006071191&idArticle=LEGIARTI000027747951&dateTexte=20160707&categorieLien=id#LEGIARTI000027747951.

学术委员会(Conseil Académique)是负责教学与研究的决策与咨询机构,根据 2013 年《高等教育与研究法》的相关规定,学术委员会由之前的科学委员会(Conseil Scientifique)和学习与大学生活委员会(Conseil des Études et de la vie Universitaire)合并构成,现包括研究委员会(Commission de la Recherche)和培训与学生生活委员会(Commission de la Formation et de la vie Universitaire)两部分,同时增设学生在委员会中的席位。研究委员会由 20—40 人组成,其中 60%—80% 为教授或拥有科研指导资格(Habitation à Diriger des Recherches,HDR)的相关人员(比例至少占 1/2)、博士文凭获得者(比例至少占 1/6),以及包括工程、技师在内的其他人员代表(比例至少占 1/12);10%—15% 为接受初级或继续培训的注册博士生;10%—30% 为校外代表(可以为外校的教师—研究人员或科研工作者)。培训与学生生活委员会由 20—40 人构成,其中 75%—80% 为教师—研究人员、教师和学生(师生人数相同)以及接受继续教育的学生;10%—15% 为行政、技术人员、工人和其他服务人员;10%—15% 为校外人员,其中至少有一名来自高中的代表。学术委员会成员应保证其代表学校的所有学科。学术委员会主席可由校长担任,也可从成员中选举产生。

学术委员会的职能分工分别如下:研究委员会为行政委员会提供与研究、科研和技术文献收集、科研经费分配政策等相关事务的咨询;培训与学生生活委员会为行政委员会提供与培养政策、教学、大学生生活等相关事务的咨询。此外,学术委员会内部设有纪律组(Section Disciplinaire)和个人能力评审组(la Section Compétente Pour L'examen des Questions Individuelles)。纪律组拥有对教师—研究人员、教师和学生等人的惩戒权,当教师—研究人员、教师和学生出现不正当行为(学术不端、作弊、扰乱学校正常运转等),可对其进行惩处。个人能力评审组负责对教师—研究人员的招聘、委派及其职业发展进行审核。学术委员会还可以根据需要创建其他委员会,如设立遴选委员会负责审议教师与研究员的职称与晋级等。学术委员会的建立有利于行政委员会专注于指导学校的战略发展。除此之外,诸如总服务处、公共服务处、财务处等执行机构的权责事项,也都在立法中予以明定。例如,根据法国《教育法典》(Code de l'éducation)第 L714-1 条规定,总服务处是大学的最高行政服务部门。该部门负责除教学、科研和公共服务以外的其他一切学校事务,包括管理人力资源信息、卫生医疗服务、社会文化服务等(行政)事务。此外,大学内部设立公共服务处以负责文献及图书资料的组织管理,继续教育服务,学生接待、就业信息指导,工、商业投资开发等事务,并分别形成了相应的服务部门。① 根据法国《教育法典》第 L953－2 条的规定,财务处总长先由校长举荐,再通过负责高等教育事务的部长和负责预算事务的部长共同签署任命。在校长或校领导的决定下,财务处总长可以是学校财政服务的首席执行人,其职责主要为向校长提供学校预算和财务等事宜的咨询,并在校长领导下,负责管理本校的预算和财务及其现代化建设。②

除了高等教育法律的修订对大学自治的影响外,其他领域的立法和修法(尤其是涉及财政预算、人事)也同样深刻地影响着公立高等学校自治权的行使。在法国,高等教育立法与其他领域的立法之间显示出密切的关联性、协调性和体系化。例如,2001 年法国出台了新的《财政预算法》,允许大学根据本校状况在经费总额范围内改变款项的使用性质。而在 2007 年《大学自治与责任法》中,将包括教职工工资在内的全部预算交由大学自主负责和管理,政府允许大学通过基金会等方式自筹资金,而且逐步将政府原本管控的固定资产转移为大学法人所拥有③,大学的财务自治状况得到明显改善。值得一提的是,法国高等教育立法规制的变革,受到高等教育领域各类成员代表机构的影响。例如,"工程师学位委员会""学士学位继续行动委员会""硕士学位继续行动委员会""高等教育与研究国家理事会"和"国家高等教育和研究咨询委员会"等学生、教师、企业的代表组织④通过各种制度化抑或非制度化的渠道,影响包括高等教育立法规制在内的国家规制变革。借由法团主义式的利益吸纳过程,不仅增强了法国高等教育立法规制的"回应性",更增强了立法的科学性与民主性。

显然,在德国、法国等大陆法系国家,立法规制对公立高等学校自治权的规制与保

---

① Code de l'éducation-Article L714－1 [EB/OL].(2017－01－29)[2023－3－12].https://www.legifrance.gouv.fr/codes/section_lc/LEGITEXT000006071191/LEGISCTA000006166683/#LEGISCTA000006166683.
② Code de l'éducation-Article L953－2 [EB/OL].(2019－09－02)[2023－3－12]. https://www.legifrance.gouv.fr/codes/section_lc/LEGITEXT000006071191/LEGISCTA000006166734/?anchor=LEGIARTI000038902829#LEGIARTI000038902829.
③ 刘敏.法国大学治理模式与自治改革研究[M].北京:北京师范大学出版社,2015:132－133.
④ 尹毓婷.博洛尼亚进程中的法国高等教育改革研究[J].复旦教育论坛,2009(3):68－72.

障是尤为重要的,迈向"回应型法"的元治理(Meta Governance)是其基本特征。通过立法规制的自我更新与反思,不断因应时代对高等学校的要求,进而更有效地确保大学任务的完成。正如基克特(Kickert)和霍克科特(Hakvoort)指出的那样,"在受大陆法系主导的大陆国家和其他一些国家中,行政法律无孔不入的支配地位,加之其融合了理性的、演绎的、全面的、系统的法律思维方式,势必会对所采纳的'公共管理'形式产生重要影响。宪政和宪政体制将继续形塑国家的演变,从而最终形塑管理体制的演变。"①

相比之下,我国高等教育立法规制还极不完善。一方面,立法的形成过程受到政府部门的干预乃至支配,具有典型的政府主导型立法特征,这严重制约和束缚了教育立法的公共性,难以对政府的法律责任和权限范畴予以明确规定,难以对公立高等学校的法人治理结构予以优化调整,亦难以充分保障和救济师生权利。另一方面,立法资源的不足,客观上为行政规制尤其是部门规章等行政立法提供了借口。教育部作为国家最高教育行政机关,可以"名正言顺"地借由教育部部门规章乃至其他行政规范性文件②,对公立高等学校自主权予以规范乃至控制。

当前,在立法规制发育极其滞缓的现实背景下,我国"行政立法"的扩张实属权宜之计。理想的状态是,充分发挥"人大主导立法"的作用。通过教育立法质量的提高,进一步明确公立高等学校自主权与政府之间的法律关系,削减行政立法的制度空间并弱化其正当性基础。同时,增强立法对行政规制的控制和约束,进一步增强立法权对行政权的控权功能。基于法律规制结构的视角而言,立法规制实际上应该在公立高等学校自主权运行的法律规制结构中享有主导地位,扮演核心角色。据此,行政规制、司法规制、社会集体规制以及大学自我规制等规制类型,均应被纳入立法规制的约束之中。显然,在目前我国高等教育法律规范如此稀疏、抽象与模糊,立法体制实际上由政府部门主导的困境下,立法规制作为"元规制"(Meta-Regulation)功能的凸显更多还只

---

① [英]Stephen P. Osborne.新公共治理?——公共治理理论和实践方面的新观点[M].包国宪,赵晓军,等,译.北京:科学出版社,2016:110.
② 有学者认为,"当前法律保留原则的'法律'只能作宽泛的定位,将其扩展至包括行政规章在内"。参见:韩兵.高等学校的惩戒权研究[M].北京:法律出版社,2014:134.

能被视为一种应然逻辑与理想状态。从长远而言,形塑软硬兼施的混合法规制结构,必须进一步借鉴德国等成文法国家在高等教育立法规制变革中的经验,强化立法规制在公立高等学校自主权规范与保障中的特定功能①,充分而有效地发挥高等教育法律作为"组织法""权利法""程序法"以及"行为法"的作用。

(二) 超越"政策实施型"的行政化司法体制:新《行政诉讼法》背景下法院的功能重塑

正如前文所述,受"政策实施型"的行政化司法体制的束缚,我国法院介入高等教育领域纠纷相对克制与保守。其中,最为典型的表现是公立高等学校与政府、教师之间的纠纷,至今还鲜有行政诉讼的案件发生。即便是公立高等学校与学生之间纠纷解决的司法救济,亦存在司法审查介入强度与范围模糊不清、徘徊不定的困局。据此,公立高等学校作为行政相对人的权利无法获得保障和救济,其作为行政主体的权力亦无法被有效规范和约束。显然,在"政策实施型"司法体制下,法官作为制度变迁者的能动角色是极为有限的。

目前,法院在高等教育行政诉讼案件中的创新性突破,主要集中在以下两方面:一方面,通过正当程序原则在高等教育行政诉讼案件中的适用,保障相对人的合法权益。法院通过对"法定程序"这一行政行为合法性要件的广义理解,即将正当程序原则明确引入公立高等学校自主权行使的基本要求之中,充分反映了法治的基本精神和理念。在此议题上,海淀区法院自"田永案""刘燕文案"以来,一直持续地进行着"正

---

① 有学者指出,"对大学来说,法律规范密度是影响大学自治的关键,只有控制法律规范密度,才有可能防范立法者不当介入立宪者所建立的大学自治制度,大学校园必须要建立针对立法者的防火墙"。对于这种观点,本研究认为,尽管立法规制的"过度"确实可能掏空大学自治立法权,有悖于宪法保障的大学自治。但是,对于当下中国而言,立法规制的"不足"是更为严峻的问题。在大学自治与自律机制未能发育健全的状况下,若对立法规制也抱有过度的警惕,那么,大学自主权的运行势必更加混乱无序。在中国的国情下,更为务实的观点是,增强教育立法规制,发挥其作为高等教育"元治理"方式的功能。当前,对立法过度规制或法律规范密度过高的担忧,实属多余。当然,对于学术自治,立法应更多作"框架性"规定,为大学自治立法保留形成空间的观点,却是可以借鉴和吸收的。参见:安宗林,李学永.大学治理的法制框架构建研究[M].北京:北京大学出版社,2011:126.

当程序"原则的倡导,在"于艳茹案"①中更是旗帜鲜明地将"正当程序"写入了行政判决书。第二,判决对法律规范的适用和解释形成了运行中的高等教育法律规范,而对于判决中法官观点和思路的梳理,也将为法律规范的修改和完善提供依据。② 具体而言,法院通过审理学位授予与撤销、招生、开除学籍、高校信息公开等类型的行政纠纷案件,逐渐熨平法律织物的褶皱并弥补其漏洞。此次《普通高等学校学生管理规定》③的修订,显然已经受到既有司法判例的影响。未来,《学位条例》的修订,势必也会受到高等教育领域行政诉讼典型案件(如"何小强案""于艳茹案"等)的影响。例如,《学位条例》的修订中,可能需要对"于艳茹案"中提出的关于高等学校学位撤销中适用正当程序原则的问题予以回应,增强对学位授予与撤销等高等学校学位管理行为的程序规范。

但是,除此之外,法院在高等教育领域行政纠纷解决中的角色是相对谦抑乃至保守的。法官往往倾向于认为,在"强行政弱司法的政治体制"中行使权力可能引起政治与法律风险。这种对潜在风险的担忧使得法官在遇到具体案件时,"普遍秉持'多一事不如少一事'的自我防卫心态,在操作上则体现为尽可能地'不予审查'或'回避审查'"。④ 值得关注的是,2014 年《行政诉讼法》的修订,使得法院介入高等教育领域

---

① 北京市海淀区人民法院行政判决书(2015)海行初字第 1064 号判决书。
② 陈越峰.高校学位授予要件设定的司法审查标准及其意义[J].华东政法大学学报,2011(3):110-120.
③ 《普通高等学校学生管理规定》修订工作于 2015 年启动,教育部在向各省市教育行政部门和高校征求意见的基础上,形成了征求意见稿并于 2015 年 11 月向社会公开征求意见建议。2016 年 3 月,教育部召开法律专家座谈会,对修订稿进行深入研讨和修改。实际上,法律专家的意见,已经包含了来自教育行政诉讼实务界的观点。例如,在新《规定》中,明确规定了"处理、处分决定以及处分告知书等,应当直接送达学生本人,学生拒绝签收的,可以以留置方式送达;已离校的,可以采取邮寄方式送达;难于联系的,可以利用学校网站、新闻媒体等以公告方式送达。"显然,新《规定》对"送达"作出如此详尽的程序规定,可能受到聂恒布与河海大学教育行政处理决定案等行政诉讼案件的影响。而新《规定》中对于作为开除学籍情形之一的"学术不端"的明确界定,显然吸收了最高人民法院审理的"甘露案"的裁判观点。新《规定》第五十一条规定:"(五)学位论文、公开发表的研究成果存在抄袭、篡改、伪造等学术不端行为,情节严重的,或者代写论文、买卖论文的",学校可以给予开除学籍处分。而在教育部官网发布的对《普通高等学校学生管理规定》(41 号令)修订状况的介绍中,也明确指出,重新修订《规定》的原因之一是,来自高校教育和管理新变化的要求。"在总结实践经验、现实问题以及司法判例的基础上,修改、补充和完善相关制度,更有利于高校学生的管理和服务"。
④ 余军,张文.行政规范性文件司法审查权的实效性考察[J].法学研究,2016(2):42-61.

纠纷的制度空间进一步拓展。首先,根据新《行政诉讼法》第1条的规定,解决行政争议,保护公民、法人和其他组织的合法权益,监督行政机关依法行使职权被视为《行政诉讼法》的基本宗旨。具体而言,行政诉讼制度将以控制公权力行使和保障相对人权益为价值旨归。"审判是保护权利、自由的最后一道屏障,当合法权益受到不法侵害时,法院将是公正的维护者。"①

其次,根据新《行政诉讼法》的规定,法院的受案范围有所扩大。例如,新《行政诉讼法》第53条、第64条正式确立了人民法院对行政规范性文件的附带审查权。② 据此,明确了人民法院对于"抽象行政行为"的司法审查权,超越了传统上认为法院仅有"具体行政行为"司法审查权的狭隘认识。据此,政府部门对公立高等学校发布的行政规范性文件以及公立高等学校校规作为"规范性文件",均可以被纳入法院附带性审查的范畴。③ 此外,新《行政诉讼法》明确将"法律法规规章授权组织"的行政行为④纳入行政诉讼的受案范围。据此,高等学校依据《普通高等学校学生管理规定》(教育部第41号令)所作出的学生纪律处分或其他行政行为,均可被视为"规章授权行为",进而纳入法院的司法审查范畴。传统上,仅将影响学生身份变化的纠纷纳入司法审查

---

① 饶亚东,石磊.《田永诉北京科技大学拒绝颁发毕业证、学位证案》的理解与参照——受教育者因学校拒发毕业证、学位证可提起行政诉讼[J].人民司法(案例),2016(20):13-21.
② 余军,张文.行政规范性文件司法审查权的实效性考察[J].法学研究,2016(2):42-61.
③ 关于高校校规的附带性审查,存在的理论和实务难点在于高校校规的法律性质界定。正如陈越峰所言,对于"法律规范的规定是授权还是放权……高校的规定是法律规范之外的自治规则还是规章以下的行政规定"等问题,法院的裁判观点并不一致。在"田永案""褚玥案""武玉华案"这三起教育行政诉讼案中,法院对于授权的性质、高校经由授权获得的权力的性质以及授权之后政府与高校之间的关系却有着不同的认识。参见:陈越峰.高校学位授予要件设定的司法审查标准及其意义[J].华东政法大学学报,2011(3):110-120.当然,这一问题,在最高人民法院于2014年发布的第39号指导性案例即"何小强案"中有所回应。参见:石磊.《何小强诉华中科技大学拒绝授予学位案》的理解与参照——高等学校在学术自治范围内有依法制定学术评价标准职权[J].人民司法(案例),2016(20):22-26.目前,实务界和理论界的观点,倾向于将高校校规区分为学术性与非学术性两类。据此,区分适用法律保留原则。其中,对于纪律性校规,往往明确要求其适用法律保留原则。而对于学术性校规,则要求其在不与法律法规抵触的基础上,根据学术自治原则,自行设置符合"比例原则"的具体学业要求。参见:伏创宇.高校校规合法性审查的逻辑与路径——以最高人民法院的两则指导案例为切入点[J].法学家,2015(6):127-142.
④ 新《行政诉讼法》第2条规定:"公民、法人或者其他组织认为行政机关和行政机关工作人员的行政行为侵犯其合法权益,有权依照本法向人民法院提起诉讼。前款所称行政行为,包括法律、法规、规章授权的组织作出的行政行为。"

范畴的法理认知以及教育行政诉讼制度,将被只要涉及学生"合法权益"①保障即可被法院受理的新认知和新制度替代。中国高等教育行政诉讼的受案范围,将超越传统的"基础关系—经营关系"二分法,迈向"重要性理论"乃至一般权力关系理论。与此同时,新《行政诉讼法》将行政协议纳入行政诉讼受案范围。它昭示着公立高等学校与师生、政府之间订立的行政合同,至此可以被视为司法审查的对象。最后,新《行政诉讼法》进一步明确了行政行为的合法性要件,增加了"明显不当"这一合法性要件。②

据此,公立高等学校自主权的行使以及政府对公立高等学校的行政规制,将受到"明显不当"这一类似"比例原则"的合法性要件的拘束。有学者指出,对于"明显不当"的行政行为,法院应运用"撤销、确认违法、判令履职、判令给付、判决变更、责令补救或赔偿等裁判方式,向行政相对人提供救济。"③换言之,在新《行政诉讼法》的语境下,合法性的概念将被重新诠释,一些"合理性"的要素被囊括其中。司法审查的强度,将有别于传统的"形式合法性"的逻辑,而迈向"实质合法性"的逻辑。④ 根据"实质法治"的原则和精神,"法官应当在审判中,充分理解法律的原则和精神,在审判中以现有的实体法、程序法资源、法学理论资源和司法解释发展法律,最大限度地保护当事人的合法权益。"⑤

实际上,司法审查作为公立高等学校自主权规制和保障的重要渠道,在法治发达国家发挥着重要作用。图汉斯教授等公法学者在对德国高等教育治理中司法控

---

① 在此,应对合法权益作更为广义的理解。它不仅包括人身权、财产权,还应包含受教育权等基本权利乃至知情权等新型权利。实际上,2017年颁布实施的《普通高等学校学生管理规定》(教育部第41号令),亦坚持了类似的思路。该《规定》第二章,对学生权利进行了更为全面详尽的列举式规定。第二章第六条明确规定:"对学校给予的处理或者处分有异议,向学校、教育行政部门提出申诉,对学校、教职员工侵犯其人身权、财产权等合法权益的行为,提出申诉或者依法提起诉讼"。显然,学生对其受教育权等合法权益受损,可以向法院寻求司法救济。
② 《中华人民共和国行政诉讼法》第七十条规定:"行政行为有下列情形之一的,人民法院判决撤销或者部分撤销,并可以判决被告重新作出行政行为:(一)主要证据不足的;(二)适用法律、法规错误的;(三)违反法定程序的;(四)超越职权的;(五)滥用职权的;(六)明显不当的。"
③ 史笔,曹晟.新《行政诉讼法》中行政行为"明显不当"的审查与判断[J].法律适用,2016(8):23-28.
④ 何海波.实质法治:寻求行政判决的合法性基础[M].北京:法律出版社,2009.
⑤ 饶亚东,石磊.《田永诉北京科技大学拒绝颁发毕业证、学位证案》的理解与参照——受教育者因学校拒发毕业证、学位证可提起行政诉讼[J].人民司法(案例),2016(20):13-21.

制(Judicial Control)的角色和功能进行梳理后发现,"从所产生的影响来看,法院判决不应当等同于国家规制,法院判决影响着所有的治理模式,但是有时候起着对抗国家规制的作用,例如通过维护和保证个体和专业自治不受国家干预的权利。在这个意义上,应当注意三点:第一,法院独立于政治系统运行,第二,法院具有特殊的专业导向,第三,法院受到机构自律的内置系统的影响。"①相比于德国,我国司法审查介入公立高等学校自治权的范围和强度均未能厘清。而法院对高等教育治理的影响极其有限,甚至仅局限于公立高等学校与学生之间重大权益纠纷的终局性救济上。

新《行政诉讼法》的修订为我国高等教育行政诉讼制度的改善提供了新的契机,未来我国公立高等学校自主权的行使有望受到更为全面与严格的司法规制与保障。② 当然,《行政诉讼法》的修订和完善,是否可以真正破解高等教育行政诉讼制度变革中的实质性问题,如公立高等学校与政府、教师之间行政纠纷的司法救济,尚未可知。对此,正如余军教授所言,"根本的方案应在于——通过司法改革彻底根除法院权力组织结构过度科层化、司法权行政化运作等弊端,强化法院中立的纠纷裁决者之地位,重塑法官的行为逻辑。"如何破解和超越"政策实施型"的司法体制,确立司法权的独立地位并促使其"去行政化",将构成我国公立高等学校自主权司法规制变革的关键。

(三)"他律"与"自律"的统一:教育行政规制的合宪、合法与合理正当

相比于单一的硬法规制抑或软法规制而言,软硬兼施的混合法规制模式,"有助于填补立法漏洞和缓解裁量领域的若干紧张关系"。随着公立高等学校作为"授权性行政主体"法律地位的淡化及其作为"自治性行政主体"法律地位的强化,政府对公立高

---

① Jansen, D.. *New Forms of Governance in Research Organizations: Disciplinary Approaches, Interfaces and Integration*[M]. Netherlands: Springer, 2007: 155 - 174.
② 司法规制在公立高等学校自主权运行中的功能,应包括(1)法律解释;(2)规范和控制权力;(3)权利救济三方面。关于人民法院通过法律解释,完善法律体系,增进法制统一的功能。江必新认为,"通过司法审查工作完善法律体系,要求人民法院准确把握法律规范的适用规则,积极参与法律规范过滤机制的构建,充分发挥司法在解决法律规范冲突、维护法制统一、促进法律发展方面的作用。"参见:江必新.司法对法律体系的完善[J].法学研究,2012(1): 88 - 95.

等学校更多仅可作法律监督,而不能作专业性监督。据此,教育行政规制的强度亟待弱化和缓和,其更多被视为一种"软治理"。具体而言,行政合同、行政指导与行政规划等更为柔性的行政行为将被广泛采用,行政命令与行政审批等高权性的管制方式则被抛弃。"在新的治理关系中,行政机关在严格的程序规则之外,以问题的解决为导向,就管制事项与相对人进行积极协商以便对管制措施达成合意,促使其选择成本最低的行为方式。"①显然,在教育行政规制中引入软法的视野,有利于缓解公立高等学校与政府之间不信任的紧张关系。基于此,公立高等学校的办学自主权能够获得更好的保障和尊重,高等学校的教学科研活动等"内部事务"也才可以获得更为充分的自治空间。②

基于"功能最适原则"和"辅助性原则",对于公立高等学校实施的教育行政规制,应该纳入"软法"的考量范畴。③ 在教育行政机关发布的规范性文件中,应更多采用软法规范,而不应过多采用硬法规范,以至于"违法配置"公立高等学校的权利义务。④ 一方面,教育行政规制需要恪守宪政与法治的精神,增强其合宪性与合法性;另一方面,软法所强调的协商民主与商谈沟通精神,将被嵌入到教育行政规制之中,以增强其合理性与正当性。在治理的语境和软法的视野下,教育行政规制之所以能够对公立高等学校产生有效约束,将主要依靠合意而非强制,它有赖于二者之间的共识和信任。通过"他律"与"自律"统一以及软硬兼施的"混合法"规制,教育行政规制介入公立高等学校自主权的强度和方式将被彻底改变。

1. 保障学术自由与公共利益:教育行政规制的合宪性

教育行政规制的合宪性,主要应聚焦高等教育治理中契约治理模式引入的违宪

---

① 罗豪才,毕洪海.通过软法的治理[J].法学家,2006(1):1-11.
② 何兵,赵鹏.从专业课程设置析大学自治与政府管制[J].行政法学研究,2005(2):24-31.
③ 实际上,在加拿大公法学界的讨论中,软法被界定为:"行政主体发布的'非法律性的指导原则、规则和行政政策,包括诸如非正式的指导方针、信函、操作备忘录、指令、守则和口头指示等形式。"这里的软法既包括正式的文件,也包括长期实行的行政实践。参见:罗豪才,毕洪海.通过软法的治理[J].法学家,2006(1):1-11.
④ 罗豪才教授认为,治理形式下的法律是"软"的,即不直接依赖于国家强制力保障实施的、但事实上存在的可以有效约束人们行动的行为规则为软法,制定主体多样,可以是国家机关,也可以是社会团体。根据软法的载体形态,软法包括宣言、纲要、章程、规程、公约、规范、决定等多种形式和称谓。实际上,随着教育行政规制的缓和弱化,在规章以下行政规范性文件中将更多采用软法规范并借由软法的载体形态表现出来。

疑义问题。当前,在德国、日本乃至我国台湾地区的公法学界,学者们普遍开始关注新公共管理运动引入高等教育改革议程后,目标协议或"中期目标"等新的"调控模式"对学术自由的威胁或侵害可能。① 对此,学者们提出的消解违宪疑义的办法大致包括三方面:第一,在契约治理中吸收学术自治这一治理机制的作用,避免目标协议等公法契约的拟定和实施受国家行政权力或大学内部管理自治力量的操控。第二,增强契约治理模式运行的公开性、透明性和开放性,健全评估机构的信息公开制度,履行法定的说明责任。第三,对国家借由财政手段影响大学自治的行为予以规制和限缩。将借由此类契约治理机制配置的公共财政资源规模与比例限制在较为科学合理的范围内,保障公立高等学校正常办学所必需的"最低限度的经费配备"(Mindestausstattung)。

在德国,无论是目标协议抑或大学教学与科研的绩效评量机制,均在高等学校法中予以明定。诸如大学评估等行政监督方式,必须恪守法律保留原则、正当程序原则、比例原则。同上,大学评估必须充分尊重学术同行构成的独立第三方中介机构的意见,由其决定评估的标准、规则和与此相应的资源分配模型,以避免大学评估完全由国家操控,进而陷入违宪的困局。② 根据德国法的考察,可以发现德国教育主管机关对大学开展的评估,必须建立完善的组织、制度与程序保障,深入考察其作为一种行政监督方式所可能面临的一系列法律乃至宪法问题,避免对大学自治和学术自由构成结构性的危害。联邦宪法法院的观点认为,"立法者负有观察或甚至必要时的事后改正义务(Eine Beobachtungs-und gegebenenfalls eine Nachbesserungspflicht)。"换言之,应通过立法对高等教育的契约治理予以明确的法律规定,围绕契约治理模式的实施,建立相应的修正、检讨与改进机制。

当前,我国教育行政规制中"契约治理"模式的引入,主要表现为"学位中心""评估中心"等所谓的第三方评估机构实施的一系列高等教育质量监管和问责活动。如何避免政府及其授权的"准政府机构"开展的大学评估遭受合宪性的质疑,

---

① Schmuck, S.. *Zielvereinbarungen im Hochschulbereich* [M]. Berlin: BWV – Berliner Wissenschafts Verlag GmbH, 2010: 313 – 324.
② 同①。

可借鉴德国、日本以及我国台湾地区的经验,强化评估机构运行的程序装置,重视同行专家团体在评估中的功能。当前,我国正在实施的"双一流"建设战略,可以被视为我国高等教育契约治理模式兴起的重要"观察窗口"。由教育部、财政部、国家发展和改革委员会三部委联合发布的《统筹推进世界一流大学和一流学科实施办法(暂行)》(以下简称《实施办法》)中,明确提出了一流大学与一流学科的遴选条件、程序和机构设置。① 显然,在《实施办法》中明确要求设置的专家委员会,在"双一流"建设中发挥着至关重要的作用。② 换言之,根据《实施办法》的规定要求,学术自治机制与竞争机制作为两种治理机制,将在一流学科或一流大学建设中展现出彼此良性互动、优势互补的格局。此外,《实施办法》也高度关注评估过程的信息公开以及评估机构的说明责任履行。《实施办法》的第二十七条规定:"坚持公开透明,建立信息公开网络平台,公布建设高校的建设方案及建设学科、绩效评价情况等,强化社会监督。"③

与此同时,由于"双一流"建设采用的是绩效导向式的经费配置模式,其可能导致高等学校之间经费差距过于悬殊,进而影响一些高等学校以及部分基础学科的基本经费需求。因此,应借鉴德国高等教育治理中目标协议制度以及"卓越计划"实施的经验,在实施"指标导向型经费"制度的同时,充分保证高等学校的"基本配备"(Grundausstattung)。列申斯基与奥尔(Leszczensky & Orr, 2004)的研究认为,

---

① 《实施办法》第九条规定:"设立世界一流大学和一流学科建设专家委员会,由政府有关部门、高校、科研机构、行业组织人员组成。"第十条规定:"根据认定标准专家委员会遴选产生拟建设高校名单,并提出意见建议。教育部、财政部、发展改革委审议确定建议名单。"第十三条规定:"专家委员会对高校建设方案进行审核,提出意见。"
② 在中央和部委层面出台"双一流"建设的《总体方案》以及《实施办法》后,各省级政府纷纷出台相应的一流大学与一流学科建设方案。例如,辽宁省发布《辽宁省统筹推进世界一流大学和一流学科建设实施方案的通知》(辽政发〔2016〕93号),制定出台了《辽宁省高等学校绩效管理暂行办法》《辽宁省一流大学重点建设高校及一流学科建设规划表》等政策文件;山东省出台了《山东省人民政府关于印发推进一流大学和一流学科建设方案的通知》(鲁政发〔2016〕34号),印发了《山东省一流大学和一流学科建设奖补资金管理办法》(鲁财教〔2016〕77号),等等。在省级层面,绩效管理、动态监测以及第三方评估等彰显契约治理机制的规制方式被充分使用。
③ 中华人民共和国中央人民政府.关于印发《统筹推进世界一流大学和一流学科建设实施办法(暂行)》的通知(2017-01-27)[2022-10-15].[EB/OL]. http://www.gov.cn/xinwen/2017-01/27/content_5163903.htm#1.

"整体而言,德国政府透过绩效导向的高等教育的预算编列,在平均值上的变动几乎不会超过2%。"兰格(Lange,2009)则指出,"截至2009年,虽然德国16个州中有13个采取了绩效导向型的经费分配模式,但其中有六个州用于绩效导向的经费分配比重低于3%。"①概言之,在德国,基于绩效拨款的财政经费比例应被限定在一定的范围内,以保障高等学校"最低限度的配备"(Mindestausstattung)。我国"双一流"建设中对"一流学科"的激励机制,无疑具有重要价值。但是,若因此忽视基本经费配备,将致使高等教育系统的学术生态恶化,进而实质性地侵害教师(尤其是相对弱势学科或基础学科)个体的研究自由。基于此,未来我国在实施"双一流"政策的过程中,应确保政府的财政责任,确保高等学校的基本经费得以满足。目前,我国《高等教育法》的修订,进一步明确了多元化的高等学校经费来源。能否在未来法律修订时,明晰国家公共财政经费挹注的比例,在法律中对政府作为公立高等学校举办者的财政责任予以明确,值得重视。

总体而言,我国"双一流"建设的《实施办法》,已经在较大程度上考虑到契约治理作为一种较为柔性的教育行政规制方式的合宪性问题。德国、日本以及我国台湾地区学者所提出的诸多规制建议,在《实施办法》中均有所反映。当然,我国教育行政部门发布的规章以下行政规范性文件,时常干预大学自主办学的"内部事项",影响教师的研究和教学自由。一些规范性文件甚至对教师的授课方式以及技术予以规定,实质性地侵犯了教学自由。例如,2005年教育部印发的《教育部关于印发〈关于进一步加强学校本科教学工作的若干意见〉的通知》(以下简称《通知》),对本科教学作出了较多限制性的规定。该《通知》第九条规定:"国家重点建设的高等学校所开设的必修课程,使用多媒体授课的课时比例应达到30%以上,其他高等学校应达到15%以上。"②显然,是否使用多媒体的授课方式,应属于教师"如何教"的教学自由。教育行政机关不应通过规范性文件的发布,对高等学校教师的教学自由进行过度干预。实际上,诸如此类的教育行政规制对高等学校自治和教师学术自由的侵

---

① 张源泉.洪堡与马太之对决[J].教育研究集刊,2015(2):1-37.
② 在2007年教育部发布的《关于进一步深化本科教学改革全面提高教学质量的若干意见》中,已经删除了关于多媒体授课比例的规定。

害,可谓不胜枚举。从高等学校专业目录的设置以及新增专业尤其是国家布控专业的审批,再到专业课程的设定与安排,规范性文件的"触角"已经蔓延至大学办学自主权运行的各个角落。①

当前,在立法规制缺位与合宪性审查机制缺失的背景下,我国教育行政规制的合宪性状况堪忧。由教育行政部门发布的行政规范性文件乃至政府规章,出于政府利益和管理秩序的考量,漠视学术自由与大学自治等宪法保障的基本权利及其保护法益。公共利益在很多时候被视为教育行政规制介入大学自治的"借口",学术自由作为宪法保障的基本权利,难以获得有效的保障和救济。

2. 从法律保留到行政法定:教育行政规制的合法性

目前,在服务型政府建设的背景下,非强制性行政行为已经受到普遍关注,政府对公立高等学校的监督应该更多采用有利于二者之间合作伙伴关系建构的规制方式和工具。随着治理理念的兴起,教育治理的现代化方兴未艾。传统的规制工具逐渐被抛弃,其影响力日渐式微,而新的基于治理理念的回应性规制(Responsive Regulation)、"精巧规制"(Smart Regulation)以及"元规制"(Meta-Regulation)与"自我规制"(Self-Regulation)有机整合的"合作规制"等规制理论②开始涌现且备受推崇,行政规制的"工具箱"日益丰富。③ 在高等教育领域,它充分表现为政府与大学之间协商合作,利益相关方之间密切配合,综合采用各种规制途径和方法,以确保公共利益与大学自治、学术自由等基本价值诉求与目标的实现。④ 基于此,促进我国公立高等学校与政府之间行政法律关系从传统的"特别权力关系"向"公法契约关系"转变,促使行政规制向更为缓和的软法规范转变。

根据法治发达国家的通说,教育行政权应被纳入法治主义的基本框架中予以审

---

① 何兵,赵鹏.从专业课程设置析大学自治与政府管制[J].行政法学研究,2005(2):24-31.
② [英]罗伯特·鲍德温,马丁·凯夫,马丁·洛奇.牛津规制手册[M].宋华琳,等,译.上海:上海三联书店,2017.
③ 朱新力,唐明良,等.行政法基础理论改革的基本图谱:"合法性"与"最佳性"二维结构的展开路径[M].北京:法律出版社,2013:94-102.
④ 苏玉菊."新公共卫生"法律规制模式研究——基于治理的视角[M].北京:法律出版社,2015:226-227.

视,坚持法治行政。传统上,在大陆法系国家,这种观点被概括为行政权的法律保留,亦即"积极依法行政"。"目前,除了德国,法律保留原则已在包括日本、我国台湾地区在内的众多国家和地区得到承认和应用。英美国家虽未使用法律保留这一概念,但其法治概念或分权原则中包含了这一思想。"①根据这一思想,立法应坚持"授权明确性原则",对包括教育行政权在内的政府公权力的范围及其行使方式等予以明确规定。概言之,"行政之合法性,乃为法治国家对于行政权行使之最低要求。详言之,行政应遵守法律优越原则、法律保留原则、法明确性原则、比例原则、信赖保护原则、平等原则、正当行政程序等行政法上一般原则之要求。"②

正如日本行政法学者盐野宏教授所言,"从法人法规范的方式来看,权力性干预必须要有法律的根据,这一意义上的干预法定主义为法人法所采用,这也符合大学自治观念。"③概言之,国家对国立大学法人的干预,应秉持干预法定的法治主义原则。在日本,《文部科学省设置法》对文部科学省的权限与职责作了明确的规定。④此外,《国立大学法人法》也对文部科学省的权利义务,予以更为明确翔实的规定。在我国台湾地区"大法官"释字第563号解释中,解释理由书指出,"对大学所为之监督,应以法律为之,并应符合大学自治之原则,使大学免受不当之干预,进而发展特色,实现创造知识、作育英才之大学宗旨。""教育主管机关对大学之运作,仅属于适法性监督之地位。"显然,在我国台湾地区,教育行政监督介入大学自治,被严格地限制在法律规定的范围之内,须恪守法律保留原则。⑤

---

① 杨登峰.行政法定原则及其法定范围[J].中国法学,2014(3):91-110.
② 詹镇荣.行政法总论之变迁与续造[M].台北:元照出版公司,2016:35.
③ 盐野宏,肖军.论国立大学法人[J].行政法学研究,2011(1):137-143.
④ 《文部科学省设置法》第二章第二节,将文部科学省对于大学的管辖事务规定如下:"十五、关于大学及高等专门学校教育发展的计划和建议。十六、关于大学及高等专门学校的经费补助。十七、关于大学及高等专门学校教育标准的制定。十八、关于大学及高等专门学校的设立、停办、更改设立者的许可。十九、关于大学招生与学位授予。"参见:胡建华.从文件化到法律化:改善大学与政府关系之关键[J].苏州大学学报(教育科学版),2015(4):4-6.
⑤ 当然,近年来台湾地区大学评鉴的兴起,使得教育行政监督的合宪性与合法性遭受质疑。从某种意义上而言,各类评鉴活动已经实质性地介入到大学教学与研究自由范围内,对自治内涵与核心事项构成干预,这实质上混淆了法律监督与专业监督之间的界限。参见:吴志光.教育主管机关对大学行政监督之界限[J].世新法学,2014(1):2-38.

在众多关涉行政合法性议题的法律原则中,法律保留原则备受关注。在我国,法律保留原则也已不再是行政法学理上的倡议,而是现行法律特别是《立法法》的明确规定。所谓"法律保留系指,特定领域的国家事务,应保留立法者以法律规定,行政权唯有依法律的指示下始能决定,若无法律授权,行政机关则不能合法地作成行政行为。"而对于法律保留的范围,学说上有"干预保留说"或"侵害保留说"、全面保留说、重要性理论、功能最适理论等。根据既有的学说,有学者指出,在分析法律保留时,应区分宪法保留、法律保留、法规保留、规章保留等由高到低的"层级化的法律保留"。① 换言之,基于法律保留原则审视"法"与"行政"的关系,需要形成"层级化"的视野。越重要的事项,越需要通过法律予以明定。反之,则可以通过法规、规章等予以规定。

为更好地厘清"法"与"行政"的关系,有学者提出应以"行政法定"原则取代"法律保留"原则,重新审视"法"与"行政"的互动关系。他认为,"行政法定"原则是指,"行政机关作成行政决定必须有法上的依据;无法上的依据,行政决定即为违法。行政法定不是对法律保留原则的颠覆或抛弃,而是在保留或继承该思想的基础上将问题做进一步延伸。"②显然,在"行政法定原则"中的"法"概念包含大量行政法规与规章,而这与我国台湾地区学者主张的"规范密度理论"或"层级化法律保留理论"有着异曲同工之处。它们都旨在强调,"行政"应置于"法"的拘束之下。行政自主性的强调,不能逾越"法"为其设定的边界,不能超脱"法"的规制。毋庸置疑,行政法定原则为行政权的运行提供了更为广阔的制度空间。本研究认为,行政法定原则实际上是一种广义的干预法定原则,它客观上要求行政机关对相对人的干预应始终具有法上的依据。③

在教育行政领域,行政法定原则要求教育行政权的行使,须受到法律、法规以及规

---

① 袁文峰.我国公立高校办学自主权与国家监督[M].北京:中国政法大学出版社,2015:78-79.
② 杨登峰.行政法定原则及其法定范围[J].中国法学,2014(3):91-110.
③ 类似的思路,也出现在日本行政法治的最新发展中。在日本现行宪法下,确立了相当于英美法系的"法的支配"的"司法国家的法治主义",其中的"行政合法性原理"除了要求行政不得违反法律或条例外,还要求不得违反宪法、行政立法以及包括确认不成文的法律原则的判例法等多种相关法律。参见:江利红.日本行政法学基础理论[M].北京:知识产权出版社,2008:183.

章等"法规范"的拘束并具有法上的依据。当然,法规和规章仅能在不与法律相抵触的前提下,对细节性、技术性的非重要事项予以规定,而不得僭越法律。① 当然,行政法定原则还必须对学术自治予以尊让,以保障作为宪法基本权利的学术自由。正如盐野宏教授所言,"对于国立大学法人的国家干预问题,必须始终从大学自治的观点出发进行探讨"。② 据此,教育行政权对公立高等学校的监督,应从以下两方面予以规范:一方面,政府监督高等学校的事项范围必须由法律、法规或规章予以明确规定。若缺乏法上的依据,政府不得干预高等学校的办学自主权,不得减损高等学校的权利或增加其义务。同样的,不得在缺乏"上位法"明确依据的前提下,增加行政机关的权力。另一方面,应区分高等学校事项的类型,对于涉及学术性的自治或固有事项,政府的监督必须拥有法律的明确依据,亦即仅能对其实施法律监督。当然,对于这部分事项的法律监督,也应坚持低密度与概括性的"框架性立法",以避免其过度挤压高等学校自治立法权的形成空间。除此之外,政府对公立高等学校自治行政事项或国家"委办事项"(如财政、预算等)的监督,则可依据法规、规章进行专业性监督,但亦需适用比例原则、正当程序原则等行政法治基本原则,以保障高等学校的合法权益免受政府的过度干预与侵害。

概言之,政府监督高等学校的方式,也需要在法律中予以明确规定。针对高等学校自主办学的不同事项类型,区分法律监督与行政监督两类监督方式。根据这一思路,"法律保留的重点应该在大学自治核心领域以外的事项,即大学的外部关系、大学运营的保障、教师与学生作为个体的基本权利及其与大学的关系。"③总而言之,涉及自治核心地带的"内涵事项"或"固有事项",仅能在法律中予以"框架性""纲要性"或

---

① 《规章制定程序条例(修订草案征求意见稿)》第三条规定:制定规章,应当遵循立法法确定的立法原则和权限范围,符合宪法、法律、行政法规和其他上位法的规定。第八条规定:部门规章规定的事项应当属于执行法律或者国务院的行政法规、决定、命令的事项。没有法律或者国务院的行政法规、决定、命令的依据,部门规章不得设定减损公民、法人和其他组织权利或者增加其义务的规范,不得增加本部门的权力或者减少本部门的法定职责。第四十三条规定:国务院部门,省、自治区、直辖市和设区的市、自治州的人民政府,应当经常对规章进行清理,发现与新公布的法律、行政法规或者其他上位法的规定不一致的,与法律、行政法规或者其他上位法相抵触的,或者不适应经济社会发展和全面深化改革要求的,应当及时修改或者废止。
② [日]盐野宏.行政组织法[M].杨建顺,译.北京:北京大学出版社,2008:73.
③ 袁文峰.我国公立高校办学自主权与国家监督[M].北京:中国政法大学出版社,2015:90.

"概括性"的规定,而由大学自治立法对这部分事项予以更为具体和明确的规定,以满足其办学特色和学术品质的内在要求;涉及自治行政的委办事项,则可通过法规、规章等行政立法予以更为具体的技术性和细节性的规定,填补法律在该类型事项上规范的稀疏和不足。

目前,在我国公立高等学校自主权运行的现实处境中,其更多受到规章以下其他规范性文件的干预和支配,行政法定的原则未被政府充分遵循和适用。[①] 在此,涉及的根本问题在于,教育行政机关发布的规章以下行政规范性文件的合法性[②]问题。从深层次而言,教育行政规范性文件是否具有合法性这一问题的焦点在于,规范性文件本身是否与法律、法规以及规章相抵触,其规定是否创设了新的权利义务?实际上,我国教育行政部门发布的行政规范性文件经常会为公立高等学校创设新的不确定的义务[③],这构成我国公立高等学校与政府之间存在"特别权力关系"的明证。

值得关注的是,在最近的一起关于规范性文件"附带性审查"的判决中,法院提出将是否"设定"新的权利义务,视为规范性文件是否合法的依据。换言之,"法院将不设定新的权利义务作为权限要件合法的基本要求。"[④]如果根据这一"实质判断"的审判思路,考察我国教育行政部门出台的规章以下其他规范性文件的合法性,其结果势必堪忧。"实际上,行政机关行使职权时,仅应对执行法律的细节性、技术性次要事

---

① 同样的问题,也存在于日本。在日本,"由于法律的抽象性以及现实行政活动的复杂性、专业性等特点,在行政活动的实践中,行政机关通常主要依据的是上级行政机关制定的'通达'等行政立法性文件,即实践中的行政法治原则是'依通达行政',而非'依法行政'。"所谓"通达","是日本政府省厅的内设局依照法律、政令或省令制定并以局长名义公布的规范性文件(类似于我国国务院各部委下发的实施细则、规范性文件等),也包括上级行政机关对下级行政机关的规范性答复等。"实行通达行政,使依法行政原理失去了其通过立法权控制行政权的本意,不利于真正意义上的行政法治主义。参见:江利红.日本行政法学基础理论[M].北京:知识产权出版社,2008:182.
② 规范性文件俗称"红头文件",是行政主体为实施法律、执行政策,在法定权限内制定的行政法规、规章以外的、规范行政主体或不特定相对人、具有普遍约束力、可反复适用的各类文件的总称。"据统计,行政管理中对社会发生效力的文件,85%是各级政府的规范性文件"。参见:杨书军.规范性文件制定程序立法的现状及完善[J].行政法学研究,2013(2):86-92.
③ 例如,教育部出台的对口支援西部地区高等学校的计划,这显然增加了高等学校的义务。参见:对口支援西部地区高等学校计划(教高[2001]2号)。
④ 朱芒.规范性文件的合法性要件——首例附带性司法审查判决书评析[J].法学,2016(11):151-160.

项(非重要事项)作出必要的规范,而不是超越其职权作出合法性遭受质疑的规范。"①根据法治发达国家的经验,对于"行政规制的法律控制,既包括事前和事中的行政机关内部的自我控制,也包括事后的司法审查;既包括对法规或规章制定的控制,也包括对具体行政决定的控制;既包括规制机构的自我审查,也包括外部机构和公众的监督。归纳起来,对行政规制最常见也是最有效的方式就是行政机关内部的自我控制和司法审查。"②基于此,应从事后的司法审查和事前与事中的行政机关内部的自我控制两方面入手,增强对教育行政规制的法律控制。

首先,应增强司法权对教育行政规制的监督,改变长期以来存在的教育行政机关借由规章以下其他规范性文件,过度干预公立高等学校自主办学的困局。一方面,对教育行政机关等政府部门对高等学校办学自主权进行监督管理的行政行为,若其违反《高等教育法》等法律的规定,将被纳入行政诉讼的受案范围。据此,当高等学校办学自主权受到行政机关不当侵害时,将获得较为全面且充分的司法救济。另一方面,根据新《行政诉讼法》的规定,法院在对公立高等学校与政府之间发生行政纠纷案件进行审理的过程中,应对教育行政机关制定的规章以下其他规范性文件进行"附带性审查"。③ 规范性文件具有可以反复适用的特征,相比于具体行政行为,违法的抽象行政行为将产生更为严重的后果。若法院不对规范性文件予以合法性的审查,其后果是不堪设想的。除了对规章以下其他规范性文件进行"附带性审查"外,对于教育部和地方政府出台的行政规章,人民法院亦可对其进行合法性审查④,以保障法制统一并维护相对人的合法权益。

其次,健全行政机关内部的自我控制机制。应充分认识到,相对于司法控制而言,

---

① 袁文峰.我国公立高校办学自主权与国家监督[M].北京:中国政法大学出版社,2015:104-105.
② 王柱国.论行政规制的正当程序控制[J].法商研究,2014(3):23-31.
③ 2014年修订的《行政诉讼法》第64条规定:"人民法院在审理行政案件中,经审查认为本法第五十三条规定的规范性文件不合法的,不作为认定行政行为合法的依据,并向制定机关提出处理建议。"
④ "参照"的实质在于授权人民法院选择适用规章,其暗含着赋予法院对行政规章一定的审查权,意味着人民法院对行政规章进行事实上的审查。一般而言,人民法院关于适用行政规章的案件,首先审查有关行政规章同其上位法是否相抵触,以此判断是否在行政审判中适用该行政规章。参见:李哲范.行政诉讼司法权界限[M].北京:中国书籍出版社,2013:278-281.

行政机关自身对其规范性文件的清理和规范,更为直接且效果更佳。根据《依法治教实施纲要(2016—2020)》的规定,"规范性文件出台前须由法治工作机构进行合法性审查,并不得设定或变相设定行政许可、行政处罚、行政强制等规定。凡规范、限制管理相对人行为、增加其义务或者涉及相关方权益的规章和规范性文件,一般应由法治工作机构组织起草或者独立审核,并按照法定要求和程序予以公布。"通过行政机关的自我监督和司法监督,教育行政规制的合法性将获得强化。当然,除了合法性维度以外,教育行政规制的"最佳性"维度,已构成"实质法治"和治理逻辑兴起背景下,必须予以认真对待的重要议题。从深层次而言,它也是将教育行政规制界定为软法规范的关键意义所在。

3. 从"合法性"走向"最佳性":教育行政规制的合理正当

在公共治理的语境下,将教育行政规制界定为"软法规范"[①],包含两方面意义:一方面,教育行政规制作为软法,需恪守法治理性,而不得与法律法规等"国家法"中的强制性规范亦即硬法相抵触。据此,应增强教育行政规制的法律控制,遵循"行政法定"的基本原则,保障其合宪与合法。正如罗豪才教授所言,"无论是硬法还是软法,皆受宪法统率、以'法律原理'为基础、受制于法治原则,这就是为混合法的一元性提供了有力保证。"据此,"要保持软法与硬法的一元性,就应当要求所有的软法规范的形成都应当经由国家的明示或者默示。"[②]

另一方面,教育行政规制作为软法,应内嵌软法的商谈沟通与程序正义精神,重视作为行政主体的教育行政部门与行政相对人的公立高等学校之间的平等对话与协商沟通,建立国家监督与大学自治之间良性互动的合作伙伴关系。前者更多是基于形式法治的传统,坚持行政法治的"合法性"维度;后者则关注基于实质法治的理念,关注行政法治的"最佳性"维度。当然,在《行政诉讼法》修订以及"法官造法"的影响下,行政判决的合法性也开始从"形式合法"迈向"实质合法"。据此,行政行为的合法性要件被重新界定和诠释。其中,法院的司法判例中逐渐倾向于将法定程序扩张性地理解

---

① 姜明安.法治思维与新行政法[M].北京:北京大学出版社,2013:214-219.
② 罗豪才,宋功德.软法亦法:公共治理呼唤软法之治[M].北京:法律出版社,2009.

为"正当程序",而"明显不当"作为行政行为的合法性要件也在新修订的《行政诉讼法》中得以明确。① 换言之,教育行政规制的司法控制已然包含了合理性的要素。但是,在"政策实施型"的司法体制下,教育行政规制能否被纳入司法审查的范畴还存在较多不确定性。目前,尚未出现涉及公立高等学校与教育行政部门之间行政纠纷的诉讼案件。

在此背景下,基于软法的理念和实践逻辑对行政规制予以重塑显得尤为必要。一方面,在"管办评分离"与政府职能转变的语境下,缓和和放松行政规制,尽可能地使用行政指导、行政合同以及行政规划等较为柔性的行政规制方式。另一方面,将正当程序原则、比例原则等法治的基本原则,适用到教育行政规制之中。首先,通过说明理由制度②、信息公开制度、回避制度、听证制度、公众参与制度等程序制度的引入,增强教育行政规制的程序正义,完善高等教育行政的控权机制,保障作为行政相对人的公立高等学校的程序性权利。③ 行政指导与行政合同等非强制性行政行为,"因缺乏透明性,且可能导致对第三方权益的损害,故不能忽视对其程序上的限制。"当然,正如毛雷尔教授所言,"如果将非正式行政活动正式化,非正式行政活动即不复存在,其后果是:反过来还是要出现非正式的联系或者协商。"④基于此,对非强制性行政行为的程序规制,应采取低密度的规定。以行政指导为例,行政指导在程序上具有灵活多样、不定型化以及简便有效等特点。为规避这种低密度的程序规范所可能衍生的问题,行政指导的程序控制往往高度关注公开性与透明性。

此外,行政合同在公立高等学校与政府关系调适中的适用,主要集中于政府对高

---

① 《中华人民共和国行政诉讼法》第七十条规定:"行政行为有下列情形之一的,人民法院判决撤销或者部分撤销,并可以判决被告重新作出行政行为:(一)主要证据不足的;(二)适用法律、法规错误的;(三)违反法定程序的;(四)超越职权的;(五)滥用职权的;(六)明显不当的。"
② 美国行政法学者戴维斯教授认为,除非说明理由的不便利性超过了可能带来的好处,所有的非正式政府行政决定都应要求说明理由。参见:[美]迈克尔·贝勒斯.程序正义——向个人的分配[M].邓海平,译.北京:高等教育出版社,2005:95-96.
③ 教育部印发的《依法治教实施纲要(2016—2020年)》中明确指出,要"按照公开、公正、民主、科学的原则,进一步健全规章、规范性文件起草程序,涉及群众切身利益或者重大利益调整的,要采取座谈会、论证会、听证会等方式广泛听取意见。"
④ [德]哈特穆特·毛雷尔.行政法总论[M].高家伟,译.北京:法律出版社,2000:208.

等学校的教育质量监管,表现为政府组织实施或委托第三方机构开展的各类大学评估。在德国,政府对公立高等学校开展质量和绩效评估主要借由目标协议制度实现。目标协议作为"新调控模式"在高等教育治理中特殊适用的重要规制工具,具有公法契约的法律性质,重视公立高等学校与政府之间的合意和协商。① 在 2008 年《高等学校总纲法》废除后,德国联邦政府与大学的合作关系主要基于《2020 年高等学校协定》(Hochschulpakt2020)。订立该协定的目的是,明确联邦与州政府之间的教育管辖权与财政分担办法,并推动大学的改革,以及提供更多的大学招生名额。基于此,各州政府亦需要与大学订定目标协议。在新的目标协议框架下,各州教育主管部门与大学共同确立大学发展的优缺点,尤其针对教学、研究和招生等领域,以及大学与校外研究机构或私人企业的合作等。基于目标协议,大学制定远景战略规划,不断强化优势,努力克服劣势和不足。以慕尼黑大学为例,其与巴伐利亚州政府的目标协议内容包括三部分:总体政策目标(第 1 至 4 条)、特定目标设定(第 5 至 9 条)、风险与成效管控(第 10 至 12 条)。据此,"国家(包括联邦与州)、大学、学院与系所之间的关系,便是基于多层级目标协议的纽带关系。"②

而在法国,发达行政合同制度早在 20 世纪 80 年代就已经被引入高等教育治理之中。它旨在缓和大学与政府的紧张关系,拓展大学的自治权。在 1984 年颁布实施的《高等教育法》(又称"萨瓦里法")中,国家与大学的合同关系开始确立。而此后,法国在一系列的法律修订中,将行政合同制度的适用予以不断完善,合同式治理从最初对公共服务的强调向市场竞争逻辑转变。③ 尤其是,随着法国加入博洛尼亚进程后,法国开始建立与欧洲和国际相适应的独立评估机构,建立更为国际化的高等教育质量评估标准与体系。这一要求在 2006 年 4 月颁布的法国《科研规划法》中被明确提出。

实际上,无论是德国抑或法国,契约治理模式的实施均高度重视公法契约展开的

---

① [德]汉斯·J.沃尔夫,奥托·巴霍夫,罗尔夫·施托贝尔.行政法(第三卷)[M].高家伟,译.北京:商务印书馆,2007:46.
② 张源泉.德国高等教育治理之改革动向[J].教育研究集刊,2012(4):91-137.
③ 陈天昊.在公共服务与市场竞争之间:法国行政合同制度的起源与流变[J].中外法学,2015(6):1641-1676.

程序性要求。例如,德国1976年制定公布的《行政程序法》就对行政契约的程序要求予以明确规定。我国应借鉴相关高等教育契约治理的经验①,在我国公立高等学校与政府之间订立行政合同的过程中,加强信息公开和说明理由等制度的实施,以保障公立高等学校作为行政相对人的程序权利。基于此,消解因大学评估而产生对学术自由构成侵害的违宪疑义并增进社会公共利益。

当然,除了在教育行政规制的实施过程中关注公立高等学校的程序性权利外,还应关注教育行政规制(尤其是行政合同、行政指导和行政规划等)形成过程中公立高等学校的参与,引入协商制定规则的理念。"协商制定规则(Negotiated Rulemaking),是指由行政机关组织,利益相关方以及相关行动者参与的就行政规则草案的实质内容进行协商的、以合意为基础的过程和制度。协商制定规则旨在促使协商者通过公开交流与协商,对各方利益进行评估和权衡,寻求共识,达成合意,解决问题,实现治理目标。"从一定意义上而言,协商制定规则为行政立法的合法性与正当性奠定了基础。② 对于公立高等学校而言,由于教育行政机关对其所作的行政规制中涉及大量专业性的知识,为消解二者之间的信息不对称困局,建立协商制定规则的治理机制尤为重要。高等教育领域的"行政规制需要改变传统上的'命令—控制模式',更多地引入'软法'思想,促使利害关系人、专家、普通民众和行政机关在行政规制过程中实现良性互动,并充分利用私人信息和专家理性,在降低行政规制成本的同时,增强行政规制的实施效果。"③

当前,行政立法协商制度在我国已经得到认同。例如,《规章制定程序条例》的颁布实施和修订,使得规章的制定程序日益规范合理。④ 值得关注的是,新修订的《规章制定程序条例》(国务院令第695号),进一步明确了规章制定的程序要求,重

---

① 当然,从德国以及我国台湾地区"行政程序法"的规定内容来看,其对行政合同的程序要求往往是低密度的。一方面,是因为行政合同本身的新颖性,难以做细密的程序规范;另一方面,也可以看出学界与立法者对行政合同的掌握与实务操作,仍存在许多不确定性。
② 苏玉菊."新公共卫生"法律规制模式研究——基于治理的视角[M].北京:法律出版社,2015:208-210.
③ 宋亚辉.社会性规制的路径选择:行政规制、司法控制抑或合作规制[M].北京:法律出版社,2017:246.
④ 《规章制定程序条例》第三十六条规定:依法不具有规章制定权的县级以上地方人民政府制定、发布具有普遍约束力的决定、命令,参照本条例规定的程序执行。

视规章制定过程中的充分协商与分歧化解。① 事实上,我国教育行政机关在出台规章以及其他规范性文件时,也已经开始重视听取高等学校及其师生的意见。② 但是,与其他国家协商制定规则的成熟经验相比,协商理念在我国教育行政规制领域的制度实践尚处于初步乃至"萌芽"阶段。对此,可以考虑在行政法典的编纂之中,对行政合同、行政规划以及行政指导等行政行为的程序性要求予以明确规定,并将协商制定规则制度引入其中。

实际上,软法的理念和精神中不仅包含着程序正义的要素,还具有法益平衡的要素。从某种意义上而言,主张在教育公共治理中采用行政合同与行政指导等规制工具,而非行政审批、行政强制等高权性的管制方式本身就反映了法益平衡的要求。换言之,将行政规制界定为软法,主张教育行政机关的行政监督相对于公立高等学校自治权的"辅助性"地位③,是基于比例原则的考量。进而言之,行政合同等柔性行政规制的使用,亦需基于比例原则进行检视。例如,依据比例原则,绩效协议所欲达成的调控,也不得过于严格以至于大学、学院、学系、学者个人尽全力也无法达成。

当前,促进高等教育领域"放管服"相结合的改革进程中,如何使政府的监管和规制工具更加符合比例原则值得深入考察。④ 如何在教育公共利益的保障以及大学自主权的维护之间进行权衡,构成这一问题的核心。在此,比较理想的方案是,实施规制

---

① 第十五条规定:起草规章,应当深入调查研究,总结实践经验,广泛听取有关机关、组织和公民的意见。听取意见可以采取书面征求意见、座谈会、论证会、听证会等多种形式。起草规章,除依法需要保密的外,应当将规章草案及其说明等向社会公布,征求意见。向社会公布征求意见的期限一般不少于30日。起草专业性较强的规章,可以吸收相关领域的专家参与起草工作,或者委托有关专家、教学科研单位、社会组织起草。第十六条规定:起草规章,涉及社会公众普遍关注的热点难点问题和经济社会发展遇到的突出矛盾,减损公民、法人和其他组织权利或者增加其义务,对社会公众有重要影响等重大利益调整事项的,起草单位应当进行论证咨询,广泛听取有关方面的意见。起草的规章涉及重大利益调整或者存在重大意见分歧,对公民、法人或者其他组织的权利义务有较大影响,人民群众普遍关注,需要进行听证的,起草单位应当举行听证会听取意见。
② 例如,《普通高等学校学生管理规定》的修订中,广泛征求了公众意见尤其是高等学校及其师生的意见。
③ 在辅助性原则的理念中,社会自治优先于国家规制。
④ 姚荣.高等教育领域"放管服"改革的两难困境与破解策略[J].南京师大学报(社会科学版),2022(1):37-46.

成本收益分析制度①或立法后评估②,对教育行政规制介入公立高等学校自主权的成本与效益进行综合评估和全面考察,避免教育行政机关因其自身利益而对公立高等学校自主权进行不当干预或过度侵害。③

(四) 法治国下的自治空间:公立高等学校章程与校规的合宪、合法与合理正当

无论是大陆法系抑或英美法系,公立高等学校章程与校规均需不得与国家法律秩序相抵触。自治空间的形塑,不能脱离法治国原则框架性拘束。我国公立高等学校章程与校规,传统上受制于行政主导的制度环境束缚,缺乏自治的生长空间,其更多表现为政府意志的延伸。它典型地表现为公立高等学校校规乃至章程的法律效力被置于部门规章乃至其他行政规范性文件之下,其实效性能否有效发挥在很大程度上取决于政府行政权力干预的疆域和强度。为破解这一困局,在公立高等学校自主权的法律规制结构中,扩充章程与校规等大学自我规制的创制与治理空间,促使"国家法"与"自治法"的良性互动显得尤为重要。

1. 恪守公权力行使的法治理性:公立高等学校章程与校规的合宪与合法

基于社会公共利益维护以及师生基本权利保障的因素考量,公立高等学校章程与校规作为公立高等学校履行公共职能,行使自主权的自治规范,也必须受到法治基本理念和原则的约束。当前,我国公立高等学校自治规章的国家监督,主要包括司法监督与行政监督两种方式。其中,行政监督主要包括教育行政机关的备案监督及其在处理投诉、申诉以及复议时对高校校规进行的监督等基本类型。与此同时,随着依法治校与依章办学进程的加快,高校内部规章制度及其他规范性文件的合法性审查与清理工作正在持续推进,以章程为中心的现代大学制度体系逐渐建立健全。基于此,公立

---

① 金成波.行政立法成本收益分析制度研究[M].北京:中国法制出版社,2016.
② 《规章制定程序条例》第三十八条规定:国务院部门,省、自治区、直辖市和设区的市、自治州的人民政府,可以组织对有关规章或者规章中的有关规定进行立法后评估,并把评估结果作为修改、废止有关规章的重要参考。
③ 教育部印发的《依法治教实施纲要(2016—2020年)》中明确提出,要"建立规章、规范性文件的解释和实施评估制度,对执行中出现歧义或者需要进一步明确的问题,制定机关要及时予以解释。要根据深化教育改革发展实践需要,以及上位法制定、修改、废止情况,及时清理有关规章、规范性文件。"

高等学校章程与校规作为"自治软法"的法治理性逐渐增强。通过司法与行政监督等国家监督与大学自我监督的"合作规制",我国公立高等学校章程与校规等自治规章的合宪性与合法性获得保障。

(1) 法院对公立高等学校章程与校规的司法监督

自"田永案"以来,在高等教育行政诉讼中法院往往会通过对公立高等学校校规的"附带性审查",考察其是否与上位法相抵触。基于此,实现对公立高等学校校规的司法监督,促进公立高等学校对其校规进行修订与完善。在此过程中,法院通过司法实践逐渐确立了区分学术性校规与纪律性校规的裁判观点。其中,"何小强案"中,法院对高校出台的涉及学业和学术评价的校规予以尊重,提出"学术自治"的原则。对此,学界普遍认为基于学术自治原则,设立更符合本校特色的学术性校规,值得肯定。对于此类规则,仅需适用法律优位原则,即不与法律法规和规章明显抵触即可。① 湛中乐教授则基于学术自治原则,提出高等学校章程应区分其规定的不同内容,赋予其多元化的法律效力。对于章程中涉及学术自治事项的规定,甚至可以赋予其高于规章的法律效力。② 朱芒教授则明确指出,"若司法机关对教育法以及学位条例进行简单的语义学解释,高校将成为单纯的法律法规授权组织,也就是成为行政机关。但这样的定位与我国高等教育政策所力促的高校改革方向背道而驰,也与高校本身的学术自主性相悖。"他建议"以新的解释框架——将规则分为介入性规则与自主性规则——来处理既有的法律规范问题。此时法律法规与校规的关系不再被视为简单的上位法与下位法的关系,而是一种介入性规则与自主性规则的关系。通过新的分析解释框架,重新对个案判决进行制度性'征收',以摆脱目前司法处理教育纠纷的窘境。"③ 在学者们纷纷倡导学术自治原则,抨击"授权论"视野下高校校规被视为"国家法"乃至规章甚或规章以下规范性文件的"下位法"时④,也有学者颇具警示意味地指出,"在大

---

① 刘志刚.立法缺位状态下的基本权利[M].上海:复旦大学出版社,2012:176.
② 湛中乐,苏宇.大学章程的法律位阶:基于法律多元主义的再认识[C]//姜明安.行政法论丛(第18卷),北京:法律出版社,2016:39-54.
③ 吴能武,刘住洲.教育法治:理念、实践与载体——2016年"中国教育法治与教育发展高峰论坛"综述[J].复旦教育论坛,2017(1):25-30.
④ 朱芒.高校校规的法律属性研究[J].中国法学,2018(4):140-159.

学自治还未真正得到制度确立之时,对大学生权利诉求就不能简单地用内涵模糊的大学自治之名而予以消解。否则,这无异于特别权力关系理论以大学自治之名进行'借尸还魂'"。①

进一步而言,"何小强案"的裁判规则只能看作司法审查介入高校学术领域的初步尝试,绝非划清界限。司法审查如何在高校自治保障与权利充分救济之间获得平衡,并适当介入此类案件的实质审查是今后理论与实践继续推进的方向。② 例如,对学术性校规的司法审查,可以在一定程度上适用正当程序原则和比例原则,以避免其恣意妄为。③ 此外,法院对于涉及学生纪律处分的校规,往往要求其严格遵守法律保留原则,校纪校规不得超越法律法规和规章的规定。在最高人民法院审理的"甘露案"中指出,"人民法院在审理此类案件时,应依据法律法规、参照规章,并可参考高等学校不违反上位法且已经正式公布的校纪校规。"换言之,高等学校的校纪校规必须具备"不违反上位法"且"已经正式公布"两项要件,方可被法院"参考"。

实际上,通过法院对公立高等学校校规的"附带性审查",已经对高校法治产生了积极的促进作用。一方面,高校校规的程序违法现象得到矫正,程序规范在校规中受到重视,高等学校治理的程序正义逐渐增强。另一方面,在法院判决高等学校对学生作出的不利行政行为"适用法律错误"时,高校往往会据此修订相关的校纪校规。例如,2012年新修订的《济南大学普通全日制学生学籍管理暂行条例》中,已经删除了"杨永智案"中引发纠纷的相关条款。④ 此外,在"甘露案"中,法院认为高等学校依据《普通高等学校学生管理规定》制定的校规,不能违背《普通高等学校学生管理规定》

---

① 周慧蕾,孙铭宗.论大学自治权与学生权利的平衡——从台湾地区司法实践切入[J].行政法学研究,2013(1):86-92.
② 张亮.高校学位授予要件之区分审查论——对指导性案例39号的质疑与反思[C]//姜明安.行政法论丛(第19卷).北京:法律出版社,2016:216-236.
③ 周慧蕾.大学学术权力司法规制的国际比较及启示[J].法治研究,2014(8):106-113.
④ 2012年11月,济南市中级人民法院作出(2011)济行终字第29号行政判决,判决撤销原审判决,责令济南大学自本判决生效之日起一年内,依法履行向杨某颁发学士学位的法定职责。在杨永智诉济南大学不履行授予学士学位法定职责案中,明确了学位管理和学籍管理是两种不同的法律关系,高等学校不能笼统地将开除学籍的条件等同于不授予学位的条件。

的立法本意,并对《规定》中所称的"剽窃、抄袭他人研究成果"的内涵予以界定。① 据此,最高人民法院认为,暨南大学开除学籍决定援引的《暨南大学学生管理暂行规定》第五十三条第五项和《暨南大学学生违纪处分实施细则》第二十五条规定,属于适用法律错误,应予撤销。据此,暨南大学相关的校规,将需要根据《普通高等学校学生管理规定》的立法本意作出修订和完善。

目前,最高人民法院在"甘露案"中提出的裁判观点,已经在最新修订的 2017 年《普通高等学校学生管理规定》中被明确地反映出来。② 基于此,高等学校学生管理相关校规,也势必要根据最新修订的《规定》予以修订完善。从某种意义上而言,法院裁判的观点,通过教育部部门规章乃至法律的修订获得了生命力。同时,法院对法律法规和规章的解释和适用,也使得其从静态的"文本"规制走向动态的权利实践。最终,通过立法规制、行政规制(如教育部部门规章)以及司法规制之间的良性互动,促进公立高等学校自治规章在自治与法治之间实现平衡。

事实上,诸如此类的借由司法判决,影响高校校规修订的案例还有很多。当前,法院对公立高等学校自治规章的司法监督,已然成为保障师生合法权益,促进高校法治建设的重要途径。除了通过"附带性审查"促使高校修订与法律法规规章相抵触或冲突的校规外,法院亦监督高校履行和实施其制定的"不与上位法冲突"且正式公布的校规。在张羿诉上海理工大学开除学籍处分决定案中,上海市杨浦区人民法院在判决书中明确指出,"《上海理工大学学生违纪处分条例》系根据《普通高等学校学生管理规定》第六十八条的规定制定,与上位法不相悖,对其效力可予确认。该条例第五十条第二款规定,学生对拟处分决定有异议的,可以向学校主管部门提出申辩;其中拟给予开除学籍处分的学生有申请召开听证会的权利。该规定系被告自我设定的较上位法更为严格的程序性规范,有利于充分保障受教育者的合法权益,不违背《普通高等学校学生

---

① 最高人民法院认为,根据《规定》的立法本意,"剽窃、抄袭他人研究成果",系指高等学校学生在毕业论文、学位论文或者公开发表的学术文章、著作,以及所承担的科研课题的研究成果中,存在剽窃、抄袭他人研究成果的情形。
② 新《规定》第五十二条规定:"(五)学位论文、公开发表的研究成果存在抄袭、篡改、伪造等学术不端行为,情节严重的,或者代写论文、买卖论文的",学校可以给予开除学籍处分。

管理规定》及《国家教育考试违规处理办法》相应条文的立法本意,被告应予遵守。"

值得一提的是,如果说在《行政诉讼法》修订之前,法院对高校校规的"附带性审查"还缺乏明确的法律依据并表现得相对克制的话。在 2014 年《行政诉讼法》修订后,由于法律明确规定了法院对规范性文件的"附带性审查权"。基于此,法院对公立高等学校校规的"附带性审查"将更具合法性和正当性。① 受此影响,法院对我国公立高等学校校规的司法监督将变得更加能动。当然,这种能动也应对高校自治规则的特殊性和专业性、学术性保持一定的谦抑和尊让。在教育纠纷的司法裁判中,不与法律法规相抵触且已正式公布的高校自治规范可以被作为裁判说理的依据。②

对于公立高等学校校规与章程的司法监督,域外的经验也可资考察、借鉴乃至反思。例如,"法国的做法是在审查依据内部自治规章作出的行为的合法性时一并审查规则的有效性。"③在法国,"当学区长官认为大学制定的规章违法时,可以向行政法院起诉请求撤销。对于严重违法的行为,学区长官有权直接命令停止执行,但不得超过三个月期限。"④显然,法国围绕公立高等学校自治规章的违法行为,建立了较为明确的司法监督机制。而在澳大利亚,作为软法的公立高等学校校规的司法审查议题备受争议。在格里菲斯大学诉唐(Griffith University v Tang)案中,这一问题被充分暴露出来。唐是格里菲斯大学的一名博士生,她被指控有篡改研究成果的学术不端行为而被学校开除。唐依据昆士兰州的《行政决定(司法审查)法》寻求司法救济。⑤ 学校认为,开除决定的依据是学校的管理规定,不符合"具有法律依据"的要求。⑥ 古墨(Gummow)、卡利南(Callinan)和海登(Heydon)三位法官支持了学校的意见,他们认

---

① 余军,张文.行政规范性文件司法审查权的实效性考察[J].法学研究,2016(2):42 - 61.
② 高延坤.高校教师惩戒之司法救济——基于 53 件高校人事争议诉讼案例的考察[J].复旦教育论坛,2017(1):10 - 16.
③ 饶亚东,石磊.《田永诉北京科技大学拒绝颁发毕业证、学位证案》的理解与参照——受教育者因学校拒发毕业证、学位证可提起行政诉讼[J].人民司法(案例),2016(20):13 - 21.
④ 申素平.高等学校的公法人地位研究[M].北京:北京师范大学出版社,2010:93.
⑤ 唐(Tang)提出很多理由,以证明对她作出开除决定的学校申诉委员会存在很多缺陷,(2005) 221CLR99,120[53].(Gummow, Callinan and Heydon JJ),138 - 9[116](KirbyJ).
⑥ 根据昆士兰州《行政决定(司法审查)法》第 3(1)条的定义,"法律"的范围仅包括立法性文件和附属立法。显然,学校管理规定不属于《行政决定(司法审查)法》中所规定的"法律"的范畴。

为,一个"具有法律依据"的决定应该符合两个判断标准:一是该决定必须有法律明示或默示的要求或授权作为依据;二是该决定本身必须授予、改变或者影响到了法律上的权利或者义务,在这个意义上,行政决定才能说源于法律。法院认为,该案符合第一个标准,但是不符合第二个标准,因此驳回了唐的诉讼请求。

对此,澳大利亚新南威尔士大学法学院教授马修·格罗夫斯(Matthew Groves)提出严厉批判。他认为,唐案将依据软法作出的行政决定置于模糊的地位。该案的多数意见区分了创设大学的法律以及大学所制定的行政规则(后者是学校作出开除决定的依据),依据法律作出的决定是可审查的,但是依据行政规则所作出的决定则不可审查。马修·格罗夫斯教授指出,唐案对依据软法作出的行政决定进行司法审查设置了很多障碍。第一,学校依据行政规则设置了听取唐意见的申诉委员会,最高院并没有解释清楚为什么这些行政规则的制定没有《行政决定(司法审查)法》中所说的"法律依据"。学校是依据法律而设立的,依法应该能够独立存在。考虑到《行政决定(司法审查)法》的立法目的,很难说学校制定的办公规则和政策没有"法律依据"。第二,该案重形式,轻本质。最高法院的多数意见将焦点放到创设申诉委员会的文件的形式上,而非关注该委员会做了什么这一更加重要的问题。实际上,申诉委员会听取当事人的意见,并且决定是否开除博士生是极其重要的问题。最后,该案表明至少在法定的司法审查中,依据软法作出的行政决定是不可审查的,这是对行政机关的一个不良诱导。

马修·格罗夫斯教授认为,"行政决定可以依据软法文件作出,但是不能被司法审查,这显然是大家不想看到的结果。"在他看来,"公权力的行使始终应该伴随着司法审查的监督"。实际上,尽管对博士生唐作出开除决定的依据是学校学生管理的内部规定,但其本质上行使的是公权力。将依据软法作出行政决定排除在司法审查的范畴之外,会产生极其负面的影响。唐案隐约表明,尽管此类决定的实际影响力是巨大的,法院还是不会审查依据政府的"软法"所作出的行政决定,除非这些决定有相当直接的法律后果。对此,马修·格罗夫斯批判道:"这一法律上的鸿沟不应该继续存在下去了。"[①]

---

① 关于该案更为详细的介绍,可参考马修·格罗夫斯(Matthew Groves)撰写的《澳大利亚治理中的软法》一文。参见:罗豪才.软法与治理评论(第二辑)[M].北京:法律出版社,2016:257-278.

第五章 我国公立高等学校自主权法律规制结构失衡的矫正

相比于澳大利亚,中国显然已经借由规范性文件的"附带性审查"制度,解决了对于公立高等学校校规乃至章程进行司法监督的受理问题。但是,澳大利亚的经验仍然值得考察。原因在于,公立高等学校校规和章程作为自治软法,司法介入的强度应该如何?目前,我国法院显然是将公立高等学校校规视为规章以下规范性文件处理,这种做法与学术自由和大学自治的要求相悖,忽视了对公立高等学校校规的区分。此外,目前我国法院对公立高等学校自治规章的审查事项,也缺乏明确的认识。除了考察行政行为的五项"合法性要件"以外,是否还存在其他值得审查的内容呢?如何在司法审查强度与大学自治、师生权利救济之间取得平衡呢?这一系列问题都值得深入探究。

本研究将公立高等学校章程与校规视为软法,意味着法院的介入需要受到一定的限制,尤其当章程与校规涉及学术自治的核心事项时,法院的审查强度应该降低。[1] 据此,应在秉持学术自治原则内在限制的同时,特殊适用正当程序原则与比例原则等法治的基本原则。[2] 法院应对高校在此领域的学术自治规章予以特殊的尊重,而仅需其最低限度地符合法治的基本原则。例如,高校可在不"恣意妄为"的前提下,基于教育目的和学术品质保障制定学术性惩戒的校规。[3] 同时,软法亦法,高校校规也需要符合法的一般形式和基本特征。例如,涉及高校惩戒权的校规应符合一定的明确性要求。目前,我国一些高校的惩戒规定过于模糊,过多地使用概括性条款,这使得师生的权益无法获得有效保障。由于校规过于模糊、抽象和原则,学生往往无法预测自己的行为将会受到何种惩戒。在美国,学者们大多认为校规中影响学生自由或财产权益的惩戒规定应适用明确性原则,或称"模糊无效原则"。在司法判例中,法院往往依据实质性正当程序要求作为惩戒依据的高校规章的用语不得过于模糊。当然,法院对于学术要求校

---

[1] 徐靖.高校校规:司法适用的正当性与适用原则[J].中国法学,2017(5):91-110.
[2] 伏创宇.高校学位授予标准的正当性逻辑[J].法学,2022(6):43-56.
[3] 对此,我国台湾地区"大法官"解释第563号明确提出,"大学为确保学位之授予具备一定之水准,自得于合理及必要之范围内,订定有关取得学位之资格条件……大学对学生所为退学之处分行为,关系学生权益甚巨,有关规则之订定及执行自应遵守正当程序,其内容并应合理妥适,乃属当然。"参见:何万顺,林俊儒,林昆翰.从「大学以教学为目的」之"宪法"意涵论毕业条件的「品字标准」[J].教育政策论坛,2019(4):1-22.

规过于具体明确的要求也往往不予支持,法院倾向于认为应该强调高校规范学生行为校规的灵活性以及合理的广泛性,高校校规的制定有其特定的自由裁量空间。①

未来我国法院在对公立高等学校校规进行"附带性审查"时,能否对高等学校校规过度模糊的现象予以矫正,值得期待。当然,考虑到大学自治的特殊要求,法院对大学校规是否过度模糊的审查,应限于"过度模糊无效",只要不是明显模糊则可通过审查,认定其合法。与此同时,法院应主要关注那些涉及学生身份改变或重大权益受损校规的"明确性"的审查。例如,法院可以要求高校在作出退学、开除学籍、不授予学位或不予毕业等严重惩戒时,其所依据的校规应尽可能明确。

(2) 政府对公立高等学校章程与校规的行政监督

首先,教育行政机关对公立高等学校章程的核准监督。

自 2011 年《高等学校章程制定暂行办法》(教育部第 31 号令)颁布实施后,各高等学校开始根据该《暂行办法》制定或修订其章程。根据《暂行办法》第二十三条以及第二十九条的规定②,高等学校章程的制定与修订,均需要经过核准机关的核准程序方可生效。当然,由于章程是高等学校作为学术自治机构的自治规范,其不能简单地等同于行政机关制定的规范性文件。教育行政机关对大学章程的核准,应给予其以一定的自治形成空间,鼓励各高等学校根据自身办学特色和传统,制定符合自身办学实际和教育规律的大学章程。③ 而根据《暂行办法》第三十一条的规定④,可以认为在不

---

① 韩兵.高等学校的惩戒权研究[M].北京:法律出版社,2014:146-148.
② 《高等学校章程制定暂行办法》第二十三条的规定:"地方政府举办的高等学校的章程由省级教育行政部门核准,其中本科以上高等学校的章程核准后,应当报教育部备案;教育部直属高等学校的章程由教育部核准;其他中央部门所属高校的章程,经主管部门同意,报教育部核准。"第二十九条规定:"高等学校章程的修订案,应当依法报原核准机关核准。章程修订案经核准后,高等学校应当重新发布章程。"
③ 《高等学校章程制定暂行办法》第二十六条规定:"核准机关应当自收到核准申请2个月内完成初步审查。涉及对核准稿条款、文字进行修改的,核准机关应当及时与学校进行沟通,提出修改意见。有下列情形之一的,核准机关可以提出时限,要求学校修改后,重新申请核准:(一)违反法律、法规的;(二)超越高等学校职权的;(三)章程核准委员会未予通过或者提出重大修改意见的;(四)违反本办法相关规定的;(五)核准期间发现学校内部存在重大分歧的;(六)有其他不宜核准情形的。"显然,根据该项规定,可以认为核准机关对学校章程的内容,总体上是保持尊重的。核准机关对章程的核准,也更多侧重于对其是否违反法律法规的合法性审查。
④ 《高等学校章程制定暂行办法》第三十一条明确规定:"高等学校的主管教育行政部门对章程中自主确定的不违反法律和国家政策强制性规定的办学形式、管理办法等,应当予以认可。"

违反相关法律法规和国家强制性政策规定的前提下,大学章程中自主确定的条款均应得到主管教育行政机关的尊重和认可。从某种意义上而言,这也表明核准机关对大学章程的制定、修订以及实施开展行政监督,不可避免地需要面对由大学自主权尤其是学术自治为其设置的界限。据此,大学章程获得了一定的自主创制空间。

换言之,核准机关对大学章程制定与修订的核准,作为一种行政监督方式,必须与大学自治之间寻求平衡。当然,对公立高等学校章程实施行政监督界限的廓清,从法律上而言,取决于章程法律效力的明确。应通过立法明确大学章程的法律效力,拓展大学章程的"自治立法空间"。"应明确法律法规在形塑大学制度中的主导与框架性作用,明确章程所拥有的是框架性制度赋权基础上的执行性立法与有限的创制性立法相结合的自主权。"与此同时,厘清章程自主权与教育行政权的关系,在法律上明确公立高等学校章程具有不低于教育部门行政规范性文件的法律效力位阶。[①]

其次,教育行政机关对公立高等学校校规的备案监督。

对于公立高等学校校规的备案监督,是在 2005 年颁布实施的《普通高等学校学生管理规定》中首先提出的。[②] 在新《规定》[③]中,增加了"纪律处分规定"的表述。据此,主管教育行政部门将需要对各高等学校制定与修改的学生纪律处分规定进行备案审查。显然,新《规定》认识到在涉及高等学校学生管理的校规中,高等学校制定的纪律处分规定对学生权益具有重要影响,应该纳入主管教育行政部门备案监督的范畴。

与行政申诉、复议以及行政诉讼中行政机关和司法机关对公立高等学校校规的被动审查不同,"备案监督是由国家机关主动进行的、常规性的、日常的审查。"[④]相对于申诉/复议监督和诉讼监督的事后补救功能而言,备案监督作为一种预防性的监督方

---

① 李昕.公立大学法人制度研究[M].北京:中国民主法制出版社,2017:253-254.
② 2005 年颁布实施的《普通高等学校学生管理规定》(教育部令第 21 号)第六十八条明确规定:"高等学校应当根据本规定制定或修改学校的学生管理规定,报主管教育行政部门备案。"
③ 2017 年修订的《普通高等学校学生管理规定》(教育部令第 41 号)第六十七条则规定:"学校应当根据本规定制定或修改学校的学生管理规定或者纪律处分规定,报主管教育行政部门备案。"
④ 张冉.高校校规:大学自治与国家监督间的张力[J].清华大学教育研究,2011(6):91-98.

式,其效果更为明显和直接。① 通过主管教育行政部门对公立高等学校校规的备案监督,将避免高等学校学生管理以及纪律处分相关校规与法律、法规以及规章抵触,从而更有效地保障学生权益。当然,主管教育行政机关的备案审查,亦需要认识到公立高等学校校规作为自治规范,不同于一般行政机关的规范性文件。② 基于此,备案监督的强度也应相对宽松。尤其是在涉及高等学校学生管理中学业和学术水平评价等教育内部事项或学术自治事项时,主管教育行政机关的备案监督更应降低其审查强度。

最后,教育行政机关在处理学生申诉、复议或投诉时对公立高等学校校规的监督。

根据《教育法》《行政复议法》以及《普通高等学校学生管理规定》的相关规定,教育行政机关在处理学生申诉或行政复议时,应对高等学校校规中与纠纷相关的条款进行监督。当然,在 2017 年《普通高等学校学生管理规定》修订设立"学生申诉"的专门章节之前,与此相关的条款还相对稀疏、模糊和隐晦,缺乏明确具体的规定。教育行政机关在受理学生申诉或复议时,对公立高等学校校规的监督缺乏明确的依据。而在 2017 年《普通高等学校学生管理规定》修订后,与学生申诉相关的制度更加健全与明确。根据新《规定》第六十五条的规定:"教育主管部门在实施监督或者处理申诉、投诉过程中,发现学校及其工作人员有违反法律、法规及本规定的行为或者未按照本

---

① 值得关注的是,在殷学强与中国传媒大学教育行政管理决定上诉案[(2017)京 03 行终 87 号行政判决书]中,殷学强主张被诉《处分决定书》所依据的 2009 年的《学籍管理规定》并未进行相关的备案,因此不能作为处罚的依据。法院则认为,"《普通高等学校学生管理规定》第六十八条规定,高等学校应当根据本规定制定或修改学校的学生管理规定,报主管教育行政部门备案(中央部委属校同时抄报所在地省级教育行政部门),并及时向学生公布;省级教育行政部门根据本规定,指导、检查和督促本地区高等学校实施学生管理。该条规定虽然规定了学校的学生管理规定应当备案,但并未明确备案为学生管理规定的生效要件,亦未对备案时限予以明确。"结合《普通高等学校学生管理规定》全文中四处关于"备案"的规定综合判断,法院主张,第六十八条的"备案"不具有行政许可的性质,亦非一种行政审批,仅仅是备案式的登记。根据章程制定的学生的具体管理规定属于高校自主管理权范围内,教育行政部门主要按第六十八条第二款的规定进行指导、检查和督促工作。高校制定修订的学生管理制度未按要求进行备案的,如不违反法律法规,并不影响其生效。根据该案的判决思路和裁判说理,教育行政监督对于高校校规的备案审查,仅是一种备案式的登记,缺乏明确的法律效力和强制性。

② 有学者认为,基于学术自由与大学自治的原则,教育行政机关对大学校规的备案审查应较为宽松。《立法法》《各级人民代表大会常务委员会监督法》《法规规章备案条例》等有关规范性文件备案审查制度的规定可以被参考,但是并不能直接被推定适用于高校校规。参见:张冉.高校校规:大学自治与国家监督间的张力[J].清华大学教育研究,2011(6):91-98.

规定履行相应义务的,或者学校自行制定的相关管理制度、规定,侵害学生合法权益的,应当责令改正。"根据这一规定,教育主管部门在处理申诉、投诉的过程中,将对学校自行制定的相关管理制度和规定予以监督,并有权责令学校予以改正。值得一提的是,在新《规定》第六十五条中,还增加了"可以向学校所在地省级教育行政部门投诉"①的表述。据此,若学生认为学校制定的规章制度与法律法规和《普通高等学校学生管理规定》相抵触的,可以向学校所在地省级教育行政部门投诉。显然,在新《规定》出台后,教育行政机关对公立高等学校校规进行监督的权限将进一步拓展,学生权益有望获得更为全面而有效的救济和保障。

显然,当前我国公立高等学校章程和校规的行政监督渠道已经逐渐多元,然而,尚存在一些基本的问题未能厘清。例如,公立高等学校章程与校规的法律性质以及政府对其实施行政监督的界限等问题。值得指出的是,在公立高等学校自治规章的行政监督方面,德国法的经验可资参考。在德国,关于自治规章法律性质与效力的讨论由来已久。大致而言,目前已经形成原始性理论、优惠理论、委托理论等理论学说。② 这些理论学说的形成,与德国自治理论的演进存在密切关联。实际上,这三种理论学说都倾向于认为,作为国家分权所产生的自治立法权来源于国家法律的授予,自治团体需在国家授权范围内行使自治立法权。据此,董保城教授指出,"国家立法权与自治立法权并无竞合部分,而是一种上下的架构。"③

质言之,德国公立高等学校的自治规章,是衍生自国家法律而来的法源,本质上并非国家位阶的法律,而是次位阶的具有公法性质④的自治法。不同于同属衍生性法源的法规命令,自治规章属于自治法的一环,而非国家法的一部分。从法律位阶的角度而言,多元的位阶制度顺序是:联邦法—州法—自治法。联邦法高于州法(基本法

---

① 《普通高等学校学生管理规定》(2017)第六十五条规定:"学生认为学校及其工作人员违反本规定,侵害其合法权益的;或者学校制定的规章制度与法律法规和本规定抵触的,可以向学校所在地省级教育行政部门投诉。"
② 董保城.教育法与学术自由[M].台北:月旦出版社股份有限公司,1997:29-37.
③ 同②。
④ 在德国,自治规章被视为行政法的法源。据此,大学自治规章,因此可推定为具有公法性质。当然,大学自治规章在欧陆其他国家是否同样被视为法律渊源,还值得商榷。

第31条）。这是一个适用于法律制度各个组成部分的原则：任何位阶的州法律规范违反联邦任何位阶的法律规范的，一律无效。此外，国家法高于自治法，以国家立法权为基础的国家法总体上高于公法团体、设施和基金会根据国家赋予的自治权所制定的规章。这一论点的根据在于，只有在"法律的范围之内"才予以保障。① 自治团体行使自治立法权的目的，在于更好地完成团体自身的任务。具体而言，"法律赋予这种团体自治权的主要目的是立法的非集中化"，自治规章作为行政法的法律渊源之一，其目标包括："减轻立法机关在实体法制定和自治事务调整方面的负担；更快适应变化的状况；激发社会力量以求自己的事务自己管理；利用专家的知识；缩短立法机关与相对人之间的距离"等。②

就大学而言，其行使自治立法权的目的，在于更好地完成"学术"等国家法律所规定的"大学任务"。当然，由于大学任务的多元性和不确定性，自治立法权所受的国家监督包括法律监督较多，这使得自治规章可以自主规定的范围被极大地限缩。当前，"德国大学章程主要依据州的大学法或高等教育法来制定。所以，在州辖范围内的大学，其章程又体现出所在州的深刻影响。例如，《柏林洪堡大学章程》和《慕尼黑大学章程》分别以柏林州和巴伐利亚州高教法为依据，二者文本结构与具体内容差异较大。当然，差别之外也仍有类似或相近的地方。"③

在现实的制度运行中，"作为派生性的法律渊源，规章需要法律的授权。"④换言之，自治规章属于国家赋予包括大学在内的自治团体的自主立法权。除了需要有法律的授权外，自治规章还受到行政机关的监督。德国《高等学校总纲法》第58条第2款规定，"高等学校自行制定的基本章程，需由州政府审批。对拒绝批准的先决条件，须有法律的形式作出规定。"⑤而在州层面，德国各州大学法对于各大学基于学术自由所制定的自治规章，原则上采用"应经许可制"（Genehmigungspflichtig）。

概言之，德国大学法规定大学自治规章应经上级机关的许可，许可是自治规则生

---

① ［德］汉斯·J.沃尔夫，奥托·巴霍夫，罗尔夫·施托贝尔.行政法（第三卷）[M].高家伟，译.北京：商务印书馆，2007：263-283.
② 同①.
③ 张国有.大学章程（第二卷）[M].北京：北京大学出版社，2011：9-10.
④ 同③.
⑤ 申素平.高等学校的公法人地位研究[M].北京：北京师范大学出版社，2010：93.

效要件,上级机关之许可或不许可是属于授益或侵益的行政处分。大学享有上级机关作成许可之请求权。上级机关之许可亦得默示或根据客观情状来推论已给予许可,例如上级机关容许一大学实施其自治规章之内容。上级机关亦可作成部分性许可,或附附款(Auflage)许可。作成许可处分时,应注意比例原则,例如自治规章内某些个别的、不重要的条文有问题,上级监督机关可以审查作成部分性许可,若无欠缺法律上理由,亦可作附期限之许可。①

(3) 公立高等学校对其章程与校规的自我监督

除了行政监督与司法监督等国家监督方式以外,公立高等学校章程与校规的合宪性与合法性保障还有赖于内部自我监督机制的完善。从一定意义上而言,公立高等学校章程与校规的实施比制定更为重要。目前,我国《高等学校章程制定暂行办法》(简称《暂行办法》)已经对公立高等学校章程的实施监督机制予以明确②,旨在形成以章程为中心的现代大学制度体系。③ 然而,本研究通过对教育部和省级教育主管部门已核准大学章程文本的考察④发现,仅有少数大学在其章程中设定了违反章程的责任追究条款。⑤

换言之,教育部令第 31 号中有关建立章程实施监督专门机构的要求,被绝大多数高校有意或无意地忽视了。⑥ 与此同时,这些大学对其章程实施监督机构的规定并不

---

① 董保城.教育法与学术自由[M].台北:月旦出版社股份有限公司,1997: 29 – 37.
② 《高等学校章程制定暂行办法》第三十条规定:"高等学校应当指定专门机构监督章程的执行情况,依据章程审查学校内部规章制度、规范性文件,受理对违反章程的管理行为、办学活动的举报和投诉。"
③ 教育部发布的《依法治教实施纲要(2016—2020 年)》指出,要"健全章程核准后的执行和监督评价机制建设,督促学校以章程为统领,完善内部治理结构和规章制度。"借鉴"层级化法律保留理论"的观点,可以提出"层级化校规保留"的原则。基于此,应将重要的事项在大学章程中予以明定。与此同时,高校校规不得与章程相抵触。
④ 关于大学章程实施监督机制的规定,通常情况下是在大学章程的"附则"部分出现。当然,也有个别例外,如《吉首大学章程》。
⑤ 通过对教育部以及各省级教育行政部门已核准通过的大学章程文本的梳理后,发现北京航空航天大学、江南大学、电子科技大学、吉首大学、西南政法大学等高校在其大学章程中明确规定了章程的实施监督机制。其中,规定较为健全和完善的是《吉首大学章程》。《吉首大学章程》单独设立了"章程实施"一章,可见吉首大学对章程实施的高度重视。
⑥ 例如,北京大学章程第五十五条规定:"学校设立章程委员会,行使下列职权:(一)对本章程提出解释说明文本;(二)组织制定章程实施细则;(三)监督本章程的执行情况,依据章程审查学校内部规章制度、规范性文件;(四)提出本章程的修订动议,起草修订案。"显然,北京大学章程委员会并不具有对违反章程的管理行为或者办学活动进行责任追究的权限。

表 5.1　大学章程的实施监督机制

电子科技大学章程	第七十八条规定:"本章程由校长办公会或者教代会提议修改,章程修订案的审核程序依据第七十七条的规定执行。" 第七十九条规定:"学校办公室受理对违反本章程的管理行为、办学活动的举报和投诉。" 第八十条规定:"本章程由学校党委负责解释。"
吉首大学章程	第九十七条规定:"本章程颁布施行后,学校通过多种途径对章程内容向校内外进行宣传教育,确保章程执行。" 第九十八条规定:"成立大学章程秘书处,秘书处设在发展规划与学科建设处,根据章程的规定,对学校的管理制度以及规范性文件进行全面清理与修改,并根据实际情况制定章程的实施细则,按规定的程序实施。" 第九十九条规定:"教职工代表大会常设机构为章程校内执行监督机构,监督章程执行情况,受理对违反章程的管理行为、办学活动等的举报和投诉,并按管理权限及时进行处理。监督机构工作规程另行制定。" 第一百条规定:"学校接受举办者、主管部门、其他有关机关以及教师、学生、社会公众依据章程实施的监督。"
西南政法大学章程	第一百零一条规定:"学校其他规章制度与本章程不一致的,以本章程为准。本章程据以制订的法律、法规、规章发生修改或废止的,从其规定。" 第一百零四条规定:"学校教职员工、学生或其他部门,对于违反章程的行为,可以向校长办公室举报和投诉,校长办公室受理后提出处理建议,报校长办公会议讨论,由学校党委常委会决定。"

明确且不尽一致。在缺乏明确章程实施监督机构的状况下,大学章程的实施状况堪忧,甚至可能沦为"一纸空文"。

为保证大学章程实施监督机构功能的稳定与有效发挥,有学者建议"各大学应设立章程实施监督机构,比如成立章程委员会,明确党委书记为委员会主任,副书记、校长等为副主任,章程委员会下设秘书处,挂靠党委办公室,秘书长由党委办公室主任兼任。秘书处同时负责章程的解释工作,对学校出台重大改革发展决策、制度规范,进行依法、依章程实施合法性审查。"[①]显然,该建议基本上借鉴了《吉首大学章程》以及《重庆师范大学章程》的做法。一方面,明确党委书记作为章程委员会主任,增强章程委员会的权威性。另一方面,基于《吉首大学章程》中规定的"秘书处"的做法,保障章程实施机构的专门性和稳定性。

---

① 朱家德.大学章程实施比制定更重要[J].中国高教研究,2016(6):65-69.

实际上,对高校校规的自我监督,相对于司法监督和行政监督而言更加便利和重要,它可以减少高校因校规与"上位法"抵触而引发的诉讼案件,减少学校精力的分散。据此,高校应主动审查其校规,经由合法性审查,建立以章程为中心的大学制度体系。在美国加州大学伯克利分校,高校校规的修订必须提交分管法律事务的副校长办公室,以确保其与全校政策以及法律相一致。通过自我监督,保障"内部规制"与公共"外部规制"(Pubic External Regulation)的协调,避免高校规章与法律相抵触。此外,美国高校师生还享有启动其规章制度合法性审查的权利。例如,加州大学伯克利分校的规章规定:"在修订伯克利学生行为守则时,除非是基于全校范围的相关政策的调整,或者来自法律的特别规定,否则,校长必须咨询教师,教工人员和学生的意见。大学社区的任何成员都有权利向校长提交修改学生行为守则双面的建议"。[①]

相比之下,目前我国已核准的部分大学章程,尽管也认识到高校师生员工可以对章程的实施进行监督,但是,其规定还相对模糊。师生能否对高校校规的修订提出意见并获得学校相关机构充分的重视,还存在很多不确定性。较为可行的方式是,在进一步完善章程实施委员会制度的同时,鼓励高校出台关于高校校规修订和实施监督的具体办法,进而更为有效地保障师生的监督权,并真正实现高校章程与校规的"自我监督"。

2. 根植于软法之治的大学法治:公立高等学校章程与校规的合理与正当

除了通过硬法之治的方式,借由行政与司法监督维系和保障公立高等学校章程与校规的合宪性与合法性外,亦需要重视根植于软法之治的大学法治的建构,以增强公立高等学校章程的合理性与正当性。实际上,公立高等学校章程与校规能否在公立高等学校自主权运行中真正发挥实效性,很大程度上取决于如何对其法律性质和效力予以界定。如果简单地将大学章程和校规视为规章以下其他规范性文件,而忽视其作为自治规范的特殊性,则势必导致章程与校规"复制"规章乃至其他规范性文件的规定。这种认识误区,很容易致使公立高等学校实质性地沦为政府的附属机构。在行政监督与司法监督中,将公立高等学校章程或校规视为规范性文件,并特殊地适用行政法治

---

① 韩兵.高等学校的惩戒权研究[M].北京:法律出版社,2014:154-155.

的基本原则对其予以检视,是基于公立高等学校作为授权性行政主体或法律法规规章授权组织这一法律地位的考量。但是,必须指出的是,公立高等学校作为"法律法规规章授权组织"的法律地位研判具有内在的法律缺陷和不足,其遮蔽了公立高等学校作为自治性行政主体的特殊性。据此,本研究认为,应区分公立高等学校章程与校规的类型,特殊适用法律优位与法律保留原则。

更重要的是,应将公立高等学校章程与校规置于软法的视野中予以审视,进而将软法的理念和规制优势嵌入其中。正如施奈德(Synder)所定义的那样,"软法总的来说是不具有法律约束力,但可能产生实际效果的行政规则"。公立高等学校章程与校规作为自治软法虽然不如硬法规范那样具有法律约束力,但却因其自身所特有的灵活性、专业性、合意性而在自治团体内部具有实际的约束力。从某种意义上而言,公立高等学校章程与校规作为自治软法的价值,在于其对"国家法"中"硬法规范"的优势互补功能。它能够在"形式合法性"之外,增强公立高等学校自主权运行的"实质合法性",提升大学治理的正当性水平。而公立高等学校章程与校规作为大学治理"程序法""权利法"和"组织法"等功能的有效发挥,也呼唤软法之治的兴起。作为自治性行政主体的公立高等学校,其自治内涵中最本质的要素在于"参与"即"当事人行政"[①],而这也构成公立高等学校自治规章被视为软法的内在规定。应通过对话协商、商谈沟通、开放协调等软法机制的适用,促使大学章程与校规的制定和实施,成为大学内部各权力(权利)组群之间消弭观念分歧与认识鸿沟,进而达成共识与合意的动态过程。例如,应鼓励师生参与制定与其权益密切相关的校规的制定之中。应该认识到,"不让学生参与涉及其自身利益的规章的制定,无疑会增加此类规章侵犯学生权益的可能性,成为引发诉讼的'源头'"。[②] 从一定意义上而言,高校校规的合理正当与其合宪合法存在着内在的勾连关系。缺乏充分参与制定的规章,可能因其缺乏充分的论证和民主参与而引发分歧,且可能助长大学行政权力的恣意妄为,进而衍生高校校规的合法性乃至合宪性问题。从深层次而言,公立高等学校章程与校规作为自治软法,内嵌着

---

① 许春镇.论自治行政之概念及其类型[J].台北大学法学论丛,2006(59):6-20.
② 韩兵.高等学校的惩戒权研究[M].北京:法律出版社,2014:151.

因开放、反思而合法的哲学意蕴。师生的充分有效参与,实际上是强化大学治理合法性与正当性的应有之义。

在此,"合法性"的内涵和外延已经超越了传统的"形式合法性"的范畴,而被界定为兼容合理性、正当性以及"形式合法性"等要素的"实质合法性"。传统的强调形式法治思维的"高教法治"开始迈向以合理正当为内在要求的"大学法治"转变,大学自治软法的生命力持续生长和显现。在美国,学生参与涉及其利益的高校规章的制定过程,已经成为高校学生都享有的重要权利。在由美国哥伦比亚大学法学院柯蒂斯·J·伯杰(Curtis J. Berger)和维维安·伯杰(Vivian Berger)两位教授开展的一项实证调查研究中,159所高校(92所私立,67所公立)中有将近80%的高校允许学生参与高校惩戒性校规的制定。根据我国《普通高等学校学生管理规定》(教育部令第41号)第六条与第四十条的规定[①],各高校校规的制定过程中,也应该充分保障学生的参与权和监督权,以增强高校校规的合理性与正当性。

此外,高校校规和章程作为"权利法""组织法""行为法""程序法"的功能发挥,亦需要关注软法的特殊价值和优势。以纠纷解决为例,软法视野下的大学章程与校规将根据大学自治和学术自由的特殊性,鼓励"在招生、职务评聘、学术评价、学术不端行为认定等领域,探索试行专业裁量或者仲裁机制。"据此,增强纠纷解决过程的协商性、合意性与专业性。从某种意义上而言,替代性纠纷解决机制(Alternative Dispute Resolution,ADR)理念,尤其强调司法救济等"公力救济"方式外"私力救济"方式的制度优势,鼓励软法与硬法的良性互动和优势互补。[②] 与此同时,在涉及学生的学术违纪行为的处理过程中,应充分重视高校教师以及学术合议机构如学术委员会的作用。

---

① 《普通高等学校学生管理规定》(教育部令第41号)第六条明确规定学生可以"以适当方式参与学校管理,对学校与学生权益相关事务享有知情权、参与权、表达权和监督权"。第四十条规定:"学校应当建立和完善学生参与管理的组织形式,支持和保障学生依法、依章程参与学校管理。"

② 对此,日本京都大学法学部教授棚濑孝雄的观点,值得关注和借鉴。他将纠纷解决过程的类型分为"根据合意的纠纷解决"与"根据决定的纠纷解决"两类。这两类纠纷解决模式中,软法均有发挥作用的空间。其中,"合意解纷型模式"相比于"决定解纷型模式"具有更大的软法适用空间。公立高等学校内部纠纷的解决,应充分发挥软法的作用,倡导仲裁、调解、裁量等更加强调合意的纠纷解决方式,增强纠纷解决过程的合意性和协商性。参见:[日]棚濑孝雄.纠纷的解决与审判制度[M].王亚新,译.北京:中国政法大学出版社,1994: 10-14.

从一定意义上而言,高等教育领域替代性纠纷解决机制的培育,有利于实现国家监督、大学自治与师生权利保障之间的动态平衡。

此外,在公立高等学校自主权的运行中,正当程序原则的适用也具有特殊性。例如,公立高等学校学术惩戒权的行使,往往仅要求其在较低程度上适用特殊的正当程序原则,而不要求其给予师生以严格意义上的正当程序权利保护。此时,基于对话协商的简易程序,便可满足师生的申辩和陈述等基本程序权。与此同时,在"组织法"的维度上,将公立高等学校章程与校规视为软法同样有其特殊价值。在新公共管理运动的影响下,世界各国公立高等学校内部"管理自治"持续增强,而传统的学术自治力量逐渐式微。为矫正学术自治与管理自治的失衡格局,应培育学术"习惯法"和专业惯例等软法的功能,以恪守学院式治理和学术自治的经典价值。应该认识到,大学内部各法权主体之间"权利义务的界定,并非必须以法典化的方式完成",而需要借助已经或正在建立中的"好的专业惯例"(gute fachliche Praxis)。

(五)培育社会集体规制:行业自治规范中知识理性与公共理性的回归

长期以来,全能主义宰制下强国家与弱社会的传统,使得我国高等教育中介机构发育滞缓。"学位中心"与"评估中心"等所谓的高等教育中介机构往往具有浓厚的官方背景,其作为第三方评估机构的合法性与正当性历来为学界所诟病。这些具有官方背景的高等教育中介机构开展的各类大学评估及其惩戒权行使,更多被视为行政规制,而非社会集体规制或私人规制。正如前文所言,本研究认为,应明确"学位中心"与"评估中心"等事业单位作为授权性行政主体的法律地位,将其对公立高等学校开展的评估和质量监管活动视为行政规制,纳入公法规制的范畴。可以考虑在未来《高等教育法》的修订中,明确此类质量监管活动的程序、制度与组织规范,对"学位中心"与"评估中心"等授权性行政主体的行政规制进行规制,充分发挥立法规制的"元规制"(Meta Regulation)功能。

与此同时,在教育治理现代化的背景下,应致力于培育真正独立和权威的高等教育中介机构,鼓励其发布特定行业、专业领域的自治规范,保障其在法治的基本框架下对其成员行使惩戒权。对于此类不具有官方背景的高等教育中介机构,应借鉴美国的经验,将其视为基于契约和合意而生的私人规制,以凸显其知识理性与公共理性,保障高等教育行业自治与公共利益。进一步而言,由于这些高等教育中介机构实际上行使的是社会自治团体所享有的社会公权力,其自治规范的形成更多应基于成员的合意。

由行业协会建构的行业规范,已然成为美国公立高等学校自治权规制与保障的重要路径,被称为美国高等教育的"外部私人治理"方式。一方面,它抵制和干预联邦与州政府对学术自由、大学自治的不当干预;另一方面,它对大学内部治理中行政权力的滥用及其对学术自由的倾轧予以抨击;最后,作为高等教育行业协会重要组成部分的认证类机构,对公立高等学校办学质量乃至院校治理实施认证。在美国,外部私人治理的主体主要包括认证机构、体育协会、美国大学教授协会以及其他一些高等教育行业协会组织。许多高等教育行业协会的成员是高等教育机构,它们的工作重心是监测和游说(或反对)影响高等教育的联邦立法和规制变化。这些协会组织主要包括:美国教育委员会(American Council on Education, ACE)、美国社区学院协会(American Association of Community College, AACC)、美国州立大学协会(American Association of State Colleges and Universities, AASCU)、美国大学协会(Association of American Universities, AAU)、全国州立大学和地方特许学院协会(Nation on Association of State Universities and Land-Grant Colleges, NASULGC)、全国独立学院协会(National Association of Independent Colleges and Universities, NAICU)等。其他教育协会例如美国大学教授协会(AAUP)和美国高校学生事务管理协会(National Association of Student Personnel Administrators, NASPA)的成员都是个人,主要关注其成员的职业发展以及整个行业的发展。无论其成员是机构抑或个人,大部分协会的组织目标较为多样化,尤其是那些地处首都华盛顿的协会,参与游说活动,试图影响国会行动或行政机构的监管活动,协会代表可以建议国会议员起草立法来确保对高等教育产生影响,他们还参加起草法规草案的代理会议和听证会,建议并解释这些规则对高等教育的影响,州层面的教育协会针对州立法和规章制度开展类似的活动。许多协会制定并发表关于良好的专业实践和其他事项的政策声明,例如,AAUP 发表的声明对大学教师的地位和教师雇佣关系中惯例("national custom and usage" in faculty employment relations)的司法解释产生实质性影响。

这些高等教育行业协会根据其自身的组织目的制定各类规则,对高等教育治理产生着持续而深远的影响。其中,比较典型和重要的规则包括:(1)入会标准;它是协会组织制定的最基本的规则。以专业性认证组织为例,其入会标准往往具有很强的专业性,从而为各种专业教育设立质量门槛。(2)职业规则;它主要是指以个人为会员的职业性协会组织所制定的各种职业规范、标准的总称。(3)行业规范;它往往是长期以来获得高等教育领域普遍认同和广泛实施的基本规范,它往往涉及学术自由、教师权益保障以及大学治理等方面,守护着高等教育场域的经典价值。[①] 在美国,"大部分高等教育机构都接受认证机构的监督,而高等教育机构接受何种机构监督取决于其所处区域及其所提供的学术和专业项目的类型。附属单位和捐赠基金会对高等教育机构的影响也在不同机构之间有所差异,其中相对例外的是 AAUP,它和全国范围内各种类型的、能授予学位的高等教育机构都相关。"[②]AAUP 是大学教师、具有教师地位的图书馆员和研究生的组织,大学管理人员也可以成为协会成员但在 AAUP 政策方面不具有投票权,自 1915 年成立以来,AAUP 一直致力于制定"健全的学术实践标准",并为教师提供这些标准的保护,该组织由约翰·杜威(John Dewey)领导的教师组成,对来自内外部的批评作出回应。早期成员主要关注保护学术自由,制定道德准则,以及通过教师队伍制定商定的促进标准,他们还强烈希望加强和确保教师在大学治理中的作用并成立了委员会,其中大部分目前仍然存在,包括学术自由和终身制(A 委员会),教师任用和晋升(B 委员会),教师招聘(C 委员会)以及教师关心的各种其他问题,例如退休金和薪资。AAUP 带头制定了规范教师雇佣关系的原则和标准,在 1915 年创立之年,该协会发表了关于学术自由的开创性宣言。1934 年,AAUP 和 AAC(Association of American Colleges)完善了"1940 年学术自由和权属原则声明",150 多个教育组织认可了这一原则。

自 1940 年的声明以来,AAUP 的大部分政策声明和委员会报告都和教师解雇、建议关于学术自由和任期的制度规章以及学术治理和集体谈判相关。委员会审议对学

[①] 熊耕.美国高等教育协会组织研究[M].北京:知识产权出版社,2010:140-149.
[②] Kaplin, W. A. & Lee, B. A.. The Law of Higher Education (Fourth Edition)[M]. San Francisco: Jossey-Bass, 2006: 1-40.

术界产生较大影响的重要议题(例如向候选人泄露机密的同行评价的结果以获得晋升或终身教职),草拟报告被分发给各成员征求意见,管理人员和其他国家机构也经常提供意见,之后该政策的修订版本公布,并由该协会的治理机构投票通过。因此,在政策和标准以最终形式出版之时,学术共同体已经大量地参与发展和完善它们的整个过程。AAUP 主要的政策、标准和报告收集在 AAUP 政策文件和报告(AAUP Policy Documents and Reports)中,这被称为"红皮书"。

据两位长期参与 AAUP 工作的学者所说:美国大学教授协会的政策文件一般通过以下三种方式使用。首先,它们为学术界的所有领域提供指导方针,以便制定制度政策或解决出现的具体问题。第二,一些文件,如《学术自由与终身教职的推荐机构规制》(Recommended Institutional Regulations on Academic Freedom and Tenure)①,是以一种明确适用于官方制度政策的形式制定的,并且它们规定了 AAUP 工作人员在反复出现的情况下提出的特别建议。第三,诉讼当事人——管理人员和教师已经开始援引 AAUP 标准来支持他们的诉讼,因为这些标准通常表达了学术惯例,或者它们作为对从 AAUP 来源获得的制度规章或政策的解释的辅助。许多高校已将 1940 年 AAUP 发表的声明纳入其政策和程序,或与教师工会的集体谈判协议之中,一些高等教育机构还采纳了 AAUP 其他的政策声明,如果一所大学明确将 AAUP 政策声明纳入其制度政策,那么该声明的条款对该机构具有合同约束力,即便大学没有正式纳入政策声明,在很长一段时间内它也可能已经根据其规定采取行动,在这种情况下,政策声明可以被视为隐含合约理论下的约束力。最后,在某些情况下,例如,在格林诉霍华德大学案(Greene v. Howard University)②中,法院将 AAUP 政策声明视为权威的学术惯例及实践的来源,在诉讼中使用 AAUP 标准的

---

① 《学术自由和终身教职的推荐机构规制》以适合高等教育机构使用的语言,阐述了从 1940 年《关于学术自由和终身教职原则的声明》和《关于教师解聘程序性标准的声明》主要条款和解释衍生出来的规则。《推荐机构规制》最初由学术自由和终身教职 A 委员会于 1957 年制定。1968 年,A 委员会批准通过了一个反映协会标准及程序发展的修订扩展版本。1972 年、1976 年、1982 年、1990 年、1999 年、2005 年、2006 年、2009 年、2013 年和 2018 年,委员会又分别批准通过了经过进一步修订的规制版本。经理事会表决通过,这些修订被纳入协会政策的变化。
② Greene v. Howard University, 412 F.2d 1128 (D. C. Cir. 1969).

案例涉及教师地位。① 教师、大学和法院以各种方式使用 AAUP 的标准和政策作为解释大学政策、规章制度、教师手册的指导方针。缺乏详细的个人契约（这在学术界并不常见）使这些文件成为各方权利和义务的主要指导，当规章制度使用学术界习惯的术语（如"任期"）时，有助于学术界理解该术语的含义，这很大程度上可以在 1940 年声明及其评注中找到。②

AAUP 作为美国高等教育行业协会的典型代表，既抵制公共规制（包括立法、行政与司法规制）对公立高等学校自治权和学术自由的不当干预，又经常驳斥大学治理中可能对学术自由、教师权益以及共同治理构成威胁的规范和行为。为了抗拒由尤诺夫斯基案等一系列学术自由案件所造成的对教师权益的威胁，应对学术自由在新自由主义、新保守主义等社会思潮影响下产生的新问题，AAUP 借由制定"行业标准"的方式制衡大学内部自我规制以及公共规制。③ 此外，AAUP 也经常通过调查的方式敦促美国大学和学院遵循学术自由和共同治理的原则，通过"法院之友"（Amicus Briefs）的制度性渠道向法院提出独立权威的第三方意见。例如，在宾夕法尼亚大学诉平等就业机会委员会（University of Pennsylvania v. EEOC）④、密歇根大学董事会诉尤因案（Regents of the University of Michigan v. Ewing）⑤、大学董事会诉罗斯案（Board of Regents v. Roth）⑥以及佩里诉辛德曼案（Perry v. Sindermann）⑦等一系列重要的判例中，AAUP 都借由"法院之友"制度，为法院判决提供了大量信息、材料和证据。⑧ 当然，AAUP 发布的《原则声明》以及借由"法院之友"传递的观点，也并非总会受到法院的认可乃至"援

---

① Miler, R. H. The Role of Academic Freedom in Defining the Faculty Employment Contract[J]. *Case Western Reserve Law Review*, 1981(31): 608-655.
② Kaplin, W. A. & Lee, B. A.. *The Law of Higher Education (Fourth Edition)* [M]. San Francisco: Jossey-Bass, 2006: 1525-1590.
③ 林杰.美国新自由主义对学术自由的影响——以加州大学伯克利分校的诺华合约案为例[J].比较教育研究,2014(3): 1-6.
④ University of Pennsylvania v. Equal Employment Opportunity Commission, 493 U.S. 182 (1990).
⑤ Regents of the University of Michigan v. Ewing, 474 U.S. 214 (1985).
⑥ Board of Regents v. Roth, 408 U.S. 564 (1972).
⑦ Perry v. Sindermann, 408 U.S. 593(1972).
⑧ Kaplin, W. A. & Lee, B. A.. *The Law of Higher Education (Fourth Edition)* [M]. San Francisco: Jossey-Bass, 2006: 1584.

引"。在尤诺夫斯基诉吉尔莫案(Urofsky v. Gilmore)中,美国联邦第四巡回法院在判决中强调,学术自由是 AAUP 确立的行业标准,而非一个法律概念。据此,法院指出"宪法赋予了每个公民学术自由的权利,但权利在大学,而不在教师个体。"[1]也许正因为学术自由宪法解释"模糊空间"[2]的存在和不确定性,美国学者往往倾向于认为守护和保障学术自由的功能,应更多由学术权威与同行专家们建构的大学自治秩序和专业社会团体培育的行业秩序来担负。

当然,高等教育行业协会本身也受到公共规制组织的规制,法律对协会组织管理权和享有的权利也会进行适当的限制。[3] 例如,州的非营利性法人法以及州和联邦的税法规定会对高等教育协会组织财务方面的权利进行限制;又如,如果认证组织在认证过程中出现不公正或者腐败的情形,所涉及的学校或专业学院可以提起诉讼,法院也可以根据已有判例中的法律原则或规则对有关认证机构进行制裁。此外,美国联邦或州的《反托拉斯法》(Antitrust Law)、《诽谤法》(Defamation Law)、《破产法》(Bankruptcy Law)以及联邦与州的普通法(Common Law)等,都对高等教育协会组织有着直接的法律约束力。联邦最高法院指出,如果协会组织的成员或代理人具有限制竞争的行为,就要追究协会组织违反《反托拉斯法》的法律责任。当然,尽管立法与司法机构对高等教育协会组织会给予一定程度的法律规制,但其总体上较为尊重高等教育行业协会的自治,较少介入协会组织的内部事务和活动。例如,法院在既有的判例中更多会倾向于认为高等教育行业协会属于民间组织而非公共机构,宪法对公共机构的限制(如正当程序原则)并不适用于它。[4] 在类似判决中高等教育行业协会组织的胜诉,充分反映了法院长期以来对协会组织的尊重态度,这在一定程度上增强了社会集体规制的合法性、权威性与正当性。

具体而言,一些案例已经考虑到认证机构的决定,是否是"国家行为"进而受到联

---

[1] Urofsky v. Gilmore, 216 F. 3d 401, 406(2000).
[2] 张奂奂,高益民.美国高校教师学术自由保障的模糊空间——基于判例制度的宪法解释视角[J].高等教育研究,2016(5):87-95.
[3] Kaplin, W. A. & Lee, B. A.. *The Law of Higher Education (Fourth Edition)*[M]. San Francisco: Jossey-Bass, 2006: 1523-1586.
[4] 熊耕.美国高等教育协会组织研究[M].北京:知识产权出版社,2010:67-71.

邦宪法约束的问题。在帕森斯学院一案中,法院拒绝了大学提出的协会必须遵守联邦宪法的正当程序要求,认为"协会与任何一家私营公司都处于同一立足点",不受"适用于政府的宪法限制",另一方面,在马乔里(Marjorie)初级学院一案中,初级法院接受了国家行为的论断,上诉法院也假定(未决定)认证机构从事国家行为,上诉法院认为协会所持有的非营利标准是合理的,因而是有效的,并且在事实上从事了宪法正当程序分析,初级法院认为,协会的认证活动是"准政府"性质的,因而应被视为国家行为受到联邦宪法约束,随后上诉法院也假定(未决定)国家行为的确存在,和帕森斯学院案中法院明确拒绝国家行为的论断不同,马乔里初级学院案中初级法院接受了这一论断,并且上诉法院将这一问题置于悬而未决的状态。

在万宝路公司(Marlboro Corporation)一案中,上诉法院考虑过是否应根据普通法(Common Law)的正当程序标准或美国宪法正当程序条款中更严格的标准审查认证委员会的程序。初级法院认为宪法的正当程序条款并不适用,因为委员会的行为不属于国家行为。然而,上诉法院认为没有必要决定这一问题,因为即便假定宪法正当程序适用,该学院也没有任何一项程序性权利被侵犯,在得出这一结论之前,上诉法院在宪法标准下审查了委员会的程序,认为无论在宪法还是"普通法"的标准下,程序公平都是一个灵活的概念,在不同案件中须做不同的考虑,正当程序在该案件的语境下并不意味着完全成熟的"对抗时式"听证会。它指出,委员会的调查涉及重新申请认证的常规程序,这是种"广泛评价"而不是有具体指控的指控性调查,该学院有充分的机会通过书面陈述提出自己的立场,并进行口头辩论,更正式的程序将给委员会带来过重的负担。显然,法院对于高等教育行业协会的程序要求往往需要充分考量程序规制与协会自治的冲突和紧张关系。正如卡普林教授所言,"只要受影响的各方能够有机会利用有意义的内部程序,并且保证其程序公正性,法院和政府机构应该允许它有足够的发展空间,并且保障教育专业知识的运行空间。它应该是高等教育机构和教育协会的一个中心目标,以便实现高等教育界各方参与者的利益。"①

---

① Kaplin, W. A. & Lee, B. A.. *The Law of Higher Education (Fourth Edition)* [M]. San Francisco: Jossey-Bass, 2006: 1585.

在最近的判例中,如明尼苏达医学研究院诉国家贸易和技术学院协会一案中,法院拒绝了学院提出的认证机构拒绝重新认证的决定是州(或联邦)行动因而受联邦宪法限制的主张,该学院的论断很大程度上基于马乔里初级学院案中初级法院的意见,但在该案中,法院表示这一论断已经被1982年美国最高法院裁决的两个判例(Rendell-Baker v. Kohn 以及 Blum v. Yaretsky)否定了。当然,法院对高等教育行业协会的支持也并非绝对的,法院依旧要求其保持诚实信用,要求其认证决定应该尽可能合理且拥有充分与实质性的证据("Supported by Substantial Evidence"),而不应恣意。与此同时,法院尽管通常不将高等教育认证机构的行为视为政府行为,进而适用正当程序原则,但其依旧要求认证满足最低限度的正当程序标准(Meet Minimum Due Process Standards)。[1] 对此,卡普林教授指出这往往是基于"普通法"(Common Law)而非"宪法"的考量。

此外,对高等教育行业协会的行为是否属于"政府行为",法院也并非一致地给予否定的意见。在1990年的圣阿格尼丝医院诉雷迪克(St. AgnesHospital v. Riddick)一案中,联邦地区法院(United States District Courts)将医学研究院这个案例与其他"先例"区分开来,认为研究生医学教育认证委员会(ACGME)在撤销原告的产科和妇科住院计划的认证时从事了国家行为,法院以州规章制度为基础,要求医学执照申请人必须接受过至少一年的符合ACGME确立标准的研究生临床培训项目。在这一制度框架下,法院认为,国家已将其权力下放给ACGME,在授权和原告所质疑的认证行为之间存在直接"联系"。而在另外一个类似的针对ACGME的案例(McKeesport医院诉研究生医学教育认证委员会)中,另一个不同的联邦地区法院也得出了同样的结论,但遭到了上诉法院的驳回。基于最高法院在全国大学体育协会诉塔克尼安(NCAA v. Tarkanian)[2]等一系列案件中的判决意见,结合医学研究院的判例,上诉法院推论ACGME在撤销对原告普通外科住院计划的认证时并未从事国家行为。

根据两位主要的大法官的意见,"地区法院推论州理事会将其职责委托给ACGME,从而使ACGME的行为归属于国家行为,对此我们持有不同意见,在宾夕法尼

---

[1] Kaplin, W. A. & Lee, B. A.. *The Law of Higher Education* (*Fifth Edition*)[M]. San Francisco: Jossey-Bass, 2013: 1811-1849.
[2] NCAA v. Tarkanian, 109 S. Ct. 454, 456 (1988).

亚州医学实践法案下,州理事会对同意医疗培训计划负有最终责任……只是因为州理事会认为其遵守 ACGME 认证决定的义务不会使 ACGME 拥有国家权威,也不会将责任从州理事会转移到 ACGME,州理事会仍然是国家行动者……"地区法院还认为,州理事会和 ACGME 之间的联系足以使后者成为国家行动者,我们必须对其以否认,有时候,州和表面上是私人性质的实体是如此相互依存,仅仅从它们的共生关系中就体现了国家行为,ACGME 与国家之间的关系是明显可区分的,ACGME 是自我管理和自我资助的,其标准是独立设定的,州理事会只是承认和依赖其专业知识。或者,国家与私人实体的具体决定之间的联系可以使该决定对国家而言是可控的。但是,在这种路径之下,国家行为只有在国家行使强制权力或提供了公开或隐蔽对私人实体行为的重大鼓励时,私人决定在法律上才能被视为国家的,只是批准或默许这种决定是不够的。然而,本案未体现所需的国家强制权力或鼓励 ACGME 的行为,理事会没有控制或规制 ACGME 的标准制定或决策过程,虽然它承认它们的存在,但州法律并不指导或影响这些行动,相反,ACGME 的决定是私人实体根据并非由国家建立的标准所做出的判断。此外,第三位大法官不同意主要法官的意见,但同意这一处理结果,因为在他看来,ACGME 已经为原告提供了所有联邦宪法所要求的正当程序。在最近的案例中,法院保持了对国家行为论断的拒绝态度。例如,在 2004 年的南加州西部州立大学诉美国律师协会案中,法院以医学研究院和麦基斯波特(McKeesport)的判例为基础,在托马斯·M·库利(Thomas M. Cooley)法律学校诉美国律师协会的案例中,法院再次以这些判例为基础拒绝了国家行为的论断。

尽管,最高法院的判例[例如,伦德尔·贝克诉科恩(Rendell-Baker v. Kohn)]限缩了国家行为的概念,全国大学体育协会诉塔克尼安案(NCAA v. Tarkanian)将其适用范围限于成员协会。虽然,初级法院中仍然存在反对国家行为结果的趋势,但在一些认证案件中仍然存在确认国家行为存在的理由。其中,确认国家行为存在的最可能的情况,主要指涉政府机构已授权给认证机构。同样可能的是,获得美国教育部长认可的认证机构。1992 年和 1998 年对《高等教育法》的重新授权所产生的认证机构和教育部长之间的关系更为正式,认证机构帮助教育部长以确保高等教育机构符合联邦学生援助计划要求的责任。它为在某些判例中发现国家行为,提供了基础。此外,在 2001

年的布伦特伍德学院诉田纳西中学运动协会案(Brentwood Academy v. Tennessee Secondary School Athletic Association)中,法院运用"缠绕"(Entwinement)理论主张认证协会组织参与到了政府行为之中,进而适用宪法所要求的正当程序原则。① 当然,在特定的私人机构的行为中是否存在"政府行为",涉及多重标准的判定。在法院的判决中,对政府行为是否存在的认定也日益精细化。有别于以往考察是否存在公共财政资助的单一因素,法院往往会权衡各方相关因素,进而发展出了更严密的政府行为判定方式。具体而言,包括:(1)共生关系测试(Symbiosis Relationship Test);(2)联结测试(Nexus Test);(3)公共职能测试(Public Function Test)等多重测试方法与标准。②

除此之外,威廉·A.卡普林和巴巴拉·A.李教授的研究表明,另一个很重要的也是最近的对认证诉讼的指导方针来自国会,在1992年的高等教育修正案中,国会规定,为了使教育部长认可其认证,机构须同意在向法院提起诉讼之前向认证机构提交认证争议以便进行仲裁,任何"涉及拒绝,撤销或终止认证"的诉讼都必须提交给适当的联邦地方法院。在芝加哥自动变速器学院诉职业学校和学院认证联盟一案中,上诉法院依据这些法定条款的规定,拒绝学校对认证机构的申诉。芝加哥学院案在被告认证机构拒绝延续原告的认证后开始,学校声称该机构的行动违反了该机构自己的规则,因此违反伊利诺伊州法律下的合同法。而恰恰相反,该认证机构认为,案件应根据联邦行政法和联邦行政程序法的原则进行审查,法院同意认证机构对这一案件的看法。法院认为,"认证服务于联邦职能,两年前(在多元化管辖下的此项行动开始后不久),国会规定了抗议拒绝或撤销(被认可的认证机构)认证的学校或学院提起的诉讼的独家联邦管辖权,国会没有具体说明这些诉讼的法律来源,但很难理解当联邦管辖权具有排他性时国家法律如何进行统治……特别是当法院在专属管辖权的规定下难以发声时,不可能看到联邦法院如何将州法律适用于认证机构的行为,如果授予联邦管辖权在某些情况下有理由设立联邦习惯法,授予专属联邦管辖权必然意味着联邦法

---

① Kaplin, W. A. & Lee, B. A.. *The Law of Higher Education (Fourth Edition)*[M]. San Francisco: Jossey-Bass, 2006: 1561-1564.
② Lee, P.. *Academic Freedom at American Universities: Constitutional Rights, Professional Norms, and Contractual Duties*[M]. New York: Lexington Books, 2015: 101-108.

律的适用。"同样的,法院声称联邦法院在制定联邦认证法律时,其原则不应源于州合同法或其他习惯法,"认证机构不参与和州法律合同原则自然匹配的商业交易,学校想要执行的'合同'不是一个讨价还价的交易,而是由具有行政机构属性的实体制定的一套规则,此外,虽然每个州的法律都包含一套自愿协会的行为规则,但与合同法不同,这并不是完全正确的匹配;学校没有申请'加入'协会,它想要的只是一把能打开联邦财政的钥匙,认证机构是联邦部门的代理人。"根据这一推理,法院得出结论:"联邦行政法的原则为审查认证机构的决定提供了正确的视角。"①

据此,我们能够发现美国高等教育中介机构颁布实施的行业规范作为高等教育外部私人治理的重要规制形式,也存在着一定的界限。公立高等学校自治权的社会集体规制亦即民间的私人规制,往往也需要受到立法和司法的规制。当然,司法规制强度与范围的厘定,也是复杂动态博弈的过程,是高等教育行业协会自治与司法审查之间如何保持动态平衡的问题。以法院对美国高等教育领域认证协会的司法审查而言,法院往往侧重程序审查而非事实的审查。与认证活动的程序性议题不同,认证机构的实质性决定和标准应受到非常有限的审查。法院认为,程序公平性议题的审查是其熟悉的领域,并且其有能力解决这些问题,但它们没有评估教育质量的经验和专业知识。对于法院而言,司法审查的范围取决于法院应当给予高等教育认证协会的"尊重"程度。司法的谦抑和尊让不仅与特定案件的主题有关,而且与协会行为所造成的不同损害程度相关。② 质言之,司法审查标准的厘定,既取决于权益受损程度的"基本权利标准",又受专业性强弱的"自治标准"影响。

借鉴美国高等教育中介机构行业规范制定、实施及其法律规制的经验,本研究认为可以将高等教育中介机构颁布实施的行业自治规范视为软法,并基于软法的特征和治理机制对其进行规范和重塑。一方面,高等教育中介机构制定出台的行业规范作为软法,应具有"法"的形式特征且不得与硬法相抵触。若这些行业规范与法律相抵触,相关的业务主管部门可以对其进行必要的行政监督。而当其对相对人合法权益构成

---

① Kaplin, W. A. & Lee, B. A.. *The Law of Higher Education (Fifth Edition)* [M]. San Francisco: Jossey-Bass, 2013: 1811-1849.
② 同①。

侵害时,法院亦可对其进行"附带性审查"。当然,无论是行政监督抑或司法监督的介入,都应保持一定程度的谦抑和尊让。另一方面,应健全高等教育中介机构的议事规则,保障其自治规范的制定与修订过程中,机构成员的充分参与和监督,彰显软法所特有的协商民主与商谈沟通属性。总而言之,鉴于高等教育中介机构自治规范作为行业自治领域软法所具有的公共理性和知识理性,应建立由行业领域专家为主,公众参与、政府监督为辅的高等教育自治规范实施监督机制。

三、基于"合作原则"的任务导向型"混合法"规制结构:我国公立高等学校自主权法律规制结构的理想状态

在统治逻辑的宰制下,"干预原则"表现为国家公权力尤其是政府公权力对大学自治空间的挤压以及大学内部行政权力对学术权力以及师生权利的侵蚀等法权失衡困局。而其在法律规制结构层面的反映,是公法化不足与私法化过度以及硬法软化与软法硬化等法律规制结构的失衡难题。换言之,我国公立高等学校自主权的法律规制结构失衡,本质上是"干预原则"支配的产物。"干预原则"忽视了"学术法"的合作属性,使其偏离学术的"事物本质",忽视了大学任务框架中学术任务与其他各类任务之间的沟通与合作属性。换言之,在"干预原则"的影响下,大学任务框架中学术与国家、经济的关系呈现出彼此僭越和互侵的混乱状态。与"干预原则"不同,合作原则(Kooperationsprinzip)汲取了宪法与行政法理论传统中"辅助原则"与"功能最适原则"的思想,倡导学术、国家与经济的合作。

基于"合作原则"审视大学任务框架,能够发现其内部各类任务的交叠性、特殊性及其互动的复杂性。诚如德国著名行政法学家阿斯曼教授所言,"合作原则作为一种缓和的平衡模式,有助于学术适应国家之规范且保障基本权主体的自主性。自我监督被视为一种适合学术性质的管制形式,学术体系的特殊的封闭性在法规范上获得确保。"[①]在

---

① [德]施密特·阿斯曼.秩序理念下的行政法体系建构[M].林明锵,等,译.北京:北京大学出版社,2012:124-128.

此,阿斯曼教授着重考察了"学术法"的合作原则,指出在"学术"领域的规制结构中,学术自我规制与国家规制应该彼此合作互补。实际上,这种合作不仅表现在国家与学术的互动中,亦反映在学术与经济的互动之中。图汉斯则指出,学术领域作为强调功能自治的社会自主协调体系,应借由国会的责任与自主性的自我规制共同发挥正当化的功能,后者必须遵循前者划定的界限。①

当前,在国家、高等教育与市场之间法理关系深刻变革的时代背景下,学术、国家与经济之间的合作互动异常复杂。受此影响,在法律规制层面,公法与私法、硬法与软法之间的关系也正在发生深刻的变革。例如,在高等教育治理中,传统的公法体系中开始吸纳私法的元素,行政合同或公法契约作为公法私法化的典型表现成为重构公立高等学校与政府关系的重要治理机制。而公立高等学校对社会公共利益的内在诉求,又使其作为民事主体的民事权利能力受到限缩,其在私法领域的活动甚至也需要特殊地适用公法规制。与此同时,在"分散化"公共治理的语境下,软硬兼施的混合法规制备受推崇。软法与硬法的关系不再被视为二元对立的关系,而是理性界分和优势互补的混合关系。"软法与硬法合成(Synthesis)的趋向是形成一种硬软法理论(Hard and Soft Law),而不只是硬法和软法(Hard Law and Soft Law)。"②基于此,在公立高等学校自主权的运行中,开始形成软法与硬法兼施的混合法结构。一方面,公立高等学校章程与校规以及高等教育行业自治规范等软法通过与硬法的互动,获得国家的认可和尊重,并被赋予一定的法律地位。教育行政规制也通过软法视野的引入,而更加缓和和柔性化。另一方面,立法规制和司法规制,开始强化其硬法属性。传统的政府主导型教育立法体制和"政策实施型"司法体制逐渐被抛弃和超越,而作为"元治理"形式的立法体制和"纠纷解决型"司法体制③得以确立。

总体而言,公立高等学校自主权法律规制结构的厘定,其逻辑起点在于对自主权法律性质和大学任务框架的审慎考量。在20世纪90年代,公立高等学校未确立

---

① 李建良.行政法入门[M].台北:元照出版公司,2005:249-250.
② 罗豪才,毕洪海.通过软法的治理[J].法学家,2006(1):1-11.
③ [美]米尔伊安·R.达玛什卡.司法和国家权力的多种面孔:比较视野中的法律程序[M].郑戈,译.北京:中国政法大学出版社,2004:109-131.

第五章 我国公立高等学校自主权法律规制结构失衡的矫正

独立的法人地位之前,学术与经济均服膺于国家的宰制。可以认为,在当时背景下,除行政规制以外的其他各类规制均缺乏自主生长的空间。在《高等教育法》颁布实施以来的近20年间,随着法律确权、依法维权、章程赋权和简政放权的推进,公立高等学校自主权的运行中立法规制、司法规制、大学自我规制乃至社会集体规制等各类规制均获得了一定的适用空间。然而,在国家与社会关系未能厘清,公民社会发育滞缓的背景下,行政规制依旧束缚着公立高等学校自主权,总体保持着强控制的态势。在此语境下,我国公立高等学校自主权的扩大与落实,更多受制于基于政府公权力意志的"政策途径",以立法与司法规制为核心的"法律途径"则处于边缘地位。"政策途径"的扩张冲动和传统,往往僭越立法与司法规制的空间并试图支配"法律途径"。一方面,我国教育立法体制更多还具有"政府主导型立法"或"部门立法"的特征;另一方面,我国司法体制表现为"政策实施型"模式而非"纠纷解决型"模式。"政策途径"的扩张,使得我国高等教育法律化的程度极其低下。在公立高等学校自主权的法律规制结构中,以行政规制为主要内涵的"政策途径",僭越、压制甚至取代了以立法规制与司法规制为主要表现形式的"法律途径"。受此影响,我国公立高等学校自主权还更多表现为政府"下放"的"特权"而非受法律承认与保护的"权利",其更多被视为高等教育改革的手段而非目的本身。从某种意义上而言,"政策途径"的不确定性和模糊性,使我国公立高等学校自主权缺乏稳定预期,进而陷入"放乱收死"的恶性循环。

当前,从"政策途径"迈向"法律途径",将由教育行政部门主导的"政策途径"纳入公法规制的范畴,构成破解我国公立高等学校自主权"泛行政化"与"过度市场化"的双重困局,超越"放乱收死"恶性循环的必由之路。在此,基于实质法治和治理逻辑重新审视公立高等学校自主权的法律规制结构厘定,显得尤为必要。应该认识到,在理想的法律规制结构中,以行政规制扩张为表征的"政策途径"被置于法治国精神和原则的监控和规约之下,其不得僭越法律为其划定的界限。因适用"政策途径"(如自主权的质量监管、自主权调整协议、自主权的下放试点等)产生的行政纠纷,应纳入司法审查的范畴,避免其恣意妄为。应强化立法规制作为"元治理"形式的功能,发挥其作为"元规制"的作用。具体而言,应通过《高等教育法》等教育法律的制定和修订,持续且审慎地对大学任务的类型、属性及其框架予以明确规定。唯有在立法对大学任务框架予以明确界定的前提下,公立高等学校自主权运行中各类法秩序的互动关系方可厘清。从深层次而言,此乃基于"功能最适原则"乃至"合作原则"的法律规制结构厘定路径。

功能结构论证方式,本质上是一种任务导向型的法律规制结构厘定思路,符合"功能最适原则"与"辅助性原则"。它不仅适用于立法、行政与司法规制之间的关系协调,也适用于外部公共规制与外部私人规制以及大学自我规制之间的互动关系厘清。显然,根据该观点,越涉及学术自治核心领域的事项,立法规范的密度相对越低,仅应作框架性立法。与此同时,越重要的领域和事项,愈需要法律来规定,若重要性不高,则得由行政机关自行为之。概言之,自治理论与重要性理论,分别代表了事务的属性和重要程度两方面,它们为各类法秩序的边界厘定提供了思路。概言之,基于功能最适原则,综合考虑事务性质、类型及其对相对人权益影响程度等多方面因素,方可形塑出有利于公立高等学校自主权"良法善治"的法律规制结构。

第一,公立高等学校自主权运行中关涉学术与国家关系动态平衡的法律规制结构。对此问题,可借鉴德国公法释义学的思路,将涉及国家与大学关系的事务分为纯粹学术事项、国家与大学协办事项、国家委办事项三类。在事务类型划分的基础上,根据所涉及事务领域的属性,来界定大学自治的强度,或者更准确地说,界定大学被容许独立于国家干预的程度。

1. 对于直接涉及研究教学内涵的自治核心事项或固有事项(如学业成绩评量和教师学术资格评审),"大学自治应被容许最大的发挥,也最能彻底抗拒公权力的影响。"作为硬法的立法规制,也仅可提供基本的法律框架,即进行"框架性立法"。[①] 根据学术自治的特殊要求和内在规定,应将更多的立法形成空间交由公立高等学校章程和校规等软法予以规范和细化。当然,考虑到师生基本权利保障的需求,法律对此领域亦需进行框架性的规定,而不得卸除立法权责。与此同时,当学术自治规范发育不

---

① 当然,法律监督的强度,在很大程度上也取决于大学自治规范建设的状况。在大学自治秩序与功能不彰,无法保障学术自由甚至侵蚀学术自由的前提下,法律监督应予以强化,以更好地保障学术自由,而不应卸却立法责任。

第五章　我国公立高等学校自主权法律规制结构失衡的矫正

健全,学术不端与学术腐败等学术治理乱象无法得到有效矫正时,立法监督的功能应被强化,以更好地保障学术自由。

2. 对于纯粹学术事项(akademische Angelegenheiten)以外的无关学术的国家任务委办事项(Staatliche Angelegenheiten)或其他重要的事项如大学运营的保障以及大学与政府、教师以及学生的法律关系等,立法应予以明确规定,而不应卸责。对于国家"委办任务"(包括人事、财政、预算等事项)[①],因其"与国家功能密切相关,自属国家监督能施展力道的范畴。"对于"国家委办事项",应多适用硬法且基于公法规制的框架对其进行规范和调整。鉴于其与国家功能实现的密切关联,国家不仅可以进行合法性监督(Rechtsaufsicht),亦可进行具有实质控制[②]特征的专业性监督(Fachaufsicht)。考虑到公共利益的保障需求,在此领域,私法与大学自治软法的适用空间极其有限。例如,公立高等学校在使用国家公共财政拨款(包括生均拨款以及专项补贴等)时,需受《预算法》以及事业单位国有资产管理规定等法律法规的约束,需履行财务信息公开的义务与说明责任,需确保经费使用服务于大学的办学宗旨,恪守高等学校法人财产权行使的公益性原则。其中,由国家自然科学基金、国家社会科学基金资助的各类项目(俗称"纵向课题"或"纵向项目"),应通过科学或技术研究合同立法,将其定位为行政合同[③],纳入公法规制的范畴。[④] 应该认识到,公立高等学校的经费自主权,始终因其在公法上的特殊身份以及公益属性,而受到一定程度的限缩和特殊规制。

[①] 对于哪些事项属于国家委办事项,实际上并非一成不变的。目前,世界各国的趋势是,国家委托大学办理的事项正逐渐减少。传统上,被视为国家委办事项的财政、预算、人事等事项,在一些国家不再被视为委办事项。而与此相伴而生的,则是这些国家公立高等学校法律地位的变革。例如,日本国立大学法人化改革后,国立大学法人开始拥有相对自主的法人财产权和独立的人事权。

[②] 所谓"专业监督",也包含认可国家针对大学在国家任务委托事项范围内的权力行使,有权发动专业上的指令(Fachliche Weisungen)。但这里所谓的指令仍不能与一般上级对下级行政机关下达的指令相提并论,毕竟大学并非国家教育主管部门的下级机关。参见:黄舒芃.学术自由、大学自治与国家监督——从大学自治的意义与界限检讨博硕士论文抄袭争议之规范及监督机制[J].月旦法学杂志,2013(7):14.

[③] 余凌云.全球化时代下的行政契约[M].北京:清华大学出版社,2010:30-32.

[④] 类似地,公立高等学校从企业等私主体获得的"横向课题"与"横向项目",应纳入私法的规制范畴。当然,在此领域,非营利性法律是否或如何发挥作用,应借鉴美国法的经验,重点考察这类项目、课题卷入市场或实施商业化运作的强度。一般而言,若此类横向课题能够较好地服务于学术研究和大学的办学宗旨,则应给予财税优惠。反之,若其过度进行商业化操作,以至于此时公立高等学校的角色与市场主体无异,则不应给予财税优惠。

当然,对于委办事项的专业监督,德国法上的趋势是采取绩效管理模式,以降低行政规制的强度。通过绩效管理机制的引入,降低国家的管制强度,实现"人事、组织、预算、会计法规的松绑与决定权下放"。当然,这种绩效管理机制的引入,也有其界限。在德国法上,任务导向式的经费配置模式在高等教育财政中所占的比例受到一定的限制。为保障学术自由与公共利益,德国坚持"最低限度配备原则",以保障高等学校的基本办学经费。

3. 对于介乎纯粹学术事项与国家委办事项之间的(国家与大学)协办事项(Gemeinsam Wahrzunehmende Angelegenheiten),应主要基于公法予以规制,而硬法和软法在此领域应展开合作规制。在该领域,国家公权力与学术自治权彼此混合与交融。在德国,涉及"学生入学注册或退学、开除学籍,乃至学习、考试等事项,虽亦属大学传统权限范围,惟因涉及学生选择职业及教育场所的自由,国家亦得加以规范,质言之,立法机关与大学就此拥有共同决定权。"①换言之,这些事项领域在某种程度上被视为国家与大学的协办事项。在我国,学位授予与撤销、学籍管理也应被视为典型的"协办事项"。一方面,公立高等学校在行使学位授予与撤销权时,属于法律法规授权组织或授权性行政主体。另一方面,公立高等学校在行使学位授予与撤销权时,亦可对学位授予与撤销的学术要件予以规定的权限。实际上,该权限恰恰是公立高等学校学术自治权的体现。在最高人民法院发布的第 39 号指导性案例即"何小强案"中,法院明确肯认了高等学校的学术自治权。

当然,也有学者认为,这种"三分结构"的划分充其量是一种理想状态,一种便于类型化思考而简化实际事务复杂性的区分方式。他认为,大学相关事务的属性,往往难以精确被断定为来自国家任务之委托,或者纯粹涉及学术专业内涵。与此同时,他认为法律监督与专业监督的区分看似没有太大争议,但它的具体应用仍需要更进一步的厘清,否则恐将导致误导大学与国家关系的风险。例如,国家不能因为对大学自治

---

① 事务属性以及特定事务对相对人权益的影响程度,实际上构成各类法秩序介入特定事务的双重依据。根据这一原则,许育典教授指出,"涉及研究、讲学与学习自由的重要事项,以及与大学成员其他基本权利实现有关的重要事项等,由国家对大学事务进行类型化的框架立法。"参见:许育典.大学法制与高教行政[M].台北:元照出版公司,2014:30.

事项的监督被限缩在法律监督,所以对其试图介入的事项,便透过立法创造介入管道(亦即国家为了监督而自创立法名目)的方式抑或提高立法密度的做法,来进行所谓的"法律监督"。否则,"法律监督"与"专业监督"的区分将失去意义。换言之,即便国家监督有其法律依据,仍需进一步检视:系争法律规范的内容,是否对大学为追求学术自由的目的而享有的自治权,构成不当妨碍。

与此同时,为避免大学自治无法充当学术自由的制度性保障,进而走向学术自由的对立面,国家监督依旧有其存在的必要和特定价值。一旦大学自治无法承担维护学术自由的任务,国家就必须基于学术自由保障所需而介入干预。[①] 德国学者卡尔(Kahl)认为,基于维护学术自由的目的,国家特别是立法者,必须扮演拘束大学自治的积极性角色。实际上,"学术专业内涵的理解、诠释与争议之厘清,一般而言,固然是国家囿于专业能力限制所不能及。但是,这最多意味着国家公权力不能也不应该介入乃至代替学术专业本身的判断,而不代表国家不能透过机制设计来确保学术专业对学术自由的维护。"从某种意义上而言,国家有权且有必要在大学自治功能不彰的前提下,借由立法乃至必要的行政规制来贯彻宪法保障学术自由的宗旨,透过法制建构,强化对大学自治核心领域的法律监督。[②] 例如,在一些高校学术自治与自律机制未能健全,学术腐败与不端行为泛滥(如学位论文抄袭)的背景下,国家有权力也有必要健全相关领域的立法,促使和监督学术专业团体发挥真正的自治与自律功能。概言之,当大学自治异化并对学术自由构成侵害时,国家监督的"积极行动"实属必要。包括学者社群在内的大学成员们,必须始终保持自觉和自律。当其背离了学术的基本伦理和内在秩序,进而与真正意义上的学术自由相抵牾时,其自治权的行使本身就丧失了正当性的来源与基础。

当前,我国公立高等学校自治规范未能健全的背景下,国家立法规制必须承担这一积极角色。在我国,因大学自治秩序发育滞缓,立法者不应将其功能简单地定位为对学术自治事项进行"框架性"立法的"理想状态"。相反,应基于学术自由维护的目

---

① 黄舒芃.学术自由、大学自治与国家监督——从大学自治的意义与界限检讨博硕士论文抄袭争议之规范及监督机制[J].月旦法学杂志,2013(7):15-16.

② 同①。

的,在立法中强化监督机制,弥补大学自治规范发育的不足。据此,我国《高等教育法》对学术委员会职权范畴和议事规则的规定,值得肯定。但是,这些法律规定,相对还比较粗疏、抽象与原则化,缺乏实际操作性。应进一步在立法中强化学术自由的制度、组织与程序保障,填补高等学校学术自治规范发育滞缓背景下留下的制度间隙,促进"国家法"与"自治法"的良性互动与合作互补。

总而言之,学术自由作为宪法保障的基本权利,是国家监督与大学自治之间维系动态平衡的价值基点。无论是国家监督抑或大学自治,都必须始终将学术自由作为基本的价值诉求。基于此,强化法律监督与"不得借由法律监督之名,行干预大学自治之实"①之间并不矛盾冲突。在追求学术自由的基础上,前者强调法律监督应适时弥补国家在大学自治核心领域无法进行专业监督所导致的制度缺陷,后者则反向提醒法律监督不能被扭曲为国家侵害大学自治与学术自由的正当理由。②

值得关注的是,当前我国公立高等学校自主权运行中"政策途径"的实施,也主要集中于国家委办事项以及国家与大学"协办事项"领域。"政策途径"作为一种较为隐性的行政规制方式,旨在引入借由质量监管和绩效责任的动态调整机制,促使政府监管与大学自主之间实现动态平衡。未来,应借鉴德国法的经验,将此类质量监管机制视为契约治理的方式,其法律性质应被界定为行政合同,进而纳入公法规制的范畴。据此,一方面,可以借由软法的理念和思想,降低与缓和教育行政规制的强度,增进公立高等学校与行政机关之间的合作协商关系,充分保障公立高等学校的自主权;另一方面,能够将此类软法规范纳入法治的轨道,保证其不得与硬法相抵触且保障公立高等学校作为相对人的合法权益免受不当侵犯与干预。当政府借由质量监管等渠道对公立高等学校自主权的运行实施行政监督时,若明显违背基本的行政法治原则如法律保留原则、正当程序原则以及比例原则等,将受到司法机关的审查。

---

① 当然,在我国大学自治规范发育不健全,大学自治功能与能力普遍不足的现实背景下,强化法律监督,以促进学术自治更好地保障学术自由,显得更为紧迫。换言之,相比于德国等法治发达国家,我国高等教育的"法律化不足",是主要矛盾。
② 黄舒芃.学术自由、大学自治与国家监督——从大学自治的意义与界限检讨博硕士论文抄袭争议之规范及监督机制[J].月旦法学杂志,2013(7):16.

换言之,教育行政机关实施行政合同、行政规划等柔性的行政行为时,尽管其更多使用的是软法规范,但其依旧受到公法原则与理念的拘束。进而言之,在教育行政机关围绕"国家委办事项"对公立高等学校实施"专业监督"时,公立高等学校也不能被简单地等同于政府的"下级机关",其"专业指令"的下达需要在一定程度上尊重高等学校的自主性。

第二,公立高等学校自主权运行中关涉学术与经济关系动态平衡的法律规制结构。借鉴理想类型的分析方法,根据是否服务于大学办学宗旨这一标准,可以将公立高等学校从事的"经营性"活动,区分为与学术研究等大学宗旨相关以及无关两类。

(1) 对于公立高等学校自主权运行中涉及学术与经济互动的任务(如校企合作研究和知识产权转移与技术成果转化等),应灵活地适用公法与私法以及硬法与软法。对于涉及服务于学术发展的大学与企业合作研发活动,应特殊地适用非营利性法律,在财税政策上给予特殊的保护与倾斜。在高等教育与市场互动关系日益频繁的今天,学术与经济互动的任务应被视为高等教育法律研究关注的焦点议题。实际上,这种复杂的互动,也使得高等教育领域的法律关系,在传统的公法学知识体系内难以获得较好的调整。据此,高等教育法律研究应更多被置于公法与私法交融的"社会法"视野下予以审视。

对于涉及公立高等学校与企业等私主体互动的大学任务领域,德国法上将其界定为典型的公法与私法秩序互动交融、灵活适用的"混合法"规制领域,具有异常的复杂性、跨界性和特殊性。① 在该领域,公法与私法秩序及其法制度相互交错。阿斯曼教授将因应国家与社会合作的公私法秩序互动交融现象概括为"相互援助秩序"。它指涉公法与私法"秩序的相互援助过程,目的在于维持两秩序之手段上的差异性,同时有意识地重构其复杂结构来总体地提升法体系之问题解决能力。""相互援助秩序的理念,联系于两法秩序之不同管控效能。其强调公共任务的一体性,且在一部分法秩序框架下无法有效达成之规制必要性时,探询与另一法秩序有关之效力要素来使之获得满足。"② 而在美国,"大学和企业的研究合作,也通常让大学面临一系列复杂的法律问

---

① 姚荣.大学与企业合作研究的法律规制:基于德国与美国的经验[J].教育学报,2017(6):36-48.
② [德]施密特·阿斯曼.秩序理念下的行政法体系建构[M].林明锵,等,译.北京:北京大学出版社,2012:275-276.

题,包括合同和公司法,专利所有权和专利许可,反托拉斯法,版权和商标法,联邦和州税收法,联邦技术转让激励和利益冲突的法律规制等。"①

(2) 对于那些与公立高等学校学术任务这一核心任务缺乏关联性的经营性活动,基于公共利益和学术自由保障的考量,应予以特殊的限制。概言之,当公立高等学校作为民事主体从事与其办学宗旨无关的经营性活动时,其权利能力应受到一定程度的限制。例如,鉴于公立高等学校的公益性,其作为民事主体从事市场融资、担保、商业贷款等民事活动的民事权利能力,不能等同于一般的营利性法人。此外,当公立高等学校与企业之间展开的合作研发活动,卷入"商业化程度"过高,以至于其难以服务于公立高等学校的办学宗旨而纯粹属于一种追求利润为旨归的"营利性活动"时,此类活动也不应被视为"非营利性行为"。此时,公立高等学校更多应被视为一般的民事主体,而不应享受财税优惠政策。

从长远而言,在我国国家与社会关系逐渐从"强国家与弱社会"走向"强国家与强社会"的过程中,国家正在从"干预国家"向"合作国家"转变。国家角色的转变,为任务导向型"混合法"规制结构的生成提供了可能。在此,"合作国家并非改变了社会与国家之间的'距离'、与'不混同'以及'不同一'原则,而是对国家和社会互相渗透、互相交叉的全新描述。"②在合作国家的视野下,法律理性从形式理性走向实质理性与反思理性。在管制模式层面,合作国家不再拘泥于传统干预国家所普遍采用的高权管制方式,"而是考虑如何利用或搭配不同任务实现逻辑之'分散的脉络管制'"。③ 据此,公立高等学校自主权的法律规制结构被理想地界定为基于"合作原则"的任务导向型"混合法"规制结构。

在该法律规制结构(如图 5.2 所示)中,国家规制(State Regulation)的范式正在发生深刻变革。诚如德国公法学者沃尔夫冈·霍夫曼-里姆(Wolfgang Hoffmann-Riem)

---

① Kaplin, W. A. & Lee, B. A.. The Law of Higher Education (Fourth Edition) [M]. San Francisco: Jossey-Bass, 2006.
② 恩斯特-哈绍·里特尔,赵宏.合作国家——对国家与经济关系的考察[J].华东政法大学学报,2016(4): 5-18.
③ 张桐锐.行政法与合作国家[J].月旦法学杂志,2005(121): 30.

所言,"作为一种规制,国家不通过生产结果本身干预社会进程——是否通过结构相关的秩序或服务——但提供了一种框架,在这个框架内社会尽可能在符合公共利益的情况下自主管理其事务并承担相应的责任。国家假定解决社会问题的适当的解决办法,在法律所提供的结构的帮助下才能找到。国家通常不作为某种具体结果的担保人,在许多情况下,国家集中控制第三方团体的行为——例如私人群体或承担以及被委托了国家功能的'卫星'——通过为其活动目标设置框架和结构规则,能控制追求和建立共同利益目标的可能性。"①

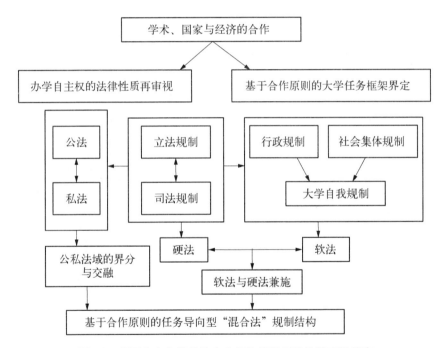

图 5.2 我国公立高等学校自主权法律规制结构的理想状态

换言之,立法规制仅作为元规制,为公立高等学校自主权的运行提供较为宽泛的法律框架,其最重要的功能是方向指引、现实回应与框架设定。在由立法规制明确规定并根据修法予以持续更新的大学任务框架中,通过前文德国《高等学校总纲法》以

---

① Jansen, D.. *New Forms of Governance in Research Organizations: Disciplinary Approaches, Interfaces and Integration*[M]. Netherlands: Springer, 2007.

及各州《高等学校法》的修订可以发现,大学任务框架的规定并非一成不变的,而是需要根据高等教育、市场与国家之间法理关系的演进状况予以持续更新。对大学任务框架的界定,需要在体系封闭和认知开放之间保持辩证统一。据此,保障公立高等学校自治权法律规制结构的动态适切性。针对大学任务框架中的不同任务类型,各类法秩序的适用空间和强度不同,公法与私法、硬法与软法的互动关系及其"混合结构"也就有所不同。在此过程中,高等教育法律也正在从传统的部门行政法或特殊行政法的法律部门定位,逐渐转变为以任务为导向,以问题为中心的综合法律部门。[1]

诚如美国学者杜德斯达所言,"今天的公立大学在很多方面已经成为现代社会最复杂的机构之一,它比多数企业或政府更加复杂。它包括很多活动,有的是非营利活动,有的是公共管理活动,有的是在激烈的市场竞争中运作的活动。""高等教育变得如此复杂,以至于越来越难以向它服务的对象表述其本质、任务甚至基本价值观念。"[2]受此影响,对公立高等学校法律地位及其自主权法律性质的研判,也将变得更加困难。进而言之,正因为大学任务类型的增加,使得大学任务框架的厘清如此之复杂且变动不居,法律共同体(立法者、法官以及法律学者等)如何深入而持续地考察大学的任务框架,并为各类法秩序的适用方式和范围提供理性而适切的意见显得尤为重要。[3] 正因为如此,本研究也仅能从较为一般与抽象的层面上,提出基于"合作原则"的任务导向型"混合法"规制结构,是我国公立高等学校自主权法律规制结构的应然状态与理想图景。

---

[1] 覃红霞.教育法地位问题新论——传统法律部门理论的超越与反思[J].教育研究,2016(7):44-51.
[2] [美]詹姆斯·杜德斯达,弗瑞斯·沃马克.美国公立大学的未来[M].刘济良,译.北京:北京大学出版社,2006:80-81.
[3] 当然,学术自由与公共利益的统一,始终被视为公立高等学校自主权行使的基本价值诉求,这客观上为大学任务类型与框架的厘清提供了法理上的依据。

参考文献

[中文部分]

一、著作类

[1] [德]阿图尔·考夫曼,温弗里德·哈斯默尔.当代法哲学和法律理论导论[M].郑永流,译.北京:法律出版社,2013.

[2] [德]埃贝哈德·施密特-阿斯曼,等.德国行政法读本[M].于安,等,译.北京:高等教育出版社,2006.

[3] [德]贡塔·托依布纳.法律:一个自创生系统[M].张骐,译.北京:北京大学出版社,2004.

[4] [德]哈贝马斯.在事实与规范之间:关于法律和民主法治国的商谈理论[M].童世骏,译.北京:生活·读书·新知三联书店,2003.

[5] [德]哈特穆特·毛雷尔.行政法学总论[M].高家伟,译.北京:法律出版社,2000.

[6] [德]汉斯·J.沃尔夫,奥托·巴霍夫,罗尔夫·施托贝尔.行政法(第三卷)[M].高家伟,译.北京:商务印书馆,2007.

[7] [德]黑格尔.法哲学原理[M].范扬,等,译.北京:商务印书馆,1961.

[8] [德]卡尔·拉伦茨.法学方法论[M].陈爱娥,译.北京:商务印书馆,2003.

[9] [德]康德.法的形而上学原理——权利的科学[M].沈叔平,译.北京:商务印书馆,1997.

[10] [德]考夫曼.类推与事物本质[M].吴从周,译.台北:学林文化事业有限公司,2003.

[11] [德]马克斯·韦伯.社会科学方法论[M].李秋零,田薇,译.北京:中国人民大学出版社,1999.

[12] [德]马克斯·韦伯.社会科学方法论[M].韩水法,译.北京:中央编译出版社,2008.

[13] [德]米歇尔·施托莱斯.德国公法史(1800—1914):国家法学说和行政学[M].雷勇,译.北京:法律出版社,2007.

[14] [德]施密特·阿斯曼.行政法总论作为秩序理念——行政法体系建构的基础与任务[M].林明锵,等,译.台北:元照出版社,2009.

[15] [德]施密特·阿斯曼.秩序理念下的行政法体系建构[M].林明锵,等,译.北京:北京大学出版社,2012.

[16] [法]亚历山大·科耶夫.法权现象学纲要[M].邱立波,译.上海:华东师范大学出版社,2011.

[17] [荷兰]弗兰斯·F·范富格特.国际高等教育政策比较研究[M].王承绪,等,译.杭州:浙江教育出版社,2001.

[18] [加]李普斯坦.强力与自由——康德的法哲学与政治哲学[M].毛安翼,译.北京:知识产权出版社,2016.

[19] [加]约翰·范德格拉夫,等.学术权力——七国高等教育管理体制比较[M].王承绪,等,译.杭州:浙江教育出版社,2001.

[20] [美]Philip G. Altbach,等.21世纪美国高等教育——社会、政治、经济的挑战[M].北京:北京师范大学出版社,2005.

[21] [美]W.理查德·斯科特.制度与组织——思想观念与物质利益(第3版)[M].姚伟,王黎芳,译.北京:中国人民大学出版社,2010.

[22] [美]伯顿·克拉克.高等教育系统——学术组织的跨国研究[M].王承绪,等,译.杭州:杭州大学出版社,1994.

[23] [美]博登海默.法理学:法律哲学与法律方法[M].邓正来,译.北京:中国政法大学出版社,2004.

[24] [美]霍菲尔德.基本法律概念[M].张书友,译.北京:中国法制出版社,2009.

[25] [美]理查德·瓦瑟斯特罗姆.法官如何裁判[M].孙海波,译.北京:中国法制出版社,2016.

[26] [美]罗伯特·波斯特.民主、专业知识与学术自由——现代国家的第一修正案理论[M].左亦鲁,译.北京:中国政法大学出版社,2014.

[27] [美]罗纳德·德沃金.认真对待权利[M].信春鹰,吴玉章,译.北京:中国大百科全书出版社,1998

[28] [美]罗斯科·庞德.法理学(第2卷)[M].封丽霞,译.北京:法律出版社,2007.

[29] [美]罗斯科·庞德.法理学(第3卷)[M].廖德宇,译.北京:法律出版社,2007.

[30] [美]罗斯科·庞德.法理学(第4卷)[M].王保民,王玉,译.北京:法律出版社,2007.

[31] [美]罗斯科·庞德.普通法的精神[M].曹相见,译.上海:上海三联书店,2016.

[32] [美]迈克尔·贝勒斯.程序正义——向个人的分配[M].邓海平,译.北京:高等教育出版

社,2005.

[33] [美]米尔伊安·R.达玛什卡.司法和国家权力的多种面孔:比较视野中的法律程序[M].郑戈,译.北京:中国政法大学出版社,2004.

[34] [美]托尼·比彻,保罗·特罗勒尔.学术部落及其领地:知识探索与学科文化[M].唐跃勤,等,译.北京:北京大学出版社,2015.

[35] [美]威廉·A·盖尔斯敦.自由多元主义的实践[M].佟德志,等,译.南京:江苏人民出版社,2010.

[36] [美]亚瑟·M.科恩,卡丽·B.基斯克.美国高等教育的历程(第2版)[M].梁燕玲,译.北京:教育科学出版社,2012.

[37] [美]亚瑟·M.科恩.美国高等教育通史[M].李子江,译.北京:北京大学出版社,2010.

[38] [美]詹姆斯·杜德斯达,弗瑞斯·沃马克.美国公立大学的未来[M].刘济良,译.北京:北京大学出版社,2006.

[39] [美]詹姆斯·罗西瑙.没有政府的治理:世界政治中的秩序与变革[M].张胜军,等,译.南昌:江西人民出版社,2001.

[40] [葡]佩德罗·泰克希拉,等.理想还是现实——高等教育中的市场[M].胡咏梅,等,译.北京:北京师范大学出版社,2008.

[41] [日]大桥洋一.行政法学的结构性变革[M].吕艳滨,译.北京:中国人民大学出版社,2008.

[42] [日]棚濑孝雄.纠纷的解决与审判制度[M].王亚新,译.北京:中国政法大学出版社,1994.

[43] [日]青井和夫.社会学原理[M].刘振荣,译.北京:华夏出版社,2002.

[44] [日]市桥克哉,等.日本现行行政法[M].田林,等,译.北京:法律出版社,2017.

[45] [日]盐野宏.行政组织法[M].杨建顺,译.北京:北京大学出版社,2008.

[46] [日]植草益.微观规制经济学[M].朱绍文,等,译.北京:中国发展出版社,1992.

[47] [新西]迈克尔·塔格特.行政法的范围[M].金自宁,译.北京:中国人民大学出版社,2006.

[48] [英]Stephen P. Osborne.新公共治理?——公共治理理论和实践方面的新观点[M].包国宪,赵晓军,等,译.北京:科学出版社,2016.

[49] [英]罗伯特·鲍德温,马丁·凯夫,马丁·洛奇.牛津规制手册[M].宋华琳,等,译.上海:上海三联书店,2017.

[50] [英]威廉·韦德.行政法[M].徐炳,楚建,译.北京:中国大百科全书出版社,1997.

[51] 安宗林,李学永.大学治理的法制框架构建研究[M].北京:北京大学出版社,2011.

[52] 蔡震荣.行政法理论与基本人权之保障[M].台北:五南图书出版股份有限公司,1999.

[53] 陈景辉.法律的界限:实证主义命题群之展开[M].北京:中国政法大学出版社,2007.

[54] 陈林林.法律方法比较研究——以法律解释为基点的考察[M].杭州:浙江大学出版社,2014.

[55] 陈清秀.行政诉讼法[M].北京:法律出版社,2016.

[56] 陈新民.公法学札记[M].北京:中国政法大学出版社,2001.

[57] 陈新民.中国行政法学原理[M].北京:中国政法大学出版社,2002.

[58] 陈新民.法治国公法学原理与实践(上中下)[M].北京:中国政法大学出版社,2007.

[59] 陈新民.德国公法学基础理论(增订新版·上卷)[M].北京:法律出版社,2010.

[60] 邓正来.法律与立法二元观:哈耶克法律理论研究[M].上海:上海三联书店,2000.

[61] 董保城.教育法与学术自由[M].台北:月旦出版社股份有限公司,1997.

[62] 董保城.考试权之理论与实务[M].台北:元照出版公司,2015.

[63] 范履冰.受教育权法律救济制度研究[M].北京:法律出版社,2008;

[64] 方洁.社团处罚研究[M].北京:法律出版社,2009.

[65] 甘文.行政与法律的一般原理[M].北京:中国法制出版社,2002.

[66] 龚钰琳.行政法视野下的公立高校教师法律地位演进——以法律身份及法律关系为核心[M].北京:中国政法大学出版社,2013.

[67] 郭剑平.社团组织与法律秩序研究[M].北京:法律出版社,2010.

[68] 韩兵.高等学校的惩戒权研究[M].北京:法律出版社,2014.

[69] 何海波.实质法治:寻求行政判决的合法性基础[M].北京:法律出版社,2009.

[70] 何俊志,等.新制度主义政治学译文精选[M].天津:天津人民出版社,2007.

[71] 胡水君.法律与社会权力[M].北京:中国政法大学出版社,2011.

[72] 胡肖华,倪洪涛,等.从失衡到平衡:教育及其纠纷的宪法解决[M].北京:中国法制出版社,2007.

[73] 黄锦堂.行政组织法论[M].台北:翰芦图书出版公司,2005.

[74] 黄舒芃.行政命令[M].台北:三民书局,2011.

[75] 贾汇亮.高校本科专业设置利益相关者共同治理模式研究[M].广州:广东高等教育出版社,2015.

[76] 江利红.日本行政法学基础理论[M].北京：知识产权出版社,2008.

[77] 姜明安.法治思维与新行政法[M].北京：北京大学出版社,2013.

[78] 姜明安.行政诉讼法(第三版)[M].北京：北京大学出版社,2016.

[79] 蒋红珍.论比例原则：政府规制工具选择的司法评价[M].北京：法律出版社,2010.

[80] 蒋后强.高等学校自主权研究：法治的视角[M].北京：法律出版社,2010.

[81] 金成波.行政立法成本收益分析制度研究[M].北京：中国法制出版社,2016.

[82] 金自宁.公法/私法二元区分的反思[M].北京：北京大学出版社,2007.

[83] 赖恒盈.行政法律关系论之研究——行政法学方法论评析[M].台北：元照出版公司,2003.

[84] 雷磊.法律体系、法律方法与法治[M].北京：中国政法大学出版社,2016.

[85] 黎军.行业组织的行政法问题研究[M].北京：北京大学出版社,2002.

[86] 李钢,蓝石,等.公共政策内容分析方法：理论与应用[M].重庆：重庆大学出版社,2007.

[87] 李国慧.司法审查介入高校学生管理的限度——从行政审判实务出发[M].北京：人民法院出版社,2009.

[88] 李红梅.普通法的历史解读——从梅特兰开始[M].北京：清华大学出版社,2003.

[89] 李惠宗.教育行政法要义[M].台北：元照出版公司,2014.

[90] 李建良.宪法理论与实践(一)[M].台北：学林文化事业有限公司,1999.

[91] 李建良.宪法理论与实践[M].台北：学林文化事业有限公司,2004.

[92] 李建良.行政法入门[M].台北：元照出版公司,2005.

[93] 李娟.行政法控权理论研究[M].北京：北京大学出版社,2000.

[94] 李强.自由主义[M].北京：东方出版社,2015.

[95] 李文江.公立高校贷款制度研究[M].北京：经济科学出版社,2008.

[96] 李昕.作为组织手段的公法人制度研究[M].北京：中国政法大学出版社,2009.

[97] 李昕.公立大学法人制度研究[M].北京：中国民主法制出版社,2017.

[98] 李旭东.法律科学导论——凯尔森纯粹法理论之重述[M].济南：山东人民出版社,2015.

[99] 李哲范.行政诉讼司法权界限[M].北京：中国书籍出版社,2013.

[100] 林喆.黑格尔的法权哲学[M].上海：复旦大学出版社,1999.

[101] 刘敏.法国大学治理模式与自治改革研究[M].北京：北京师范大学出版社,2015.

[102] 刘志刚.立法缺位状态下的基本权利[M].上海：复旦大学出版社,2012.

[103] 罗豪才,宋功德.软法亦法：公共治理呼唤软法之治[M].北京：法律出版社,2009.

[104] 罗豪才.软法与公共治理[M].北京：北京大学出版社,2006.

[105] 罗豪才.软法与治理评论(第二辑)[M].北京：法律出版社,2016.

[106] 倪洪涛.大学生学习权及其救济研究——以大学和学生的关系为中心[M].北京：法律出版社,2010.

[107] 祁占勇.现代大学制度的法律重构[M].北京：中国社会科学出版社,2009.

[108] 秦惠民.走入教育法制的深处——论教育权的演变[M].北京：中国人民公安大学出版社,1998.

[109] 邱昭继.法律的不确定性与法治——从比较法哲学的角度看[M].北京：中国政法大学出版社,2013.

[110] 申素平.高等学校的公法人地位研究[M].北京：北京师范大学出版社,2010.

[111] 沈岿.公法变迁与合法性[M].北京：法律出版社,2010.

[112] 石旭斋,李胜利.高等教育法律关系透析[M].长春：吉林大学出版社,2007.

[113] 石佑启.论公共行政与行政法学范式转换[M].北京：北京大学出版社,2003.

[114] 舒国滢,等.法学方法论问题研究[M].北京：中国政法大学出版社,2007.

[115] 宋华琳.药品行政法专论[M].北京：清华大学出版社,2015.

[116] 宋亚辉.社会性规制的路径选择：行政规制、司法控制抑或合作规制[M].北京：法律出版社,2017.

[117] 苏林琴.行政契约：中国高校与学生新型法律关系研究[M].北京：教育科学出版社,2011.

[118] 苏永钦.跨越自治与管制[M].台北：台湾五南图书出版有限公司,1999.

[119] 苏玉菊."新公共卫生"法律规制模式研究——基于治理的视角[M].北京：法律出版社,2015.

[120] 孙哲.全国人大制度研究(1979~2000)[M].北京：法律出版社,2004.

[121] 覃壮才.中国公立高等学校法人治理结构研究[M].北京：北京师范大学出版社,2010.

[122] 田爱丽.现代大学法人制度研究——日本国立大学法人化改革的实践和启示[M].上海：上海教育出版社,2009.

[123] 童之伟.法权与宪政[M].济南：山东人民出版社,2001.

[124] 涂端午.高等教育政策生产[M].北京：北京大学出版社,2012.

[125] 王波.规制法的制度构造与学理分析[M].北京：法律出版社,2016.

[126] 王建华.第三部门视野中的现代大学制度[M].广州：广东高等教育出版社,2008.

[127] 王建华.学科的境况与大学的遭遇[M].北京：教育科学出版社,2014.

[128] 王绽蕊.美国高校董事会制度:结构、功能与效率研究[M].北京:高等教育出版社,2010.

[129] 温辉.受教育权入宪研究[M].北京:北京大学出版社,2003.

[130] 翁岳生.行政法[M].台北:元照出版公司,2006.

[131] 翁岳生.行政法[M].北京:中国法制出版社,2009.

[132] 吴庚.行政法之理论与实用(增订8版)[M].北京:中国人民大学出版社,2005.

[133] 肖前.马克思主义哲学原理(下册)[M].北京:中国人民大学出版社,1994.

[134] 谢海定.学术自由的法理阐释[M].北京:中国民主法制出版社,2016.

[135] 熊耕.美国高等教育协会组织研究[M].北京:知识产权出版社,2010.

[136] 徐靖.诉讼视角下中国社会公权力法律规制研究[M].北京:法律出版社,2014.

[137] 许育典.宪法[M].台北:元照出版公司,2011.

[138] 许育典.大学法制与高教行政[M].台北:元照出版公司,2014.

[139] 许育典.教育行政法[M].台北:元照出版公司,2020.

[140] 许章润,翟志勇.世俗秩序:从心灵世界到法权政治[M].北京:法律出版社,2013.

[141] 杨文明.美国州政府对州立大学治理模式的实证研究[M].北京:商务印书馆,2015.

[142] 杨晓波.美国公立高等教育机制研究[M].太原:山西教育出版社,2008.

[143] 叶芬梅.当代中国高校教师职称制度改革研究[M].北京:中国社会科学出版社,2009.

[144] 于安.降低政府规制——经济全球化时代的行政法[M].北京:法律出版社,2003.

[145] 余凌云.全球化时代下的行政契约[M].北京:清华大学出版社,2010.

[146] 俞德鹏,侯强,等.高校自主办学与法律变革[M].济南:山东人民出版社,2011.

[147] 俞可平.治理与善治[M].北京:社会科学文献出版社,2000.

[148] 喻中.论授权规则[M].北京:法律出版社,2013.

[149] 袁文峰.我国公立高校办学自主权与国家监督[M].北京:中国政法大学出版社,2015.

[150] 曾娜.行政程序的正当性判断标准研究[M].北京:知识产权出版社,2014.

[151] 詹镇荣.行政法总论之变迁与续造[M].台北:元照出版公司,2016.

[152] 湛中乐.高等教育与行政诉讼[M].北京:北京大学出版社,2003.

[153] 湛中乐.大学自治、自律与他律[M].北京:北京大学出版社,2006.

[154] 湛中乐,等.公立高等学校法律问题研究[M].北京:法律出版社,2009.

[155] 湛中乐.大学法治与权益保护[M].北京:中国法制出版社,2011.

[156] 湛中乐.教育行政诉讼理论与实务研究[M].北京:中国法制出版社,2013.

[157] 湛中乐.教师权利及其法律保障[M].北京:中国政法大学出版社,2015.

[158] 湛中乐.大学章程法律问题研究[M].北京:北京大学出版社,2016.

[159] 张弛,韩强.学校法律治理研究[M].上海:上海交通大学出版社,2005.

[160] 张国有.大学章程(第二卷)[M].北京:北京大学出版社,2011.

[161] 张国有.大学理念、规则与大学治理[M].北京:北京大学出版社,2013.

[162] 张静.法团主义[M].北京:中国社会科学出版社,1998.

[163] 张静.法团主义[M].北京:东方出版社,2015.

[164] 张康之.公共行政的行动主义[M].南京:江苏人民出版社,2014.

[165] 张力,金家新.公立大学法人主体地位与治理结构完善研究[M].武汉:华中科技大学出版社,2016.

[166] 张千帆.法国与德国宪政[M].北京:法律出版社,2011.

[167] 张青波.法学理论:多维与整合[M].北京:法律出版社,2016.

[168] 张仁善.近代中国的主权、法权与社会[M].北京:法律出版社,2013.

[169] 张翔.基本权利的规范建构[M].北京:高等教育出版社,2008.

[170] 张翔.德国宪法案例选释(第1辑):基本权利总论[M].北京:法律出版社,2012.

[171] 张翔.宪法释义学:原理、技术与实践[M].北京:法律出版社,2013.

[172] 郑春燕.现代行政中的裁量及其规制[M].北京:法律出版社,2015.

[173] 周光礼.学术自由与社会干预——大学学术自由的制度分析[M].武汉:华中科技大学出版社,2003.

[174] 周光礼.法律制度与高等教育[M].武汉:华中科技大学出版社,2005.

[175] 周光礼.教育与法律:中国教育关系的变革[M].北京:社会科学文献出版社,2005.

[176] 周佳宥.行政法基本原则[M].台北:三民书局股份有限公司,2016.

[177] 周兰领.政府与公立学校行政关系法治化论纲[M].北京:海洋出版社,2010.

[178] 周佑勇.行政法基本原则研究(第二版)[M].北京:法律出版社,2019.

[179] 周志宏.学术自由与大学法[M].台北:蔚理法律出版社,1989.

[180] 周志宏.学术自由与高等教育法制[M].台北:台湾高等教育出版社,2012.

[181] 朱家德,周湖勇.大学有效治理研究[M].北京:中国社会科学出版社,2017.

[182] 朱家德.权力的规制:大学章程的历史流变与当代形态[M].北京:中国社会科学出版社,2013.

[183] 朱新力,唐明良,等.行政法基础理论改革的基本图谱:"合法性"与"最佳性"二维结构的展开路径[M].北京:法律出版社,2013.

［184］朱玉苗.大学法论纲［M］.北京：中国政法大学出版社，2012.

二、中文期刊论文类

［1］ Hans-Heinrich Trute,王韵茹,等.行政法学中的治理概念——以大学为例［J］.中正大学集刊,2012(2)：241-291.

［2］ Michael,H. Leroy,陈红,姚瑶.法院如何看待学术自由［J］.浙江工业大学学报(社会科学版),2016(3)：303-308.

［3］ 安德烈亚斯·冯·阿尔诺,刘权.欧洲基本权利保护的理论与方法——以比例原则为例［J］.比较法研究,2014(1).

［4］ 包万平,都振华.高校学生处分的程序控制研究［J］.中国人民大学教育学刊,2016(3)：136-154.

［5］ 薄建国,王嘉毅.公法视野中我国公立高校法人制度的重构［J］.高等教育研究,2010(7)：15-19.

［6］ 别荣海.高等教育转型中的政府与高校关系重塑［J］.中国行政管理,2011(9)：33-36.

［7］ 蔡洁.论我国高校行政执行权的规制原则［J］.教育科学,2007(5)：53-58.

［8］ 蔡立东.论法人行为能力制度的更生［J］.中外法学,2014(6)：1540-1555.

［9］ 蔡琳.不确定法律概念的法律解释——基于"甘露案"的分析［J］.华东政法大学学报,2014(6)：18-29.

［10］陈金圣,刘志民,钟艳君.我国大学办学自主权落实的困境与出路［J］.国家教育行政学院学报,2013(10)：55-59.

［11］陈金钊,杨铜铜.重视裁判的可接受性——对甘露案再审理由的方法论剖析［J］.法制与社会发展,2014(6)：134-149.

［12］陈鹏,王雅荔.基于公立高校法人财产权特殊性的贷款制度设计［J］.陕西师范大学学报(哲学社会科学版),2012(6)：147-153.

［13］陈鹏.高校行政化的法理解读与法律重构［J］.陕西师范大学学报(哲学社会科学版),2010(6)：28-34.

［14］陈淑芳.大学教师升等制度之性质与升等审查之原则［J］.世新法学,2010(1)：38-73.

［15］陈涛.大学公私界限日益模糊：全球现象与动态特征［J］.复旦教育论坛,2015(4)：9-15.

［16］陈天昊.在公共服务与市场竞争之间：法国行政合同制度的起源与流变［J］.中外法学,2015(6)：1641-1676.

［17］陈学飞,等.中国式学科评估：问题与出路［J］.探究与争鸣,2016(9)：59-74.

[18] 陈越峰.高校学位授予要件设定的司法审查标准及其意义[J].华东政法大学学报,2011(3):110-120.

[19] 成协中.高校信息公开义务的展开与个案解读——以复旦大学教师职称评审案为例[J].行政法学研究,2013(3):93-97.

[20] 程琥.高校信息公开行政诉讼若干问题研究[J].行政法学研究,2013(2):22-28.

[21] 程雁雷.我国教育行政审批改革的回顾与检视[C]//劳凯声,余雅风.中国教育法制评论(第13辑).北京:教育科学出版社,2015:92-106.

[22] 迪特·格林,林彦.基本权利在德国的地位——宪法裁判65年实践后的考察[J].华东政法大学学报,2017(1):20-33.

[23] 丁建峰.立法语言的模糊性问题——来自语言经济分析的视角[J].政法论坛,2016(2):19-28.

[24] 董向宇.识读我国高校学生权力[J].高等教育研究,2012(10):80-86.

[25] 杜强强.宪法上的艺术自由及其限制——以"敏感地带"行为艺术案为切入点[J].法商研究,2013(6):26-33.

[26] 段凡.从法权概念到法权逻辑——中国法权研究评析与展望[J].湖北大学学报(哲学社会科学版),2012(3):70-73.

[27] 恩斯特-哈绍·里特尔,赵宏.合作国家——对国家与经济关系的考察[J].华东政法大学学报,2016(4):5-18.

[28] 方流芳.从法律视角看中国事业单位改革——事业单位"法人化"批判[J].比较法研究,2007(3):1-28.

[29] 冯向东.大学学术权力的实践逻辑[J].高等教育研究,2010(4):28-34.

[30] 伏创宇.论校规在行政诉讼中的适用[J].河北法学,2014(9):99-109.

[31] 伏创宇.高校校规合法性审查的逻辑与路径——以最高人民法院的两则指导案例为切入点[J].法学家,2015(6):127-142.

[32] 伏创宇.高校学位授予标准的正当性逻辑[J].法学,2022(6):43-56.

[33] 傅颐.六十年代初《高教六十条》的制定、试行及历史经验[J].中共党史研究,2006(3):87-93.

[34] 高俊杰.新《行政诉讼法》下的行政合同诉讼[J].财经法学,2016(2):79-93.

[35] 高秦伟.私人主体与食品安全标准制定 基于合作规制的法理[J].中外法学,2012(4):721-741.

[36] 高松元,谢凌凌.大学法权结构的型塑[J].中国地质大学学报(社会科学版),2011(4):116-119.

[37] 高新发.从第一部门到第三部门——论我国公办高等学校转型的制度选择[J].教育研究,2002(10):61-65.

[38] 高延坤.高校教师惩戒之司法救济——基于53件高校人事争议诉讼案例的考察[J].复旦教育论坛,2017(1):10-16.

[39] 龚怡祖,张进香.高校自主权的法学探源与公私职能界分[J].现代大学教育,2007(3):25-30.

[40] 龚怡祖.我国高校自主权的法律性质探疑[J].教育研究,2007(9):50-54.

[41] 龚怡祖.高校法人滥权问题的制度回应方向[J].公共管理学报,2008(1):106-110.

[42] 龚怡祖.高校经济性行为失范的后果、原因及法制回应[J].中国地质大学学报(社会科学版),2008(3):46-50.

[43] 龚怡祖.大学治理结构:现代大学制度的基石[J].教育研究,2009(6):22-26.

[44] 龚怡祖.大学治理结构:建立大学变化中的力量平衡——从理论思考到政策行动[J].高等教育研究,2010(12):49-55.

[45] 顾建民.学科差异与学术评价[J].高等教育研究,2006(2):42-46.

[46] 顾昕.从国家主义到法团主义——中国市场转型过程中国家与专业团体关系的演变[J].社会学研究,2005(2):155-175.

[47] 管瑜珍.大学行政行为的司法审查技术——以甘露案再审判决为分析对象[J].甘肃政法学院学报,2016(5):92-100.

[48] 管瑜珍.大学自治与权利保障的平衡——基于大学诉讼的司法审查立场[J].高等教育研究,2016(5):30-35.

[49] 郭道晖.多元社会中法的本质与功能——第二次亚洲法哲学大会评述[J].中外法学,1999(3):102-103.

[50] 韩兵,陈纯柱.中美高校学生校内申诉制度比较研究[J].中国高教研究,2008(10):74-76.

[51] 韩春晖,常森,卢霞飞.大学章程:我国大学治理模式变革的呼唤[J].中国高等教育,2011(9):21-23.

[52] 韩宁.行政协议判断标准之重构——以"行政法上权利义务"为核心[J].华东政法大学学报,2017(1):72-84.

[53] 郝战红.立法过程中专家咨询制度的多维面相[J].法学杂志,2012(2):133-136.

[54] 何兵,赵鹏.从专业课程设置析大学自治与政府管制[J].行政法学研究,2005(2):24-31.

[55] 何晨玥,金一斌.大学章程中关于学生权利的话语体系建构——基于教育部已核准84所高校章程文本的比较[J].中国高教研究,2015(9):20-26.

[56] 何海波.司法判决中的正当程序原则[J].法学研究,2009(1):124-146.

[57] 何海波.行政行为的合法要件——兼议行政行为司法审查根据的重构[J].中国法学,2009(4):59-72.

[58] 何海波.困顿的行政诉讼[J].华东政法大学学报,2012(2):86-96.

[59] 何海波.论行政行为"明显不当"[J].法学研究,2016(3):70-88.

[60] 何海波.论法院对规范性文件的附带审查[J].中国法学,2021(3):139-163.

[61] 何万顺,林俊儒,林昆翰.从「大学以教学为目的」之「宪法」意涵论毕业条件的「品字标准」[J].教育政策论坛,2019(4):1-22.

[62] 何雪莲.公私莫辨:转型国家高等教育市场化研究[J].比较教育研究,2012(1):18-22.

[63] 贺奇兵,黄毅.高校学生校内申诉制度研究[J].西南大学学报(社会科学版),2009(6):88-91.

[64] 贺一松,皮芳辉,陈金霞.高校办学自主权实证分析[J].高教探索,2014(2):24-29.

[65] 洪煜,钟秉林,赵应生,林光彬.高校章程中学术机构及其运行模式——基于教育部核准的18所大学章程的文本分析[J].中国高教研究,2015(9):14-19.

[66] 胡斌.私人规制的行政法治逻辑:理念与路径[J].法制与社会发展,2017(1):157-178.

[67] 胡建华.从文件化到法律化:改善大学与政府关系之关键[J].苏州大学学报(教育科学版),2015(4):4-6.

[68] 胡劲松.德国公立高校法律身份变化与公法财团法人改革——基于法律文本的分析[J].比较教育研究,2013(5):1-8.

[69] 胡娟.厘清权利性质是落实高校办学自主权的关键[J].中国高教研究,2009(6):38-41.

[70] 黄敏,杨凤英.第三方治理:美国高等教育协会组织的管理职能[J].河北师范大学学报(教育科学版),2014(3):76-81.

[71] 黄舒芃.学术自由、大学自治与国家监督——从大学自治的意义与界限检讨博硕士论文抄袭争议之规范及监督机制[J].月旦法学杂志,2013(7):5-27.

[72] 黄硕,申素平.我国高等教育领域中特别权力关系的变迁史考察[J].中国人民大学教育学刊,2014(4):38-55.

[73] 黄硕.教育行政规划的法律规制[J].复旦教育论坛,2016(2):44-51.

［74］江必新.司法对法律体系的完善[J].法学研究,2012(1):88-95.

［75］江必新.论行政规制基本理论问题[J].法学,2012(12):17-29.

［76］江必新,王红霞.法治社会建设论纲[J].中国社会科学,2014(1):140-157.

［77］姜明安.全球化时代的"新行政法"[J].法学杂志,2009(10):8-11.

［78］姜明安.论法治国家、法治政府、法治社会建设的相互关系[J].法学杂志,2013(6):1-8.

［79］蒋惠岭.历史解释法在司法裁判中的应用[J].法律适用,2002(11):38-40.

［80］金自宁.大学自主权:国家行政还是社团自治[J].清华法学,2007(2):17-34.

［81］郎佩娟.对西方治理理论主要内容的认识和把握——以欧盟国家公共服务改革为切入点[J].人民论坛(中旬刊),2014(5):11.

［82］劳凯声.教育体制改革中的高等学校法律地位变迁[J].北京师范大学学报(社会科学版),2007(2):5-16.

［83］劳凯声.把学习的权利还给学生——受教育权利的历史演进及当前发展的若干新动向[J].北京师范大学学报(社会科学版),2015(3):31-39.

［84］劳凯声.回眸与前瞻:我国教育体制改革30年概观[J].教育学报,2015(5):3-12.

［85］劳凯声.创新治理机制、尊重学术自由与高等学校改革[J].教育研究,2015(10):10-17.

［86］雷磊.指导性案例法源地位再反思[J].中国法学,2015(1):272-290.

［87］李从浩.中国大学行政权力的合法性限度[J].高等教育研究,2012(5):16-21.

［88］李国强.我国高校贷款30年的回顾与反思——基于政策与制度的视角[J].高等教育研究,2008(6):33-41.

［89］李海平.基本权利间接效力理论批判[J].当代法学,2016(4):48-58.

［90］李建华.公共政策程序正义及其价值[J].中国社会科学,2009(1):64-69.

［91］李建良.大学自治与法治国家——再探'二一退学制度'的相关法律问题[J].月旦法学杂志,2003(101):127-151.

［92］李威,熊庆年.大学章程实施中的权力惯性[J].复旦教育论坛,2016(6):75-80.

［93］李昕.法人概念的公法意义[J].浙江学刊,2008(1):19-25.

［94］李昕.公法人概念缘起的法哲学思考[J].哲学动态,2008(12):38-43.

［95］李训民.高校教师升等评审管制之司法审查——公法及大学自主性视野论之[J].行政法学研究,2010(1):8-15.

［96］李志强.转型社会治理中的法律结构初探[J].金陵法律评论,2010(1):21-26.

［97］李忠夏.作为社会整合的宪法解释——以宪法变迁为切入点[J].法制与社会发展,

2013(2):71-82.

[98] 李忠夏.宪法教义学反思:一个社会系统理论的视角[J].法学研究,2015(6):3-22.

[99] 林纯青.法权理论下环境权内涵的重构[J].福建政法管理干部学院学报,2008(3):60-63.

[100] 林杰.美国新自由主义对学术自由的影响——以加州大学伯克利分校的诺华合约案为例[J].比较教育研究,2014(3):1-6.

[101] 林杰.美国新保守主义对学术自由判例的影响——以尤诺夫斯基案为例[J].清华大学教育研究,2015(1):75-81.

[102] 林杰,张德祥.大学校长该不该退出学术委员会——缘起、解读及求解[J].国家教育行政学院学报,2016(4):23-29.

[103] 林玲,胡劲松.论学位授予中的非学术标准[J].高等教育研究,2013(2):43-49.

[104] 林明锵.比例原则之功能与危机[J].月旦法学杂志,2014(8):65-79.

[105] 林荣日.论高校内部权力[J].现代大学教育,2005(2):95.

[106] 林孝文.地方政府权力清单法律效力研究[J].政治与法律,2015(7):64-70.

[107] 刘东亮.什么是正当法律程序[J].中国法学,2010(4):76.

[108] 刘桂清.公立高校学生权利行政司法救济的困境及其化解[J].中国高教研究,2014(9):92-98.

[109] 刘虹,张端鸿.国家教育行政权力清单的规范研究——以教育部行政权力为研究对象[J].复旦教育论坛,2016(1):16-22.

[110] 刘金晶.法庭上的"自主高校"——论美国司法中的"学术遵从"原则[J].环球法律评论,2011(6):124-134.

[111] 刘丽,韩玉亭.美国公立大学教师申诉制度探析——以伊利诺伊大学芝加哥分校为样本[J].中国高教研究,2012(8):60-65.

[112] 刘亚敏.大学内部权力结构及其调整[J].现代大学教育,2004(2):95.

[113] 刘业进,刘晓茜.简政放权、负面清单管理与落实高校办学自主权改革的制度分析[J].湖南师范大学教育科学学报,2016(4):111-120.

[114] 刘志刚.立法缺位状态下的基本权利[J].法学评论,2011(6):22-32.

[115] 龙宗智.大学法人制度与财产权益界定[J].中国高等教育,2005(18):18-20.

[116] 龙宗智.行政规制缓和与高校权力行使[J].中国高等教育,2004(15):8-10.

[117] 娄宇.我国高校"非升即走"制度的合法性反思[J].高等教育研究,2015(6):21-32.

[118] 罗伯特·布瓦耶,耿纪东.一致性、多样性和资本主义演化:一个制度互补性假说[J].政治经济学评论,2006(2):90-116.

[119] 罗豪才,毕洪海.通过软法的治理[J].法学家,2006(1):1-11.

[120] 罗豪才,宋功德.公域之治的转型——对公共治理与公法互动关系的一种透视[J].中国法学,2005(5):3-23.

[121] 罗爽.论建立第三部门视野下的高等学校法人制度[J].教育学报,2014(6):40-50.

[122] 罗爽.我国公立高等学校法人制度的问题及其改革[J].复旦教育论坛,2014(5):58-63.

[123] 吕成.合作规制的行政法研究——以水污染规制为中心的分析[J].学术界,2012(2):71-79.

[124] 吕来明,刘娜.非营利组织经营活动的法律调整[J].环球法律评论,2005(6):730-736.

[125] 吕玉赞.案件说理的法律修辞方法选择——以甘露案再审判决书为例[J].东方法学,2015(1):152-159.

[126] 马凤岐.对高等学校的第二轮放权:基于资源依赖理论的视角[J].高等教育研究,2015(10):37-48.

[127] 马怀德.公务法人问题研究[J].中国法学,2000(4):40-47.

[128] 马陆亭,陈浩.法国高等教育契约管理的原理、实施及效益分析[J].新疆师范大学学报,2016(2):140-145.

[129] 马陆亭,陈浩.高等教育实施契约管理的路径思考[J].大连理工大学学报(社会科学版),2016(2):1-6.

[130] 马陆亭,陈浩.日本国立大学法人化的契约分析[J].国家教育行政学院学报,2016(4):84-88.

[131] 马陆亭,陈浩.政府对高校实施契约管理可行性的调查[J].中国高教研究,2016(4):68-72.

[132] 马陆亭.政府与高校间的契约型管理模式探讨[J].中国高等教育,2008(21):19-21.

[133] 马培.论美国大学治理中的学生参与[J].高等教育研究,2016(2):104-109.

[134] 马晓燕.关于高等学校自主权法律性质的争论及思考[J].高教探索,2008(1):42-45.

[135] 马晓燕.论公、私法区分与融合视角下高等学校自主权的法律性质定位[C]//劳凯声.中国教育法制评论:第6辑.北京:教育科学出版社,2009:149-166.

[136] 马长山.国家"构建主义"法治的误区与出路[J].法学评论,2016(4):32.

[137] 潘懋元,左崇良.高等教育治理的衡平法则与路径探索——基于我国高教权责失衡的思考

[J].清华大学教育研究,2016(4):11.

[138] 彭江.论分散化的大学公共治理[J].复旦教育论坛,2004(6):48.

[139] 戚建刚.论公益机构行为的司法审查范围[J].法学,2003(7):25-33.

[140] 祁占勇,陈鹏.转型期政府与高校的行政法律关系及其权限边界[J].中国高教研究,2009(6):35-38.

[141] 祁占勇.解构与重构:我国公立高校与政府的行政法律关系[J].高等教育研究,2005(10):33-37.

[142] 祁占勇.高等学校学术权力本位治理结构的现实困境与逻辑路向[J].高等教育研究,2011(2):27-33.

[143] 祁占勇.落实与扩大高校办学自主权的三维坐标——高校与政府、社会关系的重塑及内部治理结构的完善[J].高等教育研究,2013(5):26-31.

[144] 祁占勇.高等学校治理结构中的权力冲突及其治理[J].陕西师范大学学报(哲学社会科学版),2015(1):160-167.

[145] 秦奥蕾.《德国基本法》上的公法人基本权利主体地位[J].郑州大学学报(哲学社会科学版),2012(6):46-50.

[146] 秦惠民.高校管理法治化趋向中的观念碰撞和权利冲突——当前诉案引发的思考[J].现代大学教育,2002(1):69-74.

[147] 秦惠民.学术管理活动中的权力关系与权力冲突[C]//劳凯声.中国教育法制评论:第1辑.北京:教育科学出版社,2002:172.

[148] 秦惠民.走向社会生活的教育法——中国教育法律的适用状况分析[C]//劳凯声.中国教育法制评论:第5辑.北京:教育科学出版社,2007.

[149] 秦惠民.我国大学内部治理中的权力制衡与协调——对我国大学权力现象的解析[J].中国高教研究,2009(8):26-29.

[150] 秦强.法律结构论与乡土社会中的法律结构[J].湖南公安高等专科学校学报,2007(5):24.

[151] 渠敬东,周飞舟,应星.从总体支配到技术治理——基于中国30年改革经验的社会学分析[J].中国社会科学,2009(6):104-127.

[152] 饶亚东,石磊.《田永诉北京科技大学拒绝颁发毕业证、学位证案》的理解与参照——受教育者因学校拒发毕业证、学位证可提起行政诉讼[J].人民司法(案例),2016(20):13-21.

[153] 荣利颖.高等教育行政诉讼的实践及其问题[J].中国行政管理,2013(7):74-78.

[154] 荣利颖.创新与突破:社会转型期中国高校教育行政诉讼的现实演进及其理论反思[J].首都师范大学学报(社会科学版),2014(5):139-144.

[155] 申素平,陈瑶.美国高校学生违纪处分制度的内容与特点——基于宾夕法尼亚大学的资料分析[J].复旦教育论坛,2015(4):16-24.

[156] 申素平,陈瑶.美国高校学生纪律规范及纠纷解决机制探究——以加州大学伯克利分校为例[J].中国高教研究,2015(11):71-75.

[157] 申素平,陈瑶.论非诉讼纠纷解决机制及其在我国教育领域的适用[J].中国高教研究,2017(1):64-69.

[158] 申素平,郝盼盼.我国高教法治现状分析——基于高教诉讼案件的视角(2010—2015)[J].复旦教育论坛,2017(2):34-39.

[159] 申素平,王俊.美国公立高校积极差别待遇录取政策司法审查的新动向——以"费希尔案"为基础的考察[J].高等教育研究,2017(2):95-100.

[160] 申素平.论我国公立高等学校与教师的法律关系[J].高等教育研究,2003(1):67-71.

[161] 申素平.公立高等学校与政府的分权理论[J].比较教育研究,2003(8):1-4.

[162] 申素平.谈政府与高校的法律监督和行政指导关系[J].中国高等教育,2003(8):12-13.

[163] 申素平.高等学校法人与高等学校自主权[J].中国高教研究,2005(5):7-9.

[164] 申素平.对我国公立学校教师法律地位的思考[J].高等教育研究,2008(9):54-58.

[165] 申素平.教育改革进程中我国教育权的结构与分配[J].中国高教研究,2009(1):16-18.

[166] 沈岿.因开放、反而合法——探索中国公法变迁的规范性基础[J].中国社会科学,2004(4):102-114.

[167] 沈岿.析论高校惩戒学生行为的司法审查[J].华东政法学院学报,2005(6):30-31.

[168] 沈岿.解困行政审批改革的新路径[J].法学研究,2014(2):20-34.

[169] 沈岿.监控者与管理者可否合一:行政法学体系转型的基础问题[J].中国法学,2016(1):105-125.

[170] 施雨丹.论美、德、日三国公立大学的法律地位[J].外国教育研究,2007(1):25-27.

[171] 石磊.《何小强诉华中科技大学拒绝授予学位案》的理解与参照——高等学校在学术自治范围内有依法制定学术评价标准职权[J].人民司法(案例),2016(20):22-26.

[172] 石佑启.论协会处罚权的法律性质[J].法商研究,2017(2):74-81.

[173] 史笔,曹晟.新《行政诉讼法》中行政行为"明显不当"的审查与判断[J].法律适用,

2016(8):23-28.

[174] 史玉成.环境法学核心范畴之重构:环境法的法权结构论[J].中国法学,2016(5):281-302.

[175] 斯特凡·科里奥特,田伟.对法律的合宪性解释:正当的解释规则抑或对立法者的不当监护?[J].华东政法大学学报,2016(3):14.

[176] 宋华琳.转型时期中国行政程序立法的几点思考[J].中国行政管理,2008(9):18-22.

[177] 宋华琳.论政府规制中的合作治理[J].政治与法律,2016(8):14-23.

[178] 宋亚辉.论公共规制中的路径选择[J].法商研究,2012(3):94-105.

[179] 孙进.政府放权与高校自治——德国高等教育管理的新公共管理改革[J].现代大学教育,2014(2):36-43.

[180] 孙绵涛,康翠萍.学术自由性与受控性的对立统一——学术自由大学本质观的重新审视[J].教育研究,2011(A06):52-59.

[181] 孙宪忠.科研经费的管理应该遵从科研劳动的特征[J].科学与社会,2014(3):16-18.

[182] 孙霄兵.我国高等学校办学自主权的发展及其运行[J].中国高教研究,2014(9):9-15.

[183] 覃红霞.教育法地位问题新论——传统法律部门理论的超越与反思[J].教育研究,2016(7):44-51.

[184] 谭炜杰.行政诉讼受案范围否定性列举之反思[J].行政法学研究,2015(1):89-98.

[185] 汤德宗.大学教师升等评审的正当程序——论大法官释字第四六二号解释之适用[J].月旦法学杂志,2003(97):227-240.

[186] 田凯,黄金.国外治理理论研究:进程与争鸣[J].政治学研究,2015(6):47-58.

[187] 田凯.治理理论中的政府作用研究:基于国外文献的分析[J].中国行政管理,2016(12):118-124.

[188] 童之伟.法律关系的内容重估和概念重整[J].中国法学,1999(6):24-32.

[189] 童之伟.以"法权"为中心系统解释法现象的构想[J].现代法学,2000(2):24-28.

[190] 童之伟.法权中心的猜想与证明——兼答刘旺洪教授[J].中国法学,2001(6):15-38.

[191] 童之伟.法权中心主义要点及其法学应用[J].东方法学,2011(1):3-15.

[192] 涂端午.教育政策文本分析及其应用[J].复旦教育论坛,2009(5):22-27.

[193] 托马斯·维腾贝格尔,查云飞,张小丹.德国视角下的基础研究与教义学[J].北航法律评论,2015(1):3-16.

[194] 汪洋,龚怡祖."校长退出学术委员会"的改革取向分析——兼论大学校长选拔制度的

去行政化[J].高等教育研究,2014(6):25-30.

[195] 汪洋,龚怡祖.学术权利的生成逻辑与让渡指向[J].国家教育行政学院学报,2014(4):48-53.

[196] 王建华.高等学校属于第三部门[J].教育研究,2003(10):36-39.

[197] 王建华.国有民营——高等教育走向第三部门的有效选择[J].清华大学教育研究,2004(1):91-95.

[198] 王建华.第三部门视野中的现代大学制度[J].高等教育研究,2007(1):1-6.

[199] 王莉君,孙国华.论权力与权利的一般关系[J].法学家,2003(5):107-113.

[200] 王莉君.法学基础范畴的重构:对权利和权力的新思考[J].法学家,2005(2):118-124.

[201] 王鹏翔.基本权作为最佳化命令与框架秩序——从原则理论初探立法余地问题[J].东吴法律学报,2006(3):1-40.

[202] 王青斌.论高教法治与大学自治[J].行政法学研究,2006(2):13-19.

[203] 王瑞雪.软法治理的西方经验[J].云南大学学报(法学版),2013(5):114-119.

[204] 王瑞雪.治理语境下的多元行政法[J].行政法学研究,2014(4):131-137.

[205] 王申.软法产生的社会文化根源及其启示[J].法商研究,2006(6):75.

[206] 王务均,龚怡祖.大学学术权力与行政权力包容机制研究[J].教育发展研究,2013(21):41-45.

[207] 王小梅,范笑仙,李璐.以学科评估为契机 提升学科建设水平(观点摘编)[J].中国高教研究,2016(12):23-30.

[208] 王晓辉.法国科研体制与当前改革[J].比较教育研究,2011(5):31-35.

[209] 王晓辉.法国大学治理与大学章程[J].现代大学教育,2015(4):19-25.

[210] 王英杰.论共同治理——加州大学(伯克利)创建一流大学之路[J].比较教育研究,2011(1):1-8.

[211] 王柱国.论行政规制的正当程序控制[J].法商研究,2014(3):23-31.

[212] 维尔纳·杨,夏晓文.德国的国家范式和行政改革[J].德国研究,2012(4):5-17.

[213] 魏姝.政策类型视角下的中国政府职能转变——以高等教育政策为例的实证研究[J].中国行政管理,2016(7):115-121.

[214] 温晓莉.论知识经济社会微观公共权力的法律规制[J].法学,2001(12):11-16.

[215] 巫锐.德国高等教育治理新模式:进程与特征——以"柏林州高校目标合约"为中心[J].比较教育研究,2014(7):1-5.

[216] 吴丽萍.基于大学治理权平衡视角的大学章程建设研究[J].中国高教研究,2011(9):28-29.

[217] 吴能武,刘住洲.教育法治:理念、实践与载体——2016年"中国教育法治与教育发展高峰论坛"综述[J].复旦教育论坛,2017(1):25-30.

[218] 吴瑞哲.公私立学校教师解聘、停聘或不续聘之法律性质与救济程序[J].教育实践与研究,2014(1):95-120.

[219] 吴志光.教育主管机关对大学行政监督之界限[J].世新法学,2014(1):2-38.

[220] 肖尤丹,苏竣.我国大学知识产权政策困境及其完善[J].科学学研究,2010(7):990-1000.

[221] 谢立斌.论基本权利的立法保障水平[J].比较法研究,2014(4):40-50.

[222] 熊华军,贾思蕾,冯梅.美国大学章程中教师的权利和责任[J].高等教育研究,2016(4):103-109.

[223] 熊文钊,郑毅.高等教育去行政化的基本问题及其对策——以法律规制为核心视角[J].北京行政学院学报,2011(3):86-92.

[224] 徐靖.高校校规:司法适用的正当性与适用原则[J].中国法学,2017(5):91-110.

[225] 徐明.文义解释的语用分析与构建[J].政法论丛,2016(3):106-114.

[226] 许春镇.论自治行政之概念及其类型[J].台北大学法学论丛,2006(59):6-20.

[227] 许春镇.大学自治与学生法律地位[J].台湾海洋法学报,2007(1):154-197.

[228] 许杰.建设中国特色现代大学制度:成效、问题与对策——基于试点学院的探索实践[J].教育研究,2014(10):57-72.

[229] 许育典,陈碧玉.大学自治下大学评鉴制度的检讨:以系所评鉴为例[J].当代教育研究,2011(2):119-158.

[230] 许育典,李佳育.从大学的法律地位探讨大学自治的落实:以大学法人化为核心[J].当代教育研究季刊,2014(1):169-209.

[231] 薛刚凌,王文英.社会自治规则探讨——兼论社会自治规则与国家法律的关系[J].行政法学研究,2006(1):1-8.

[232] 薛刚凌.多元化背景下行政主体之建构[J].浙江学刊,2007(2):5-13.

[233] 闫尔宝.行政诉讼受案范围的发展与问题[J].国家检察官学院学报,2015(4):16-26.

[234] 盐野宏,肖军.论国立大学法人[J].行政法学研究,2011(1):137-143.

[235] 阎光才.西方大学自治与学术自由的悖论及其当下境况[J].教育研究,2016(6):

142-147.

[236] 杨登峰.行政行为程序瑕疵的指正[J].法学研究,2017(1):24-41.

[237] 杨旎,张国庆.对公共服务市场化改革的再考量——初评日本国立大学法人化改革得失[J].中国行政管理,2013(2):89-93.

[238] 杨书军.规范性文件制定程序立法的现状及完善[J].行政法学研究,2013(2):86-92.

[239] 仰丙灿.学院自治:大学内部治理结构优化的路径选择[J].复旦教育论坛,2015(5):19-24.

[240] 姚荣.公私法域的界分与交融:全球化时代公立高等学校法律地位的演进逻辑与治理意涵[J].复旦教育论坛,2016(4):23-29.

[241] 姚荣.迈向法权治理:德国公立高校法律地位的演进逻辑与启示[J].高等教育研究,2016(4):93-102.

[242] 姚荣.论德美两国学术自由的宪法解释[J].湖南师范大学教育科学学报,2017(1):47-56.

[243] 姚荣.大学与企业合作研究的法律规制:基于德国与美国的经验[J].教育学报,2017(6):36-48.

[244] 姚荣.高等教育领域"放管服"改革的两难困境与破解策略[J].南京师大学报(社会科学版),2022(1):37-46.

[245] 殷文杰."项目治教":大学治理中技术理性对价值理性的僭越[J].高等教育研究,2016(9):31-37.

[246] 尹力.学习权保障:学习型社会教育法律与政策的价值基础[J].北京师范大学学报(社会科学版),2010(3):70-78.

[247] 尹力.是"具体落实"还是"选择性移植"——《教育法律一揽子修订草案(征求意见稿)》解读[J].教育学报,2013(6):44-51.

[248] 尹晓敏.我国教师申诉制度研究[J].清华大学教育研究,2005(1):46-50.

[249] 尹晓敏.论高校学生申诉制度功能的失落与复归[J].高等教育研究,2009(3):27-31.

[250] 尹毓婷.博洛尼亚进程中的法国高等教育改革研究[J].复旦教育论坛,2009(3):68-72.

[251] 于安.公立高等学校教师聘用制度的立法新制研究——论《事业单位人事管理条例》在公立高等学校的适用[J].国家行政学院学报,2014(6):60-64.

[252] 于安.公立高校人事制度的决策及其改革[J].中国高等教育,2014(22):23-25.

[253] 于立深.法定公共职能组织的资格、权能及其改革[J].华东政法大学学报,2016(6):

49-64.

[254] 于立深.行政协议司法判断的核心标准:公权力的作用[J].行政法学研究,2017(2):36.

[255] 于杨.美国大学学生评议会制度探析[J].外国教育研究,2014(3):73-81.

[256] 余军,张文.行政规范性文件司法审查权的实效性考察[J].法学研究,2016(2):42-61.

[257] 余雅风.论教师聘任合同行政优先权及其法律规制[J].北京师范大学学报(社会科学版),2010(3):79-85.

[258] 詹镇荣.德国法中的社会自我管制初探[J].政大法学评论,2004(78):79-120.

[259] 湛中乐,黄宇骁.当代日本教育法学研究述评[C]//北京师范大学研究生院,2016年全国教育政策与法律研究前沿博士论坛论文集.北京:2016.

[260] 湛中乐,李凤英:论高等学校法律地位[C]//罗豪才.行政法论丛(第4卷).北京:法律出版社,2001:498-527.

[261] 湛中乐,苏宇.论大学法人的法律性质[J].国家教育行政学院学报,2011(9):18-23.

[262] 湛中乐,苏宇.教育法学的理论体系与学科建设初论[J].北京师范大学学报(社会科学版),2016(2):13-24.

[263] 湛中乐,苏宇.论大学章程的法律位阶:基于法律多元主义的再认识[C]//姜明安.行政法论丛(第18卷),北京:法律出版社,2016:39-54.

[264] 湛中乐,王春蕾.大学治理中的学术委员会制度建设——兼评《高等学校学术委员会规程》[J].北京大学学报(哲学社会科学版),2016(2):76-82.

[265] 湛中乐,王春蕾.于艳茹诉北京大学案的法律评析[J].行政法学研究,2016(3):97-106.

[266] 湛中乐,徐靖.通过章程的现代大学治理[J].法制与社会发展,2010(3):106-124.

[267] 湛中乐.高等学校大学生校内申诉制度研究(下)[J].江苏行政学院学报,2007(6):100-105.

[268] 湛中乐.再论我国公立高等学校之法律地位[C]//劳凯声.中国教育法制评论(第7辑).北京:教育科学出版社,2009:30-73.

[269] 湛中乐.西北政法大学"申博"案的思考与解析[C]//劳凯声.中国教育法制评论(第7辑).北京:教育科学出版社,2009:261-279.

[270] 湛中乐.大学治理的重要保障——兼评《中华人民共和国高等教育法》的修改与完善[J].中国高教研究,2016(6):32-36.

[271] 张陈弘.组织性学术自由权的民主解读——公立大学种族入学政策的合宪性之美国法比较思考[J].东吴法律学报,2012(1):175-219.

[272] 张福广.德国行政判断余地的司法审查[J].行政法学研究,2017(1):131-144.

[273] 张红峰.英国宏观高等教育治理模式的思考[J].中国高教研究,2013(3):56-61.

[274] 张奂奂,高益民.美国高校教师学术自由保障的模糊空间——基于判例制度的宪法解释视角[J].高等教育研究,2016(5):87-95.

[275] 张继龙,陈廷柱.21世纪美国宪法学术自由的进展与挑战——以"格鲁特案"与"加赛迪案"为例[J].高教探索,2015(8):45-50.

[276] 张锟盛.行政法学另一种典范之期待:法律关系理论[J].月旦法学杂志,2005(6):71-79.

[277] 张亮.高校学位授予要件之区分审查论——对指导性案例39号的质疑与反思[C]//姜明安.行政法论丛(第19卷).北京:法律出版社,2016:216-236.

[278] 张冉,申素平.台湾地区大学生救济权利的最新突破:第684号大法官解释评析[J].复旦教育论坛,2012(2):55-60.

[279] 张冉,王舒,马梦芸.大学章程中的修订条款研究——基于对"985"大学章程文本的考察[J].复旦教育论坛,2016(6):67-74.

[280] 张冉.美国大学章程的类型化分析及其对我国高校章程制定的启示[C]//劳凯声.中国教育法制评论:第7辑.北京:教育科学出版社,2009:278-292.

[281] 张冉.高校校规:大学自治与国家监督间的张力[J].清华大学教育研究,2011(6):91-98.

[282] 张少华.美国高校教师申诉机制探索——密歇根大学迪尔伯恩分校个案研究[J].比较教育研究,2007(2):60-64.

[283] 张松,刘志民.美国加州大学学术评议会的发展历程、组织构架与运行特点[J].高教探索,2015(11):53-58.

[284] 张弢.中世纪大学之"学术自由"辨析[J].北京大学教育评论,2017(1):89-106.

[285] 张桐锐.行政法与合作国家[J].月旦法学杂志,2005(121):25-53.

[286] 张翔.基本权利的双重性质[J].法学研究,2005(3):21-36.

[287] 张翔.学术自由的组织保障:德国的实践与理论[J].环球法律评论,2012(4):105-115.

[288] 张源泉.德国大学管理体制的演变——以《高等学校基准法》为线索[J].宪法与行政法治评论,2011(5):320-339.

[289] 张源泉.德国高等教育治理之改革动向[J].教育研究集刊,2012(4):91-137.

[290] 张源泉.德国大学组织重构之边界[J].教育研究集刊,2014(3):1-34.

[291] 张源泉.洪堡与马太之对决[J].教育研究集刊,2015(2):1-37.

[292] 章志远,顾勤芳.我国大学章程制定的现状与课题——以两岸四地若干大学章程为分析样本[J].阴山学刊(社会科学版),2012(1):108-118.

[293] 章志远.新《行政诉讼法》实施对行政行为理论的发展[J].政治与法律,2016(1):2-9.

[294] 赵广明.康德政治哲学的双重根基[J].哲学研究,2015(11):77-84.

[295] 赵宏.法治与行政——德国行政法在法治国背景下的展开[J].行政法学研究,2007(2):128-134.

[296] 赵宏.作为客观价值的基本权利及其问题[J].政法论坛,2011(2):57-70.

[297] 赵宏.主观权利与客观价值——基本权利在德国法中的两种面向[J].浙江社会科学,2011(3):38-46.

[298] 赵宏.德国行政民营化的制度发展与学理演进[J].国家检察官学院学报,2016(5):117-118.

[299] 折晓叶,陈婴婴.项目制的分级运作机制和治理逻辑——对"项目进村"案例的社会学分析[J].中国社会科学,2011(4):126-148.

[300] 郑磊.论学术自治尊让原则的具体化——基于最高人民法院指导案例39号之展开[J].郑州大学学报(哲学社会科学版),2016(3):39-43.

[301] 中共中央、国务院.中共中央国务院关于印发《中国教育改革和发展纲要》的通知[J].中华人民共和国国务院公报,1993(4):143-160.

[302] 周光礼,徐梦梦.引入负面清单管理模式 重构大学与政府的关系[J].中国高校科技,2014(11):9-11.

[303] 周光礼,叶必丰."学术权力"与"行政权力"之争的行政法透视[J].武汉大学学报(人文科学版),2004(4):459-464.

[304] 周光礼.问题重估与理论重构——大学"学术权力"与"行政权力"二元对立质疑[J].现代大学教育,2004(4):31-35.

[305] 周光礼.重构高校治理结构:协调行政权力与学术权力[J].中国高等教育,2005(19):8-9.

[306] 周光礼.论中国政府与教育中介组织的互动关系:一个法学的视角[J].北京大学教育评论,2006(3):140-154.

[307] 周光礼.论教育中介组织的法律地位[J].高等工程教育研究,2006(5):47-52.

[308] 周光礼.学术与政治——高等教育治理的政治学分析[J].中国地质大学学报(社会科学

版),2011(3):77-85.

[309] 周光礼.高等教育治理的政策范式:办学自主权的国际比较[J].湖南师范大学教育科学学报,2011(5):5-10.

[310] 周光礼.中国大学办学自主权(1952—2012):政策变迁的制度解释[J].中国地质大学学报(社会科学版),2012(3):78-86.

[311] 周光礼.从管理到治理:大学章程再定位[J].湖南师范大学教育科学学报,2014(2):71-77.

[312] 周光礼.中国高等教育治理现代化:现状、问题与对策[J].中国高教研究,2014(9):16-25.

[313] 周湖勇.大学治理中的程序正义[J].高等教育研究,2015(1):1-11.

[314] 周慧蕾,孙铭宗.论大学自治权与学生权利的平衡——从台湾地区司法实践切入[J].行政法学研究,2013(1):86-92.

[315] 周慧蕾.大学自治:从保障到平衡——基于台湾地区"大法官"相关解释的分析[J].高等教育研究,2013(3):22-27.

[316] 周慧蕾.大学学术权力司法规制的国际比较及启示[J].法治研究,2014(8):106-113.

[317] 周慧蕾.美国大学招生平权法案司法审查立场的流变[J].高等教育研究,2017(1):98-104.

[318] 周详.我国公立大学的法律属性与依法治教的推进[J].中国高教研究,2015(11):13-22.

[319] 周佑勇.公共行政组织的法律规制[J].北方法学,2007(1):94-100.

[320] 朱家德.基层学术组织自治——西方大学自治的实践与中国大学的一个现实命题[J].中国高教研究,2010(9):26-29.

[321] 朱家德.现代大学章程的分类研究——基于章程文本内容分析的实证研究[J].中国高教研究,2011(11):49-56.

[322] 朱家德.大学有效治理:西方经验及其启示[J].高等教育研究,2013(6):29-37.

[323] 朱家德.我国大学治理有效性的历史考察[J].中国高教研究,2014(7):25-31.

[324] 朱家德.大学章程实施比制定更重要[J].中国高教研究,2016(6):65-69.

[325] 朱芒.规范性文件的合法性要件——首例附带性司法审查判决书评析[J].法学,2016(11):151-160.

[326] 朱芒.高校校规的法律属性研究[J].中国法学,2018(4):140-159.

[327] 朱守信,杨颉.学术评议会与共同治理的形成——以加州大学伯克利分校为例[J].现代大

学教育,2014(2):44-48.
[328] 竺乾威.新公共治理:新的治理模式?[J].中国行政管理,2016(7):132-139.
[329] 邹焕聪.社会合作规制的运作机理与行政法治回应[J].行政论坛,2013(3):85-89.
[330] 左崇良,胡劲松.大学治理的法理证成[J].高等教育研究,2013(12):21-28.
[331] 左崇良,胡劲松.英美大学的法权治理[J].比较教育研究,2015(6):44-50.
[332] 左崇良,黄小平.高等教育治理的衡平法则[J].北京教育(高教版),2016(4):46.
[333] 左崇良.现代大学的双层治理结构探索[J].中国高教研究,2013(2):21-25.
[334] 左崇良.现代大学治理的法权边界[J].高等教育研究,2015(6):9-14.
[335] 左崇良.现代大学治理的法权结构[J].复旦教育论坛,2015(6):44-49.

三、学位论文类

[1] 崔艳丽.20世纪80年代以来英国高等教育治理研究[D].南京:南京师范大学,2014.
[2] 高松元.转型期公立高校管理中的法权冲突与调适研究[D].南京:南京农业大学,2011.
[3] 马晓燕.基于法治的自主——我国高等学校自主权及其界限研究[D].北京:北京师范大学,2008.
[4] 彭飞荣.经济法法权之法理解析[D].湘潭:湘潭大学,2004.
[5] 王涛.宪法上学术自由的规范分析[D].北京:中国人民大学,2011.
[6] 熊樟林.非强制性行政行为的软法治理[D].南京:东南大学,2010.
[7] 徐春霞.英国大学拨款委员会研究[D].杭州:浙江大学,2008.
[8] 张欣.公立高校教师职称评定中的法律问题研究——以两岸比较为视角[D].上海:华东师范大学,2015.
[9] 赵平萍.法权结构论:权力与权利互动的分析框架[D].长沙:湖南大学,2007.
[10] 朱思懿.高校管理学生行为的司法审查规则——以最高人民法院公布的典型案例为考察对象[D].上海:上海师范大学,2014.

四、报纸类

[1] 申素平.英国高校如何解决内部纠纷[N].中国教育报,2010-02-23.
[2] 孙菊红.省教育厅向地方和高校简政放权[N].浙江教育报,2013-11-22.
[3] 汤凯锋.让行业协会有序参与行政审批制度改革[N].南方日报,2012-4-4.
[4] 邹跃.高校创新能力亟待知识产权法治保障[N].中国教育报,2016-02-01.

五、司法文书类

[1] 北京市第三中级人民法院行政判决书(2017)京03行终87号判决书.

［2］ 北京市海淀区人民法院行政判决书(1999)海行初字第103号判决书.

［3］ 北京市海淀区人民法院行政判决书(1999)海行初字第104号判决书.

［4］ 北京市海淀区人民法院行政判决书(2015)海行初字第1064号判决书.

［5］ 广州铁路运输中级法院行政判决书(2017)粤71行终2130号.

［6］ 河南省郑州市中级人民法院行政判决书(2012)郑行终字第162号.

［7］ 湖北省武汉市中级人民法院行政判决书(2009)武行终字第61号判决书.

［8］ 吉林省四平市中级人民法院行政判决书(2015)四行终字第12号判决书.

［9］ 江苏省南京市中级人民法院行政判决书(2014)宁行终字第142号判决书.

［10］ 山东省济南市中级人民法院行政判决书(2011)济行终字第29号判决书.

［11］ 山东省青岛市中级人民法院行政判决书(2016)鲁02行终2号判决书.

［12］ 上海市浦东新区人民法院行政判决书(2019)沪0115行初362号判决书.

［13］ 上海市杨浦区人民法院行政判决书(2015)杨行初字第83号判决书.

［14］ 上海市浦东新区人民法院行政判决书(2022) 沪0115行初818号.

六、网上资料类

［1］ 中华人民共和国中央人民政府.中共中央关于全面深化改革若干重大问题的决定［EB/OL］.(2013－11－15)［2022－03－31］.http://www.gov.cn/zhengce/2013-11/15/content-5407874.htm.

［2］ 中华人民共和国教育部.教育部等五部门关于深化高等教育领域简政放权放管结合优化服务改革的若干意见［EB/OL］.(2017－04－06)［2022－03－31］.http://www.moe.gov.cn/srcsite/A02/s7049/201704/t220170405_301912.html.

［3］ 国务院.国务院关于印发国家教育事业发展"十三五"规划的通知［EB/OL］.(2017－01－19)［2022－03－31］.https://www.gov.cn/zhengce/content/2017－01/19/content-5161341.htm.

［外文部分］

一、著作及期刊论文类

［1］ Barendt, E.. *Academic Freedom and the Law: A Comparative Study*［M］. Oxford：Hart Publishing, 2010.

［2］ Barrister, C. L., Temple, M.. *Judical Remedies in Public Law*［M］. London：Sweet & Maxwell L, 2000.

[3] Beignier, B. & Truchet, D.. *Droit de L'enseignement Supérieur* [M]. Paris: Hors collection, 2018.

[4] Birnbaum, R.. The End of Shared Governance: Looking Ahead or Looking Back [J]. *New Direction for Higher Education*, 2004(127): 5-22.

[5] Capano, G.. Goverment Continues to Do Its Job: A Comparative Study of Governance Shifts in the Higher Education Sector [J]. *Public Administration*, 2011(4): 1622-1642.

[6] Christian von Coelln, Franz Schemmer. *Hochschulrecht Nordrhein-Westfalen: Kommentar* [M]. München: Verlag C. H. Beck oHG, 2020.

[7] Degn, L., Sørensen, M. P.. From Collegial Governance to Conduct of Conduct: Danish Universities Set Free in the Service of the State [J]. *Higher Education*, 2015(69): 931-946.

[8] Dobbins, M. & Knill, C.. *Higher Education Governance and Policy Change in Western Europe* [M]. London: Palgrave Macmillan UK, 2014.

[9] Farrington, D. J. & Palfreyman, D.. *The Law of Higher Education* [M]. Oxford: Oxford University Press, 2012.

[10] Ferlie, E., Musselin, C., Andresani, G.. The Steering of Higher Education Systems: A Public Management Perspective [J]. *Higher Education*, 2008(56): 325-348.

[11] Frost, J. & Hattke, F. & Reihlen, M.. *Multi-Level Governance in Universities* [M]. Switzerland: Springer International Publishing, 2016.

[12] Gajda, A.. *The Trials of Academe: The New Era of Campus Litigation* [M]. Boston: Harvard University Press, 2009.

[13] Hartmer, M. & Detmer, H.. *Hochschulrecht-Ein Handbuch für die Paraxis* (4. Aufl.) [M]. Heidelberg: C. F. Müller, 2022.

[14] Hiers, R. H.. Institutional Academic Freedom—A Constitutional Misconception: Did Grutter v. Bollinger Perpetuate the Confusion? [J]. *Journal of College and University Law*, 2003(3): 531-582.

[15] Hopt, K. J. & Hippel, T. V.. *Comparative Corporate Governance of Non-profit Organizations* [M]. Cambridge: Cambridge University Press, 2010.

[16] Jansen, D.. *New Forms of Governance in Research Organizations: Disciplinary Approaches, Interfaces and Integration* [M]. Netherlands: Springer, 2007.

[17] Kaplin, W. A, Lee, B. A., Hutchens N. H. & Rooksby J. H.. *The Law of Higher Education*

(Sixth Edition)[M]. San Francisco: Jossey-Bass, 2019.

[18] Kaplin, W. A., Lee, B. A.. The Law of Higher Education(Fifth Edition)[M]. San Francisco: Jossey-Bass, 2013.

[19] Kaplin, W. A., Lee, B. A.. The Law of Higher Education (Fourth Edition)[M]. San Francisco: Jossey-Bass, 2006.

[20] Kogan, M. et al.. eds. Transforming Higher Education: A Comparative Study(2nd edition)[M]. Dordrecht: Springer, 2006.

[21] Krausnick, D.. Staat und Hochschule im Gewährleistungsstaat[M]. Tübingen: Mohr Siebeck, 2012.

[22] Lee, P.. Academic Freedom at American Universities: Constitutional Rights, Professional Norms, and Contractual Duties[M]. New York: Lexington Books, 2015.

[23] Lima, A.. Shedding First Amendment Rights at the Classroom Door?: The Effects of Garcetti and Mayer on Education in Public Schools[J]. George Mason Law Review, 2008(16): 173–201.

[24] Miler, R. H.. The Role of Academic Freedom in Defining the Faculty Employment Contract[J]. Case Western Reserve Law Review, 1981(31): 608–655.

[25] Olivas, M. A.. Suing Alma Mater: Higher Education and the Courts[M]. Baltimore: Johns Hopkins University Press, 2013.

[26] Paradeise, C., Reale, E., Bleiklie, I. & Ferlie, E.. University Governance: Western European Comparative Perspectives[M]. Netherlands Springer, 2009.

[27] Russo, C. J.. Handbook of Comparative Higher Education Law[M]. Maryland: Rowman and Littlefield Education, 2013.

[28] Sabloff, P. L.. Another Reason Why State Legislatures Will Continue to Restrict Public University Autonomy[J]. The Review of Higher Education, 1997(2): 141–162.

[29] Schlink, B.. Proportionality in Constitutional Law: Why Everywhere But Here[J]. Duke Journal of Comparative & Institutional Law, 2012(2): 298.

[30] Schmuck, S.. Zielvereinbarungen im Hochschulbereich [M]. Berlin: BWV – Berliner Wissenschafts Verlag GmbH, 2010.

[31] Stoker, G.. Governance as Theory: Five Propositions[J]. International Social Science Journal, 1998(50).

[32] Tapper, T.. *The Governance of British Higher Education: The struggle for policy control*[M]. Dordrecht: Springer, 2007.

[33] Terrence J.. *Mac Taggart and Associates: Seeking Excellence through Independence*[M]. San Francisco: Jossey-Bass publishers, 1998.

[34] 德本广孝.大学に対する国家関与の法律問題[J].明治学院論叢 635 号法学研究 68 号,1999:203-232.

[35] 兼子仁.教育法[M].东京:有斐阁,1978.

[36] 齐藤芳浩.大学の自治の理论的考察[J].西南学院大学法学论集,2019(1):47-98.

[37] 山本隆司.行政上の主观法と法関系[M].东京:有斐阁,2000.

[38] 长谷部恭男.宪法(第6版)[M].东京:新世社,2014.

[39] 佐藤幸治.日本国宪法论[M].东京:成文堂,2011.

二、网上资料类

[1] Code de l'éducation-Article L712-2[EB/OL].(2016-06-12)[2022-10-18].https://www.legifrance.gouv.fr/affichCodeArticle.do;jsessionid=034431D79EA72F19DA58C4E0FACF97FB.tpdila15v_2?cidTexte=LEGITEXT000006071191&idArticle=LEGIARTI000027747947&dateTexte=20160706&categorieLien=id#LEGIARTI000027747947

[2] Code de l'éducation-Article L712-3[EB/OL].(2017-01-10)[2022-10-18].https://www.legifrance.gouv.fr/affichCodeArticle.do;jsessionid=F2C8FC73D5DFB500C7C5A2712EB88FAE.tpdila15v_2?cidTexte=LEGITEXT000006071191&idArticle=LEGIARTI000027747951&dateTexte=20160707&categorieLien=id#LEGIARTI000027747951

[3] Code de l'éducation-Article L714-1[EB/OL].(2017-01-12)[2022-10-18].https://www.legifrance.gouv.fr/affichCodeArticle.do?cidTexte=LEGITEXT000006071191&idArticle=LEGIARTI000006525376&dateTexte=&categorieLien=cid

[4] Code de l'éducation-Article L953-2.[EB/OL].(2016-05-10)[2022-10-18].https://www.legifrance.gouv.fr/affichCodeArticle.do;jsessionid=5E842015614B0D600ADBE4A6539F822E.tpdila15v_2?cidTexte=LEGITEXT000006071191&idArticle=LEGIARTI000027747960&dateTexte=20160708&categorieLien=id#LEGIARTI000027747960

[5] Les établissements d'enseignement supérieur, Structure et fonctionnement[EB/OL].(2017-01-20)[2022-10-18].http://www.univ-paris-diderot.fr/DGRH/publication%20brochure.pdf